# 守正与创新
## 创学生欣赏的课堂

### 深外好课堂设计与实录（初中卷）

主　编　罗来金

副主编　谢志光　欧阳爱小　杨忠南
　　　　程贵兵　高　鑫

编　委　邓学雷　范艳丽　何宏武
　　　　杨　明　童子荣　李婷婷

陕西师范大学出版总社　西安

图书代号　JY24N0648

**图书在版编目（CIP）数据**

守正与创新：创学生欣赏的课堂：深外好课堂设计与实录. 初中卷 / 罗来金主编. — 西安：陕西师范大学出版总社有限公司, 2024.10
　　ISBN 978-7-5695-4407-7

Ⅰ.①守… Ⅱ.①罗… Ⅲ.①课堂教学－教学设计－初中 Ⅳ.① G632.421

中国国家版本馆 CIP 数据核字（2024）第 099236 号

# 守正与创新：创学生欣赏的课堂
## 深外好课堂设计与实录（初中卷）
SHOUZHENG YU CHUANGXIN: CHUANG XUESHENG XINSHANG DE KETANG
SHENWAI HAO KETANG SHEJI YU SHILU（CHUZHONG JUAN）

罗来金　主编

| | |
|---|---|
| 责任编辑 | 王东升 |
| 责任校对 | 张俊胜 |
| 封面设计 | 鼎新设计 |
| 出版发行 | 陕西师范大学出版总社 |
| | （西安市长安南路 199 号　邮编 710062） |
| 网　　址 | http://www.snupg.com |
| 经　　销 | 新华书店 |
| 印　　刷 | 西安市建明工贸有限责任公司 |
| 开　　本 | 787 mm×1092 mm　1/16 |
| 印　　张 | 22 |
| 字　　数 | 490 千 |
| 版　　次 | 2024 年 10 月第 1 版 |
| 印　　次 | 2024 年 10 月第 1 次印刷 |
| 书　　号 | ISBN 978-7-5695-4407-7 |
| 定　　价 | 98.00 元 |

读者购书、书店添货或发现印刷装订问题，请与本社高教出版中心联系。
电　话：（029）85307864　85303622（传真）

# 序言

## 创学生欣赏的课堂是深外最大的师德

深圳外国语学校（集团）党委书记　罗来金

序言虽然放在丛书最前面的位置，但其实是审完书稿直至最后才完成的文字。为此，书写这套丛书的序言，我百感交集。

这一篇篇设计与实录，一句句旁批和总评，凝聚着深外教师这个团队的智慧与精神，我满怀敬意与骄傲。深外立校不过三十多年，但这三十多年来，深外从1990年首届两个班的规模发展到而今一校十二部的教育集团，成为深圳、全国乃至世界有影响力和辐射力的教育品牌，离不开深外教师这个团队"咬定青山不放松"的坚韧精神和"但开风气不为师"的博大胸怀。为此，我相信，这套丛书里的每一篇课堂设计与实录以及评点都会给予人启迪和感悟，让读者对深外风范有所了解。

当然，我也有些许担心和不安。深外集团这套课堂设计和实录并不完美，还存在瑕疵与不足。现在公开出版，难免贻笑大方。我相信假以时日，继续修改审阅，深外人会呈现更完美的精品，但想到丑媳妇终究要见公婆，与其反复修饰斟酌，不如就此素面见世。正好藉此让天下教育专家把脉诊断深外课堂，为深外建言献策，进而推动深外课堂进一步向实处做、向深处走、向高处攀，如此岂不更好？我相信，有更多看好深外、热爱深外的朋友和专家乐意奉献智慧，为深外"撑一支长篙"，使得深外"向青草更青处漫溯"，如此，深外的明天必会"满载一船星辉，在星辉斑斓里放歌"！我们都是为了党的教育事业，为了办人民满意的教育，正是基于这样的初心与使命，深外愿意把真实与朴质的本原状态呈现在亲爱的读者和专家面前。

何况，深外文化的基石就是真与诚。世间好看事尽有，好听话极多，唯求一真字难得。深外人无惧自己的弱点与缺点，只求呈现的是真。深外人相信，只要秉持求真之心，就会抵达至诚之境，而至诚则金石为开。虚妄的好看事与好听话，并非深外人的追求。唯求务实与创新，要把金针度与人。这才是深外人的愿力所在。

深外集团动念编纂这套丛书，一则是深外作为新课程、新教材"双新"示范校建设的实施学校，需要做阶段性总结；二则是深外致力推动育人方式的革新，打造"深外好课堂"多年，也需要物化成果。当然，更重要的是，深外集团希望藉此强化"创学生欣赏的课堂是深外最大的师德"这一理念与追求。

教师的体面与荣耀在哪里？在课堂！只有课堂才能捍卫教师的尊严，为此，深外提出了"创学生欣赏的课堂是深外最大的师德"这一命题。教育之本在立人，立人之本在立德，立德之先在立师德，而立师德之所在课堂。上不好课，则师德有亏，这便是深外教师的共识。深外集团编纂此套丛书，呈现的形式是课堂设计与实录，但其实质反映的是深外教师之师德。深外教师视域的广度、感情的热度、思想的高度、思维的深度，可以反映在这套丛书中。可以说，这套丛书里呈现的是深外人的人格温度与立人风度。

而且，这温度与风度的呈现是全方位的。深外集团是全国基础教育战线上少有的教育生态全样本。深外集团包含了从幼儿、小学、初中到高中的各学段样本，也包含国内教育和国际教育的不同区域样本，还包含公立与民办的不同体制的样本……言而总之，深外的教育生态是全方位的，办的是融合型的新样态的大教育。鉴此，这套丛书分为四册：小学卷、初中卷、高中卷、国际教育卷，四册之中又包括各个校部，藉此可以管窥中国基础教育全面的生态。

创学生欣赏的课堂是深外最大的师德。限于时间和精力，这套丛书对深外教师的智慧体现或有不足，但深外教师真心与诚意的体现则是满满的。愿关心深外、热爱深外的朋友与专家不吝赐教！

是为序。

2023年6月25日

# 目录

## 理论篇 "双新"深外好课堂集团顶层设计

打造深外好课堂，筑基未来三十年 ………………………………… 罗来金 003
全面推动课堂革命，系统重塑深外风范 …………………………… 罗来金 015
打造深外六有好课堂，推动教育高质量发展 ……………………… 谢志光 025

## 实践篇 深外好课堂课堂设计与实录

### 大单元教学课堂设计与实录

"凡人歌：关注身边人，写作小人物"课堂设计 ………… 于 俊 评点：蔡明慧 033
"A taste of literature—再现欧·亨利"课堂设计
………………………… 李 林 荆玮宸 杨 怡 评点：魏 敬 范 坤 049
"反比例函数"课堂设计 ………………………… 袁子晴 黄 薇 评点：邓振宏 073
"'静力学'中考物理复习策略"课堂设计 …………………………… 评点：姚中化 083
"辽宋夏金元时期：民族关系发展和社会变化"课堂设计
………………………… 何宏武 于辰夫 袁兵根 何宗书 杨仲林 评点：林 佳 090

### 单课时课堂设计与实录

《石壕吏》课堂设计 …………………………… 任 敏 评点：唐 敏 李高丽 099
《石壕吏》课堂实录 …………………………… 任 敏 评点：唐 敏 李高丽 106
《再塑生命的人》课堂设计 …………………………… 李 靓 评点：蔡明慧 112
《再塑生命的人》课堂实录 …………………………… 李 靓 评点：蔡明慧 115
《我的叔叔于勒》课堂设计 …………………………… 胡子伊 评点：黄 金 121
《我的叔叔于勒》课堂实录 …………………………… 胡子伊 评点：黄 金 126
"与一次函数有关的三角形面积问题"课堂设计 ……… 舒 莉 评点：许 强 132
"与一次函数有关的三角形面积问题"课堂实录 ……… 舒 莉 评点：许 强 141

"如何消费更实惠？"课堂设计……………………………刘瀚文　评点：毕良粒　144
"如何消费更实惠？"课堂实录……………………………刘瀚文　评点：毕良粒　151
"Water"课堂设计……………………………吕梓轩　评点：周　敏　黄浪花　154
"Water"课堂实录……………………………吕梓轩　评点：周　敏　黄浪花　159
"Sports"课堂设计………………………………………廖　茹　李美华等　168
"Sports"课堂实录…………………………………………评点：廖　如　刘建双　184
"楽しい料理教室"课堂设计………………………………陆文芳　评点：张晓雯　187
"楽しい料理教室"课堂实录………………………………陆文芳　评点：张晓雯　192
"复分解反应"课堂设计……………………………………陈锦填　评点：朱文蕾　196
"复分解反应"课堂实录……………………………………陈锦填　评点：朱文蕾　202
"种子植物"课堂设计………………………………………郭晓敏　评点：何海辉　206
"种子植物"课堂实录………………………………………郭晓敏　评点：何海辉　212
"延续文化血脉"课堂设计………………………曾凯钰　沙珂夷　点评：杜雪梅　216
"延续文化血脉"课堂实录…………………………………曾凯钰　点评：杜雪梅　221
"东南亚"课堂设计…………………………………………杜学欣　评点：张进晖　225
"东南亚"课堂实录…………………………………………杜学欣　评点：张进晖　230
"新文化运动"课堂设计……………………………………唐宇彤　评点：张　琦　235
"新文化运动"课堂实录……………………………………唐宇彤　评点：张　琦　243
"幽默智慧的漫画：肖像漫画"课堂设计…………………刘　锋　评点：尹　也　246
"幽默智慧的漫画：肖像漫画"课堂实录…………………刘　锋　评点：尹　也　250
"多种形式的跳跃练习"课堂设计…………………………陈于宇　评点：李　坤　257
"多种形式的跳跃练习"课堂实录…………………………陈于宇　评点：李　坤　254
《无锡景》课堂设计………………………………………钟倩怡　评点：梅宇晗　260
《无锡景》课堂实录………………………………………钟倩怡　评点：梅宇晗　263
"制作楼道自动感应灯"课堂设计…………………………吴灿豪　评点：黄荣祥　266
"制作楼道自动感应灯"课堂实录…………………………吴灿豪　评点：黄荣祥　271
"A blind man and his 'eyes' in a fire"课堂设计…黄烈辉等　评点：魏　敬　范　坤　275
"A blind man and his 'eyes' in a fire"课堂实录……魏　玮　评点：魏　敬　范　坤　282

## 主题班会教学课堂设计与实录

"雁群结伴　燕南同行"课堂设计…………………………杨　怡　评点：姜　华　289
"雁群结伴　燕南同行"课堂实录…………………………杨　怡　评点：姜　华　299
"走出思维'舒适区'"课堂设计……………………………郭　婧　评点：武　赟　302
"走出思维'舒适区'"课堂实录……………………………郭　婧　评点：武　赟　308

"赋能心理韧性　锤炼耐挫逆抗力"课堂设计……………蔡　铭　评点：纪智娟　311
"赋能心理韧性　锤炼耐挫逆抗力"课堂实录……………蔡　铭　评点：纪智娟　315
"做自己时间管理的主人"课堂设计………………………林中花　评点：刘建双　318
"做自己时间管理的主人"课堂实录………………………林中花　评点：刘建双　323

## 总结篇　深外好课堂建设校部总结

守正创新好课堂，研无止境硬功夫……………………………………邓学雷　329
倾力打造深外好课堂，积极落实七度硬指标…………………………丁立群　335
高端打造深外宝，五好学校育新人……………………………………何宏武　340

# 理论篇

"双新"深外好课堂集团顶层设计

# 打造深外好课堂，筑基未来三十年

## ——2020年秋季开学专题讲话

**深圳外国语学校（集团）党委书记　罗来金**

各位老师，亲爱的同仁们：

大家好！在教育这条河流上，我们都是摆渡人，即便像今年这样疫情严重的情况下，我们也未停止摆渡。我们好不容易才将一批学生送到新的彼岸，稍事休息，甚至有一批同仁为了保证假期学校的正常运转而未得休息，又将迎来等在此岸的新学生。我们今天在此召开会议，就意味着新一期"摆渡"工作的集结号吹响了。虽然非毕业年级的学生还是过去熟悉的身影，但我们仍应该将他们视作新学生而待之，我们新的使命就是领他们上船，渡过知识的河流，再目送他们登上新的彼岸。作为一名教师，我们的工作就是渡人，做的是影响人塑造人的事业。渡人者是崇高而伟大的，在此，我代表深外向各位亲爱的同仁致敬！深外的一切荣光，都离不开你们的努力。新学期伊始，又要辛苦各位同仁继续努力，成就功德，拜托大家啦！

作为摆渡人，教师的工作是常新的。因为学生是常新的，每一颗心，每一个脑都无时无刻不在变化，今日的学生不同于昨日，明日的也不同于今日；知识也应该是常新的，像江河一样奔涌不息，看似旧的知识，其实永远需要寻求新的表达，教师的一大本事，就是不断重新表达已有的知识；课程也是常新的，国家的发展对教育也提出了更新更高的要求。而这一切新的变化，归根结底是时代与社会的迅速发展。世界本就是不确定而多变化的，在变化不居的世界若想守住已有的成功与骄傲，那是可笑的事情。十多年前，有一本畅销书叫《谁动了我的奶酪》，书中揭示了一个道理——变是唯一的不变。奶酪放久了就会坏掉，只有不断寻求新的奶酪，才能吃上好的奶酪。倘若以为自己得了一大堆奶酪，就可以从此守住奶酪而高枕无忧，那就难免一场只能吃到坏奶酪的悲剧。

今年是我们深外立校30周年的纪念年。经过30年的发展，深外成绩卓著，体量早已从一所学校发展为一校八部的集团化规模。深外也早已成为一所品牌学校，今天的深外不仅是深圳教育的一张名片，也是国内国际知名的学校。倘若十年为一代，今天的深外已经过三代人的奋斗与努力。三代深外人秉承"但开风气不为师"的低调务实、创新不止的精神，开疆拓土，屡创辉煌，为我们这一代深外人留下了一笔宝贵的财富与荣耀。一方面，我们为之骄傲自豪；另一方面，我们这一代深外人肩上的担子将更重，因为我们除了开拓进取，创造新高，便别无选择。正如宋代人，在唐代人创造的唐诗这座难以逾越的巅峰面前，除了开创诗歌新形式，也别无选择。当然，宋人不曾辜负历史，因为唐诗过后有宋词。我相信，我们这一代深外人也不会辜负历史，我们将创造历史，遇见更好更优的深外。因为我们不是一群只知道守成而不知道进取的人。一代人有一代人的使命与责任，我们这一代深外人的使命与责任就是要将更好更优的深外交到下一代人手上。深外未来30年，将从我们这一代人手上开启，我们要为深外未来30年奠基，做好铺路石！

值此深外立校30周年之际，我们将从何处出发？我们将有何新的作为？这是我们这一代深外人必须要思考和面对的问题。我想我们应该抓住"课堂"这一关键，用三年的时间，进一步打造深外好课堂，为未来30年奠基。

## 一、为何选择从课堂出发？

为何选择从课堂出发？因为课堂是学校教育的前线，决胜在课堂。变是世界唯一不变的主题，我们的课堂也要变。

第一，国家育人目标调整，课堂须调整。习近平总书记在全国教育大会上指出："要把立德树人融入思想道德教育、文化知识教育、社会实践教育各环节，贯穿基础教育、职业教育、高等教育各领域，学科体系、教学体系、教材体系、管理体系要围绕这个目标来设计，教师要围绕这个目标来教，学生要围绕这个目标来学。凡是不利于实现这个目标的做法都要坚决改过来。"过去，我们的教育陷入功利化、标准化，普遍存在"唯分数、唯升学、唯文凭、唯论文、唯帽子"的痼疾，扼杀人的创新性，致使人进一步工具化。现在，我们每一名教师，我们每一堂课都必须明确询问：立什么德？树什么人？"国家用人，当以德器为本，才艺为末。"我们立什么德呢？社会主义核心价值观就是我们这个时代最大的德。因此，我们每一名教师，每一堂课，都必须将社会主义核心价值观落实到教学活动中，建构到学生的精神谱系里。孙中山先生说过："治国经邦，人才为急。"我们树什么人呢？我们的教育是社会主义教育，我们当然要旗帜鲜明地"培养社会主义建设者和接班人"，什么样的人才是这样的建设者和接班人呢？是"倒T型人才"，"倒T"中的下面一横，代表以德为本的深厚而宽广的综合素养，"倒T"中的一竖代表以创新为本的卓异而拔萃的特长个性。社会主义事业只有交给大德大才兼备者，社会主义的旗帜才会永远高高飘扬！我们的课堂必须要变，要以立德树人为宗旨。

第二，深圳示范区教育先行，课堂须先行。深圳成为先行示范区，意味着深圳各个方面、各个领域都要做出先行示范的表率。治国以教化为先，教化以学校为本，学校教育又应当做出先行示范。深外作为深圳基础教育中的品牌与名片，必须承担先行示范的使命与责任。深外拿什么来先行示范呢？我想最要紧的是拿出先行示范的课堂。为什么呢？因为课堂集中反映一校的风采与文化，师生风貌的展现主要在课堂。课堂是学生学习的主渠道。虽然教育发生在学校里的任何时间，但学生的学习时间，主要集中在课堂，对知识的理解和把握，主要是在课堂上完成的。一名学生，抓不住课堂，利用不好课堂，也就难以提升成绩。其次，课堂也是教师智慧表达的主阵地。教师的工作如何，关键反映在课堂，课堂就是教师的脸面，上不好课，是伤教师脸面的。教师工作实践性很强，无论多先进的教育思想与理念，无论多精致的备课与教学设计，都要经过课堂的践行与检验，没有课堂实践的效果，再好的理念与教案，都是纸上谈兵。为此，深圳教育先行示范，必始于示范校的建设，示范校建设，必始于示范课堂的建设。深外必须把握住时代赋予的使命与机遇。

第三，中高考课程教材变新，课堂须变新。中高考的改革，课程教材的变化，是基于国家要求改革普通高中的育人方式。英国学者李约瑟曾在《中国科学技术史》一书中提问："中国古代对人类科技发展做出了很多重要贡献，但为什么科学和工业革命没有在近代中国发生？"这一追问被称为"李约瑟难题"。"为什么我们的学校总是培养不出杰出的人才？"这个问题后来被称为"钱学森之问"。"李约瑟难题"和"钱学森之问"不约而同击中当前学校教育的痛点。解决这一痛点，必须改革落后的育人方式。育人方式的改革，必始于每一节课堂。所谓"课改"，实质就是改课。课堂不变新，"李约瑟难题""钱学森之问"就不会有圆满的答案。深外课堂不与时俱进，深外也无法适应新的中高考，适应新的课程及教材的变化。

第四，现代化信息技术发展，课堂须发展。2020年中美贸易竞争，表面上是经济竞争，实质是科技竞争。科技日新月异的发展，也必将为课堂发展带来深刻的革命。现代化信息技术的运用是课堂绕不开的话题。一支粉笔一张嘴的传统课堂教学模式已经不能适应新课堂对提高效率的要求。虽然技术本质上只是课堂教学的手段和工具，而非课堂的实质，固然不可为技术而技术，不可让技术泛滥，但现代技术手段的合情合理的运用，已经是课堂必须要有的环节。为此，好的课堂应有现代技术的恰当利用。

第五，深外特色与品牌打造，课堂须打造。深外30年发展，特色与品牌已经铸就。但再鲜明的特色，再优质的品牌，都需要与时俱进。辉煌终将属于历史。为此，真正的特色与品牌，只能存在于不断的追求与创造中。"周虽旧邦，其命维新。"30年深外，也是旧校，但其使命只有不断革新。革新始于深外什么地方呢？应该始于深外每一间教室的三尺讲台，三尺讲台虽小，但可以容下一所学校乃至一个国家的变革与进步。深外特色与品牌的打造，深外学生的培育，必须围绕课堂这一中心，展开深外教育集团方方面面的革新。只有从面子到里子都做改变，深外才能在未来30年再造辉煌，屹立不倒。这是我们这一代深外人必须要耕耘的事业。

言而总之，课堂是学校的前线，前线吃紧，学校教育就必败无疑。真正的教育，总是从自我教育开始的。学校的意义就是制造各式各样的机缘，以激发和唤醒学生进行自我教育的愿望。学校的实质就是一个制造自我教育机缘的"场"。而这个"场"的核心就是课堂。课堂是否有生机与活力，将决定一所学校是否有生机与活力。课堂的品格与境界，也反映一所学校所追求的品格与境界。深外人追求"两敬"：敬畏天地自然，敬畏道德律令。这"两敬"首先应该体现在敬畏课堂。深外人追求"两高"：高尚的人格，高雅的生活。这"两高"也首先应该体现在高效课堂。

当然，深外课堂本来就是优质的，因为我们有一群敬业且乐业的专业化教师队伍。过去30年，我们也正是凭借优质的课堂才赢得广大学生及家长的认可与尊重。但是，这并不等于我们的课堂已经臻于完美，无可挑剔。从长期观察看，我们的课堂对学生心性的激发、对知识的优化、对教学策略的选择以及对集体智慧的发挥等方面，都还有需要大力改进和提升的地方。

也正基于我们的使命以及现实，我们应该在"课堂"这一维度上做出深入分析和探索，只有深入到深外课堂的"深水区"进行革新，构建深外好课堂，我们才不至于辜负深外，不至于辜负时代。

### 二、何为深外好课堂？

深外好课堂应该好在何处？新在何处？我们每一位深外人应该有清醒的认识和明确的标准。课堂是一种特殊的育人境场，这种境场关涉的要素很多，好的课堂一定是活的课堂。正因为活，标准才难以精准提炼，要提炼出好课堂的标准，绝非一件容易的事情。我在此抛砖引玉，提出深外好课堂的五条标准，以供大家讨论。

第一，好课堂要有明确的育人性和方向感。好课堂首先好在方向的正确。把握正确的育人方向，体现明确的政治正确，这是课堂的第一重要原则。何谓课堂的政治正确？那就是培养德智体美劳五育并举的社会主义事业的建设者和接班人。国家育人目标已经由知识传授转向立德树人。我们深外好课堂首先要体现出为谁培养人、培养什么人这样的政治正确。亚里士多德说过："人天生是一种政治动物。"意思是说，人首先属于城邦和国家，然后才属于家庭和个人。我们的课堂不能培育不讲政治正确的独善其身的人，我们必须培育心中有国家和人民的人。传统儒家以学习做人为思想核心。做什么人？做君子。做君子来干什么？修身，齐家，治国，平天下。由此可见，儒家思想也是强调做人是要讲政治正确的。不能以兼济天下为人生宗旨的君子，实质是自私的伪君子。我们的课堂不能培育这样的自私的伪君子。我们的称谓是"人民教师"，在"教师"前添加"人民"一词，就是要提醒我们做教师必须要站在人民的立场，这就是教师的政治正确。人民教师的课堂，必须要体现这样的育人性和方向感。

政治正确源自人格教育。深外好课堂必始终贯穿对学生的人格教育。奥地利人本主义心理学的先驱、人称"现代自我心理学之父"的阿尔弗雷德·阿德勒认为："学校教育的目的不应仅仅局限于让孩子学会赚钱或在产业体系中谋得一个职位。我们需要的是地位均等的伙伴，是平等、独立、有责任心的合作对象，是能够为我们共同的文化作出贡献的人。"如果我们深外的课堂仅仅是为了使深外学子赢得一场升学考试，那么，深外的教育是彻底失败的。深外固然必须使学子赢得一场考试，但深外又不能成为一座考试加工厂。我们必须把健全的人格培养作为我们课堂自始至终要完成的使命。阿德勒分别从心理和行为层面对一个人格健全的人提出了发展和培养目标：行为方面：①自立，②与社会和谐共处；心理方面：①"我有能力"的意识，②"人人都是我的伙伴"的意识。为此，深外课堂必须培养学生自信自立、合作共生的意识和习惯。合作共生的意识要上升到国家意识、人民意识。哲学家弗洛姆在其经典著作《爱的艺术》中说："一个成熟的人最终能达到既是自己的母亲，又是自己的父亲的高度。他发展了一个母亲的良知,又发展了一个父亲的良知。"母亲有包容和接纳自己孩子的天性。母性的伟大就伟大在她的包容与接纳没有边界。而父亲的使命则是引领孩子去改造和发展自己,以走向社会与世界。因此,一个拥有健全人格的人,他既能够像自己的母亲一样包容和接纳自己,也能够像自己的父亲一样去改造和发展自己。引导学生去接纳自己和改造自己,从而实现与自我的和谐以及与他人世界的和谐,实现"双和谐"便是教育的宗旨。实现"双和谐"便是人文,便是深外好课堂的育人性与方向感。唯其如此,我们的课堂才能从知识课堂走向素养课堂。

第二,好课堂要有充分的自主性和互动感。按照建构主义学习理论的观点,意义是自我建构的。也就是说,没有经过学生自主思考,仅靠被动记忆得到的东西,是不可靠的。从记住知识到会利用知识,其间有漫漫的长征路要走。英国教育家怀特海说过:"知识只有被利用才有价值。"因此,教学生记住知识是远远不够的,我们必须要教会学生利用知识。明代心学大师王阳明先生说:"知而不行,只是未知。"为此,他强调知行合一。行是什么?就是主动思索、自主建构。苏格拉底说:"未经审察的人生不值得过。"同样,未经审察的知识并非真知识。未经实践检验的真理未必是真理。审察知识就是主动思索、自主建构知识的过程。课堂要把更多时间交给学生,让其行动。唯有学生时时躬行,真知才会获得。"纸上得来终觉浅,绝知此事要躬行。"课堂是学生行动和思索的场所,不是教师唱独角戏的舞台,不是教师奏技炫耀才华的地方。

课堂的自主性和互动感体现以问题的研习为目的的师生以及生生的课堂对话与交流中。课堂是一个情境,是一个磁场,师生以及生生在"场"中对话,应该有美丽的思维碰撞,有彼此欣然的会意,有意犹未尽的生长。知识与方法,终将以问题和错误呈现,以思维的活跃与引导呈现。一堂好课,离不开好的问题设计以及学生犯下的美丽错误。问题是思维运动的开端,错误是走向正确的起点。为此,一名优秀的教师,一定是一名不仅能设计出好问题,而且能鼓动学生并教会学生提问的教师,同时,也是一名包容学生错误,且能成功引导学生走向正确的教师。没有问题与错误,课堂便没有学生思维生长的土壤。只要学生思维未曾有过积极主动的运动,课堂没有思维的流量,课就是无效的灌输。

有的教师错误地认为,知识灌输可以提高授课效率。灌输不仅不能提高课堂效率,还会助长学生思维的惰性。早在1946年美国缅因州的国家训练实验室就研究出了"学习金字塔"这一成果。这一成果告诉我们:采用听讲、阅读、声音图片辅助、示范或演示、小组讨论、实际演练或做中学、马上运用或教别人等七种不同的学习方式,学习者在两周以后还能记住的内容多少,也就是平均学习保持率,是明显不同的。让学生单纯地听讲,两周后能够记住的内容只有5%,而让学生演练、应用讲、听、看、想、动、静结合,两周后能够记住的内容占75%-90%。差距为什么那么大呢?因为听讲解是被动的,学生并不知道自己真正的问题在哪个环节上,而让学生做实际的演练、应用,其真正的问题就会暴露出来。暴露问题是解决问题的前提,没有问题暴露的教学必然是低效的。灌输意味着教学方式退化为单一的课堂讲授。单一的讲授,信息吸收量是极少的。事实上,灌输的最大危害是使学生大脑处于抑制状态,长此以往,大脑便会习惯性怠惰，从而丧失主动思考和分析问题的意识和能力。我们经常看到不少学生习惯凭经验和直觉判断问题的正误的现象。这种不动脑筋分析的现象往往就是长期灌输带来的恶果。存在主义哲学家萨特指出："人是自己行动唯一的指令者，人在自由选择里，创造着自己的本质。"灌输实质就是剥夺学生指令自己行动的生命主动性权利，这种残忍的剥夺久而久之就致使学生丧失创造自己、改变世界的能力，从这个意义上讲，灌输是扼杀创造性灵魂的罪魁祸首。这与个性化、创新型人才的培育宗旨背道而驰。我们深外每一位教师一定要明白，灌输是一种暴力，是一种犯罪。

  课堂是师生为着一个共同的目的或任务进行对话的地方。只有当师生双方情绪高涨地参与到课堂学习和问题讨论中，课才是有实际效果的。学生没有参与度与参与面，课只是教师的独角戏。独角戏唱得再好，也只是一厢情愿的事情。为此，一堂好课，还需要教师有激发学生心性与兴趣的足够的能力与本事。亲其师，信其道。没有良好的师生关系，课堂难有生机与意义。教育学实质就是关系学。只有当一名教师既让学生崇敬，又让学生亲近，才可能有好课的生成。清华大学著名校长梅贻琦先生对师生关系有一个精彩的比喻，他说："学校犹水也，师生犹鱼也，其行动犹游泳也，大鱼前导，小鱼尾随，是从游也，从游既久，其濡染观摩之效，自不求而至，不为而成。"的确是这样的，学生本来具有向师性，只有师生关系良好和谐，展开平等的对话，课堂乃至教育才是美好的。梅贻琦先生也批判过现实的师生关系，他说："反观今日师生之关系，直一奏技者与看客之关系耳。"深外教师不能成为一厢情愿的"奏技者"，如若使得学生在课堂上仅仅成为一群无所事事的看客，那便是深外教师的耻辱。深外教师应该让教学任务的落实、问题的解决，发生在师生和谐而平等的友好对话中。有了问题、错误的呈现，有了多元的对话，有了思维的流量，课堂才谈得上是有自主性和互动感的好课堂。这样，我们的课堂才能从一言堂走向生成性课堂。

  第三，好课堂要有鲜明的现代性和开放感。我们是现代人，充分享受着人类创造的现代文明成果，无论是思想精神还是技术方法，深外好课堂都应该要体现鲜明的现代性和开放感。大家想一想，如果今天深外的课堂仍旧是一支粉笔和一张嘴的课堂，没有一点现代信息技术的运用，我们的课能成为先行示范课吗？如果我们深外的课堂上还有腐朽的封建思想的传输，还有早被时代抛弃的落后观念在宣扬，岂不是咄咄怪事吗？思想家马克斯·韦伯强调，现代性就是理性，只有理性精神，可以祛魅和除魔。深外好课堂的现代性就是要充分地彰显理性与逻辑。理科自不必说，本就应该体现出理性与逻辑的追求。文科如语文、历史、政治，也应该同样彰显理性与逻辑。一堂缺少理性精神的课，没有批判性思辨，没有清晰的分析，只谈经验与感觉，学生思维如何发展得好？作为思维高端的批判性思维训练始于20世纪60年代的美国，而我国直至2003年秋北京大学才开设"逻辑与批判性思维"课程。在现代文明成果的利用上，我们还有很多路要走。为此，我们深外好课堂，要有鲜明的现代性，这种现代性除了现代化信息技术的利用，更要体现的是现代文明的思想与精神。为此，我们深外的好课堂也要具有开放性，兼容并包，学习吸纳一切有价值的文明成果。不能解放思想，不能包容文明，我们的课堂只会走向狭隘。狭隘的课堂，还谈什么格局与境界呢？没有大格局与高境界，怎么称得上是深外人呢？

具有现代性和开放感的课堂一定有积极、有专注、有强大的思维流量。苏霍姆林斯基说过："在人的心灵深处，都有一种根深蒂固的需要，这就是希望自己成为一个发现者、研究者、探索者。"当课堂安静得连一根针掉到地上都能听见时，往往意味着思维的暗流在涌动。当课堂争论此起彼伏，绵延不断，往往也是思维火花在激烈碰撞。无论安静还是热闹，只要积极、专注，有思维的流量，就是有气场感的好课。气场强大的课堂源自开放与现代。相反，没有专注，没有思维的流量，言说再多，也只是听取蛙声一片，而一点不让学生言说，也是死水一潭。

第四，好课堂要有清晰的衔接性和系统感。课堂有狭义和广义之分，狭义的课堂指某一节课，而广义的课堂指一个更长阶段的教学过程。通俗地讲，课堂不仅指一节一节的车厢，也指由一节一节车厢构成的完整的一列火车。因此，好课堂不仅好在一节课，更要好在一学期的所有课，好在三年，乃至十二年的所有课。为此，从广义上讲，深外好课堂要有清晰的衔接性与系统感。这意味着我们深外教育集团的课堂要关注整个十二年教学的一体化和系统性。至少，我们要探索一门学科知识与方法的衔接与系统。一学期的课堂如何规划，三年的课堂如何规划，十二年的课堂如何规划，这都是我们应该要思考和探索的。狭义讲，我们一堂课清晰的起承转合，这也是务必要有的。

好课堂清晰的衔接性和系统感源自何处？源自我们教师精心的设计。因此，一堂好课，一年、一届的好课，要追求设计感。一栋好建筑，必有设计；一篇好文章，必有构思。凡事预则立，不预则废。好课行云流水，看起来自然，毫不矫揉造作，但背后一定有教师下了不少"暗功夫"。课本质上是一项活动，没有设计的活动不可能有预期的效果。设计感强的课，流程与环节清晰，像做文章一样，有起承转合，轻重缓急。如何激趣，如何开课，如何结尾，如何讲解，如何安排练习，学生探讨问题，会遭遇什么问题瓶颈等等，无不需要课前规划和构思。好课使人成为明白人，倘若一堂课的流程与逻辑尚且不够清晰通畅，又谈什么培养明白人呢？讲不清楚一个知识点，解不清楚一道题，多是未曾设计的原因。未曾设计的课，往往也是效率极低的课，所谓课的设计，就是试图找到最优化的方案。方案优化了，自然效率就提高了。同样的问题解答，方案设计得好，往往事半功倍。教书是需要大量经验积累的，成熟的教师授课往往水到渠成，而青年教师由于经验不足，就更要多在课堂的设计上下够功夫。好课设计不易，尤其是整个学科教学规划更不易，这需要学科组、备课组乃至教育集团共同的智慧。

第五，好课堂要有饱满的生成性和获得感。成就一堂好课，无论教师还是学生，是否全身心投入，是否有心脑的舒展，是否有强烈的获得感，尤为重要。教师之所为，最基本的无非传知识、授方法、解疑惑。其一，所传之知识，是否抵达知识之本质与系统，因为只有揭示出本质，构建起系统，才是真正的智慧。也只有以真智慧教人，学生才有获得感。一门学科究竟有多少个知识点？每一个知识点的实质是什么？知识点之间的关系是什么？这三个基本问题，是一名学科教师应该心中有数的，理科教师更当如此，文科知识点数量或有模糊性，但大体也要有。正因如此，一堂好课首先要有的指标，就是讲解的知识是否优化。整合而优化过的知识讲解，才会使人有获得感。其二，所授之方法，有没有具体而清晰的程序，有没有可以操作践行的策略，这也是是否具有获得感重要的指标。如果讲的是一些大而空泛的东西，则是"伪方法"，譬如，语文教师教学生写作，就教学生一些文体知识、修辞知识，是不能很好指导学生写作的。知识分三种：陈述性知识、程序性知识和策略性知识，只有程序性和策略性知识，才是具体可操作的方法。其三，所解之惑，是否善于发现和捕捉学生的问题点，是否善于引导学生一步步走向深入与明朗。陶渊明《桃花源记》中写道："初极狭，才通人，复行数十步，豁然开朗。"教师引导学生也当如此。学生经过探索而豁然开朗，才会产生强烈的获得感。

饱满的获得感源自课堂上充分的生成性。课堂上由师生互动、生生互动而生成的学习成果才能真正带来饱满的获得感。主动生成的才有获得感，被动接收的难有获得感。就像钓鱼一样，自己钓上来的才有获得感。如果是别人在你鱼钩上挂一条鱼，你钓上来有啥快乐可言？进一步讲，在充满了鱼的小池塘里钓鱼与在大江大河中钓鱼，获得感又不可同日而语。为此，课堂要学会放手，教师设计好活动，让学生自己去钓鱼，自己去生成。

生成性的获得，需要教师有"发现与捕捉"的能力。"发现与捕捉"，有学者称其为教师教学的核心素养。一堂生成性课堂，往往在于教师敏锐地发现问题与疑惑，捕捉教育机缘和细节的能力。一堂好课，就是看是否有精彩的发现与捕捉。归结起来，知识的优化，方法的可行，引导的恰切，是教师上出好课必备的能力。也只有做到这些，课堂才会有强烈的获得感。有了获得感，学生的心灵就是饱满充盈的，这种饱满充盈的体验会激发学生的学科兴趣与爱好，从而激发出极大的学习热情。

追求课堂的生成性与获得感，需要教师敬畏课堂。课堂关乎的是知识，是时间，是生命。无论是知识，还是时间，抑或生命，都是我们必须敬畏的。一节课只有40分钟，涉及几十个鲜活的学生，涉及人类几千年创造的以知识呈现的文明成果。生命是不能辜负的，时间是不该浪费的，文明成果是不能亵渎的。哲学家尼采说："每一个不曾起舞的日子都是对生命的辜负。"课堂何尝不是如此？每一分钟、每一个学生，都不能辜负，课的每一个环节，都该有"起舞"的姿态。为此，无论是教师还是学生进课堂，都应该有敬畏生命的观念、敬畏时间的观念以及敬畏知识的观念。宋代理学家朱熹说过："君子之心，常存敬畏。"作为深外教师，我们本就该是心怀敬畏的君子。

课堂不是教师随意聊八卦、讲段子的地方，更不是教师肆意发泄情绪的地方，也不是学生养神打坐的地方。课堂固然需要活泼生动，但活泼生动的背后要有严肃的目的。课堂是神圣的地方，但"团结紧张，严肃活泼"是必要的。只有活泼与团结，而无严肃与紧张，课堂很可能陷入恶俗，这是尤其要注意的。课堂一旦失去严肃而崇高的求知求真的宗旨，活泼就沦为搞笑，团结就沦为恶俗的集体狂欢，课堂一旦失去分寸感，也就容易失去课堂本该有的教化功能。倘若课堂只剩下娱乐与恶搞，就是辜负生命与时间的作恶。课堂不能因为师生的长期相处、彼此熟识而淡忘崇高与严肃。正如师生关系，如果教师放弃教化引导的宗旨，为与学生保持和谐关系而打成一片，这也是师生关系的庸俗化表现。作为深外教师，我们旗帜鲜明地反对这种忘记教化初心而徒有表面亲和的师生关系，也旗帜鲜明地反对没有承载教化功能的恶搞的课堂。无论师生，一旦进入课堂，就要怀揣敬畏感，始终为一个严肃而崇高的目的前进，活泼也罢，诙谐也罢，皆有分寸，适可而止。

言而总之，我认为深外好课堂应该体现这五条原则。深外应该努力实现这"五原则好课堂"。

要实现这"五原则好课堂"，我们不妨从旗帜鲜明地反对五种低效甚至无效的课堂做起。我们深外教师要反对哪五种课堂呢？

第一是"独角戏课堂"，只一厢情愿灌输知识的独奏课堂。

第二是"娱乐化课堂"，未承担教化娱乐至上的搞笑课堂。

第三是"低效率课堂"，缺乏参与获得感的无效低效课堂。

第四是"表演型课堂"，设计形式大于内容的炫技式课堂。

第五是"即兴性课堂"，缺乏备课流程混乱的随意性课堂。

独角戏课堂里，学生被漠视了；娱乐化课堂里，学生被异化了；低效率课堂里，学生被耽误了；表演型课堂里，学生被工具化了；即兴性课堂里，学生被荒废了。而这些，本质上都是对学生的辜负，对教育的辜负。辜负学生、辜负教育的课堂，绝不是好课堂，也更不能是深外好课堂。

课堂是教师的颜面和本钱，讲台要站得稳，讲台要站得好，讲台要站得久，这是深外教师务必要追求的，一名教师也只有做到了这三点，才能赢得学生家长乃至社会的尊重与爱戴。深外教师打造好自己的新课堂，就是对深外立校30年纪念的最好的献礼，也是为深外未来30年筑下坚实的基础。

### 三、学校将如何推进深外好课堂建设？

明确了深外好课堂"五原则"的标准，明确了深外要旗帜鲜明地反对的五种无效的课堂，我们每一位深外教师，每一个深外教育集团的管理部门就要承担任务，行动起来，努力达到这样的标准，成就深外好课堂。未来已来，我们将在进一步完善书院制建构的基础上，打造深外好课程，进而成就深外好课堂。具体如何做呢？我提出七点意见：

第一，成就好课堂，深外教师应改变思想和观念。成就好课堂，我们每一位深外教师都首先要自我追问："我是谁？"诺贝尔文学奖获得者布罗茨基说过："我是我所读过和记得的东西的总和。"从某种意义上讲，我们的价值与观念是由我们过去的经历所塑造的。过去经历所塑造的价值与观念一定是对的吗？我们需要这样的自我发问。鲁迅先生就这样发问过："从来如此，就对吗？"正如苏格拉底所说："未经审察的人生不值得过。"我们要审察自我，由此反思对错，从而改变思想和观念。心念不转变，我们永远不可能成为新人。成就好课堂，首先需要我们改变思想和观念。叔本华说过：

"影响我们的不是事情本身,而是我们对事情的看法和态度。"我们怎么看深外,我们怎么看教育,我们怎么看课堂,一定程度上决定我们拥有怎样的深外,拥有怎样的教育,拥有怎样的课堂。

第二,成就好课堂,深外教师应成为有深度的教师。教师理应成为一名教育研究者,只有研究者执教课堂,课堂才有深度。苏霍姆林斯基说过:"无论就其本身的逻辑来说,就其哲学基础来说,还是就其创造性来说,教师的劳动都不可能不带有研究的因素。这首先是因为,我们所教育的每一个作为个体的人,他在一定程度上就是一个充满思想、情感和兴趣的很特殊的、独一无二的世界。"教育对象是活生生的人,而非机器,教育做的是影响人的事业。正因为教育的对象是人,是未成年人,故而做教育才尤其要带有"温情与敬意"。体现教育者带着"温情与敬意"的最好方式就是始终怀揣一份对教育的热爱去思考与研究教育。教育是距离人心最近的职业,教育不能只为"稻粱谋",教育失去良心而追求功利化,制造的灾难往往是不可逆的。为此,做教师,应该只有一种选择,那就是做一名研究学者。将做学问、研究人作为自己的立身之本。教师的可悲就是沦为教书匠。放到古代,哪怕做个匠人,也该有个追求,至少要有一种工匠精神。马丁·路德·金在他的演讲中常常引述一首无名诗。诗是这样的:"假如你命该扫街,就扫得有模有样,一如米开朗琪罗在画画,一如莎士比亚在写诗,一如贝多芬在作曲。"假如你选择做教师一天,就要带着一天的温情与敬意,就要一天观察、思索并研究,渡人的事业只能交给觉悟的人。何况,教育教学的问题无处不在,只要有学生的地方,甚至只要有文字的地方,就有教育教学的问题存在。解决这些问题,是教师的使命与责任。因为只有发现并解决问题,才是在做教育。

教师要做一名有深度的学者,就必须广泛阅读,深入思索。教师作为一名传道者,首先就要保证自己有正确的见识和正确的思维。教师应当"以其昭昭使人昭昭",而不能"以其昏昏使人昭昭"。教师不仅是专业的明白人,也是生活的觉悟者。只有这样,我们才能真正培育好学生,才能承担教化之责任。当前社会或有道德滑坡的情况,这更需要教师成为一名学者型教师,以坚守精神家园。挪威剧作家易卜生说得好:"真正的个人主义在于把你自己这块材料铸造成个东西。"他还说:"有时候我觉得这个世界就好像大海上翻了船,最要紧的是救出我自己。"教师承担着立德树人的使命,唯有成为一名研究学者,将自己铸造成器,将自己救出来,才能去救出别人。如果连深外教师也没有成就学者的追求,那国家的教育还有什么希望可言?为了打捞自己,也为了成就学生,我们只有精进不息,好好研究教育教学。

第三,成就好课堂,学科组应集体打造一批示范课。一所好学校,好就好在有一群优秀的人。但是,无论多么优秀的群体,只要不能形成合力,形成众志成城、精进向上的风气,就是一群乌合之众。古斯塔夫·勒庞在其《乌合之众》一书中说,乌合之众"追求和相信的从来不是什么真理和理性,而是盲从、残忍、偏执和狂热,只知道简单而极端的感情"。深外每一个个体都是百分百的精英,倘若我们不能形成自强不息、厚德载物的优秀团队,只是一盘散沙的乌合之众,那是深外人的堕落。是深外让我们聚集在一起,我们就有责任捍卫深外的荣誉,发展深外的事业。因此,深外打造好课堂，关键在学科组以及备课组建设，发挥学科组以及备课组团队的力量和智慧。深外不需要个人英雄主义，只需要学科组以及备课组群策群力，共享、共生、共荣、共进退。为此，我希望各学科组及备课组要坐下来认真对话，做出各学科、各备课组的发展规划，有清晰的学科建设目标，有切实可行的学科发展流程，有精心打造和设计的课程，进而拿出一批示范课。备课时间应该延长，至少有半天集中备课的时间，一起研讨教学，一起听课评课，一起读书研习，将学科组及备课组真正建设成为一个有效的学习组织。自古有"文人相轻"之说。我们教师固然也属于文人，但我们是现代的文人，不仅不应该有相互看轻的脾气，更要有相互亲近的态度。"文人相轻"不仅反映了做人的格局不大、境界不高，而且也是自我封闭，堵死自己学习上进的路。智者千虑，必有一失。一个人只有具有"空杯心态"，才装得进更多的东西，才会不断向上生长。所幸的是，深外教师的团队合作精神一直很强，各学科组都注重抱团成长。但我们还要进一步加强，让每一次的集体研讨和备课做到真实，得到落实，唯其如此，学科建设与发展才会踏实。

第四，成就好课堂，学校将组织专家进行课堂视导。学校管理最关键的前线就是各年级教学，而教学最关键的前线又是课堂。如何管理课堂教学呢？真正有效的管理不是管结果，而是理过程。"物有本末，事有终始"，过程是因，只有多在因上着力用功，才会在果上得到相应的回报。为此，学校将成立学术委员会，聘请校内外专家，组成课堂视导小组，对深外课堂进行视导。视导课堂，不是要挑老师的刺，找老师的茬，而是要通过对话交流，诊断深外课堂，以便及时了解各年级各学科教学情况，进而做出调整与改进，不断追求完美。同时，也寄望通过视导，充分发挥骨干教师的带头作用，让新教师成长更快。视导的目的不是监督与批评，而是研究探讨教学的无限可能，只有通过一次次的教学对话与反思，我们的教学才能走向深入，走向精致。当我们每一位教师都愿意积极探索教学，都愿意一起对话教学，形成浓郁的研习风气，深外课堂就将是全新的，更趋近教学本质的。唯其如此，我们这一代深外人才算尽了一代人的使命与责任。每一位深外人都是深外教育集团大链条上的一环，都是鲁迅先生所说的"中间物"，正因为我们是"中间物"，我们的责任就不仅是传承，更要开拓。打造好深外好课堂，将前辈们的心血与智慧融到课堂教学中，也让我们的心血与智慧为后来者提供养分，让后来者走得更高更远，从而为深外未来三十年铺垫坚实的基础。

第五，成就好课堂，教务处应设计课堂考评新方案。教育评价很难，评价难免量化，但教师的教育教学工作绝不是一些简单的数据就可以量化出来的。因为教师做的是渡人的事业，渡人的事业固然需要技术，但更需要艺术，而艺术需要人的态度与良心，态度与良心是很难量化的。但并非说教育教学就不能评价，只是说我们在评价上要多用心多用脑子。教务处可以好好探索并修改评价方案，评价可以是具体的、量化的，也可以是模糊、感性的。譬如一位教师的课堂怎样，我们可以通过视导做出诊断，也可以通过学生反馈意见，还可以通过同人的观察得出判断，总之，教务处可以调整和丰富教学评价的维度，拿出更科学、更有针对性、更有效的教学评价方案。评价方式的改变，往往意味着思想价值观念的改变，思想价值改变了，我们的课堂才能一步步改变。课改就是改课，改课首先在于改思想和价值取向。

第六，成就好课堂，学校将完善有效的课堂新制度。一所学校有一所学校的风气与精神。风气和精神来自三个方面的建设，一是器物建设，二是制度建设，三是文化建设。器物建设容易，添增教学器物并不难，难的是制度建设，只要制度建设做起来，文化建设自然容易完成。为此，三大建设中，制度建设尤为重要。为成就新课堂，学校也将进一步创立各项有效的课堂制度，以保证课堂的高效。课堂涉及很多因素，如教室的设计，教师的着装与风采，学生的精神与风貌，班级文化，课堂氛围与纪律，知识讲解与练习安排，课堂类型，学科组、备课组建设等等，都应该有系统的、可以执行的制度。凭借制度的规定，保障深外新课堂的特色和内涵。为了建立制度，我们也将广泛征求大家的意见，欢迎大家提出问题。因为有了意见和问题，我们才更有建立制度的依据和指向。

第七，成就好课堂，学校将变革资源配置方式。课堂变革是牵一发而动全身的事业，关系着深外整个教育集团资源配置方式的变革。我们将围绕课堂变革这一中心任务，认真梳理物与物、物与人、人与人的各种关系及其相互作用的方式，提高资源配置的效率，创造更有效的资源配置方式和组织方式，从而更好地服务于深外新课堂。我希望，深外整个教育集团资源配置方式变革后，教务处、学生处、后勤处等部门，家长委员会、学术委员会、校委员会等单位，相互协调，发挥更大效能，从而为教师、为课堂服务，推动深外书院制及好课堂的建设。

好课堂的建设是一项复杂而系统的工程，我们要尽快启动这项工程。深外建设永无止境，我们尽心用力，一个阶段建设好一个方面。我们不怕问题多，只要一个点一个点地落实，深外就会更好。30年来，深外人创造了一次次辉煌；未来30年，深外人将会创造更大的辉煌。我们每一位深外人，也只有如此，才不辜负深外；唯有不辜负深外，我们才不辜负身为深外人的自己。新学期伊始，又将是我们每一位深外人在各个岗位上投入的时候。深外是每一个深外人的，唯有每一个深外人用心，深外才不仅是一所学校，更是一种荣誉。让我们为深外荣誉努力，让我们为打造深外好课堂奋斗！深外未来三十年的奠基，必始于今日！让我们抱团前行！

# 全面推动课堂革命，系统重塑深外风范
## ——2022年秋季开学专题讲话

深圳外国语学校（集团）党委书记　罗来金

各位老师，亲爱的同仁们：

今天开学集会这个机会很是难得。一则现在学校集团一校九部，开大会已很不容易，二则疫情反复，安排开大会也很难。为此，我想抓住这个难得的机会，就学校这几年的发展以及未来的打算做些汇报，把一些思考做个梳理和总结，分享一些想法，希望各校部更深入地展开行动并落实到位。去年我讲的是有关"深外好课程"的论题，前年我讲的是有关"深外好课堂"的论题，大前年我讲的是有关"教师的发展"的论题，今年我想再围绕"深外好课堂"把相关问题做个总结性发言，我发言的题目是"全面推动课堂革命，系统重塑深外风范"。我们深外需要一场宁静而彻底的革命，这场革命的发生地主要在深外的课堂，目的就是系统重塑深外风范。深外风范是每一个深外人共同塑造的，为此，推动深外课堂革命也是我们每一个深外人的责任与使命。

我想围绕"课堂革命"讲以下四个方面的问题。

1. 为什么还要讲"课堂革命"？
2. 如何评价目前深外的课堂？
3. 深外应该追求怎样的课堂？
4. 深外课堂革命从哪里着手？

## 一、为什么还要讲"课堂革命"？

第一，从教育本身看，课堂是学生学习的主要空间，是教师立德树人的主渠道。

学校教育的发生，可以是校园的任何地方，一草一木皆是照亮心灵的课程，一人一事都是自我教育的机缘。教室、寝室、食堂乃至卫生间，都可能蕴藏着一个学生成长的可能性。秦国丞相李斯就是在上厕所时看到厕所中的老鼠又脏又瘦，而想到粮仓中的老鼠又大又肥，进而受到启发，决定西入秦国谋发展的。李斯功利化的人生固然不值得效法，但从教育层面看，一个人的成长总是始于自我教育的，而自我教育需要某种机缘。人本就是充满无限可能的因，最终结出什么果，往往取决于他遭遇什么样的缘。为此，我们深外校园理想的生态该是什么样子呢？深外校园就该是一个蕴藏着无数成长机缘的"场"，在这个"场"中，时时处处有感染人、激发人的暗能量在，似乎处处有光，一个孩子随便去校园哪里，都会被照亮。就像高中部校园里那上百尾鱼，我想无论是师还是生，走到水边，见到鱼，那一刻他的心都会变得纯净而美好。当然，各类场所中，教室与课堂才是关键，学生一日的学习，8个甚至10个小时在教室里，在课堂上，而教师完成党交给的立德树人的任务，也主要在课堂这个神圣的地方。

我记得小时候，学校不叫学校，而叫学堂。儿歌里就有唱："小呀嘛小二郎，背着那书包去学堂。"我一直觉得学堂这种叫法比学校更有意思。在我国传统建筑中，"堂"为正房，是庄重肃穆的地方。故而称学堂，似乎比学校更有一种庄严相。我们现在把学习和教书的地方称为"课堂"，也似乎比称作"教室"要好。教室侧重教，是以教师为本的理念，课堂侧重学，是以学生为本的理念。因为"课"就有学习的意思，当然，"课"还有另外两个意思，一是督促完成指定的工作，二是根据一定的标准进行考核。所谓课堂，不就是干这几件事情吗？一是引导学生学习，二是督促其完成任务，三是考核其任务完成情况。一个国家或民族，教育是根本，而教育的前线在课堂，只有守住前线，才能保证后方平安。后方是什么？是千百个家庭的嘱托与希望，也是国家和民族的未来。为此，我再次讲讲有关"课堂"的问题，很有必要。

第二，从时代使命看，课堂是课程改革的重要场所，是转变育人方式的主阵地。

我们身为共和国教师，身处当下大时代，必须要知道时代赋予教育工作者的使命。新中国成立以来，党的教育事业取得了丰硕的成果，但也遭遇了前所未有的挑战，国家教育的目的是为党育人，为国育才。当前，国家比任何时代都更需要人才，尤其是高端人才。中国正处在中华民族伟大复兴的征程上，我们凭什么继续向上走？凭人才。国家需要大批量的人才，需要高端的人才，学校为人才之本，而课堂尤为人才之本。为此，国家这些年一直加大育人方式革新的力度，新课标、新课程、新教材、新高考，一一推进，耗费巨大的物力与人力，只为教育能出人才。培育人才的课程如何落地？在课堂！转变育人方式，也必在课堂。只要课堂不作为，不革新，时代赋予教育的使命就不可能完成。你我作为教育工作者，责任在肩，不可推卸。为此，我们深外每一位教师，都要好好反思，研究课堂，革新课堂。送一届学生，一个班三年，大概是600多节课。一节课40分钟，相较总数，确实显得可以忽略不计，然而，一节课就像一滴水，一滴不干净的水，看上去不会污染一方澄澈的池塘，但多几滴水呢？做不好一节课，似乎影响不大，但连续一个月、一学期做不好课，其影响就是可怕的。课堂这一课改主阵地，有一方溃败，都可能满盘皆输。我们能否担负时代赋予我们的教育使命，就看我们如何做课，如何将课堂经营出一个"好"字。时代赋予我们使命，我们唯有不辜负课堂。

第三，从学校发展看，课堂是学校成败荣辱的展台，是集团教育品牌的支撑点。

一所学校的成败荣辱在学生及其背后的家长嘴上，深外集团的教育品牌也在互联网上，在"知乎"上，在"B站"上，在各种贴吧里、微信圈里。好事不出门，恶名传千里。一所学校在互联网时代比任何时代都更容易被虚妄的唾沫淹死。深外是要学生及其家长的唾沫还是掌声？我们别无选择，只能寄望听到掌声响起来。而掌声归根结底是从哪里响起来的呢？是我们的课堂！只要课堂上有学生发自内心的掌声，各种通讯里就一定有家长的掌声。为此，我们必须重视课堂，必须让我们学生说深外课堂好。

我们深外集团在立校三十年之际，经过专家把关，几易其稿，增删多次，才制定了集团及各校部的六年规划。看六年规划，深外的明天会更美好，然而，这愿景描绘无限美好的六年规划将在何处落地呢？主要在课堂！只要深外集团在课堂上无所作为，无所改变，六年规划也就必将成为一纸空文，别说一校九部，就是一校二十部，即便深外把分校办到香港，办到台湾，甚至办到国外，也只是肾虚的胖子罢了。做大很容易，难就难在做强！

总而言之，从学校发展看，我们只有做好课堂，才能迎来好的生源，有好的生源，我们才能培育更好的人才。为此，我可以说，深外荣耀，成在课堂，也败在课堂，荣在课堂，也辱在课堂。

第四，从教师事业看，课堂是教师光彩照人的脸面，是教师生涯的起点与归宿。

就我们每一个教师而言，课堂是我们的立身之本，虽然教师的工作更多是在课堂之外，但呈现教师智慧和精神的舞台确实在课堂。教师好比诗人，功夫在诗外，但诗人之为诗人，却是以诗歌作品来证明的。教师之为教师，虽然备课、批改作业、辅导教育学生会用掉我们教师生涯的大部分时间，但是课堂证明教师的价值和意义。所以我说课堂是教师光彩照人的脸面。别人不会操心你出门前三个小时如何精心化妆，也不会操心你平时如何控制饮食精心保养，别人只看你的脸面是不是光彩照人。性别有男女，但身为教师，无论男女，我们却必须具备母性，我们哪有不爱惜课堂这张脸面的呢？教师的尊严在课堂，课堂是我们每一位教师职业生涯的起点和归宿。新教师的起点在上好一节课，为职业生涯奠定基础；老教师的终点也是上好最后一堂课，为职业生涯画上圆满的句号。北大教授、诗评家林庚，77岁决意退休，为上好告别课，他的教案几易其稿，足足准备了三个月，林庚的最后一课讲的是《什么是诗》。消息一传出，前来聆听的人络绎不绝，极一时之盛。讲课那天，身高一米八的林庚先生穿着一身经过精心设计的黄色衣服，配一双崭新的黄皮鞋，头发一丝不乱地出现在讲台上。按照北大学者钱理群的说法："美得一上台就震住了大家"。课后钱理群送其回家，刚一进门林庚便倒下，大病一场。这就是老派知识分子的脸面与精神。课堂应该是教师道德的体现，对一名教师而言，上不好课就是失德。我希望我们深外教师高度重视自己的课堂，几十个家庭、几十个孩子把信任和时间托付给你，你能不敬畏课堂吗？课堂能是随随便便吹牛聊天的地方吗？

基于以上几个方面，我决意再围绕课堂讲讲，哪怕是老生常谈，我也要以此方式呼吁大家，深外教师要敬畏课堂，深外过去与现在的荣耀反映在课堂，深外辉煌的未来也必将书写在课堂。

## 二、如何评价目前深外的课堂？

自学校集团提出"打造深外好课堂，筑基未来三十年"的号召，各个校部积极行动起来，围绕"课堂"开展了各种有益的活动，各校部组织了各类形式的献课及赛课活动,深外宝校部也联合初中部及深外龙组织了同课异构活动,各校部参与市里赛事,也斩获奖项,取得了许多成绩,也记录了不少课堂视频,为深外云端学校的建设储备了大量资料。深外课堂起点高,也拿得出手,但拿得出手不是深外的追求,深外课堂应该追求卓越,要引领一个地区,影响更大的范围,成为课堂示范的标杆。据此,我们还有漫长的路要走,据我在各校部听课巡课看,深外课堂还只是在量变阶段,距离质变还有一段艰难的路。具体而言,我觉得深外课堂至少需要在以下五个方面寻求突破与飞跃。

第一,学生的主体地位尚未真正实现,课堂还是老师在把控。

对于课堂,作为教师,我们第一个要直面的问题就是——课堂究竟是谁的?看教育史,这个问题已经有了明确的答案,课堂是学生的,学生才是课堂的主体。课堂存在的意义是学习,而学生才是第一位的学习者。为此,课堂本质上是以学习为中心的相遇和对话,日本学者佐藤学在其《宁静的课堂革命》一书里提出:"学习是由三种对话实践——同客观世界的对话、同伙伴的对话、同自己的对话构成的。""课堂是由活动、合作和反思性时间构成的。"课堂本质上是一个"学习共同体"。佐藤学的课堂革命,我在十年前读过,很受启发。课堂革命,首先是教师观念的革命,我们教师必须清醒意识到,教师只是课堂的组织者、活动的参与者、学习的对话者、问题的倾听者、方案的建议者。一言以蔽之,教师在课堂上可以充当很多角色,唯独不能充当"独裁者"。人教人,教不会,事教人,一学会。课堂不是人教人的地方,而是事教人的场所。教师在课堂上需要做的就是给学生找事,即安排学习任务,并引导学生积极主动地完成任务。

我在各校部听课巡课中时常看到,学生在课堂上长时间只是听众与看客,而非课堂的学习主体。每每看到这样的情景,我是心痛的,因为我坚信这样的课堂迟早会让学生丧失独立思考的能力,也终究丧失学习的热情。学习金字塔理论告诉我们,"听讲"也就是老师在上面说,学生在下面听,这种我们最熟悉、最常用的方式,学习效果却是最低的,两周以后学习的内容只能留下 5%。第二种,通过"阅读"方式学到的内容,可以保留 10%。第三种,用"声音、图片"的方式学习,可以达到 20%。第四种,是"示范",采用这种学习方式,可以记住 30%。第五种,"小组讨论",可以记住 5% 的内容。第六种,"做中学"或"实际演练",可以达到 75%。最后一种在金字塔基座位置的学习方式,是"教别人"或者"马上应用",可以记住 90% 的学习内容。由此可见,让学生行动,让学生做事,才是真正的课堂。虽然听讲是课堂不可缺少的方式,但采用短平快以及趣味盎然的精讲,才是有效的。如果只是无精打采地、平铺直叙地讲解,那就只会让学生反感而无所得。因为学生注意力的持久性是有限的,从课堂注意力曲线看,40 分钟的课堂中间将有 15—20 分钟的注意力低潮,也就是说,学生注意力高潮主要在开始与结束阶段,开始期望值高,结束释放期值高。由此看来,课堂讲解最好在一刻钟内完成,其余时间就该安排学生做事,让学生在事上磨,让事情和任务教会他成长。

第二,教师的主导作用尚未真正发挥,课堂还是教师在灌输。

教师在课堂里须发挥主导作用,这是教学共识。佐藤学在其书里说得很清楚:"教师的责任不是进行'好的教学',而是要实现所有儿童的学习权利,尽可能提高儿童学习的质量。"然而,我们不少教师的理想,就是追求"好的教学"。其实所谓"好的教学",就是教师把知识精细处理后投喂给学生,本质上仍旧是灌输。这样的课堂其实仍然是不利于学生学习的。学习是一件需要主动用心用脑的事情,教师包办多了,把本该学生吃的思维之苦、遭的解难之罪替他们排除了,看起来教学进行顺当,其实是对学生学习权利的剥夺,是不利于学生能力发展的。我们的任务是引导学生走路,引导他用自己的双脚走到终点,而不是用轿子将学生抬到终点去,路始终要学生自己走。教师包办越多,学生就将被我们教得越笨。"新课程新高考的任务是要实现从解题到解决问题,从做题到做人做事的转变。"而现实里我们所谓的"好的教学"往往就是追求某道题或某一类题的具体的解题技术,甚至热衷于巧解妙解,似乎巧妙才能证明教师的水平。

真正的课堂不该是这样的,真正的课堂是要帮助学生掌握更基本的法、术以及法与术背后的道,是要教学生思维方法,教学生解决问题的底层逻辑。而思维方法及底层逻辑的获得,正是教师发挥主导作用的关键。教师的真正价值,就是要引导孩子深入到思维方法和底层逻辑层面,抵达并认识事物的本质。我曾经看过一则母亲教育孩子的故事,母亲在厨房里忙碌,让孩子上楼去帮她取一件东西,孩子说,楼上很黑,他怕。母亲放下手上的活儿,将手掌投影到墙上并问孩子,这影子让你害怕吗?孩子说不怕。母亲把手拿远一些,影子也就大一些,母亲又问,这大一些的影子让你害怕吗?孩子说不怕。母亲又说,其实楼上的黑暗就像妈妈手掌留下的影子,只不过要大一些罢了,你可以上楼试试,只要想着就是妈妈一只大手留下的黑暗就是。最后孩子上楼把东西给妈妈带下来了,母亲最后还问了一句,孩子你害怕吗?孩子当然说不怕。我很佩服这位母亲,第一,她善于捕捉教育机缘,一旦生活情境中有了可教育的机缘,她就不计成本地开启主导之路;第二,这位母亲是懂得引导孩子掌握底层逻辑的,直抵问题实质的。教师作为专业人士,其价值就在于引导学生抵达凭自己能力达不到的地方,而这就是主导的关键。此外,激发学生对知识和学问的热爱,对思考这项活动的热爱,也是教师主导的关键。连学生学习的热情、探求问题的兴趣都不能激发,那教师是作为不力的。

第三,团队的协作开放尚未真正深化,课堂还是老师在单干。

马克思认为:"人的本质是一切社会关系的总和。"法国思想家福柯也讲过:"人是环境和风俗的产物。"这意味着一个人的成长,就环境而言,封闭的肯定不如开放的,冲突的肯定不如和谐的。为此,学校教育的成功,一定是团队协作与开放的结果。班级课堂教学涉及若干学科教师,学科教学涉及若干科组教师,为此,课堂的效果,往往取决于两个团队的协作与开放。班级方面,班主任与学科教师是一个团队,这个团队的协作与开放,将直接影响学生的课堂质量及成绩。如果各自为政,都在单干,不仅作业无法统一协调,而且班级学情不能共享。同样,一门学科的教师如果不能与备课组团队协作,只是单干,其教学也必然大打折扣,尤其是青年教师,本就需要成长,没有团队的帮助和支撑,课堂教学效果也就难以保证。除了协作,团队还要有开放的精神，一个班级的教师团队也罢，一个学科的教师团队也罢，都该以开放的心态，广泛了解班级、兄弟学校以及学科前沿信息，否则，闭门造车，是难以成就班级课堂教学的。

深外的团队协作和开放基础不错，但还不够。譬如，科组建设及备课组建设尚有走形式与过场的问题，学科建设没有真正深化和落实。试想，一个科组一学期没有组织什么活动，集体备课、听课、评课等活动开展次数少，没有形成常态，班级教师没有就学情随时沟通交流，课堂能有多少深度与广度呢？有的教师一学期下来，连学生名字还叫不全，班级整体情况也不知道，课堂教学质量必然受影响。没有深刻的学情了解，授课就基本是瞎搞。

教师是一个永远需要学习和成长的职业。不依托团队的单干，以及自以为是的封闭，是不可能搞好课堂教学的。我希望在新的学期，各校部干部要努力改变单干的教学氛围，真正形成合力，让学生在更优化的环境、更清正的风气中得到成长的教育机缘，从而实现良好的自我教育。

第四，制度的系统建设尚未真正完成，课堂还是教师在散打。

课堂的核心要素是人，是教师和学生。是人就有人性，充分发展人的善性，而扼制人的惰性，要靠制度的系统建设。课堂效率的提高，是需要制度保证的，没有制度，教师的教学可能散漫；没有制度，学生的学习也可能缺乏激情。课堂应该是师生要敬畏的地方，这种敬畏之心也需要制度来保证。

深外课堂制度建设是没有真正完成的，至少缺少深外特色。譬如，集体备课制度、学情反馈制度、培优促差制度、奖励晋级制度、管理评价制度、课堂视导制度、作业布置批改制度、自习课管理制度等等。没有完善的课堂制度建设，就难以保证课堂的高效。为此，我们得加紧推进课堂制度建设，以保证课堂的高效。

第五，理论的学习交流尚未真正深入，课堂还是教师在解题。

课堂需要理论支撑，这毋庸置疑。没有理论的学习和专家的引领，教师不深入反思课堂教学，课堂教学还是停留在不断刷题和解题的层面，那就无法落实新课程和新教材，自然也无法适应新高考。

有关课堂的理论，如怀特海的智力发展理论、皮亚杰的认知发展理论、维果茨基的最近发展区理论、巴班斯基的教学过程最优化理论、建构主义学习理论、加德纳的多元智力理论、布鲁姆的教学目标分类理论、奥苏贝尔的认知—接受学习理论、杜威的生活教育理论等等。当然，也有中国的一些教育思想，如孔子的教学相长、王阳明的知行合一等。这些理论和思想，我们都应该认真学习，努力践行。没有学理支撑的课堂是没有法度的，不能近于道的法与术，只是一些误人子弟的俗招和套路罢了。只有依据理论，我们的课堂才能抵达本质。

### 三、深外应该追求怎样的课堂？

前年的报告里，我已提出了深外好课堂的五项原则以及深外须排斥的五类课堂，今年我还想更具体地谈谈深外好课堂的基本要求，我想换一个思考角度，将深外好课堂诠释为七个度，即：向度、热度、广度、深度、力度、节度、制度。

第一，深外好课堂必须是有向度的。

所谓"向度"，即指向性。我们的学校坚持社会主义办学方向，事关为谁培养人、培养什么人、怎么培养人这些根本问题。学校的根本任务是坚持立德树人，培养中国特色社会主义建设者和接班人。为此，深外好课堂必须有明确的向度，即为党育人，为国育才。深外的课堂，首先是教师的思想要正，其次是对思想不正的学生，教师有责任耐心教育，促其转变。当然，值得肯定的是，深外教师在课堂的政治向度上，是有明确意识的，我们没有教师犯过类似错误，希望大家要守住这条红线，不越雷池一步。我们不仅不能在这方面越界，而且要努力教化学生，让他们爱国家，爱人民，从小树立为人民谋福利的观念。我们改革开放以来的教育，的确出现了一些问题，出现了唯分数、唯升学、唯文凭、唯论文、唯帽子的功利主义，而在立德这个问题上重视不够。人首先是目的，而非工具。我们首先要教育学生成为人，然后才成就事。课堂向度偏离，则一票否决。向度正确是一堂好课的基点。

第二，深外好课堂必须是有热度的。

课堂的关键因素是人，而人的首要因素是态度，为此，好课堂的一项重要指标就是师生双方在课堂上都充分投入了做事的热情。教师的敬业精神是崇高的，学生的学习热情是高涨的。课堂没有热度，就只是一潭死水。课堂要像一堆篝火，只有点燃了，歌才能唱起来，舞才能跳起来。课堂关键在一个"活"字，课堂没有朝气与生机，无论多么优化的知识讲解与训练，课堂效率都必然是极其低下的。好课一定是用心用情演绎出来的，上好课的心到了，爱学生的情到了，教师的话语才会富有感染力，教师的课堂设计才会优化。一切才能与才华，靠的都是心。课堂需要做到"四用"：用心、用情、用力、用智。用心用情永远是第一位的。为此，我衷心希望我们深外的教师是满怀热情走进课堂的，是能把自己的课堂经营得风生水起，满座鲜花的。调整自己授课的状态，千方百计激发学生的学习热情，这是我们教师必须要努力做的。激发热情是一堂好课的起点。

第三，深外好课堂必须是有广度的。

深外好课堂应该有三方面的广度，一是课堂呈现的知识与信息有广度，二是学生参与面及对话面有广度，三是全面育人的广度。对知识与信息能够旁征博引，左右逢源，上下求索，这应该是教师的一项重要教学能力。教师应该把一个知识点的理解和运用，放到广阔的世界里去，放到各种生活情境中去，如此才能让这个知识点被透彻理解和真正运用。教师指导学生学知识，最简单的办法就是直观举例，而例子的丰富与否，就是关键。此外，教师还得有一项能力，那就是调动学生积极性，鼓励学生广泛参与并对话，学生参与课堂的人数多，对话的层面丰富，课堂才是高效的。最后，教师还要建立育人全面的广度。学科教师在传授学科专业知识，但教学的眼界却不能局限于专业知识，而没有看见人，也不能没有看见人的全面发展。教师在课堂上，必须要从对专业知识的过度关注中走出来，以"人"的身份与学生对话，也必须把学生当作学习知识的"人"看待，而非仅仅把学生当作知识的容器。只有站在"人"的立场育人，育人才有广度。如果一个数学老师，只能教学生数学知识，而不能在哲学层面启迪其人生，那么这个数学老师绝不是顶级的，专业是促狭的，思想却要广阔。富有开阔的广度是一堂好课的亮点。

第四，深外好课堂必须是有深度的。

在课堂教学中，学科知识主要有两个来源：一是教材，一是教师。教材知识需要教师阐释与补充，而阐释与补充需要教师对知识做深刻的理解。所谓课堂的深度，主要就是指教师对所教授的知识的深刻理解。教师理解越是深刻，就越是可以帮助学生学习知识，也能让学生学习得更有趣味。人本有向学之心，对真理是充满渴望的，教师对知识的理解深刻，才可能抵达问题的本质。为此，在课堂上，教师需要有三个方面的深度：一是知识的深度，二是思想的深度，三是思维的深度。当然，需要注意的是，理解的深度不等于知识的难度。有的老师加大知识的灌输，给予学生许多超纲的知识，结果囫囵吞枣，学生消化不了，反而起了坏作用。教师的主导作用，绝不是加大知识难度，训练难题，而是将教材知识做更深刻的理解和运用，引导学生抵达他应该抵达而暂时未能抵达的地方。也就是说，学生以为自己摘不到的桃子，老师搭个支架让他摘到，或者学生以为自己摘到了桃子，老师换个思路让他懂得摘到桃子还有许多别的路径。这才叫课堂的深度。总之，深度绝不是给学生灌输更难的知识和方法。富有深度是一堂课引发巨大能量的奇点。

第五，深外好课堂必须是有力度的。

课堂的力度是从效果角度看的，所谓力度，一是课堂情绪上的感染力，二是课堂思路上的逻辑力，三是课堂设计上的创新力，四是课堂管理上的执行力。课堂有能教和不能教的，能教的可以凭借语言说明白，不能教的就要靠情绪的感染达到目的。靠言语说教立德树人，基本无效，故而更多的靠情绪的感染，言传不如身教，身教之所以发挥作用，就是榜样的示范，而榜样示范调动的就是情绪感染。为此，教师管理好自己的情绪，发挥良好情绪的感染力，是使得课堂有力度的基本之道。此外，教师更要充分发挥课堂上逻辑与理性的力量。对低年级孩子而言，情绪感染或许更重要些，但对高年级学生，更要靠逻辑与理性的力量使其信服知识与真理。

逻辑是服膺学生的最好策略。为此，教师的课堂，无论课堂流程的思路，还是问题分析的思路，都要特别讲逻辑，让知识的演绎环环相扣，无懈可击，这样才能有力量。课堂上展示的创新力，是打动学生的重要因素。"周虽旧邦，其命惟新。"课堂之使命，也在一个"新"字。课堂的最高价值与意义在于师生有新东西生成，故而日本学者将发现与捕捉视为教师课堂教学的核心素养。没有发现，也就无从捕捉，捕捉不到，也就不能生成自我教育机缘，没有自我教育机缘，教育就不可能发生。故而，成功的课堂就是发现和捕捉到了一个人成长的机缘罢了。也只有有了发现与捕捉，课堂才是有力度的。课堂管理上的执行力也不可小视。课堂需要管理，教师若不能控制课堂向着不良方向发展，那就是执行力不够。有的教师不注意课堂纪律的维持，任由学生打闹，甚至连学生在做与课堂无关的事情，如打瞌睡、玩手机也不管，没有管理执行力，就是失德。追求力度是一堂富有效率的好课的原点。

第六，深外好课堂必须是有节度的。

教育教学的微妙之处在于分寸感的把握。同一种方法或策略，对甲同学有用，未必对乙同学也有用，不掌握好分寸，不把握住火候，就容易煮成夹生饭。老子说："治大国若烹小鲜。"其实搞教育教学，何尝不是如此？烹小鲜不适合猛火乱炖，也不适合在锅里翻转太勤，教育是慢的艺术，往往需要靠文火慢炖，静等花开。为此，好课堂一定要有节度，教师言语的节制、情绪的节制、教学内容的节制等等，都是必要的，之所以需要节度，是因为课堂是教师必须敬畏的地方。几十个未成年人将生命中宝贵的时间、心灵、理想托付给教师，如果教师不懂得分寸，譬如，在课堂上说太多闲话，自言自语，东拉西扯，讲个题，连家里养的小狗都会牵扯出来说个半天，这就是浪费学生的时间。同样，课堂设计的花里胡哨，多媒体技术的滥用，无效习题的布置，低效活动的开展等等，都是对课堂的大不敬。总之，教师在课堂上要有节度之心，分寸之感，本着严肃认真、活泼紧张的原则开展课堂教学才是必要的。把握节度是一堂向上向善的好课的正点。

第七，深外好课堂必须是有制度的。

好教师的课堂也一定有一套课堂规矩，这规矩就是课堂制度。教师应该根据学科特点，为学生立制度，兴规矩，譬如如何听课，如何记笔记，如何讨论，如何做练习，如何回答问题，如何完成课后作业等等，都要有制度与规矩的。优秀是一种习惯，但别忘了这句话背后还有隐含的后半句：平庸，甚至拙劣，也是一种习惯。学习本质在于养成良好的习惯，而习惯的养成在于课堂制度的建立和坚守。深外好课堂，尤其要重视制度的建立。

深外好课堂要像古人写诗填词做文章那样，遵循法度，讲求章法，又要灵活有个性。做出好课不容易，但做出有法度的课是教师本分。希望我们深外教师形成合力，共同研习与分享，一起将深外课堂推向新的高度。坚守制度是一堂反映师生定力的好课的定点。

## 四、深外课堂革命从哪里着手？

推动课堂革命，建设深外好课堂，关键要从课程的优化和教师的发展两个方面着手。

第一，优化课程体系。

在新的课改中，新课标是道，新课程是法，新教材是器，新高考是术。道法器术，道须法来承载，器与术又须法来统领，为此，法是承接形而上与形而下两个层面的中间层。由此可见，没有课程体系的优化，课堂就难以载道而行，同样，也就难以用好器与术。去年我讲了深外好课程的相关问题，各校部也落实了一些任务，但整个课程的建构与优化还需要加大力度。尤其是国家课程校本化的问题，各校部还要加大研究力度。国家课程校本化落实不够，我们就既不能落实新课标，完成国家使命，也不能落实新高考，尽到社会责任。

第二，厚植教师功力。

教师是道法器术的实践者，课堂教学效果最终取决于教师的水平与功力。教师这个职业，在三百六十行中，有其特殊性，因为教师这个职业是育人的，干的是培育未成年人的事情，这样的事业，尤其需要良心。无论社会如何，教师都要有强烈的身份意识。一旦师德有亏，也就难以站稳讲台。学生服膺的是干净的教师，而非世俗的教师。教师也需要个性，教师要全面落实教材，但不能丢掉自己的主观能动性，而成为教材的传声筒和复读机。教师不能因教教材而陷入教条主义，不能因教材而与学生为敌，教师应该在教材与学生之间寻找到和谐的平衡点。

优秀的教师很难做，他首先应该是个生活家，有正确的生活观念，是懂得生活，把生活艺术化的人，是生活得有趣味、有审美的人。一个生活单调乏味的人是不适合做教师的。其次，教师应该是个学问家，教师不仅是自己学科方面的专家，也应该是百科全书式的学问家，其知识储备有广度，也有深度，正因如此，深外倡导教师成为有深度的学者型教师。再次，教师也应该是一个演说家，教师靠口才吃饭，须长于表达，长于讲解。若是腹有诗书而倒不出，茶壶煮饺子，那就难以站稳讲台。最后，教师还应该是一个活动家，教师干的是影响人的事业，很好协调人际关系，尤其是与学生保持良好的师生关系，必不可少。没有良好的师生关系，难有良好的课堂教学。

一名教师要成为这样的"四大家"，关键在读书，一个不读书的教师，其课堂永远停留在挣扎的层面，不可能游刃有余，挥洒自如。教师首先是个好人，其次是个读书人，然后才可能是一个教书的人。学校将在提升教师功力方面多想办法，争取把学校打造为一个学习共同体以及书香社区。

人是决定因素。深外课堂取决于深外人。只要深外人是一种生力，深外课堂就有生机。人是生产力中最活跃的因素。功以才成，业由才广，深外的事业要靠每一个深外人挥洒才情，我们深外人的清醒与抉择、智慧与果断、坚守与开拓、大公与进取，终将给深外带来新的辉煌，让我们一起奋斗，一起奉献，为了深外荣耀！

# 打造深外六有好课堂，推动教育高质量发展

深圳外国语学校（集团）副校长　谢志光

课堂是教学的主战场，课堂建设也是学校文化建设的重要内容。深圳外国语学校作为新课程、新教材示范校，遵照"双新"精神，积极推动深外课堂革命，倾力打造深外好课堂，不仅有形而上的学理建构，还有形而下的践行指标。践行"双新"深外好课堂的指标包含"六有"，即：有人、有料、有序、有趣、有效、有用。我们倾力打造深外六有好课堂，推动教育高质量发展，向党和人民交上一份满意的答卷。

## 一、有人："双新"深外好课堂的起点

课堂的主体是学生，教师授课，首先要看得见人。心眼里没有学生，不关心学生在课堂里的存在与学习状态，不知道学生是处于原始散漫的自然状态，还是理性积极的发奋状态，这绝不是好课。看得见人，这是授课必要的起点，而授课的终点就是成全看见的人，使其美好人性得到发展。课为学生的成长而设计，也为学生的成长而实施。看不见学生，再好的设计与实施都只是一厢情愿的表演。"有人"不仅指看得见学生，也包含教师看得见自己。教师能自觉自己的生命状态，并能调整自己，将最好的执教者形象展现在学生面前，这是课堂有人的第一要义。看得见自己，才看得见学生。"有人"的好课堂指标建构包括：

第一，师生都有专注投入的热情，有尽心用力的样态。热情带来专注与投入，进而带来成就，而成就感带来幸福快乐的心流，进而又激发更大专注投入的热情。如此，课堂也就进入内驱力恒在的良性循环。师生有参与课堂的热情，每个人都在努力，都在向上生长。信息的传递让每一个人都感受到了，每一个人都在课堂里积极发现和捕捉种种信息并做出回应。教学的实施只有在师生热情之火点燃起来并在实施过程始终如一保持激发状态，课堂才是有效有用的。

第二，课堂上看得见老师想教好、学生想学好的状态。师生有向学的愿力，教师不能只管自己讲授，不能只是把课堂教学看成完成一次任务。教师不仅要"做完"，更要"做好"。没有强烈的教好的心，就不会去深入探讨知识的内在逻辑，也不会用心研究学情。同样，学生没有向学的愿力，其思维也就停滞，只是被动地接受知识，并不能够使心智得到发展。为此，教师要积极探索如何教好课程，而非止步于如何教完课程，而且，教师要千方百计激发学生对未知世界的好奇心，激发他们想学好知识的愿力，课堂上，无论师生，都有向上并向善的精神。

第三，教师观照到了所有人，眼光抵达所有人的心灵。课堂有了热情，见到向上向善的精神，还需要教师有观照到所有学生存在状态的广角视域。教师要看见课堂上群体的心灵走向。教学需要组织，组织的关键就是观照到所有人，教师不能只顾着完成自己的教学任务，而把一部分学生搁置在自己视域之外。看见所有的学生，才能发现和捕捉到更有价值的问题和错误。也唯有如此，教师才能从整体上提升课堂质量。

第四，师生有基于学情的对话，师有引导，生有思考。课堂本就是基于一个共同话题的对话，没有对话，只有教师的独角戏，那不会是好课堂，课堂里有对话才体现看见了人。对话是基于平等关系的"各言其志"，不是简单表态或者附和。没有思维流量的对话是假对话。真对话是基于学情的，是在预设和生成之间找到平衡的、真正解决问题的教学相长。没有生长，对话再热闹，都是假象，毫无益处。

## 二、有料："双新"深外好课堂的载体

课堂是传道授业解惑的地方。课堂上所传递的道业就是"料"，有料的课堂直抵智慧与真理，没料的课堂看起来在传授知识和方法，但可能只是伪知识和伪方法。真正的智慧须具备两个条件：一是揭示出事物的本质，二是理解了事物的系统。"有料"就是教师在课堂上提供的知识和方法是最本质的、最优化的、最有价值的。"有料"的好课堂指标建构包括：

第一，教学内容是二次提炼的干货硬货。教材、教辅提供的知识，要经过教师的思辨与处理，不能直接搬用，需要充分考虑学情，在国家意志、教材知识与学生之间"搭支架"。将教材或教辅的内容直接写在PPT中就登讲台照本宣科，必是低效甚至无效的。教材就在那里，但教什么才能实现教材的宗旨，这需要教师走心，吃透新课程、新教材，明确国家意志，才可能让课堂真正做到有料。

第二，信息针对性强，是研究新课程、新教材、新高考而形成的真知。有料与否，还要看提供的信息的针对性，为此，教师研究新课程、新教材、新高考是必须的，这些研究不透，课堂也就跟不上形势，课堂效果自然要打折扣。有的老师在课堂上随心所欲，看起来讲了一些有趣的、学生爱听的知识，但其实只是满足了学生的猎奇心理，实际意义并不大。

第三，有学生在课堂上、对话里、练习中暴露出来的真问题和真错误。教学的目的在学生的心脑的成长，而成长捷径的起点是学生真正的问题和错误。从学生的问题和错误出发，才是抓紧了学生的"最近发展区"，也正因是来自学生的问题和错误，才会引起学生的学习兴趣和热情。能点燃学生思考兴趣的东西，即为有料。

## 三、有序："双新"深外好课堂的基础

"有序"是课堂教学内在必然的追求。思维发展与训练本身就是要引导学生从混沌模糊一步步走向清晰有序。思维只有长期处于秩序化状态中，才能真正发展起来。探

究真理，解决问题，本质上就是发现和捕捉问题背后的秩序。好课堂首先要能够呈现充分的条理性，给人以强烈的清晰感，条理和清晰是好课堂展示的第一特性。有序化的"好课堂"指标建构包括：

第一，有序的内容设计呈现——环环相扣，层层深入，逻辑无漏洞。教案、学案以及课堂呈现要紧扣逻辑层次的最优化，抽丝剥茧，条分缕析，追求清晰、简洁之美。教师备课时尤需重视教学内容的正确性、逻辑性以及教学设计的最优化和秩序化。例如学校音乐课让学生在情境中感知旋律的走向与节奏的疏密，形成"赏调式、赏旋律、赏节奏"的音乐探索模式，就充分体现了课堂的有序性。

第二，有序的师生语言表达——清晰、精准、干净地表达一个意思。苏霍姆林斯基曾指出："教师的语言素养在极大程度上决定着学生在课堂上的脑力劳动的效率。"课堂对话中诸如口头禅、碎片化、病句等问题，师生都要努力克服。语言是思维的外化，语言不精准清晰反映的其实是思维的混乱。训练言语表达的精准清晰，可以"倒逼"思维走向有序化。

第三，有序的情境物件摆放——各归其位，井然有序，给人敞亮感。生活情境的秩序感对学生的成长及习惯养成十分重要。校园尤其是教室务必体现各归其位、井井有条的有序性。学校强调培育由外及里秩序感均强的人，有序是优秀的基础，优秀学生得益于秩序感的训练和培养。

## 四、有趣："双新"深外好课堂的氛围

"有趣"是课堂教学的活力、魅力所在。有趣的东西容易激活和唤醒对世界充满好奇的学生的热情。如果内容设计及问题有趣，启发引导和探究有趣，自然能唤起学生主动求知创新的欲望。强调并建构课堂的"有趣"包含以下几个方面：

第一，有趣的情境设计。保证知识在一定的情境和项目中完成，拒绝纯知识化的讲解。课堂培养的不是"解题""做题"的能力，而是"解决问题""做人做事"的能力。解决问题、做人做事应该在具体情境或项目中进行，譬如物理课中对力学知识的纯粹讲解不如投放一张牛车拉货的图片更有趣味；语文讲"既"与"即"字的区别，不妨引入甲骨文造字法让讲解更有趣味。

第二，有趣的问题驱动。保证课堂在问题的驱动中完成知识的学习和能力的培养。爱因斯坦说过："提出一个问题往往比解决一个问题更重要"，我们所倡导的启发式教育便是基于问题的提出来导引的。一个好的问题可以激发学生的好奇心，譬如讲解沈从文的《边城》，从"真爱也可能造成悲剧吗？"这样一个问题开始更有吸引力。

第三，有趣的例举比照。例举比照可以化深奥为通俗，又便于记忆。通过举一反三，收触类旁通之效。对于学生来说，例举比照不仅是训练其思维关联力的有效方法，也是引导其走进生活的有效途径。例如化学里讲解"核外电子的最外层具有保护作用"，可以例举比照祖国边防战士守卫边疆，不但可以激发学生兴趣，还可以润物无声地进行爱国主义教育。

## 五、有效:"双新"深外好课堂的目标

"有效"是基于学生维度的评价,并非指教师有没有教完内容或教得认不认真,而是指学生有没有学到什么或学得好不好。"好课堂"要在以下方面体现出"有效性"的特质:

第一,有效的课堂应该体现核心素养的提升。新课程、新教材强调课堂要集中时间和精力培养学生的正确价值观、必备品格和关键能力,只有对标目标系统,紧紧围绕核心素养的培养,精心设计教学行动,将知、思、行三者完美结合,课堂活动才能切实奏效。

第二,有效的课堂必然具有饱满的生成性与充分的获得感。学习的意义是学习主体自行建构的。生成性与获得感正是要强调课堂有学生自主的意义建构,教师唱独角戏或者教学内容单薄都无益于这种建构,即削弱其有效性。课堂实现生成性和获得感的最佳途径应是对话与活动。对话与活动的深度将决定课堂的生成性和获得感的饱满程度。

第三,有效的课堂核心在于能见智慧。课堂教学要么抵达了某个知识点的本质,要么发现和捕捉到有价值的东西,如重新认识常识、拓展新知新见等,让学生在认知和情感上有所发展,使学生有收获、有提高、有进步,而且既有助于学生当前的发展,又观照到学生未来的可持续进步,这样的课堂才是有效乃至高效的。

## 六、有用:"双新"深外好课堂的旨归

好课堂必须紧密关联生活实际、观照时代未来。学生眼前的实际问题不能解决,也不能为未来生活做准备,这样的课堂就只是空中楼阁。"好课堂"需要在以下方面体现"有用性"的内涵:

第一,有用的课堂着眼于学生的生活实际,着眼于时代与未来。强调课堂的有用性就是强调课堂教学要基于现实生活,助力学生全面的生命成长。应将学生参与生活的主动性、教师引导生活的科学性以及生活项目完成的时间量,作为判断一堂课是否"有用"的三个维度,把有用性作为贯穿课堂活动的终极指向。

第二,有用的课堂旨在激活和唤醒学生的内驱力。教育的力量来自"我要做",而非"要我做"。课堂的活动内容应是学生愿意积极投入的,这就需要发现和捕捉到关节点——学生进行自我教育的机缘就是教育教学的关节点。

第三,有用的课堂还要体现在为学生的学习提供帮助,助其掌握知识,夯实基础,形成核心素养和基本能力,完成各科学业并取得良好或优异成绩。工作要有业绩考核,学习也需要考核评定。基于素质教育育人目标的考核活动是必要的,可借此检验学生"解决问题"和"做人做事"能力,是衡量课堂活动有用性的重要尺度,其本身并不能与应试教育简单挂钩。

深圳外国语学校"六有好课堂"的指标本身是一个系统全面的构成,应该是"六有"同时具备。其中,有人、有料、有序是基础,有趣是灵魂,有效是目标,有用是根本,四者缺一不可,彼此融合与促进。

# 实践篇

## 深外好课堂课堂设计与实录

# 大单元教学课堂设计与实录

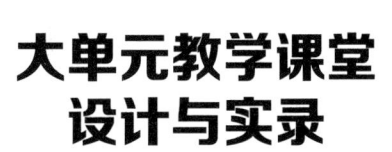

# "凡人歌：关注身边人，写作小人物"课堂设计

## ——义务教育教科书 语文 七年级 下册 第三单元

设计：深圳外国语学校宝安学校 初中部语文科组 于 俊

评点：深圳外国语学校宝安学校 蔡明慧

## ◎ 设计导语

本单元的学科大概念为"塑造小人物需要彰显人物多面性、内蕴人物情感、挖掘人物内心世界"，意图培养学生从写作者的角度深入探察小人物外显的平凡与内隐的善，从独特的写作视角切入，能够使用事件铺排、细节描写、欲扬先抑等手法塑造身边人的形象。

本单元设计整合七下第三单元中三篇现代文进行教学，第三单元的人文主题是"小人物"，这些小人物没有伟大的事迹、崇高的胸怀、渊博的学识，但他们仍以其真切、平实、质朴的爱与善让人感动，而实际上此类人物正是学生日常生活中能够遇到并与之相伴的一类人。《阿长与〈山海经〉》中鲁迅深情回忆了他的保姆阿长；《老王》中杨绛与车夫老王的交往，表达了二者在身份差异之下的独特情感；《台阶》中李森祥则着眼于小人物为物质追求所囿，而荒芜了精神世界的困境。三篇文章都塑造了立体、鲜活的小人物形象，并且每一个小人物身上都寄寓了作者独特的情与思，在表现人物魅力之余，还能够引发读者对于此类人物的深思，甚至上升到对整个社会人生的考察。

因此本单元教学期望学生能从写作者的角度来解读人物，乃至从中学会塑造人物，使学生跳脱出单纯的解读、赏析的思维，培养一种艾布拉姆斯文学四要素式的审美眼光，即把文学生产看作由作品、世界、作家、读者共同构成的活动，从作家的角度切入分析作品，思考世界和读者应该如何有机地联结在一起。

## ◎ 任务框架

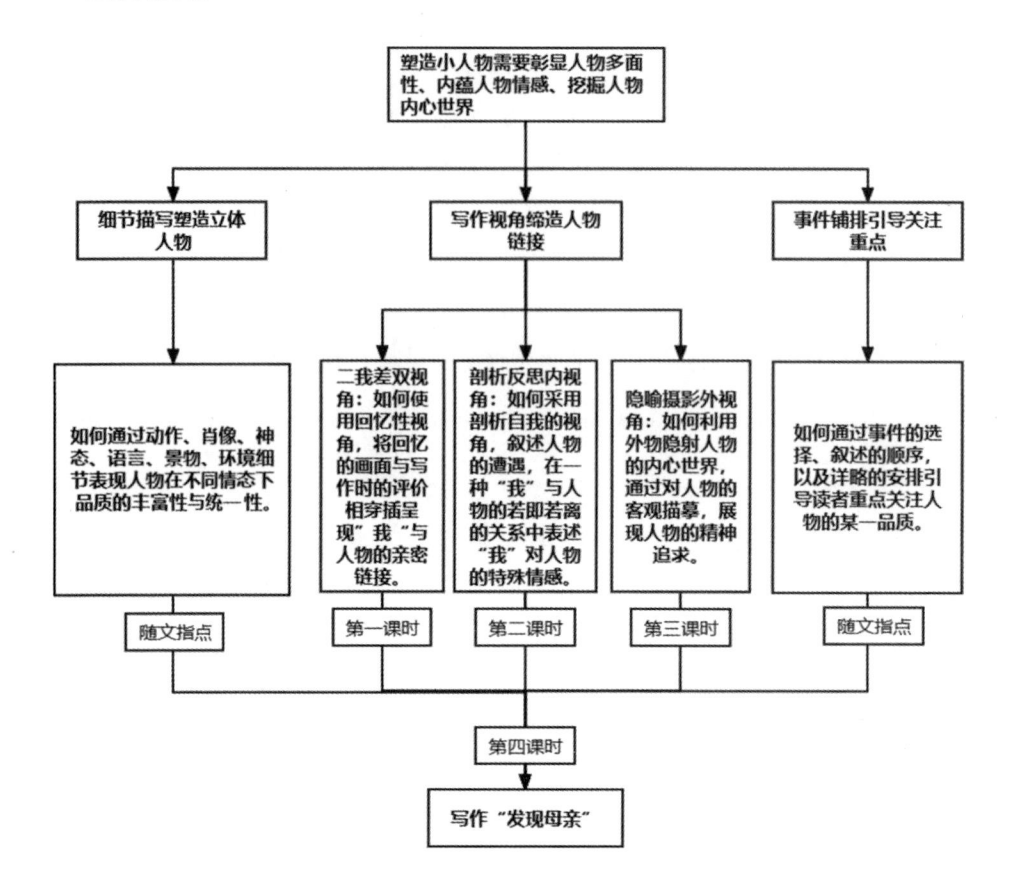

```
                    塑造小人物需要彰显人物多面
                    性、内蕴人物情感、挖掘人物
                    内心世界
                            │
        ┌───────────────────┼───────────────────┐
        │                   │                   │
  细节描写塑造立体        写作视角缔造人物        事件铺排引导关注
      人物                   链接                   重点
        │                   │                   │
        │         ┌─────────┼─────────┐         │
        │         │         │         │         │
  如何通过动作、  二我差双视  剖析反思内  隐喻摄影外  如何通过事件的选
  肖像、神态、语  角：如何使  视角：如何  视角：如何  择、叙述的顺序，
  言、景物、环境  用回忆性视  采用剖析自  利用外物隐  以及详略的安排引
  细节表现人物在  角，将回忆  我的视角，  射人物的内  导读者重点关注人
  不同情境下品质  的画面与写  叙述人物的  心世界，通  物的某一品质。
  的丰富性与统一  作时的评价  遭遇，在一  过对人物的
  性。           相穿插呈现  种"我"与  客观描摹，
                "我"与人  人物的若即  展现人物的
                物的亲密链  若离的关系  精神追求。
                接。        中表述"我"
                            对人物的特
                            殊情感。
        │         │         │         │         │
    随文指点    第一课时  第二课时  第三课时   随文指点
                          │
                      第四课时
                          │
                     写作"发现母亲"
```

## ◎ 学习过程

**环节一　导入真实情境，确定写作方向**

任务 1：教师投稿校园公众号人物专栏被拒，分析原因。

评价该老师的人物写作稿件，从写作技巧、人物塑造和整体立意三个方面了解人物写作有哪些误区。

**"发现母亲"主题征文投稿**

XX 年级 XXX 教师

你可曾注意过母亲在天刚蒙蒙亮时，伏案做羹汤的身影；你可曾注意过母亲在你考试失利时，摇头叹气的模样；你可曾注意过母亲在你晚归时，在门前张望的身影……

母亲是一支等待的歌。我的母亲是一个偏远小村的农民，每天第一声鸡啼响起时，母亲已经不在屋子里了，因为家离学校远，她早早地就要给我们准备早餐，等待着我们起床。我的母亲和别家唠叨的母亲很是不同，在我们家，是我总爱说很多，而母亲的性格很温和，总是耐心地等我说完，给我微笑，就是这样的等待，让我练就了会说的本事。……

母亲总是这样的辛苦，这样的温柔，这样的毫无怨言。母亲伴我成长，助我成才，我感谢我的母亲。母亲，您多么伟大！

审稿人意见：

感谢您的来稿，很抱歉您的来稿不符合本次征文的条件，我们希望看到母亲不一样的那一面，感受母爱里的平凡，平凡中的伟大。

务2：寻读单元导语关键信息，明确本单元学写小人物写作方向。

写好小人物需展现小人物的平凡与光辉，引导人们向善、务实、求美[①]。提出驱动性问题：如何展现小人物的平凡与光辉？

说明：建构真实情境，意图引导学生采用批判的眼光，联系过往写作经验，直面人物塑造的问题。紧贴教材，从教材导语中寻得写作目的，明确写作方向。

环节二 提炼三大独特的写作视角，以关涉小人物的凡与善。

任务3：二我差双视角。如何穿插回忆画面与评价的双视角丰富人物的内涵？

（1）虚设作者回答，引导学生回文寻找信息。

鲁迅先生："比起小人物的说法，我更愿意说她是我怀念的一位故人。写起她时，童年的记忆似乎又鲜活起来，在过去和现在的思绪交杂里，阿长便生动起来了。"

（2）完成《阿长与〈山海经〉》文章事件的梳理以及"我"对阿长情感态度的转变。

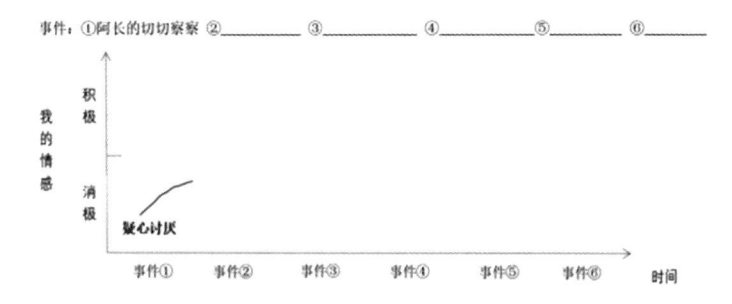

事件：①阿长的切切察察 ②＿＿ ③＿＿ ④＿＿ ⑤＿＿ ⑥＿＿

（3）对照下表，寻读鲁迅成年写作时的评价与回忆中童年的画面，总结二我差视角。

| 写作时的评价 | 童年的画面 |
| --- | --- |
|  | 摆成一个"大"字 |
| 这些规矩，也大概是我所不耐烦的。 |  |
|  | 面如土色，轻轻拍着胸脯"啊呀，骇死我了，骇死我了……""再要放，就炸了！" |
| 别人不肯做，或不能做的事，她却能够做成功。她确有伟大的神力。 |  |

（4）提炼总结双视角写作的关键信息。

丰富小人物的品质内涵的秘诀在于写人时要真情实感，要褒扬人物也可以采用欲扬先抑的手法，同时可以穿插两种视角，一个视角展示画面，一个视角叙说对人物的整体评价。

---

① 【评点】基于单元学习的人文主题、语文要素，整合单元学习内容，确定单元核心学习任务，设计出关键性驱动性问题，建立本次学习的核心学习轴。

（5）练笔写作

回忆三个以上与母亲相处的事件，并写下感受和评价，以欲扬先抑的形式排列事件。①

任务4：剖析反思内视角。如何从客观叙述中表达对人物的特殊情感？

（1）虚设作者回答，引导学生回文寻找信息。

杨绛先生："后来我总是想到他，想到他时便也想想自己。想起他时，有些事我总是愿意多写一些，哪怕是反复说，而有些事我不愿意多说。"

（2）阅读《老王》1-4段，完成老王的人物信息表。

老王的样貌：只有一只眼，另一只眼是瞎的。

老王的住处：住在一个荒僻小胡同里的一座破落的大院中的一间塌败的小屋，多年了。

老王的工作：蹬三轮的单干户。

如果用一个词形容老王的处境，你会怎么说？孤独、悲惨、不幸

（3）梳理文章中"我"与老王交往的事件，并分析老王对作者一家的情义。

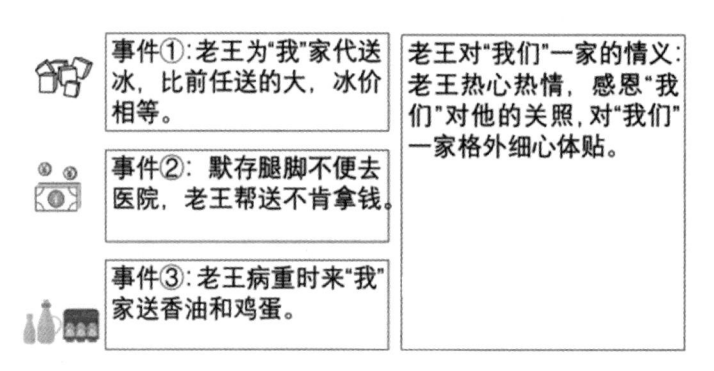

事件①：老王为"我"家代送冰，比前任送的大，冰价相等。

事件②：默存腿脚不便去医院，老王帮送不肯拿钱。

事件③：老王病重时来"我"家送香油和鸡蛋。

老王对"我们"一家的情义：老王热心热情，感恩"我们"对他的关照，对"我们"一家格外细心体贴。

（4）绘制人情天平，思考探究"我"与老王之间交往秩序的不平等，以及"我"的愧怍。

如果这是一个人情天枰，请你想一想，情义重的一方向下，轻的一方向上，你会如何画出这杆称，说明理由。

"我"　　　　　　　　老王

（5）思考探究文中如何通过事件详略、细节描写等手法表现"我"的愧怍？请找

---

① 【评点】基于关键性驱动问题设计的第一个练笔作业，作业设计基于对穿插回忆画面与评价的双视角表现人物内涵的写作方法的有效探究和迁移运用，作业情境基于学生的生活情境展开，利于学生探索实践。

一找文中有哪些事情作者愿意多说一些，甚至反复说，哪些事情作者不愿意多说，为什么？

（6）提炼总结剖析反思式写作的关键信息。

表达对小人物的特殊情感的秘诀在于写作人物时也可以采取一种剖析自我的反思视角，通过对事件的详略安排、对文字的精心组织来叙述人物的遭遇，引导读者自行发现人物的品质和作者对人物的情感。

（7）练笔写作。

采用剖析反思内视角，写下曾经伤害过母亲的一个场面。写作过程中能够在客观描述事件时，深刻剖析内心，在关键细节与事件铺排中暗示出作者的反思态度。

任务5：隐喻摄影外视角。如何以客观物质显化人物的精神世界？

（1）虚设作者回答，引导学生回文寻找信息。

李森祥先生："有些人从来没听过'梦想'这一类的词，但他们同样有丰富的精神世界，像这样一些人，他们的精神世界也许就藏在身边的一砖一瓦，一粥一饭中。而作家的作用就是让他们的精神世界显形。"

（2）关注标题，探究文中作者是通过什么让父亲的精神世界显形的，它代表什么？

（3）采用摄影式的视角，选取文中的细节片段，展现父亲的精神世界[①]。

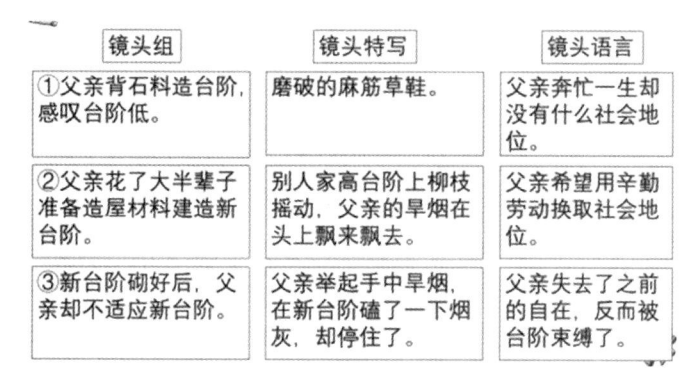

| 镜头组 | 镜头特写 | 镜头语言 |
|---|---|---|
| ①父亲背石料造台阶，感叹台阶低。 | 磨破的麻筋草鞋。 | 父亲奔忙一生却没有什么社会地位。 |
| ②父亲花了大半辈子准备造屋材料建造新台阶。 | 别人家高台阶上柳枝摇动，父亲的旱烟在头上飘来飘去。 | 父亲希望用辛勤劳动换取社会地位。 |
| ③新台阶砌好后，父亲却不适应新台阶。 | 父亲举起手中旱烟，在新台阶磕了一下烟灰，却停住了。 | 父亲失去了之前的自在，反而被台阶束缚了。 |

（4）思考探究：通过文末的最后一句"父亲老了"，分析作者对于父亲一类人的看法态度。

出示资料："在中国农村，一个父亲的使命也就这么多，或造一间屋，或为子女成家立业，然后他就迅速衰老，并且再也不被人关注，我只是为他们的最终命运而惋惜，这几乎是乡村农民最为真实的一个结尾。"

（5）提炼总结剖析反思式写作的关键信息。

显化小人物的精神世界的秘诀在于人物的内心世界可以用他身边的事物来暗示，只要观察他的动作、物品、神态，还有身边环境的变化就可以洞察一个人的内心。

（6）练笔写作

现在请你观察你的母亲经常拿起或者提起的东西，平时母亲如何与它相处，请你

---

① 【评点】采用学生喜爱且乐于探究的摄影式视角，引领学生在细节化的生活片段中探究深藏其后的父亲的精神世界，探究的过程带给学生的情感张力让学生信服于典型细节写作带给作品的力量。

记录当时的画面，找到典型细节，并请你试着解读母亲内心真实的表达是什么呢[①]？

说明：

虚设作者回答能够引导学生从写作者的角度提炼问题，发现写作者的意图与文本呈现之间的关系。提炼三类不同的写作视角，实际是为学生提供三种不同的构思思路，重塑他们看待人物的思维。通过视角的交叉，内外的转变，使得人物形象更丰富、多元、复杂与深刻。

环节三　小人物写作：发现母亲

任务6：展示学生课堂练笔习作，引导学生从写作视角、细节刻画、整体立意上对习作进行点评。

任务7：回归真实情境，发布写作任务。

母亲节在即，学校公众号现开放了对学生的征稿通道，需要你也参与进"发现母亲"系列文章的投稿中来，希望同学们能够应用所学积极投稿。

说明：

塑造一个立体的人物需要从写作视角、细节刻画、整体立意来完成全篇，这需要学生既有全局性的结构意识，能够选取独特视角，挑选事件、安排详略来捋顺人物经历，又需要微观性的画面感，能够从人物的动作、肖像、神态等细节描画人物形象。并且还要明确自己与所塑造的人物之间的情感倾向。

选择母亲作为写作对象，是因为：其一，学生日常交往最多，了解最深的人只有父母，观察对象有限；其二，初中学生人生阅历太浅，情感经验有限。母亲是学生生活中最为熟悉也是情感最为深厚复杂的人物，以母亲作为写作对象，旨在让学生能以一种发现的眼光去挖掘母亲身上的优秀品质，审视与母亲之间的情感，且正值母亲节，采用真实动机驱动任务，为学生提供展示平台，既能激发学生创作热情，也能在母亲节为母亲献上祝福。

## ◎ 单课时课堂设计

1.第一课时课题：二我差双视角，如何穿插回忆画面与评价的双视角丰富人物的内涵？

本课时学习目标：

①把握文章的主要内容，总结"我"对阿长的情感变化，理解欲扬先抑手法的妙处。

②体会在回忆性散文中，作者利用回忆的画面和写作时的评价相结合的独特写作视角。

③通过分析关键词句，体会作者如何使用细节刻画人物形象。

本课时学情分析：

---

①【评点】基于关键性驱动问题设计的第二个练笔作业，作业设计基于典型细节写作方法的具体指导和迁移运用，学生在情感饱满的学习情境中易于发掘出平日不被关注的与母亲相关的生活细节，对细节的捕捉不仅在于为写作提供素材，更丰富了学生的情感世界，由探究体验走向审美创造。

①阅读上，学生已基本掌握寻读关键词句的能力，能够在任务引导下找出文章的关键信息，但整合文本信息、表达该文本用于何种写作目的或塑造何种人物形象有困难。

②写作上，对于"欲扬先抑""细节描写""事件详略"的写作概念已能初步明晰，指导中应由学生去发现此类结构并能加以运用，以保证学生能在理解运用层面更精进。

③背景知识上，学生对鲁迅有部分了解，在探究作者与所塑造人物之间的关系时，应偏重介绍作者的身份、他与人物的关系以及所处的时代背景，引导学生从文本中先发现，教师后补充。

◎ 课堂导入

母亲节来了，学校公众号最近要推出一个"发现母亲"系列文章，有位老师信心满满地投了稿件，然而惨遭滑铁卢，稿子还没发上去校对，就被整篇地打了回来。这是怎么一回事？让我们来看看这位老师写的稿件。

任务1：请评价该老师的人物写作稿件，从写作技巧、人物塑造和整体立意三个方面了解人物写作有哪些误区。

"发现母亲"主题征文投稿

XX 年级 XXX 教师

你可曾注意过母亲在天刚蒙蒙亮时，伏案做羹汤的身影；你可曾注意过母亲在你考试失利时，摇头叹气的模样；你可曾注意过母亲在你晚归时，在门前张望的身影……

母亲是一支等待的歌。我的母亲是一个偏远小村的农民，每天第一声鸡啼响起时，母亲已经不在屋子里了，因为家离学校远，她早早地就要给我们准备早餐，等待着我们起床。我的母亲和别家唠叨的母亲很是不同，在我们家，是我总爱说很多，而母亲的性格很温和，总是耐心地等我说完，给我微笑，就是这样的等待，让我练就了会说的本事。……

母亲总是这样的辛苦，这样的温柔，这样的毫无怨言。母亲伴我成长，助我成才，我感谢我的母亲。母亲，您多么伟大！

审稿人意见：

感谢您的来稿，很抱歉您的来稿不符合本次征文的条件，我们希望看到母亲不一样的那一面，感受母爱里的平凡，平凡中的伟大。

生答：写作技巧，描写生硬、记述单调；人物塑造，无细节、无内涵、不立体；
整体立意，道德悬浮、价值单一。

任务2：从单元导语的提示中说一说我们要写谁以及写什么？

单元导语：本单元的课文都是关于"小人物"的故事。这些人物虽然平凡，且有弱点，但在他们身上又常常闪现优秀品格的光辉，引导人们向善、务实、求美。其实普通人也一样可以活得精彩，抵达某种人生的境界。

明确：本单元通过学写小人物的平凡、弱点及其优秀品格与光辉，引导人们向善、务实、求美。

提出驱动性问题：写作何以展现小人物的平凡和光辉？

任务3：二我差双视角，如何穿插回忆画面与评价的双视角丰富人物的内涵？

在《阿长与<山海经>》中鲁迅如何展现小人物的平凡与光辉？

鲁迅先生："比起小人物的说法，我更愿意说她是我怀念的一位故人。写起她时，童年的记忆似乎又鲜活起来，在过去和现在的思绪交杂里，阿长便生动起来了。"

师引导：代入作者思考：怀念时为什么童年记忆鲜活起来？过去与现在怎么在文中一起出现呢？通读全文，从文中寻找答案。

活动1：完成《阿长与<山海经>》文章事件的梳理，以及"我"对阿长情感态度的转变。

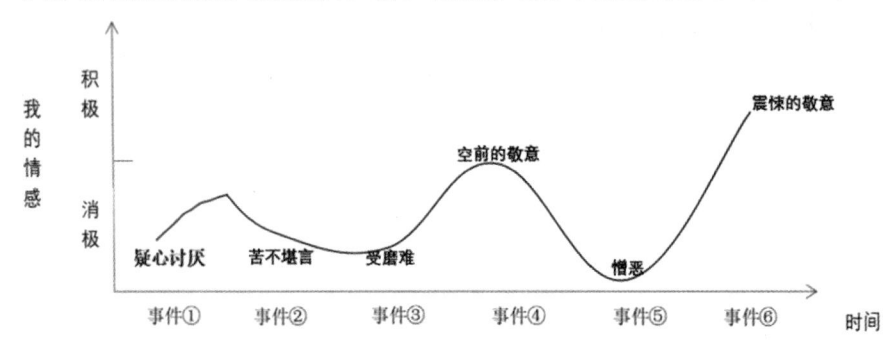

事件：①阿长的切切察察 ②睡觉摆大字 ③元旦的福橘 ④对抗长毛 ⑤隐鼠之死 ⑥送"我"《山海经》

师问：从这张图的走向可以看出"我"对阿长的情感是怎么样的？

生答：曲折的，复杂的，多变的，既讨厌又敬佩。

师问：这种复杂变化的情感意味着什么？

生答：意味着"我"对阿长非常了解，阿长与"我"相伴的时日长；阿长本身是一个复杂的人，她既有好的一面，又有不好的一面；"我"对阿长的认识是有变化的。

师问：在"我"对阿长情感中，两处"敬意"的浓度是不一样的，为什么？

生答：第一处敬意源自阿长讲述长毛的故事，她奇特的经历让"我"发现了阿长不同以往的一面；第二处敬意来自阿长为"我"买《山海经》，在与其他人的对比下，"我"感受到阿长对"我"的特别的关心，触及了阿长善良朴实的一面。

师问：从全文来看，"我"对长妈妈究竟是歌颂还是贬低？这种先贬低后歌颂，是一种什么手法？

生答：是歌颂，欲扬先抑。

活动2：分析《阿长与<山海经>》中"我"写作时和回忆时不同的语段。

师引导："我"所歌颂的是阿长的全部吗？"我"对阿长不同性格的评价是什么？呈现"我"写作时对阿长的评价以及回忆童年时的画面对比表格。

| 写作时的评价 | 童年的画面 |
|---|---|
| 我实在不大佩服她。 | 摆成一个"大"字 |
| 这些规矩,也大概是我所不耐烦的。 | 郑重其事地拿起橘子在我眼前摇了两摇,我惊异地看着她,她惶急地看着我 |
| 我一向只以为她满肚子是麻烦的礼节罢了,却不料她还有这样伟大的神力。 | 面如土色,轻轻拍着胸脯"阿呀,骇死我了,骇死我了……""再要放,就炸了!" |
| 别人不肯做,或不能做的事,她却能够做成功。她确有伟大的神力。 | "哥儿,有画儿的'三哼经',我给你买来了!" |

师问:"童年的画面"中作者采用了哪些手法刻画出一个什么样的阿长?

生答:在"童年的我"的视角里,作者大量地用语言、动作、神态等细节刻画阿长,将阿长虽然大大咧咧、迷信粗俗,但却十分关怀儿童的形象刻画出来。

师问:在成年的"我"写作时的评价里,如何表述阿长?

生答:成年后"我"写作时的评价,对阿长的评述是简短的,冷静、客观、直白的表达,既有贬低又有赞扬。

师问:你认为"童年画面"中的阿长,与写作时评价中的阿长,哪一个更生动?写作时"我"对阿长的评价是贬低的情感力度更浓,还是歌颂的部分情感力度更浓?

生答:"童年画面"中的阿长;歌颂的部分。

师总结:没错,"童年画面"中的阿长是以童稚的眼光来复现阿长的一举一动,因而读者通过一个孩童的眼光所见到的阿长虽然粗鄙但却十分真实可爱,能够在画面中自行补充"童年的我"所忽视的阿长对"我"的关怀,比如一直陪伴"我",比如给"我"讲故事,比如希望"我"一年顺顺利利。而在"成年的我"的评价中则能够立刻把握阿长习性上的缺憾,也更能直接地感受到在这样的习性背后,是她人格上的更伟大的品质,她的朴实与善良。

◎ **课堂小结**

丰富小人物的品质内涵的秘诀在于写人时要真情实感,要褒扬人物也可以采用欲扬先抑的手法,同时可以穿插两种视角,一个视角展示画面,一个视角叙说对人物的整体评价。

◎ **作业检测**

练笔写作,回忆三个以上与母亲相处的事件,并写下感受和评价,以欲扬先抑的形式排列事件。

评价指标:

回忆视角有画面呈现,即能够利用细节描写展现人物特质。

评价视角能精准地抓住人物特点，并点明作者对该人物当下评价的情感。

全篇作者对所塑造人物有情感上的变化。

2. 第二课时课题：剖析反思内视角，如何从客观叙述中表达对人物的特殊情感？

本课时学习目标：

①细读文本，体会作者一家与老王之间的情谊，感受"我"与老王之间不对等的关系。

②分析文章关键词句、事件详略铺排，理解文章如何呈现"我"的反思。

③探究作者"愧怍"的深刻原因，感受作者自我批判的精神。

本课时学情分析：

①阅读上，学生已基本掌握寻读关键词句的能力，能够在任务引导下找出文章的关键信息，但整合文本信息、表达该文本用于何种写作目的或塑造何种人物形象有困难。

②写作上，对于"细节描写""事件详略"的写作概念已能初步明晰，指导中应由学生去发现文中的此类结构并能加以运用，以保证学生能在理解运用层面更精进。

③背景知识上，学生对杨绛有部分了解，在探究作者与所塑造人物之间的关系时，应偏重介绍作者的身份、她与人物的关系以及所处的时代背景，引导学生从文本中先发现，教师后补充。

课堂导入提出驱动性问题：在《老王》中，杨绛如何展现小人物的平凡与光辉？（假设作者回答）

杨绛先生："后来我总是想到他，想到他时便也想想自己。想起他时，有些事我总是愿意多写一些，哪怕是反复说，而有些事我不愿意多说。"

活动1：阅读《老王》1-4段，完成老王的人物信息表。

老王的样貌：只有一只眼，另一只眼是瞎的。

老王的住处：住在一个荒僻小胡同里的一座破落的大院中的一间塌败的小屋，多年了。

老王的工作：蹬三轮的单干户

如果用一个词形容老王的处境，你会怎么说？孤独、悲惨、不幸

师问：了解了老王的遭遇，如果请你用一个词来形容老王的处境，你会选择？

生答：孤独、凄凉、悲惨、穷苦。

师补充：如果你现在是这样的处境，你还愿意去关心其他人吗？

活动2：梳理文章中"我"与老王交往的事件，并分析老王对作者一家的情义。

"凡人歌：关注身边人，写作小人物"课堂设计 | 043

| 事件①：老王为"我"家代送冰，比前任送的大，冰价相等。 | 老王对"我们"一家的情义：老王热心热情，感恩"我们"对他的关照，对"我们"一家格外细心体贴。 |
| 事件②：默存腿脚不便去医院，老王帮送不肯拿钱。 | |
| 事件③：老王病重时来"我"家送香油和鸡蛋。 | |

师问：为何老王待"我"一家与别人家态度不同？

生答："我"对老王有过关照。

师问："我"硬要给钱和老王不肯收说明什么？

生答：老王关心"我们"的处境，"我"体恤老王家庭困难。

师问：为什么老王要给"我们"送香油和鸡蛋？

生答：因为作者一家对老王最好，而这是他仅剩的最宝贵的东西。

师补充：老王与"我"相互关照，"我们"之间的情义是相同的吗？

活动3：绘制人情天平，思考探究"我"与老王之间交往秩序的不平等，以及"我"的愧怍。

如果这是一个人情天枰，请你想一想，情义重的一方向下，轻的一方向上，你会如何画出这杆称，说明理由。

"我"　　　　　　　老王

▲

师问："我"对老王的真实情况真的关心吗？（引导学生回读课文探究"我"与老王之间情义的不平等）

生答：从"常坐"和"闲话"得知"我"经常关照老王的生意，因此知道老王的情况；从"不知什么病"，"过了十多天"问老李和"早埋了"等句，得知我并不挂心老王的病情。而老王生病后的描述则是"扶病到我家来""托老李传话"，临终送最珍贵的东西，感受到"我"对老王的情义并不平等。

师问：这种不平等是因为老王比"我"更善良吗？"我"与老王之间是什么关系？（引导学生回读课文探究"我"与老王之间的身份的差距）

生答：从老王身患残疾、悲惨的命运和病体的描写发现"我"对老王始终是同情者的姿态；从"他蹬，我坐"发现"我"与老王是雇佣与被雇佣的关系。

师补充："我"有没有跨越这层不平等？

生答：从"我"即使经济困难仍硬要给老王钱，老王临终前送香油鸡蛋，我第一时间想的是拿钱，可以看出"我"并没有想打破雇佣与被雇佣的关系，没将老王看作朋友。

师点拨：雇佣者因是知识分子的身份因而有能力雇佣，被雇佣者因为是底层劳动者的身份因而必须以付出体力劳动的代价挣得钱财，二者在阶级上有根本的不平等。

师引导：所以"我"的愧怍究竟愧怍的是什么？

生答：愧怍于"我"囿于阶层的身份，囿于一个"幸运"的人的视角，没有好好对待老王的情义。

师总结：不费心思的关心是一种施舍，费尽心思的关照才是真情。"我"对老王的情义并不平等。所以这篇文章实际上就是一个知识分子的自省，反思自己作为被命运眷顾的人（幸运的人）对一个命运悲惨的人（不幸的人）的自以为的单方面的同情与施舍，是多么大的傲慢。因为身份和境况的差距，而忽视他人郑重的情义，是多么大的不尊重。她的愧怍是作者对人情、社会、命运、平等、尊重的深刻反思。

活动4：思考探究文中如何通过事件详略、细节描写等手法表现"我"的愧怍？

师问：尽管文中到最后一章说出了"我"的愧怍，但实际上文中已经处处埋下了"我"对老王的反思。请找一找文中有哪些事情作者愿意多说一些，甚至反复说，哪些事情作者不愿意多说，为什么？

生答：说了很多的是老王送香油鸡蛋，用来表现老王对"我们"的情意。说得很少的是老王的病与死的情况，说明"我"对老王的真实的境遇不了解。

师引导：说了很多即为详写，说得很少即为略写。详写信息多，可详述经过，说明情况；可展示细节，塑造人物。略写信息少，可一笔带过，可蕴藉深意。详略考究即为写文章时事件铺排的考量。文章详略得当，恰到好处地说明"我"对待老王并不如老王对待"我"。

生答：反复提及"钱"，暗示"我"与老王身份地位的差异。反复刻画老王的不幸，如对老王临终前病容的描述，侧面揭示"我"只停留在可怜老王外在的苦，而对他心灵的苦漠不关心。反复刻画需要对细节有极其细致的把握，于细微处见真章。文中出现的细节各有用处，"钱"是关键细节，暗示关键信息；病容的描述则采用细节堆叠，能够更生动全面地塑造人物。

师总结：可见作者此前并未直说"我"的愧怍，而能处处暗示，是以作者在构思之初便处在反思之中，是以一种有意识的自我剖析式的自省态度来创作的。

◎ **课堂小结**

表达对小人物的特殊情感的秘诀在于写作人物时也可以采取一种剖析自我的反思视角，通过对事件的详略安排、对文字的精心组织来叙述人物的遭遇，引导读者自行发现人物的品质和作者对人物的情感。

◎ **作业检测**

练笔写作，采用剖析反思内视角，写下曾经伤害过母亲的一个场面。写作过程中能够在客观描述事件时，深刻剖析内心，在关键细节与事件铺排中暗示出作者的反思态度。

评价指标：

能够从第三人称视角写出所塑造人物的经历，并能够运用细节描写，突出人物的某种品质。

能够有意识地铺排事件，利用详略，有重点地刻画人物关键品质。

能够使用有意涵的句子结构，重复性的物件或语句，展现人物间的特殊关系。

3. 第三课时课题：隐喻摄影外视角，如何以客观物质显化人物的精神世界？

本课时学习目标：

①通读全文，梳理情节，概括文章主要事件。

②寻读、提炼文章的细节描写，欣赏"父亲"的形象。

③体会"台阶"的含义，把握小说的主题。

本课时学情分析：

①阅读上，学生已基本掌握寻读关键词句的能力，能够在任务引导下找出文章的关键信息，但整合文本信息、表达该文本用于何种写作目的或塑造何种人物形象有困难。

②写作上，对于"欲扬先抑""细节描写""事件详略"的写作概念已能初步明晰，指导中应由学生去发现文中的此类结构并能加以运用，以保证学生能在理解运用层面更精进。

③背景知识上，学生对李森祥较陌生，且该文为小说，在引述作者时应探求小说家塑造该人物的创作意图，利用写作者的自我阐述，引发学生的探究。

◎ **课堂导入**

提出驱动性问题：在《台阶》中，李森祥如何展现小人物的平凡与光辉？（假设作者回答）

李森祥先生说："有些人从来没听过'梦想'这一类的词，但他们同样有丰富的精神世界，像这样一些人，他们的精神世界也许就藏在身边的一砖一瓦，一粥一饭中。而作家的作用就是让他们的精神世界显形。"代入作者思考：精神世界怎么藏起来？作家怎样让它显形？通读全文，从文中寻找答案。

活动1：探究文中作者是通过什么让父亲的精神世界显形的，它代表什么？

出示标题，引导学生发现其隐喻义。

生：通过阅读批注，发现标题中的"台阶"隐喻父亲的社会地位。

活动2：采用摄影式的视角，选取文中的细节片段，展现父亲的精神世界。

呈现分镜图，包括镜头组，即文中的三个主要事件；镜头特写，即文中对父亲动作、神态或环境等细节描写；镜头语言，即对文中每一处细节的人物解读。

生：完成分镜图，并通过小组讨论的形式，每位成员挑选不同的镜头特写，通过细节的展示，向其他小组成员解释人物的内在世界，并在形成对人物的整体印象后，向全班展示。

| 镜头组 | 镜头特写 | 镜头语言 |
| --- | --- | --- |
| ①父亲背石料造台阶，感叹台阶低。 | 磨破的麻筋草鞋。 | 父亲奔忙一生却没有什么社会地位。 |
| ②父亲花了大半辈子准备造屋材料建造新台阶。 | 别人家高台阶上柳枝摇动，父亲的早烟在头上飘来飘去。 | 父亲希望用辛勤劳动换取社会地位。 |
| ③新台阶砌好后，父亲却不适应新台阶。 | 父亲举起手中早烟，在新台阶磕了一下烟灰，却停住了。 | 父亲失去了之前的自在，反而被台阶束缚了。 |

图12

活动3：思考探究。通过文末的最后一句"父亲老了"，分析作者对于父亲一类人的看法态度。

师问：文中最后一句"父亲老了"是想表达一个人老了所以没用了吗？

出示资料："在中国农村，一个父亲的使命也就这么多，或造一间屋，或为子女成家立业，然后他就迅速衰老，并且再也不被人关注，我只是为他们的最终命运而惋惜，这几乎是乡村农民最为真实的一个结尾。"从这则资料中可以看出作者借文中的父亲在探讨谁的问题？探讨什么问题？

生答：作者借文中父亲的一生实际在探讨整个中国农村农民的问题。他们的问题是一辈子都在为造房子，为子女谋生而活，这一切完成之后，生命力就丧失了，并且没有人再关心他们。

师点拨：没错，作者在这里塑造一个人实际上是写一类人，这是小说中经常有的写作意图。这篇文章所刻画的就是中国最底层最普遍的一类人，农民。他们的一生都奔波于房子、子女，都是外在于他们自身的东西，而对于自身的精神世界，他们甚少留意。当一切物质的东西都有了之后，他们存在的意义就消失了，也没有人再去赋予他们意义。比如父亲一辈子都在追求"台阶"的高低，可他只懂得建造，不懂得实际上他所追求的是"台阶"显化的社会地位，因而他最终没能踏出自己的世界。

◎ **课堂小结**

显化小人物精神世界的秘诀在于人物的内心世界可以用他身边的事物来暗示，只要观察他的动作、物品、神态和身边环境的变化就可以洞察一个人的内心。

◎ **作业检测**

练笔写作，现在请你观察你的母亲经常拿起或者提起的东西，平时母亲如何与它相处，请你记录当时的画面，找到典型细节，并请你试着解读母亲内心真实的表达是什么。

评价指标：

选取物品是否有典型性，能够体现人物的生活痕迹。

记录母亲与物的相处细节时，笔调是否客观，有无细节支撑。

是否有典型细节用以表现人物的内心世界。

4. 第四课时课题：小人物写作——发现母亲

本课时学习目标：

①学会运用独特视角观察人物外在变化，通过细节揭示人物品质、内涵。

②学会在多事件叙述中丰富、统一人物形象，通过事件详略安排、文字组织或隐喻象征表达对人物的情感。

本课时学情分析：

通过前三个课时的作业，已基本掌握学生是否能够从不同的视角来挖掘人物品质，以及他们在细节描写上刻画人物的不足，但在学生能否自己发现这些不足之处上存在疑问，如何将片段写作修改、扩展为一篇完整的作文，需要指导。

◎ **课堂导入**

母亲节在即，学校公众号现开放了对学生的征稿通道，需要你也参与进"发现母亲"系列文章的投稿中来，希望同学们能够应用所学积极投稿。

活动1：展示学生课堂练笔习作，引导学生从写作视角、细节刻画、整体立意上对习作进行点评。

活动2：根据前三个课时的片段写作内容，用前述所学，确定写作视角，串联全文，完成全文写作。

◎ **课堂小结**

塑造一个立体的人物需要从写作视角、细节刻画、整体立意来完成全篇，这需要学生既有全局性的结构意识，能够选取独特视角，挑选事件、安排详略来捋顺人物经历；又需要微观性的画面感，能够从人物的动作、肖像、神态等细节描画人物形象；还要明确自己与所塑造的人物之间的情感倾向。

◎作业检测

完成写作任务。

评价指标：①

| 投稿要求 | | | |
|---|---|---|---|
| 等级 | 收录 | 待定 | 驳回 |
| 评价角度 | 视角独特 | 有视角变化 | 视角单一，无变化 |
| | 细节丰富，人物形象立体 | 细节丰富，人物形象有变化 | 细节少，人物形象单一 |
| | 事件详略得当 | 事件记述完整 | 事件记述残缺 |

视角独特：二我差双视角、剖析反思内视角、隐喻摄影外视角

## 【总评】

驱动性问题是大单元教学过程中任务开展的核心轴。本设计以核心性驱动性问题"关注身边人，写作小人物"为核心轴，以学习任务群形式构建学生整体性思维框架，通过一个个富有层次性、逻辑性、指向具体的驱动性问题构成的小任务，在学习主题明确、学习内容丰富、学习支架具体的学习情境中，通过针对性和连续性的勾连，实现内在逻辑的有效关联，探索实践的有效开展，最终完成"凡人歌"这一主题的精彩表达，情感升华。在单课时课堂设计中，学生在单篇教学中完成学科概念的认知、理解、建构的过程，并在写作实践中完成学科概念的迁移、运用过程，使枯燥的学科概念转化为灵动的学生能力。设计主要集中在教材中自然单元提供的篇章，教师有内在整合的意识，并引导学生进行实践，如果能引导学生准备大量阅读文本，通过整合资源、群文阅读，为文学技巧的内化提供更有效支撑，学生在文学表达上会更自如、更自然、更温暖。

---

① 【评点】评价指标同样指向核心驱动型问题的解决，评价要素既体现学生学习的情境、过程、方法，又指向学生学习的成果和收获。

# "A taste of literature——再现欧·亨利"课堂设计

——义务教育教科书　英语　必修沪版　九年级　上册　Unit 8

设计：深外初中部英语科组　李　林　荆玮宸　杨　怡　王　霈　胡僳斌　李婷婷

评点：魏　敬　范　坤

## ◎ 设计导语

本单元属于九上第八单元，位于第四模块"A taste of literature"的第二部分。主题属于"人与社会"范畴，"中外文学史上有代表性的作家及作品"子主题。该单元以"意外的结局"为话题，以欧·亨利的作品为主线。单元共有四个语篇，其中三篇为欧·亨利的代表作品，分别是 *The Gifts*《麦琪的礼物》、*The Last Leaf*《最后一片叶子》和 *The Cop and the Anthem*《警察与赞美诗》。这三篇故事都通过欧·亨利"意外的结局"的写作手法，表达了不同的主题思想。最后一篇则是一个听力文本，主要介绍了欧·亨利的生平经历。

学情分析采用 SWOT 分析法。优势（Strengths）：学生的整体学习兴趣浓厚，思维活跃。具备一定的词汇量、语言知识以及故事分析的相关技巧。劣势（Weaknesses）：学生的表达性技能相对较弱，如口语表达能力和写作能力。机会（Opportunities）：学生合作探究，积极思考，在多样化的任务驱动下，深化对主题的理解，强化口语表达和写作能力。威胁（Threats）：学生虽具有一定的阅读理解能力，但不够熟悉文学阅读这一主题。同时，在批判性思维和创造性思维方面也有所欠缺。

本单元学习后，学生能够：1. 理解故事 *The Gifts* 的基本内容，并运用目标语言讲述故事。2. 分析并探讨故事 *The Gifts* 的主旨和人物的心理活动，并以写 Della 的日记的形式展现自己对故事情节、人物和主旨的理解。3. 在获取梳理故事 *The Cop and the Anthem* 的基础上，小组合作，应用目标语言将故事改编成英语剧，并进行故事表演。4. 利用信息技术，收集欧·亨利的生平信息，并批判性探究欧·亨利生平经历和其作品的联系。5. 小组合作，综合运用本单元的所学内容，设计并制作有关欧·亨利的宣传海报，展示对欧·亨利和其作品的个性化认识。

基于教材意图和学情分析，本单元设置以"再现欧·亨利"为主题的文学艺术节情境，艺术节共有四个系列活动，分别是"我是小读者""我是小作家""我是小演员"和"我是设计师"。① 单元分为四个环节，共6课时。学生通过完成以上四个系列活动，围绕单元主题从拓展阅读、写作、演绎和设计等不同角度和产出形式，完成对大单元课文内容的理解、探究和再创造。

◎ **任务框架**

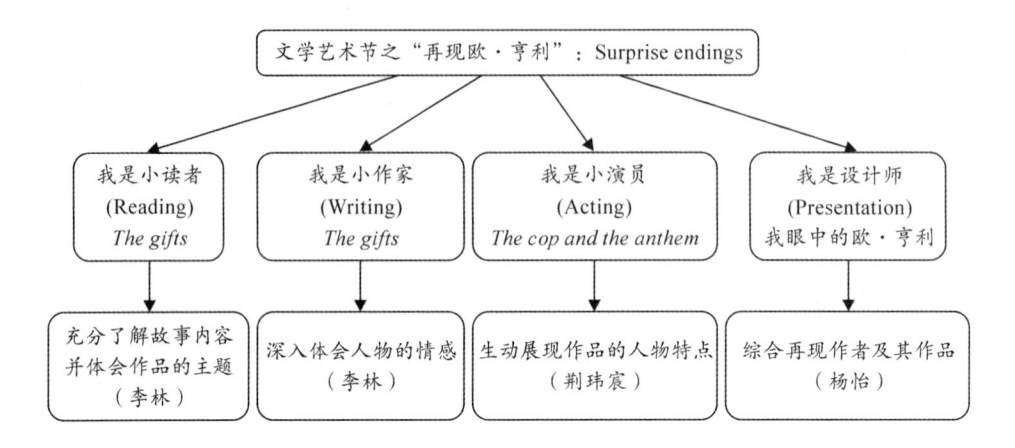

```
         文学艺术节之"再现欧·亨利"：Surprise endings
    ┌──────────────┬──────────────┬──────────────┐
  我是小读者      我是小作家      我是小演员      我是设计师
  (Reading)      (Writing)      (Acting)       (Presentation)
  The gifts      The gifts      The cop and     我眼中的欧·亨利
                                the anthem
    │              │              │              │
  充分了解故事内容  深入体会人物的情感  生动展现作品的人物特点  综合再现作者及其作品
  并体会作品的主题    （李林）          （荆玮宸）          （杨怡）
    （李林）
```

◎ **学习过程**

环节一　我是小读者：通过阅读 *The Gifts* 充分了解故事内容并体会作品的主旨内涵（1课时）

任务1：Pre-reading: Look at the pictures and answer the questions. 看图并思考。（6 min）

（1）Lead-in: Look at the pictures and answer the questions.（3 min）

观察一些关于礼物的图片（例如一部昂贵的手机、一条妈妈织的围巾等）思考以下问题：

① Which gift is the most valuable? Why?

② What makes a gift valuable?

**Lead-in**

Which gift is the most valuable? Why?

---

①【评点】本单元设置了"文学艺术节"这一真实且贴近学生生活的情境，充分体现了大单元的教学理念，帮助学生更好地主动投入本单元的学习。"文学艺术节"中还设置了四种多感官参与的专项性语言实践活动，活动围绕主题，丰富有趣，引导学生乐学、善学，综合指向学生核心素养的培养。

（2）Predict the story and prepare for the reading.（3 min）

预测故事，复习故事的基本要素，为阅读做好准备。

① Look at the pictures and guess what the story is about.

**Predict the story**

Look at the pictures and guess what the story is about.

② What are the basic elements of the story?

参考答案：Characters, plot, setting, theme and conflict.

设计意图：

任务 1 的目的是帮助学生激活关联已知，激发学生对阅读作品的兴趣，为接下来阅读故事做好准备。

（1）旨在引导学生通过讨论熟悉的话题"礼物"，激活关联已知，引起阅读兴趣。

（2）旨在引导学生通过预测故事内容，引起阅读兴趣，通过回顾故事要素，为获取故事信息做好准备。

任务 2：While-reading: Read for the information and analyze the structure. 理解故事基本内容并分析结构。（18 min）

（1）First-reading: Read the story and finish the following tasks.（10 min）

分段阅读文章，并完成阅读任务。①

① 阅读课文 1-2 段，并填写下表，了解故事的人物和背景。

教师 PPT 展示：

| The gifts |  |  |
|---|---|---|
| Time |  |  |
| Characters |  |  |
| Possessions |  |  |
| Problem |  |  |

---

①【评点】文本采用分段阅读的形式。教师通过给不同的段落有针对性地设置不同的阅读任务，帮助学生在阅读文本时有所侧重，使信息梳理更加细致的同时锻炼不同的能力，如梳理信息的能力、逻辑思维能力等。

参考答案：

| The gifts | | |
|---|---|---|
| Time | On Christmas Eve | |
| Characters | Della | Jim |
| Possessions | Beautiful hair | A gold watch |
| Problem | They couldn't afford a Christmas gift for each other. | |

② 阅读课文 3-12 段，给故事情节排序，梳理故事情节。

a. Della bought a watch chain for $21.

b. Della stopped at a hair goods store and sold her beautiful hair.

c. Della put on her old jacket and old hat and went outside.

d. Della saw the strange expression in Jim's eyes.

e. Della looked for a gift for her husband.

f. Della made dinner and waited for her husband.

_____--_____--_____--_____--_____

参考答案：cbeafd

③ 阅读课文 13-17 段，回答问题。

· What was Della's gift? How did she buy it?

· What was Jim's gift? How did he buy it?

· Could Jim and Della use their gifts? Why or why not?

参考答案：

· Della's gift was a watch chain. She sold her hair to buy it.

· Jim's gift was a set of combs. He sold his gold watch to buy the combs.

· No, they couldn't use them. Because Della lost her hair and Jim lost his gold watch.

（2）Second-reading: Analyze the story and summarize the main idea of each paragraph. （8 min）

再读语篇，分析文章结构，总结段落大意。

① 思考故事情节有哪些组成要素，即 Beginning, Development, Climax, Ending。

② 根据故事结构图，划分故事段落，并总结段落大意。

教师 PPT 展示：

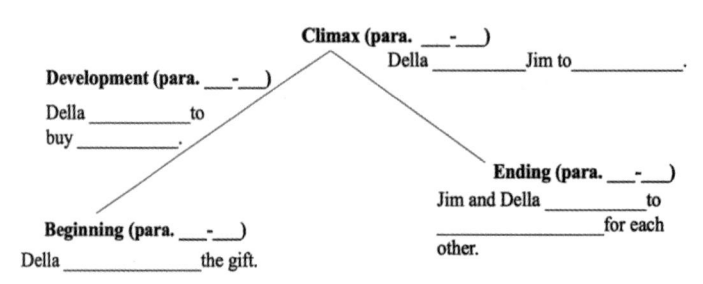

Climax (para. ___-___)
Della _____ Jim to _____.

Development (para. ___-___)
Della _____ to buy _____.

Ending (para. ___-___)
Jim and Della _____ to _____ for each other.

Beginning (para. ___-___)
Della _____ the gift.

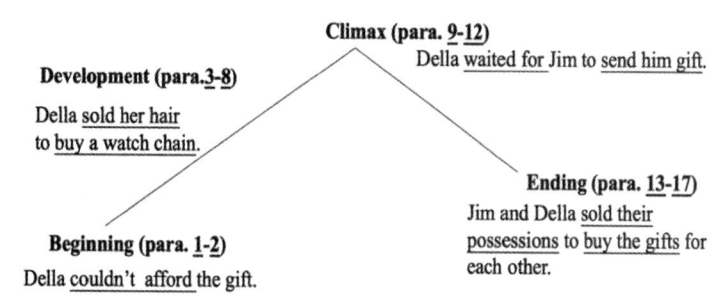

参考答案：

**Climax (para. 9-12)**
Della waited for Jim to send him gift.

**Development (para. 3-8)**
Della sold her hair to buy a watch chain.

**Beginning (para. 1-2)**
Della couldn't afford the gift.

**Ending (para. 13-17)**
Jim and Della sold their possessions to buy the gifts for each other.

设计意图：

任务2的目的是帮助学生了解故事的基本内容，梳理故事结构，为更好地感悟故事主旨内涵做准备。

（1）旨在引导学生通过预测、略读和细读等阅读策略理解故事的基本内容，包括背景、人物关系和情节发展。

（2）旨在帮助学生利用故事结构图，理清情节结构，总结段落大意，熟悉课文内容。

教师点拨：

在分段阅读的过程中，教师可以引导学生一边读一边预测接下来的情节，从而帮助学生更好地体会到欧·亨利的出人意料的结局这一典型的写作特色。

任务3：After- reading: Retell the story and discuss the theme. 复述故事并探究主旨。（15 min）

（1）Pair work: Retell the story. (7 min) 根据故事结构图，两人一组互相复述故事。①

（2）Group discussion: Discuss the questions and think about the theme. (8 min) 小组讨论：围绕故事结局，回答以下问题② 并探讨故事主旨③。

① Do you like the ending of the story? How did you feel when you read the ending?

② What do you think Della would feel when she found that her gift was a set of combs? Why? How about Jim?

参考答案：

- Surprised—She didn't expect that Jim would send her combs.
- Moved—She realized that Jim loved her so much that he would sacrifice his valuable watch.
- Sad, etc.

---

① 【评点】教师利用故事结构图，帮助学生梳理语篇，建立信息关联，形成基于语篇的结构化知识。通过故事复述环节，引导学生内化结构化新知，促进知识向能力的转化。

② 【评点】教师通过设计问题链，从学生自身的感受出发，层层深入，帮助学生探究并感悟文章的主旨内涵。问题指向明确，问题之间有层次、有逻辑，遵循前后知识之间的联系，符合学生的认知规律。

③ 【评点】教师引导学生挖掘"为所爱之人牺牲"的故事主旨，帮助学生加深对主题意义的理解，发展人文素养，树立正确的世界观、人生观和价值观。体现了育人为本的指导思想，以及英语工具性和人文性的统一。

③ What do you think of Jim and Della?

参考答案：

· They loved each other.

· They sacrificed their important things for each other.

④ Were the gifts valuable? What makes them valuable?

参考答案：

· Yes, they were.

· It is the love and sacrifice that makes the gifts valuable.

设计意图：

任务3的目的是帮助学生在熟悉故事内容和结构的基础上，内化目标语言，感悟故事主旨内涵，为下一课时日记写作做好准备。

（1）旨在引导学生利用目标语言复述故事，内化语言并形成结构化知识。

（2）旨在引导学生在理解故事内容的基础上，通过分析、推断等方式体会故事的主旨内涵，感受主人公之间为了对方相互牺牲的情感，明白礼物的珍贵之处不在于其价格多少，而在于它背后所承载的情感价值。

课后作业 Assignment（1min）

① Compulsory 基础作业：

· Listen to the story and read the story twice. 听读课文两遍。

· Retell the story. 口头复述故事。

· Complete the summary of the story. 完成故事概要的填写，如下所示。

---

Compulsory 基础作业

**The gifts (Summary)**

Jim and Della had two possessions which both of them were (1) _____ of. One was Jim's gold watch. The other was Della's beautiful hair. It (2) _____ about her, and reached below her knee. The story happened (3) _____ Christmas Eve. Della could not (4) _____ a gift for her husband, so she sold her hair and (5) _____ a watch chain.

At 7:00, Jim went back. Della heard his (6) _____ on the stairs. Jim opened the door and walked in. His eyes (7) _____ on Della. Something (8) _____ happened. Della's hair was gone! She told him the (9) _____. Jim (10) _____ a box, in which (11) _____ a set of combs that she had always wanted. Jim said he had sold the gold watch (12) _____ the money to buy her the combs.

---

参考答案：

（1）proud （2）fell （3）on （4）afford （5）bought
（6）steps （7）were fixed （8）unusual （9）truth （10）drew

（11）lay　　（12）to get

② Optional 拓展作业：Read *The Last Leaf* and finish the worksheet. 阅读与本篇故事"爱与牺牲"主题相近的另一篇欧·亨利的作品《最后一片叶子》，并完成学案，如下所示。

---

**Optional 拓展作业**

### The last leaf (Worksheet)

**I. The basic information of the story**

| The last leaf |  |
|---|---|
| Time |  |
| Characters |  |
| Problem |  |

**II. The structure of the story**

Climax (para. ___-___)

Development (para.___-___)
Sue looked for _____.

Johnsy saw _____ and decided to _____.

Ending (para. ___-___)
Behrman _____ from painting _____.

Beginning (para. ___-___)
Johnsy became_____ and lost_____ in living.

**III. The theme of the story**

What can you learn from the story?

_____
_____

---

参考答案：

I.

| The last leaf ||
|---|---|
| Time | In November |
| Characters | Johnsy, Sue and Behrman |
| Problem | Johnsy became very ill and lost hope in living. |

II.

Climax (para. <u>11-12</u>)

Development (para. <u>8</u> - <u>10</u>)
Sue looked for <u>Old Behrman's help</u>.

Johnsy saw <u>the last leaf</u> and decided to <u>live</u>.

Ending (para. <u>13-14</u>)
Behrman <u>died</u> from painting <u>the last leaf</u>.

Beginning (para <u>1-7</u>)
Johnsy became <u>very ill</u> and lost <u>hope</u> in living.

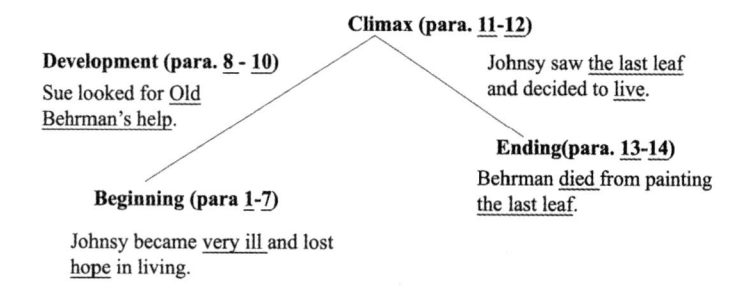

III. 略

设计意图：

（1）基础作业旨在帮助学生通过听、复述、写概要等多种方式再次熟悉故事内容和目标语言，内化所学知识。

（2）拓展作业旨在引导学生阅读并分析欧·亨利的另一经典作品，感受欧·亨利的写作特点，并加深对"爱与牺牲"这一主题思想的理解。

教师点拨：

在讨论故事主旨时，教师提醒学生要基于文本进行分析和推断。一方面，帮助学生加深对文本的理解，另一方面，引导学生能够有理有据地提出自己的观点。

环节二　我是小作家：通过日记写作，深入体会作品的人物情感（1课时）

任务 4：Pre-writing: Finish the following tasks and prepare for the writing. 完成下列任务并为写作做好准备。（17 min）

（1）Review the story and retell it.（2 min）回顾故事的基本内容并利用故事结构图进行复述。

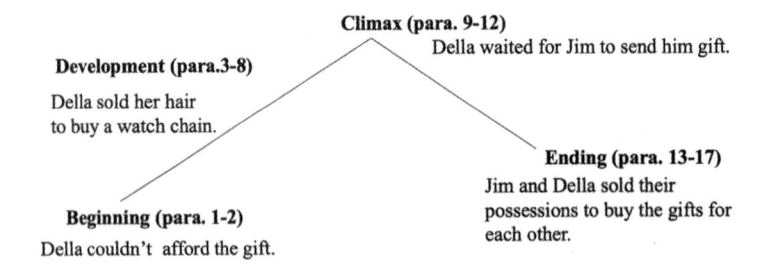

**Climax (para. 9-12)**
Della waited for Jim to send him gift.

**Development (para.3-8)**
Della sold her hair to buy a watch chain.

**Ending (para. 13-17)**
Jim and Della sold their possessions to buy the gifts for each other.

**Beginning (para. 1-2)**
Della couldn't afford the gift.

（2）Learn about Jim's dairy and answer the questions.（7 min）

阅读 Jim 日记的模板，回答以下问题并学习日记的写作特点。

Dec, 24$^{th}$

Every Christmas eve, Della and I exchange presents as a family tradition.

However, I couldn't afford a present this year. The only possession that I was proud of was my gold watch. It was important, but to me, Della was more valuable. So I decided to sell my watch. After searching through the stores, I bought a set of combs. I thought Della would surely be very happy.

When I arrived home, I was surprised to find that Della's long hair was gone! Meanwhile, I was a bit disappointed because the combs became useless. Della cried and told me that she sold her hair to buy me a present. After hearing what she said, I was really moved since I knew that the hair was very valuable to her. I opened the box she gave to me. To my surprise, she bought me a watch chain!

Although I can't use the watch chain any more, I will cherish it more than anything else. With Della's love and sacrifice, this is the most valuable gift I have ever received.

① What's the purpose of the diary?

参考答案：

·To record what happened.

·To record the writer's feelings.

② How many parts are there in the diary? What are they?

参考答案：

·Opening (Para. 1)

·Body (Para. 2-3)

·Closing (Para. 4)

③ Do you like this diary? Why is it a good diary?

参考答案：

·It talks a lot about personal feelings and they are stated in a clear and logical way.

·A good diary is not only a record of what happened today, but also a reflection on today's experience.

In the last part of the diary, the writer reflected that the preciousness of a gift is not in its value, but in the deep love it carries.

④ Other tips:

·Date

·Write in first person

·Tell events in time order

·Linking words

（3）Group work: Analyze Della's mental activity and fill in the blanks. (8 min)

结合故事的情节和主题思想，小组讨论，分析 Della 在每一情节中的内心活动及原因，并完成以下表格。

| When Della … | she felt… | Reason |
| --- | --- | --- |
| counted the money, | | |
| sold her hair, | | |
| bought the watch chain, | | |
| waited for Jim at home, | | |
| opened the gift Jim gave her, | | |
| found Jim had sold his watch, | | |

设计意图：

日记的写作形式从第一人称的视角出发，按时间顺序叙事，且包含丰富的心理描写。任务 4 的目的是帮助学生通过复述故事，学习 Jim 的日记模板并分析 Della 的心理，为接下来写日记的环节做好语言、内容、结构和情感上的铺垫。

（1）旨在帮助学生基于故事的结构化知识，运用目标语言，回顾并再次熟悉故事的基本内容，包括情节、人物、环境等。

（2）旨在引导学生通过分析 Jim 的日记模板，体会 Jim 的心理活动，学习并掌握日记的写作方法及重点。

（3）旨在引导学生细读文章，通过人物对话、神态描写等分析 Della 的心理活动，加深对人物的理解，为日记写作做好铺垫。

教师点拨：

在分析 Della 的心理时，教师提醒学生关注文中的语言，包括对话、动作细节、心理等描写，从而使学生能更好地揣摩 Della 在当时的故事情境中的心理状态，加深对人物及主题的理解。

任务 5：While-writing: Write Della's Diary. 运用本节课所学的日记写作技巧，结合对故事主题、人物心理的理解，站在 Della 的视角完成她的日记[①]。（15 min）

Suppose you are Della, please write a diary for today. The diary should include...

① what happened today

② how you felt

③ your attitude towards the gift

设计意图：

故事中包含了丰富的人物对话和神态描写，体现了人物的内心情感波动，指向故事"爱与牺牲"的主题思想。任务 5 的目的是帮助学生站在角色的视角完成日记，深入分析作品，体会人物的心理活动，感悟角色体现出来的人性的真善美。

任务 6：After-writing: Self review and peer review. 完成写作后，自评、互评并思考修改方案。[②]（7 min）

①根据写作自评表，评价自己的日记，尝试做出修改。

②与搭档交换日记，根据写作互评表，互相评价，提出改进意见。

③赏析、学习老师选出的优秀日记。

写作自评表：

Checklist (Self Review)

Writer：_____

| | Checklist | Yes | No | How to improve |
|---|---|---|---|---|
| Structure | opening, body and closing | | | |
| Content | what happened today | | | |
| | how you felt | | | |
| | your attitude towards the gift | | | |
| Logic | conjunctions and transitions | | | |

---

①【评点】写作是语言输出的一种重要方式，是学生综合语言运用能力的表现。教师通过读写结合的模式，以读带写，以写促读，引导学生把学到的语言知识，悟得的谋篇布局，激发的情感思维自觉应用到写作中去，达到学以致用的目的。

②【评点】教学评价是"教—学—评"一体化的重要环节之一，起到监控教与学过程和效果的作用。教师通过学生自评和学生互评的形式，更好地发挥了学生的主体作用，使他们成为评价的参与者和合作者，促进自我监督性学习，在相互评价中取长补短。

【写作互评表】

Checklist (Peer Review)

Writer：_____　　　　Reviewer：_____

| | Checklist | Score | How to improve |
|---|---|---|---|
| Structure | opening, body and closing | | |
| Content | what happened today | | |
| | how you felt | | |
| | your attitude towards the gift | | |
| Logic | conjunctions and transitions | | |

评分标准：

5= Excellent

4= Good

3= Acceptable

2= Needs Improvement

设计意图：

任务6旨在引导学生通过自评和互评，自我反思，互相学习，发现自己写作中的优点和不足，找到提升方案，为接下来修改作文做好准备。

课后作业 Assignment（1min）

① Compulsory 基础作业：Improve Della's diary according to the checklists. 根据自评表和互评表完善 Della 的日记。

② Optional 拓展作业：Make a video and talk about a gift which is valuable to you. 有些礼物看似普通，但是它背后的爱让它显得弥足珍贵。你身边是否有过看似平凡，但却因为有爱与奉献而显得格外珍贵的事物？请制作一个小视频，展示或描述该事物，并说明为什么它是珍贵的。

设计意图：

（1）基础作业旨在促进学生在自我监督性学习和互相学习的基础上进一步提升自己的写作能力。

（2）拓展作业旨在引导学生将文中感悟到的美好情感迁移至自身经历，发现并分享自己生活中的真善美。

环节三　我是小演员：通过《警察与赞美诗》表演作品中的小人物故事（2课时）

第一课时

任务7：Pre-listening: Make predictions. 回顾意外的结局，预测课文内容。（5 min）

（1）Lead-in: Review the surprising ending in *The gifts*.（2 min）

回顾语篇《麦琪的礼物》中的意外结局，引出本环节中同样具有意外结局的语篇《警察与赞美诗》。

（2）Make predictions.（3 min）

根据提供的人物图片和语篇标题预测课文内容。

设计意图：

任务 7 的目的是通过回顾环节一语篇《麦琪的礼物》中意外的结局，引出同样具有意外结局的语篇《警察与赞美诗》，延续大单元主题"意外的结局"，具有连续性。

（1）旨在通过对环节一中语篇《麦琪的礼物》中意外结局的回顾，激活关联已知。

（2）旨在引导学生在意外结局的背景下，通过预测故事内容，激发其对本环节内容的学习兴趣。

任务 8：While-listening: Listen and understand. 听录音材料，理解故事内容。（15 min）

（1）Listen to paragraph 1-3 and fill in the blanks. (5 min)

听录音的第 1-3 段，完成文本信息卡。[①]

| Time | _____ |
|---|---|
| Place | _____ |
| Main character | Soapy |
| Incident 1 | Soapy _____ at a big apartment store, but he wasn't sent to prison. |
| Incident 2 | Soapy _____ at a cigar store, but he wasn't sent to prison. |

参考答案：

| Time | In November |
|---|---|
| Place | In New York City |
| Main character | Soapy |
| Incident 1 | Soapy broke the window at a big apartment store, but he wasn't sent to prison. |
| Incident 2 | Soapy picked up a man's umbrella at a cigar store, but he wasn't sent to prison. |

---

① 【评点】活动设计以英语学习活动观为指导，通过学习理解类活动，引导学生进入主题，围绕主题获取、梳理、概括、整合基本的信息。帮助学生整体把握语篇的故事要素及意义主线，有逻辑地梳理故事信息。

(2) Listen to paragraph 2 and find out whether the statements are True or False. (3 min)

听录音的第 2 段，完成判断正误练习，并改正错误选项。①

① Soapy carried out his first plan at a restaurant.

② He carried out the plan by standing in front of the window.

③ He fulfilled his plan in the end.

参考答案：F (at a apartment store); F (by broking the window); F (He failed to fulfill his plan.)

(3) Listen to paragraph 3 and answer the questions. (5 min)

听录音的第 3 段，并回答以下问题。

① What idea occurred to Soapy when he spotted a man with an umbrella at a cigar store?

② What did Soapy ask the man to do?

③ Why wasn't the man angry at him?

参考答案：

① He planned to pick up the man's umbrella.

② Soapy asked the man to call a cop.

③ Because the man picked up the umbrella in the café this morning by mistake.

(4) Predict the ending of the story and check the prediction. (2 min)

猜测故事的结局，听录音的最后一段，印证猜测。②

What is the ending of the story?

参考答案：

Soapy decides to change his life. But then a cop arrests soapy and he is sent to prison in the end.

设计意图：

任务 8 的目的是引导学生通过听力练习，从故事大意到段落细节，逐步梳理文本内容并了解主旨大意。

(1) 旨在帮助学生梳理文本大意及故事的基本要素，即故事的时间、地点、人物、情节，对文章大意有初步理解。

(2)(3) 旨在引导学生分段落理解文本内容，梳理细节，更好地理解故事发展，为后续理解主旨大意及意外的结局做铺垫。

(4) 旨在引导学生通过猜测故事结局，引发其对真正结局的兴趣。通过听结局，印证猜测。

---

① 【评点】在教学中通过精听练习来训练学生听力。要求学生听懂材料中的每一句话，抓住对话的细节，做到完全理解听力材料的内容。

② 【评点】教师基于问题链设计活动，引导学生分析和推断故事的结局，激发学生参与的兴趣。通过听力印证猜想，引导学生关注当时的时代背景，思考欧·亨利的写作目的，加深学生对主题的认识。

任务 9：Post-listening：Understand the surprise ending and prepare for the role-play. 理解意外结局的写作目的并为角色表演做准备。（18 min）

（1）Group work: Read the transcript and discuss the purpose of the surprise ending.（5 min）阅读听力材料原文，小组讨论探究意外结局的写作目的。①

① Why is the ending surprising?

② What is the purpose of the surprise ending?

参考答案：

① The ironic twist at the end is that once Soapy decides to get back on his feet and find other ways of living his life, he gets arrested, which is what he finally decided he didn't want.

② The purpose of the surprise ending is used to show the conflict between sopay's wish and the real world.

（2）Complete the spot dictation. (3 min)

完成节选部分的听力填空。

He ① _____ to Fifth Avenue and stopped in front of a big apartment store. From his pocket he took a stone and sent it ② _____ one of the plate glass windows. Then he ③ _____ the window, waiting. Suddenly a policeman ④ _____ around the corner.

"Heh! Heh! What was that? Who ⑤ _____?"

"I did."

"What? You? You broke the window?"

"Don't you hear well, officer? ⑥ _____."

"I heard you all right."

"Perhaps you doubt that ⑦ _____, although it was obvious that I am the only person here. Do you see anyone else?"

"⑧ _____! What do you think I am?"

"I think you are a cop and you should arrest me. I am the one who broke the window."

"Listen, if you had broken it, you wouldn't be standing here now. ⑨ _____. I've got to find the person who really broke it."

"But I tell you I did it! I did it! Ah, it's no use. He's gone. I guess ⑩ _____."

参考答案：

① walked over; ② crashing through; ③ stood calmly by; ④ came running; ⑤ broke that window; ⑥ I just admitted that I did; ⑦ I had anything to do with it; ⑧ Don't get fresh with me! ⑨ Get out of my way; ⑩ I have to try something else if I want to get arrested.

（3）Listen and imitate the text. (2 min)

跟读活动（2）中节选部分的听力原文，关注语音、语调、节奏、连读、重读等并

---

① 【评点】教师带领学生理解意外结局的写作目的，使学生能够更好地理解故事主旨，为任务 10 的表演做铺垫。

阅读评分表。①

【评分表】

| Student Name | Fluency (20') | Pronunciation (20') | Intonation (15') | Imitation (15') | Performance (30') |
| --- | --- | --- | --- | --- | --- |
| | | | | | |

（4）Role read the text. (5 min)

分角色朗读，熟悉故事内容，带入情景。

（5）Watch the sample video. (3 min)

欣赏、学习范例视频。

【范例视频】

设计意图：

任务7的目的是引导学生通过听力练习理解语篇及主旨。通过关注语音、语调、节奏、连读、重读等，借助语言支架，进行角色扮演前的准备工作，为后续情景表演的语言输出奠定基础。每位学生都能深入欧·亨利笔下的小人物角色，进而更好地理解文本主旨及时代背景。

（1）旨在引导学生思考意外的结局的作用。通过对听力原文的探究，更加细致地体会文本字里行间流露出的作者情感及写作目的。

（2）旨在通过节选语篇精彩的内容进行听写填空，加深学生对文本的理解。

（3）（4）（5）旨在辅导学生进行剧本表演，帮助学生更好地关注语音、语调、语气等，更好地运用语言，提升表现力。分角色跟读、模仿，进一步熟悉故事内容，为任务10中的语言输出奠定基础。

Assignment 课后作业 (2 min)

（1）Compulsory: Imitate the selected transcript twice.

基础作业：跟读节选听力原文两遍。

（2）Optional: If you were Soapy, write a 100-word essay about your life after released from prison.

---

① 【评点】教师引导学生跟读听力原文，感知和模仿语音、语调、节奏，体会其表意功能等，内化所学语言，充分体现了对学生语用意识和语用能力的培养。

拓展作业：以"If you were Soapy, after released from prison, what would your life be like? "为题进行 100 字的续写。

设计意图：

（1）基础作业旨在帮助学生熟悉文本内容，模仿语音语调，为第二课时的表演做准备。

（2）拓展作业旨在引导学生对文本主旨进行更深层次的理解，并将自己的想法落实到笔头。

听力原文：

[Transcript]

When November arrived, Soapy always disappeared. Many New Yorkers do this. They go to Florida and pay a lot of money to live where it is warm. Not Soapy. His plan was a very simple one. He broke the law. He always makes sure it was a law that would put him in jail for three months, no more, no less.

He walked over to Fifth Avenue and stopped in front of a big apartment store. From his pocket he took a stone and sent it crashing through one of the plate glass windows. Then he stood calmly by the window, waiting. Suddenly a policeman came running around the corner.

"Hey! Hey! What! What was that? Who broke that window?"

"I did."

"What? You? You broke the window?"

"Don't you hear well, officer? I just admitted that I did."

"I heard you all right."

"Perhaps you doubt that I had anything to do with it, although it was obvious that I am the only person here. Do you see anyone else?"

"Don't get fresh with me! What do you think I am?"

"I think you are a cop and you should arrest me. I am the one who broke the window."

"Listen, if you had broken it, you wouldn't be standing here now. Get out of my way. I've got to find the person who really broke it."

"But I tell you I did it I did it! Ah, it's no use. He's gone. I guess I have to try something else if I want to get arrested."

Soapy walked slowly down the street. As he passed a cigar store he noticed a man buying cigarettes. In order to take out his money, the man had to put down his umbrella. Soapy entered the store and picked up the umbrella.

"Hey! That's my umbrella you're taking."

"Oh, is it? Why don't you call a cop then? There's one on the corner. Go ahead, call him. I'll put tell him the umbrella is mine."

"Well, as a matter of fact, I could be mistaken. Maybe the umbrella is yours. I picked it up in the cafe this morning. By mistake, of course. If you recognize it, though, please take it."

"I aimed to."

"Please don't call a cop, though, I... I really didn't know that I was taking the wrong umbrella. I tell you it looks exactly like mine."

Soapy was desperate. He could no longer sleep in the Central Park. The nights there were too cold.

He decided that this year it would be impossible to get into jail no matter how he tried. He wandered along the street until at last he found himself standing in front of a church. From inside came the sound of music. The choir was practising the song for the following Sunday.

[Transcript]

"Such beautiful singing. It makes me forget all my problems. It brings back such wonderful memories. Hah, how different my life was then? My only ambition is to get into jail. Well, I've got to change."

"Hey! You!"

"Me?"

"Yes. You! What are you doing standing outside this church?"

"Nothing. Just listening to the anthem, the choir was practising."

"Oh, sure. Well, you'd better come with me. The judge will be very interested in you story."

"It's not a crime to listen to music, is it?"

"No, not at all – if that's all it is. But there has been some serious crime in this neighborhood lately. Say, didn't I see you earlier today? I think you broke the window after all. Come with me!"

"But, officer?"

Soapy, quite confused, followed the policeman who took him to the night court.

"Your Honor, I found this man outside St. Andrew's Church an hour ago. He said he was listening to the choir. But there is more to it than that. He's the same man I found in front of a broken window on Fifth Avenue this morning."

"Does the accused have anything to say for himself?"

"Well, Your Honor, everything the officer says is true, however..."

"If what the officer says is true and you did break that window, there's nothing more to say. Prepare to spend the next three months in jail."

教师点拨：

学生猜测故事结局活动时，教师可分步设置问题，引导学生基于前面对文章的理解进行猜测讨论。在小组探究意外结局的作用时，教师根据学生对问题的回应与反馈，有梯度地设置问题引导，并适时补充时代背景资料。

第二课时

任务 10：Role-play. 小组分工合作完成英语剧表演。（40 min）

（1）Review the story.（3 min）

回顾《警察与赞美诗》的故事情节。

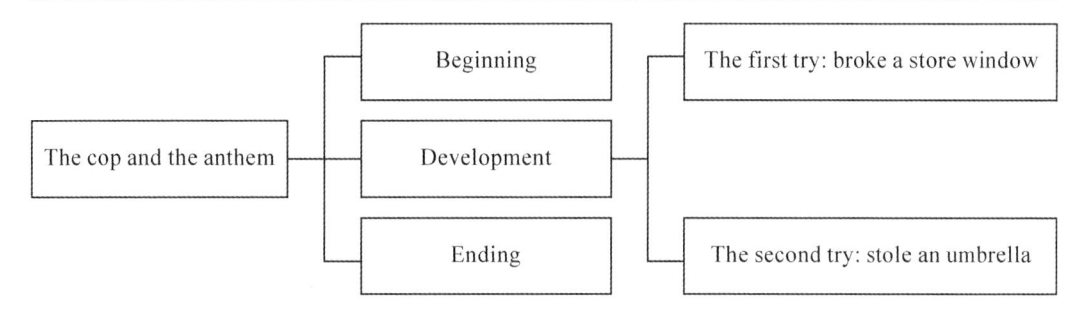

```
                    ┌─────────────┐     ┌──────────────────────────────────┐
                    │  Beginning  │─────│ The first try: broke a store window │
                    └─────────────┘     └──────────────────────────────────┘
┌──────────────────┐┌─────────────┐
│The cop and the anthem│─│ Development │
└──────────────────┘└─────────────┘
                    ┌─────────────┐     ┌──────────────────────────────────┐
                    │   Ending    │─────│ The second try: stole an umbrella │
                    └─────────────┘     └──────────────────────────────────┘
```

（2）Role-play in groups.（30 min）

学生分组进行表演。①

（3）Awards.（5 min）

投票选出最佳主角、最令人惊喜的表演、最佳组合、最佳服装、最佳表演等奖项。

设计意图：

学生在归纳和整理核心语言的基础上，通过关注语音、语调、节奏、连读、重读等，借助语言支架，进行角色扮演。每位学生都能深入欧·亨利笔下的小人物角色，进而更好地理解文本主旨及时代背景。

（1）旨在帮助学生回顾衔接环节三第一课时的文本《警察与赞美诗》，进而更好地完成后续剧本表演。

（2）旨在为学生搭建剧本表演的平台，使学生深入合作探究，启发学生主动参与。

（3）旨在通过小组讨论和同伴互评，加深学生对《警察与赞美诗》文本的理解及对剧本表演要求的体会。

Assignment 课后作业（2 min）

① Compulsory: In groups of four, write a 100-word summary of one of the novel below.

基础作业：以四人小组为单位，抽签选择一篇欧·亨利的短篇小说进行阅读，写100字左右的故事梗概。

- Love and sacrifice
- A cosmopolite in a café
- The furnished room
- The romance of a busy broker
- After twenty years

② Optional: select one of the novel and draw a mind map by using Mindmap, Microsoft, ect.

拓展作业：从以上短篇小说中选取一篇，用多媒体方式（Mindmap, Microsoft, etc.），画出人物关系图或故事结构图。

设计意图：

（1）基础作业旨在为大单元最后一个环节进行预习和铺垫，补充阅读欧·亨利的其他作品，使学生能够多元化地了解欧·亨利的作品。

---

① 【评点】课本剧表演能使学生在交际演练中进一步提高创新思维能力，增强口语表达能力，提高其合作与沟通能力，使英语学习达到事半功倍的效果。

（2）拓展作业旨在为学生提供练习使用计算机绘制故事结构图或人物关系图的平台，加深对前面环节所学习的故事结构图的印象，并为大单元的成果展做准备。

环节四　我是设计师：通过听力和跨学科学习了解作者生平，走进欧·亨利的世界（2课时）

第一课时

任务11：Look at the pictures and answer the questions. 看图，思考以下问题。（5 min）

Lead-in

What do these stories have in common?

① What do these stories have in common?
② Why did the author write about ordinary people? Does it have something to do with the author's own life?
③ What do you know about the author O. Henry?

参考答案：

① They all have surprise endings. They are all written by the author O. Henry. They are all about ordinary people and ordinary life.

② Maybe the author was an ordinary person himself, or maybe he met a lot of ordinary people and heard about their stories in his life.

③ He is a famous American author. He is good at writing surprise endings.

设计意图：

任务11的目的是引导学生激活关联已知，通过分析作品内容，引起学生对作者生平的兴趣。

任务12：Listen to the recording and learn about O. Henry's life. 听听力材料，学习欧·亨利生平。（10 min）

（1）Listen to the recording and fill in the blanks in the form.（5 min）

听听力材料，获取欧·亨利生平信息，补充下列表格中的缺失信息。①

---

① 【评点】本任务重点考查学生能否听懂发音清晰、语速较慢的实用文（人物传记类），获取、记录和归纳特定信息并抓住要点，提升了文本材料来源的多样性和丰富性，有助于加强学生的语言感知和建构能力。

| Life of O. Henry ||
|---|---|
| 1862 | O. Henry was born as _____. |
| 1887 | He started writing for _____ and _____ because he was _____ and wanted to get more money to _____. |
| 1896 | He was accused of _____ money. He ran away to _____. |
| 1897 | He returned to _____ because his wife was _____. |
| 1898 | He was sent to _____. There he began writing _____ under the name 'O. Henry' because he didn't want his readers to know he was _____. |
| 1901 | He left prison. Later he moved to _____ and began a successful writing _____. |
| 1910 | He died at the age of _____ in _____. |

（2）Check the answers and retell the life of O. Henry in a group of 4.（5 min）

对照参考答案检查，以四人小组为单位简单复述欧·亨利的生平。

参考答案：

| Life of O. Henry ||
|---|---|
| 1862 | O. Henry was born as William Sydney Porter. |
| 1887 | He started writing for newspapers and magazines because he was poor and wanted to get more money to support his wife and daughter. |
| 1896 | He was accused of stealing money. He ran away to Central America. |
| 1897 | He returned to the U.S. because his wife was dying. |
| 1898 | He was sent to prison. There he began writing short stories under the name 'O. Henry' because he didn't want his readers to know he was in prison. |
| 1901 | He left prison. Later he moved to New York City and began a successful writing career. |
| 1910 | He died at the age of 47 in New York City. |

设计意图：

任务12的目的是通过课本中的听力语篇练习，帮助学生初步了解欧·亨利生平，为下一任务的跨学科学习做铺垫。

（1）旨在培养学生听取、速记关键信息的能力。

（2）旨在检测学生正确拼写新课标要求掌握的词汇与搭配的能力，并通过简单复述答案，帮助学生梳理信息，为下一任务中用网络搜索欧·亨利生平打好基础。

任务13：Look up the information about O. Henry's life via Internet. 使用互联网搜索欧·亨利生平信息。（15 min）

（1）Discussion: How to look up information online effectively and efficiently?（2 min）

小组讨论互联网查找信息的方法、资源，学习如何正确、高效地输入目标词汇，查找目标信息。教师提供搜索引擎资源：https://www.nclhof.org/、百度百科英文版、搜狗百科英文版、必应搜索国际版等。

（2）Look up the information about O. Henry's life via Internet and fill in the blanks in the mindmap. （10 min）

使用互联网自行搜索与欧·亨利的生平相关的历史信息，补充表格中相应年份的生平事迹。①

鱼骨图（待填写）：
- 1884：Which city did he go to? What careers did he try? How did his experience there help him become a writer?
- 1882：Which state in the U.S. did he go to? What languages did he learn?
- 1894：What was the name of the magazine that he bought? Did the magazine succeed or fail?
- 1901—1909：During his life in New York City, what did he become addicted to?

O. Henry's life

（3）Check and share your answers with your group members. 完成填写后，在小组内检查并分享表格答案。（3 min）

参考答案：

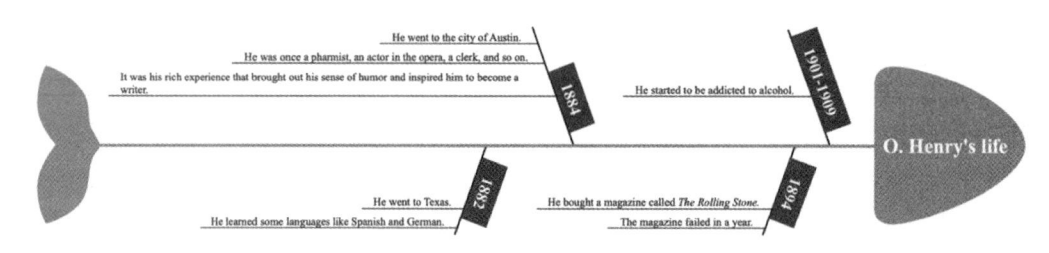

鱼骨图（参考答案）：
- 1884：He went to the city of Austin. He was once a pharmist, an actor in the opera, a clerk, and so on. It was his rich experience that brought out his sense of humor and inspired him to become a writer.
- 1882：He went to Texas. He learned some languages like Spanish and German.
- 1894：He bought a magazine called *The Rolling Stone*. The magazine failed in a year.
- 1901—1909：He started to be addicted to alcohol.

O. Henry's life

设计意图：

任务 13 的目的是通过组织学生使用电脑搜索信息，实现跨学科学习，提升信息来源多样性，帮助学生从不同渠道获得欧·亨利生平信息，丰富对欧·亨利的生平经历的了解。

（1）旨在引导学生正确、高效、安全地使用互联网搜索信息。

（2）旨在培养学生使用网络搜索、识别、整合目标信息的能力，感受信息技术的重要性。

（3）旨在帮助学生梳理关键信息，对欧·亨利的生平经历产生整体性的理解。

教师点拨：

在网络检索信息的过程中，要注意掌控学生的搜索方向，同时指导学生高效、高质量地检索与整合信息。

任务 14：Group discussion: Discuss the question and choose one person in each group to share their answers. 讨论问题，各小组派代表发言。(8 min)

How did O. Henry's life experience inspire him to write stories like *The Gifts, The Last Leaf* and *The Cop and the Anthem*?

---

① 【评点】用现代信息技术辅助信息搜索，实现了跨学科学习，不仅为英语教学提供了多模态的手段、平台和空间，还提供了丰富的资源与跨时空的语言学习和使用机会，对创设良好学习情境、促进教育理念更新和教学方式变革具有重要的支撑作用。

参考答案：

His love for his family, especially his wife and daughter, inspired him to write about love and sacrifice. He lived in poverty when he was a kid, so he vividly described the gap between the rich and the poor in his stories. He had adventures in the southwest U.S. and Central America, which added color to his stories.

设计意图：

任务 14 的目的是引导学生将前三个环节的欧·亨利小说学习和本环节中对于欧·亨利生平经历的研究进行有机结合，引导学生通过对作者生平的了解，对作者在作品中投射的意象进行有意义的思考与建构，提升学生的文学鉴赏能力。

教师点拨：

在讨论欧·亨利的生平与作品的关联时，可引导学生通过分析人物形象、人物内心及时代背景等关键信息，联系欧·亨利生平中的重要事件，进行分析和讨论。

Assignment 课后作业 (1 min)

（1）Compulsory 基础作业：Retell the life of O. Henry according to the mindmap. 根据欧·亨利生平思维导图（如下图），口头复述欧·亨利的一生。

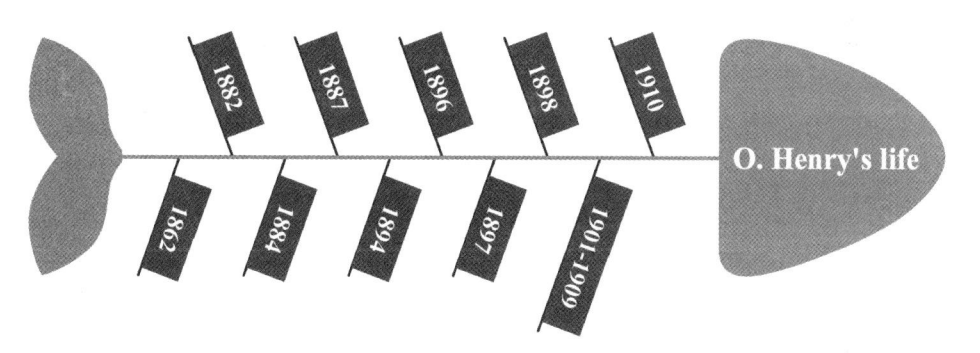

（2）Optional 拓展作业：Write a 200-word introduction of the life of O. Henry and give your personal opinion on O. Henry within 50 words. 写一篇200词的欧·亨利生平介绍，并加入50字的个人对欧·亨利的评价。

设计意图：

（1）基础作业旨在帮助学生梳理文本关键信息，理清作者的生平时间线，提升口头复述的能力。

（2）拓展作业旨在通过写作、评价等形式整合作者生平信息，为后续完成成果展示海报做好准备工作。

第二课时

任务 15：Fill in the mindmap to review O. Henry's works and his life. Share the answers in class. 填写思维导图，回顾本单元学过的作品和欧·亨利的生平，并在小组内分享答案。（5 min）

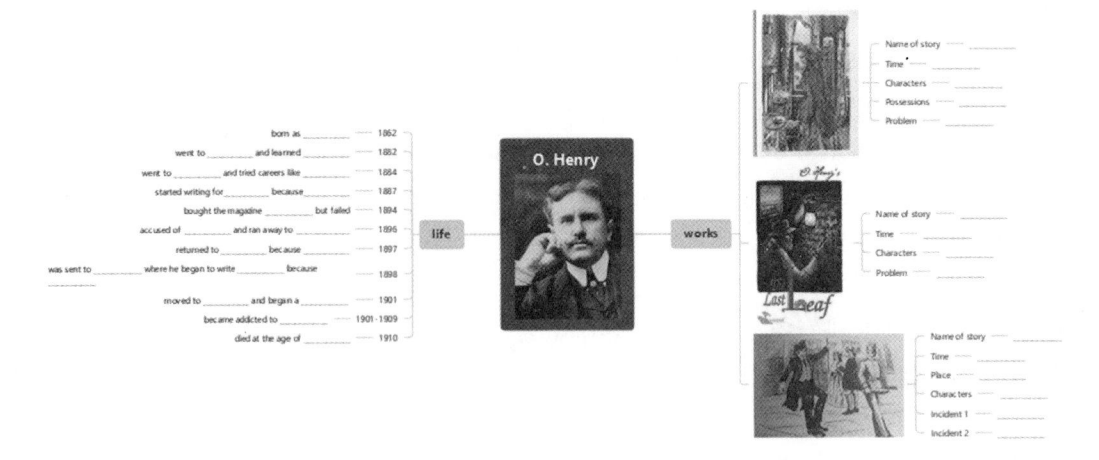

**设计意图：**

任务 15 的目的是激活关联已知，帮助学生整合大单元结构化知识，形成知识体系，为后面在海报中整合并呈现大单元总结内容做准备。

**任务 16**：Look at the example e-poster and discuss: What makes a good e-poster? 学习电子宣传海报"我眼中的欧·亨利"的范例（如下图），小组总结优秀海报的特点。（5 min）

**参考答案：**

Content arrangement, color, design, visual effects, proportion of pictures/words, etc.

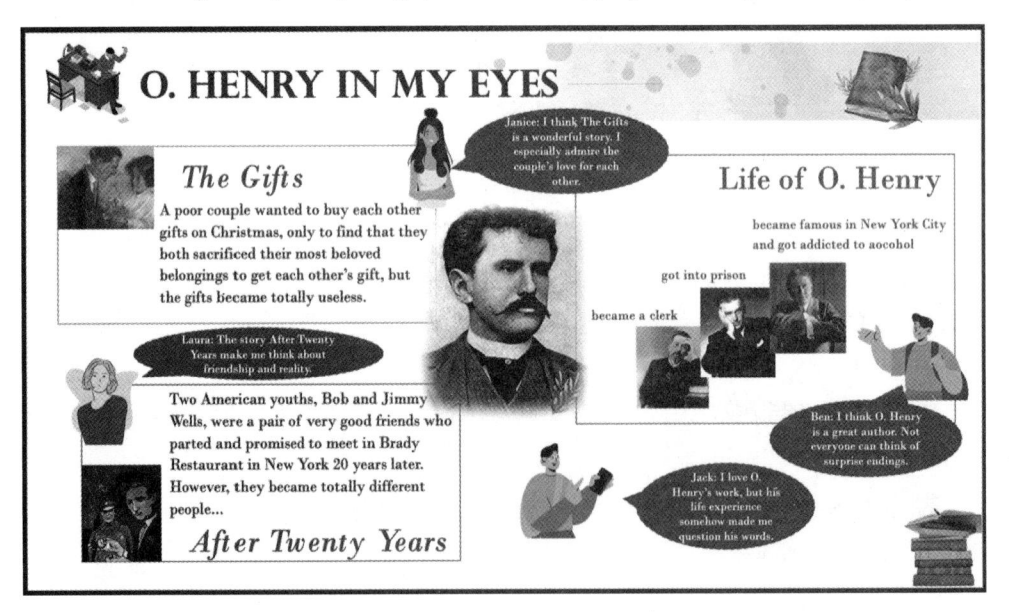

**设计意图：**

任务 16 旨在引导学生欣赏电子宣传海报范例，总结好的作品的特点，从范例中学习、领会并迁移到实践当中，培养学生的鉴赏能力，提升学生的视觉审美。

**任务 17**：Design and make an e-poster in groups of four. 以四人小组为单位，使用 office 软件（如 Word、Ppt 等）分工制作电子宣传海报"我眼中的欧·亨利"，并以 .doc，.

pptx，.jpg，或 .pdf 格式上交。①(20 min)

分工参考：

Student A: Summary of *The Gifts, The Last Leaf* or *The Cop and the Anthem*

Student B: Summary of *Love and Sacrifice, A Cosmopolite in a Café, The Furnished Room, The Romance of a Busy Broker,* or *After Twenty Years*

Student C: Life of O. Henry

Student D: Group members' comments on the two stories and O. Henry

成员一：课内作品简介（选取任务 3、任务 7 课后作业中的优秀作业，由小组成员讨论后共同打磨语言。）

成员二：课外作品简介（选取任务 7 课后作业中的优秀作业，由小组成员讨论后共同打磨语言。）

成员三：作者简介（参考任务 8 课后作业的思维导图并进行优化。）

成员四：小组成员评价

设计意图：

任务 17 的目的在于引导学生正确地、有条理地使用信息技术完成设计任务，提醒学生注意海报内容的挑选与整合、措辞与排版。帮助学生做好分工，在处理任务中培养团队合作的精神。

教师点拨：

在该任务过程中要特别关注学生的小组配合和多媒体的使用，通过明确的时间安排和指令，提升学生整合信息、设计作品的效率，必要时给予一对一或一对多的指导。

任务 18：Vote for the best e-poster in class. The winner group presents the e-poster. 欣赏并学习各小组海报，投票选出优秀海报。优秀海报所在小组推选一名代表介绍海报，讲述"我眼中的欧·亨利"。（8 min）

设计意图：

任务 18 旨在激发学生互相欣赏、良性竞争的意识，为学生提供口头总结所学内容和口头表达观点的机会。

Assignment 课后作业（1 min）

（1）Compulsory: Upload the e-poster on the WeChat account and check other groups' works. Leave comments of at least 50 words.

基础作业：上传海报并欣赏其他小组的海报，留下不少于 50 词的评价留言。②

---

①【评点】教师有意识地为学生创设了主动参与和探究主题意义的情境和空间，使学生获得了积极的学习体验，成为意义探究的主体和积极主动的知识建构者。学生在小组讨论、分工和制作电子海报的过程中，锻炼了创造性思维，提升了跨学科技能以及自主学习和团队合作的能力。本段设计尊重"以学生为主体、以教师为主导"的教育原则，充分发挥学生的主观能动性，把握了英语学科的课程育人价值。

②【评点】学生完成作品后开展互评，充分发挥了学生的主体作用，促进了同伴之间的监督性学习，并在相互评价中取长补短，总结经验。整个大单元设计采用了多种评价方式和手段，体现了多渠道、多视角、多层次、多方式的特点。

（2）Optional: Make a Vlog on the topic of "what I have learned from O. Henry" individually for no more than 2 minutes. Outstanding works will be demonstrated on the WeChat account.

拓展作业：以"我从欧·亨利身上学到了……"为主题，个人拍摄视频，要求2分钟以内。优秀作品将在班级公众号上选播。

教师点拨：

在学生互评中，要指导学生给出直观的、切实的、公平的、友善的评价与意见，通过评价促进学生之间的友好交流。

设计意图：

（1）基础作业旨在引导学生紧跟时代潮流，合理使用社交网络进行信息交换及分享，并通过学生互评，提升学生的鉴赏及互评能力。

（2）拓展作业利用丰富的多媒体手段，鼓励学生"从做中学"，提供不同的语言使用场景，激发学生学英语、用英语的兴趣。

【总评】

新课标指出，语篇研读是开展有效教学设计的逻辑起点，对文本解读的高度决定了课堂教学的高度，对文本解读的深度决定了课堂教学的内涵。围绕单元主题"意外的结局"，教师深入解读欧·亨利的经典文学作品，提炼各语篇中的主题、内容、结构，多角度、多层次地分析语篇传递的意义，挖掘其中的文化内涵和育人价值。

在对单元文本进行充分解读的基础上，教师依据课标要求，结合学情，整合单元语篇，引导学生从单元的视角展开对各语篇主题意义的探究，指向预期的核心素养综合表现。围绕单元主题"意外的结局"，教师设置了以"再现欧·亨利"为主题的文学艺术节情境，引导学生通过参加"我是小读者""我是小作家""我是小演员""我是设计师"四个艺术节活动，学习单元语篇，探究语篇意义，学习语言，建构新知，最终以听、说、读、写、演等不同的产出形式，将自己对欧·亨利及其作品的理解进行"再现"。

在此过程中，学生在教师的指引下，了解、学习欧·亨利的作品，从人物心理、社会背景、主题思想等多角度进行品读，思考其背后的文化内涵。通过讨论、复述、写作、表演、设计等产出活动，学生逐步加深并内化对作品思想内涵的理解。不仅如此，教师还指导学生运用信息技术，深入了解欧·亨利的生平经历，在帮助学生了解作家本人的同时，也能够进一步加深对其作品的理解。单元活动之间整合关联、循环递进，使学生围绕"意外的结局"的主题，从代表作品到作家本人，逐步加深对欧·亨利及其作品的认识，建构结构化知识，形成正确的态度和价值观，达到预期的核心素养综合表现，实现语言学习和课程育人的有机融合。

# "反比例函数"课堂设计

——义务教育教科书 数学 九年级 上册（北师大版） 第六章

设计：龙华学校初中部数学科组 袁子晴 黄薇

评点：龙华学校初中部数学科组 邓振宏

## ◎设计导语

九年级上册第六章的反比例函数，属于初高中函数学中承上启下的重要内容，同时也是《数学课程标准》中"数与代数"领域的重要组成部分。本章主要研究反比例函数的概念、图像性质及应用。进行单元教学设计时，首先要基于学生学情明确反比例函数结构的搭建，在整个单元的教学中融入自主探索和抽象概括的数学精神，从而让学生体会建立数学模型、数形结合等思想，进一步发展学生的抽象思维能力，为后续学习二次函数打下坚实的基础。

明确学生学情，对于搭建大单元结构有重要的意义。继八年级学习一次函数和正比例函数后，学生在学习直角坐标系和一次函数的基础上再次进入函数范畴，因此，教学时应根据需要适当布置一些前置复习任务，让学生基于一次函数的学习经验探究反比例函数，有助于进一步理解函数的内涵，加深对建模思想的认识。在搭建单元结构时，也要考虑到学生学习本章内容的知识障碍，因此教学中应予以简洁清晰的指导，同时也为后续学习做好铺垫。

教材与课标对本章学习目标有多个方面的要求，一是知识能力方面，二是培养核心素养方面，围绕学习目标组织以下单元目标：（1）经历从具体问题情境中抽象出反比例函数概念的过程，进一步感受函数的模型思想；探索反比例函数的性质，体会研究函数的一般性方法；（2）结合具体情境体会反比例函数的意义，理解反比例函数的概念，能根据已知条件确定反比例函数的表达式；（3）能画出反比例函数的图像，根据图像和表达式理解反比例函数的性质，体会数形结合的思想和分类的思想；（4）能用反比例函数解决简单实际问题，发展应用意识；（5）在反比例函数学习的过程中，进一步发展探究与合作交流的精神。

## ◎任务框架[1]

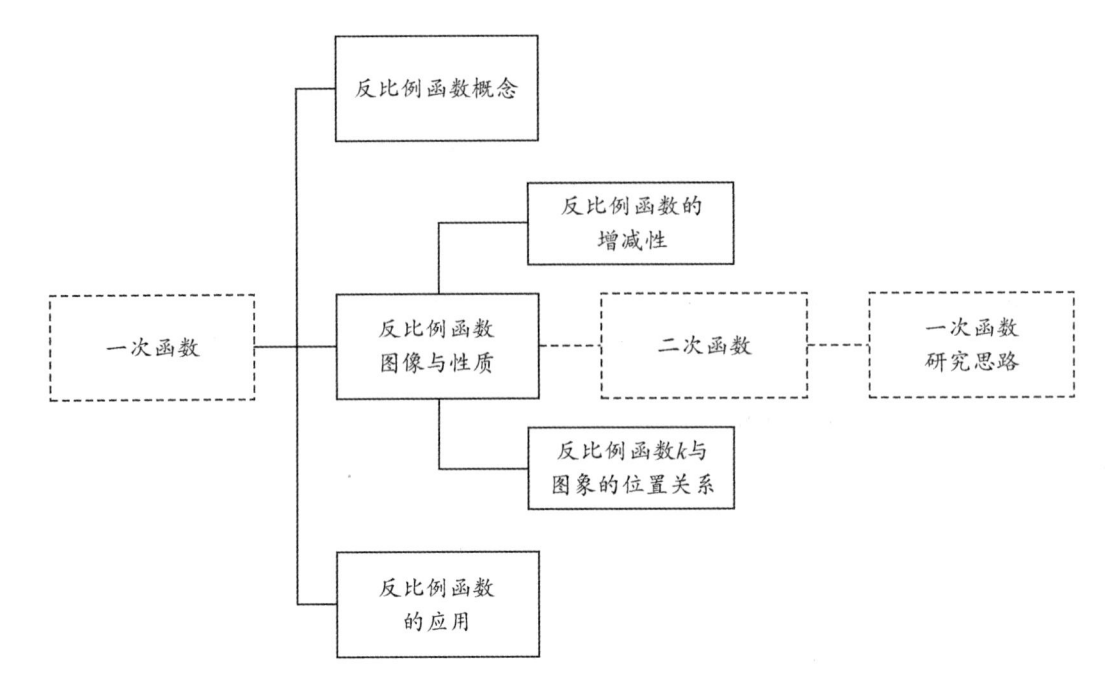

```
┌─────────────┐
│ 反比例函数概念 │
└─────────────┘
              ┌─────────────┐
              │ 反比例函数的 │
              │   增减性    │
              └─────────────┘
┌────────┐  ┌─────────────┐  ┌────────┐  ┌────────┐
│ 一次函数 │──│ 反比例函数  │──│ 二次函数 │  │ 一次函数 │
│        │  │ 图像与性质  │  │        │  │ 研究思路 │
└────────┘  └─────────────┘  └────────┘  └────────┘
              ┌─────────────┐
              │ 反比例函数k与 │
              │ 图象的位置关系│
              └─────────────┘
┌─────────────┐
│ 反比例函数  │
│   的应用    │
└─────────────┘
```

## ◎学习过程

**环节一 概念形成与辨析——《反比例函数》（1课时）**

课前探学任务：

（1）某农场的粮食总产量为1500t，则该农场人数$y$（人）与平均每人占有粮食量$x$（t）的关系可以表示为_____。

（2）某住宅小区要种植一个面积为1000（$m^2$）的矩形草坪，草坪的长$y$（m）与宽$x$（m）的关系可以表示为_____。

（3）小明完成100m赛跑时，时间$t$（s）与他跑步的平均速度$v$（m/s）之间的关系可以表示为_____。

（4）期末到来，小明想买一些笔记本为期末复习做准备，妈妈给了小明30元，小明购买的笔记本单价$x$（元/本）与笔记本数量$y$（本）的关系可以表示为_____。[2]

前置思考任务：根据找到的关系式回答下列问题：

（1）上述关系式是函数关系吗？

（2）这些关系式有什么共同特征？

（3）你能否再举出具有相同特征的函数关系式的例子[3]？

---

[1]【评点】任务框架设计合理，对教材有深刻的理解和把握，理清教材的知识结构和体系，加强反比例函数大单元的各知识点的紧密联系，可以提高教学效果，方便学生学习本章内容。

[2]【评点】结合实际，列出两个变量的关系，为反比例函数概念学习打下基础，渗透函数思想。

[3]【评点】通过三个思考题抽象出反比例函数的概念。

课中活动一：

1. 小组讨论课前导学作业活动二的三个问题，交流总结形成小组的统一看法，以小组为单位选代表发表观点。

2. 我们称这一类函数为"反比例函数"，请用简洁明了的一句话概括反比例函数的概念。

3. 与书本第 149 页反比例函数的概念进行对比，评价自己所下的定义是否完整？

课中活动二：完成课本第 150 页"做一做"部分和"随堂练习"部分。

课中活动三：完成下列练习

1. 下列函数表达式中，$x$ 均表示自变量，那么哪些是反比例函数？每一个反比例函数相应的 $k$ 值是多少？

（1）$y=-\dfrac{5}{x}$　　（2）$y=\dfrac{x}{2}$　　（3）$y=\dfrac{3}{2x}$　　（4）$xy=-3$

（5）$y=-\dfrac{1}{x^2}$　　（6）$y=\dfrac{y}{2x}$　　（7）$y=-\sqrt{2}x^{-1}$

2. 若函数 $y=(m+3)x^{8-m^2}$ 是反比例函数，则 m 的值为多少_____。

3. 若反比例函数 $y=\dfrac{k}{x}$ 的图像经过点（5，–1），则 $k$ 的值为_____。①

课后作业：

1. 下面说法中，两种量成反比例的是（　　　）。

　　A. 圆的周长和它的半径

　　B. 梯形的上底和下底不变，梯形的面积与高

　　C. 圆柱的体积一定，圆柱的底面积与高

　　D. 小新跳高的高度和他的身高

2. 下列函数中，表示 $y$ 是 $x$ 的反比例函数的是（　　　）。

　　A. $x(y+1)=1$　　B. $y=\dfrac{1}{x-1}$　　C. $y=\dfrac{1}{x^2}$　　D. $y=\dfrac{1}{2x}$

3. 反比例函数 $y=\dfrac{3}{x}$ 的比例系数是_____。

4. 已知函数 $y=(m+2)x^{|m|-3}$ 是关于 $x$ 的反比例函数，则实数 $m$ 的值是_____。

5. 已知 $y$ 与 $x$ 成反比例，且其函数图像经过点（–3，–1）。

（1）求 $y$ 与 $x$ 的函数关系式。

（2）求当 $y=-4$ 时，$x$ 的值。

6. 写出下列问题中两个变量之间的函数表达式，并判断其是不是反比例函数。

（1）底边为 3 cm 的三角形的面积 $y$（cm²）随底边上的高 $x$（cm）的变化而变化。

（2）一艘轮船从相距 200 km 的甲地驶往乙地，轮船的速度 $v$（km/h）与航行时间 $t$（h）的关系。

---

① 【评点】通过三道练习题加强对反比例函数概念的理解，对反比例的三种形式及 K 不为零，负指数幂等知识点有强化作用。

（3）在检修 100 m 长的管道时，每天能完成 10 m，剩下的未检修的管道长 $y$（m）随检修天数 $x$ 的变化而变化。

7. $y$ 是 $x$ 的反比例函数，下表给出了 $x$ 与 $y$ 的一些值：

| $x$ |  | $-2$ | $-1$ | $-\dfrac{1}{2}$ | $\dfrac{1}{2}$ | 1 |  | 3 |
|---|---|---|---|---|---|---|---|---|
| $y$ | $\dfrac{2}{3}$ |  | 2 |  |  |  | $-1$ |  |

（1）写出这个反比例函数的表达式。
（2）根据函数表达式完成上表。

说明：函数概念是学生在初中学习过程中遇到的一般意义的抽象概念，课前探究任务联系生活实际设置相关的教学情境，激发学生的探究兴趣。通过小组活动的形式促进学生相互交流，培养数学语言表达能力。以形成小组统一结论的方式引导学生提升团结协作、沟通协商和概括总结的能力。逐渐熟悉函数的对应关系之后，再适时地归纳出函数表达式。基于反比例关系，用好上位概念，从反比例关系上升到反比例函数。

通过思考问题引导学生不断地认识、建构、理解反比例关系数学模型，在思维深化的过程中进一步提炼出不同情境对应的一般建构方法，逐渐形成函数模型思想。让学生体会函数是刻画现实生活中变量之间关系的数学模型，善于"用数学的眼光观察现实世界"。

活动三通过制造学生的认知冲突，用好概念的内涵，帮助学生从形式到内涵加深对概念的理解，扫清对这类问题的认知障碍。基于以上内容，学生建立解题模型的关键点是找出反比例函数的客观规律。对此，引导学生采取数列统计的方法，帮助学生找出函数的规律，增进学生对反比例函数特征的理解，完成反比例函数模型的建立。对下一课时认识反比例函数图像的形状特征奠定牢固基础。

环节二 类比迁移与抽象思维——《反比例函数的图像与性质》（第 1 课时）

课前探学任务：回顾八上教材中一次函数图像与性质的相关内容，回答下列问题：
（1）根据画一次函数图像的经验，你认为应如何画出反比例函数的图像？
（2）根据研究一次函数图像性质的经验，你打算如何研究反比例函数的图像？

前置思考任务：根据反比例函数的式子特征，你能猜出其图像的大致特征吗？并说明理由。

课中活动一：在下列两个坐标系中作出 $y=\dfrac{6}{x}$ 的图像。

解：列表

| $x$ | … | $-6$ | $-5$ | $-4$ | $-3$ | $-2$ | $-1$ | 1 | 2 | 3 | 4 | 5 | 6 | … |
|---|---|---|---|---|---|---|---|---|---|---|---|---|---|---|
| $y=-\dfrac{6}{x}$ |  |  |  |  |  |  |  |  |  |  |  |  |  |  |

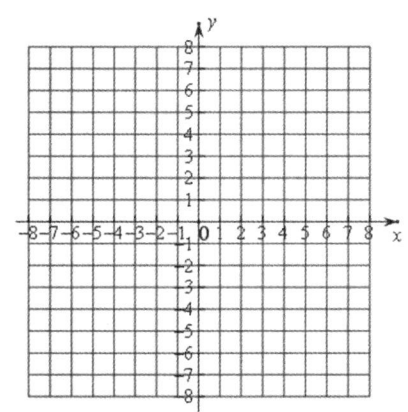

（1）小组同学互相对比所画的图像是否一致，就不一致的地方进行讨论，指出正确画法，分析错误原因。

（2）你认为画反比例函数图像时应注意哪些问题？

（3）观察课前、课中作业画的反比例函数图像，你认为反比例函数的图像有什么共同特征？

（4）反比例函数图像是中心对称图形吗？如果是，请找出对称中心。反比例函数图像是轴对称图形吗？如果是，请指出它的对称轴。

课中活动二：在同一坐标系中，画出 $y=\dfrac{3}{x}$；$y=-\dfrac{6}{x}$；$y=\dfrac{12}{x}$；$y=-\dfrac{12}{x}$ 的图像

（1）根据画出的图像，你认为反比例函数图像可以怎么分类？分类依据是什么？与反比例函数的 k 有何联系？

（2）尝试证明图像位置与 k 的关系。

（3）在不画图像的情况下，如何确认图像在第几象限？

课中活动三：完成下列练习

1. 关于反比例函数，下列说法不正确的是（　　）

　A. 点（-2，-1）在它的图像上　　　B. 它的图像在第一、三象限

　C. y 值随 x 的增大而减小　　　D. 它的图像有两条对称轴

2. 已知反比例函数的图像经过点（a，b），则它的图像一定也经过（　　）

　A.（-a，-b）　　B.（a，-b）　　C.（-a，b）　　D.（0，0）

3. 已知反比例函数的图像在第二、四象限，则 m 的取值范围是 _____。

说明：本环节旨在引导学生类比一次函数的研究过程，确定反比例函数的研究方向、研究内容和研究方法。由"数"想"形"，感受反比例函数图像的大致特征，通过"列表、描点、连线"刻画反比例函数图像。以解析式为基础，观察、探析所画函数图像。请学生互相交流引导学生探索感悟反比例函数图像的正确画法。

活动一旨在引导学生通过直观感知对特例的"形"进行观察、比较、分析和归纳，发现反比例函数图像是两支双曲线。不同于一次函数图像，反比例函数图像与 x 轴、y 轴没有交点，图像关于原点对称还关于直线 y=x 对称。

活动二通过观察具体的反比例函数 $y=\dfrac{3}{x}$；$y=-\dfrac{6}{x}$；$y=\dfrac{12}{x}$；$y=-\dfrac{12}{x}$ 图像的共同

特征及不同点，引导学生关注反比例系数"k"的不同引起它们性质不同，对函数图像进行归纳分类，进一步按照（k>0）和（k<0）两种情况分析图像的特征。反比例函数 $y=\dfrac{k}{x}$（k>0）的性质概括出反比例函数图像有两个分支，从左往右看，图像呈下降趋势；函数不仅关于原点对称还关于直线y=x对称；图像无限趋近于坐标轴，即渐近性，刻画了函数的极限思想，使学生经历从有限到无限的思想升华。类比反比例函数 $y=\dfrac{k}{x}$（k>0）图像和性质的研究方法，想到从特殊反比例函数 $y=-\dfrac{6}{x}$；$y=-\dfrac{12}{x}$ 入手到一般反比例函数 $y=\dfrac{k}{x}$（k>0），从"形"的角度直观研究反比例函数 $y=\dfrac{k}{x}$（k<0）图像和性质。引导学生经历归纳推理过程：观察特例—猜想—验证—归纳。教学生一些解决问题的策略：举例、画图法、从特殊到一般等[①]。

**环节三　数形结合——《反比例函数的图像与性质》（第2课时）**

课前探学任务：

回顾八上教材中一次函数图像与性质的相关内容回答下列问题：

（1）根据画一次函数图像的经验，你认为接下来应怎么研究反比例函数的图像？

（2）尝试解决以下问题：反比例函数 $y=\dfrac{-4}{x}$，点A（-2，$y_1$）、B（2，$y_2$）、C（4，$y_3$）是函数图像上的三个点，那么$y_1$、$y_2$、$y_3$的大小关系是（　　）

  A. $y_2>y_1>y_3$      B. $y_2>y_3>y_1$

  C. $y_1>y_2>y_3$      D. $y_1>y_3>y_2$

简述你的解题思路：_____

课中活动一：

1. 在下方空白处画出反比例函数 $y=\dfrac{k}{x}$（k>0）的大致图像。

（1）根据图像，观察反比例函数并用一句话总结反比例函数的增减性。

（2）小组内分享各自对反比例函数增减性的描述，并讨论交流描述是否完善，说明理由，讨论后形成小组统一的描述。

2. 在下方空白处画出反比例函数 $y=\dfrac{k}{x}$（k<0）的大致图像，仿照 $y=\dfrac{k}{x}$（k>0）的图像性质，根据 $y=\dfrac{k}{x}$（k<0）的图像，用一句话总结反比例函数的增减性。

课中活动二：

完成下列练习：

1. 反比例函数 $y=-\dfrac{3}{x}$ 的图像在第_____象限，在每一象限，y随x的增大

---

[①]【评点】通过列表、描点、连线这一研究函数图像最基本的方法对反比例函数图像进行研究，归纳、总结、理解反比例函数的图像的特点、名称、位置分布、轴对称性、分母不为零在图像上的体现等图像特征。

而_____。

2. 对于反比例函数 $y = -\dfrac{3}{x}$，下列说法不正确的是（　　）

    A. 点（-2，-1）在它的图像上　　　　B. 它的图像在第一、三象限

    C. $y$ 随 $x$ 的增大而减小　　　　　　　D. 当 $x < 0$ 时，$y$ 随 $x$ 的增大而减小

3. A（$x_1$，$y_1$）、B（$x_2$，$y_2$）、C（$x_3$，$y_3$）都在反比例函数 $y = \dfrac{k}{x}$（$k > 0$）的图像上，且 $x_1 > x_2 > 0 > x_3$，则 $y_1$、$y_2$、$y_3$ 的大小关系是（　　）

    A. $y_1 < y_2 < y_3$　　B. $y_2 < y_3 < y_1$　　C. $y_3 < y_2 < y_1$　　D. $y_2 < y_1 < y_3$

4. 已知点（$x_1$，$y_1$）、（$x_2$，$y_2$）都在反比例函数 $y = \dfrac{k}{x}$（$k > 0$）的图像上，且 $x_1 < x_2 < 0$，则 $y_1$_____$y_2$。

课中活动三：

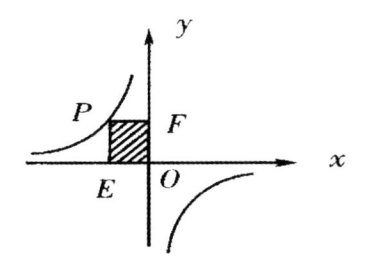

1. 如图，P 是反比例函数图像在第二象限上的一点，且矩形 PEOF 的面积为 8，

（1）反比例函数的表达式是_____

（2）反比例函数图像上任取一点，向坐标轴作垂线，与坐标轴围成的矩形面积 = _____

（3）猜想反比例函数 $y = \dfrac{k}{x}$ 的图像上任意一点向坐标轴作的垂线和坐标轴围成的矩形面积和 k 之间存在什么关系？

说明：本环节旨在对函数图像定性分析，通过"数"即解析式的运算检验等获得反比例函数的增减性、对称性、渐近性。从数和形两个角度来研究反比例函数 $y = \dfrac{k}{x}$ 图像和性质。提高学生解决问题和研究方法的能力，培养学生类比推理素养并进一步提升学生直观想象素养和合情推理素养。由"数"想象"形"，由"形"研究"数"，渗透数形结合思想。活动二旨在加深学生对反比例函数增减性的正确表达，内化数形结合思想的应用。活动三通过某个反比例函数图像和矩形面积引导学生发现矩形面积和 k 值的关系，从变化中发现其面积不变性，探究反比例函数系数 k 的几何意义[①]。

---

① 【评点】进一步加强对反比例函数图像的理解包括三个基本性质：函数的增减性、对称性、面积不变性（即反比例函数 K 的几何意义），通过数形结合渗透数学思想。

## 环节四 联系实际，几何直观——《反比例函数的应用》

**活动一：**

独立思考后小组讨论完成下列问题：

某校科技小组进行野外考察，利用铺垫木板的方式通过了一片烂泥湿地，你能解释他们这样做的道理吗？当人和木板对湿地的压力一定时，随着木板面积 $S(m^2)$ 的变化，人和木板对地面的压强 $P(Pa)$ 将如何变化？如果人和木板对湿地地面的压力合计 600 N，那么：

（1）用含 S 的代数式表示 P，P 是 S 的反比例函数吗？为什么？
（2）当木板面积为 0.2 m² 时，压强是多少？
（3）如果要求压强不超过 6 000 Pa，木板面积至少要多大？
（4）在平面直角坐标系中，画出相应的函数图像。
（5）请利用图像对（2）和（3）作出直观解释，并与同伴交流。

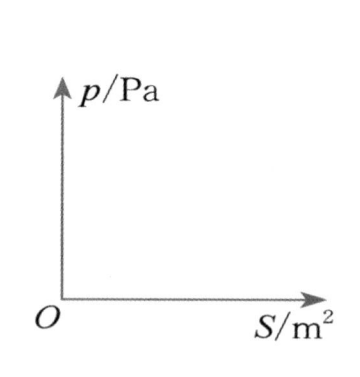

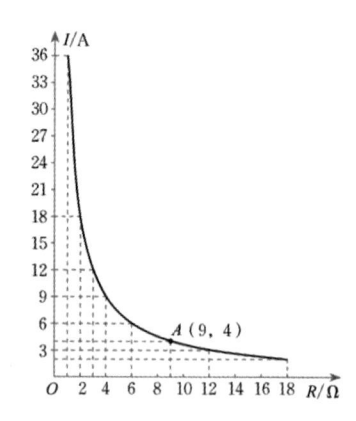

**活动二：**

独立思考完成下列练习：

1. 蓄电池的电压为定值，使用此电源时，电流 $I(A)$ 与电阻 $R(\Omega)$ 之间的函数关系如图所示。

（1）蓄电池的电压是多少？你能写出这一函数的表达式吗？
（2）如果以此蓄电池为电源的用电器限制电流不得超过 10 A，那么用电器的可变电阻应控制在什么范围内①？

**课后作业：**

1. 日常生活中有许多现象应用了反比例函数，下列现象：①购买同一商品，买的越多，花钱越多；②百米赛跑时，用时越短，成绩越好；③把浴盆放满水，水流越大，用时越短；④从网上下载同一文件，网速越快，用时越少。其中符合反比例函数的现象有（　　）

A.1 个　　B.2 个　　C.3 个　　D.4 个

---

① 【评点】反比例函数的应用选用了物理学科的电压、电阻与电流的关系。分析在电压一定时，电流与电阻之间的关系就是反比例函数的关系，体现了数学与物理学科之间的融合，也体现了函数思想在现实生活中的应用。

2. 已知蓄电池的电压为定值，使用蓄电池时，电流 $I$（单位：A）与电阻 $R$（单位：$\Omega$）是反比例函数关系，它的图像如图所示。则用电阻 $R$ 表示电流 $I$ 的函数表达式为（    ）

  A. $I = \dfrac{3}{R}$    B. $I = -\dfrac{6}{R}$    C. $I = -\dfrac{3}{R}$    D. $I = \dfrac{6}{R}$

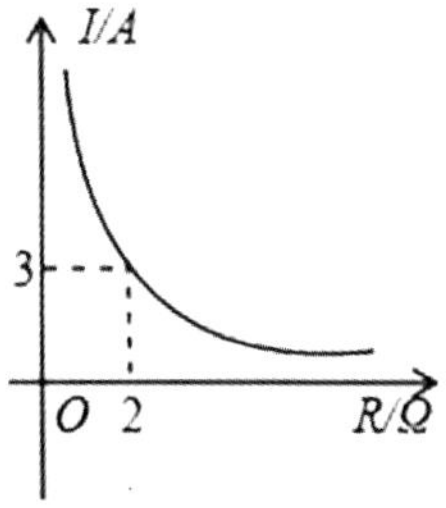

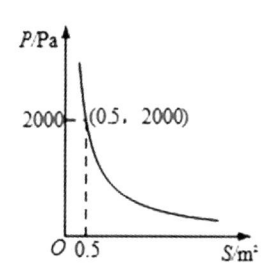

|  | 第1天 | 第2天 | 第3天 | 第4天 |
|---|---|---|---|---|
| 售价x（元/双） | 150 | 200 | 250 | 300 |
| 销售量y（双） | 40 | 30 | 24 | 20 |

3. 某物体对地面的压强 $P$（Pa）与物体和地面的接触面积 $S$（m²）成反比例函数关系（如图）。当该物体与地面的接触面积为 $0.25\text{m}^2$ 时，该物体对地面的压强是_____Pa。

4. 已知近视眼镜的度数 $D$（度）与镜片焦距 $f$（米）成反比例关系，且 400 度近视眼镜镜片的焦距为 0.25 米。小慧原来戴 400 度的近视眼镜，经过一段时间的矫正治疗后，现在只需戴镜片焦距为 0.4 米的眼镜了，则小慧所戴镜片的度数降低了_____度。

5. 已知某品牌运动鞋每双进价为 120 元，为求合适的销售价格进行了 4 天的试销，试销情况如下表：

（1）表中数据 $x$、$y$ 满足什么函数关系式？请求出这个函数关系式。

（2）若每天销售利润为 3000 元，则单价应定为多少元？

6. 已知 $A(a, -2a)$、$B(-2, a)$ 两点是反比例函数 $y = \dfrac{m}{x}$ 与一次函数 $y = kx + b$ 图像的两个交点。

（1）求一次函数和反比例函数的解析式。

（2）求 △ABO 的面积。

（3）观察图像，直接写出不等式 $kx + b - \dfrac{m}{x} > 0$ 的解集①。

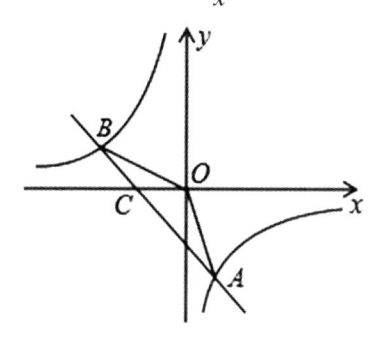

说明：本环节旨在"从学生实际出发，创设有助于学生自主学习的问题情境，引导学生通过实践、思考、探索、交流等，获得数学的基础知识、基本技能、基本思想、基本活动经验。"活动一创设了一个合适的教学情境，同时需运用物理学科知识，让学

---

①【评点】综合题的设计，检验学生对本章知识的综合运用，培养学生对数学问题的综合解决能力。

生的数学学习与生活联系起来，体会到跨学科的统整性，让学生经历"分析→列式→验证→画图→求解→作答"的过程，又有解决问题之后的反思，以感悟建模思想方法。

有了活动一的基础，活动二由学生自己完成，进一步体会到在实际问题中自变量是有取值范围限制的，从图像上体现为有限的曲线，有端点。"数形结合"帮助学生高效快速解决问题。随后教师结合学生的展示呈现出用反比例函数解决问题的流程。课后作业以多种生活实际为背景，让学生感受反比例函数是刻画生活中变量关系的有效数学模型，以感悟"通解"到"特解"的思维策略。这体现了过程教育和以学生为中心的思想，也遵循了问题解决教学的基本规范，能全面发挥其育人功能。

## 【总评】

反比例函数是初中阶段学习函数的一个章节，对今后学习研究二次函数有着承上启下的作用，通过本章学习学生要学会：1.理解反比例函数的概念，能从实际问题中抽象出反比例函数解析式；2.用列表、描点、连线的方法画出反比例函数的图像，并能结合图像分析总结出反比例函数的性质；3.体会数学在实际问题中的应用；4.提高观察问题，解决问题的能力。

本单元设计可以看出对教材进行了深度的解读，并以教材为平台，充分挖掘和利用各种课程资源，对教材进行补充和重组。

本单元设计分四个环节展开：1.概念形成与辨析——《反比例函数》（1课时）；2.类比迁移与抽象思维——《反比例函数的图像与性质》（第1课时）；3.数形结合——《反比例函数的图像与性质》（第2课时）；4.联系实际，几何直观——《反比例函数的应用》。整个教学设计流程清晰，层层递进，设计合理，对学生自主探究与老师讲解的时间分配合理，完全符合学生对函数学习的认知基础。

本单元设计注重培养学生的数学素养，提高学生的对数学思想方法的运用能力，如：1.在引入情境中寻找变量之间的关系，表达了函数对应思想；2.《反比例函数》是在八年级上册第4章《一元二次函数》的基础上再次研究，在研究函数的图像中矩形的面积的不变性时表达了数形结合的思想；3.在反比例函数的应用中以物理的电路、电阻和电压的关系为例题体现了联系生活实际、跨学科融合的思想，这些数学思想方法的渗透为学生学习打下了基础，对学生今后研究问题、解决问题及终身发展都是非常有益的，本单元设计对学生在本章"学会什么"做出了明确指引，但对学生"何以学会"的过程略显不足。

# "'静力学'中考物理复习策略"课堂设计

## ——以静力学[①]复习为例

——义务教育教科书 物理 八年级 下册 第七、八章
设计：初中部物理科组
评点：姚中化

## ◎设计导语

面向大单元设计的物理复习课教学，是初三中考第一轮复习里面常用的设计思想。基于整体设计的教学思维，聚焦大单元复习中的教学目标，对复习内容在整体上优化组合、重新建构立体的教学结构。面向大单元设计的中考复习教学需完整理解需要复习的内容，深入把握复习的重难点，分梯度确定课时目标，突出大单元复习的具体素养之间的关系。

人教版初中物理教材的静力学部分共两章，包括力、运动和力两大部分，具体分为 6 小节，涵盖了力的定义、效果、分类，同时在解构力的相互作用和力与运动的关系时兼顾了八上机械运动的一部分知识，最后以简单的受力分析（三个力以内同一直线的共点力平衡）作为落脚点，构建了较为完整的知识体系，适宜作为一个大单元进行复习。[②]

以下以初三静力学的复习为例，探讨面向大单元设计的中考复习策略。

### 一、任务框架——绘制思维导图，建构知识框架

中考复习教学应转变碎片化、关注单一知识点[③]的教学思路，转向系统化、科学化的整体复习模式[④]，在帮助学生建构整体的知识网络的同时，培养学生"做中学"（从

---

①【评点】"静力学"的说法虽然初中不提，但其实包括了《力》与《力和运动》两个章节，在这个过程中培养了学生进行受力分析的基本功，也是后续学习"压强""浮力""简单机械"等内容的基础素养。

②【评点】这里的分类系统（效果/性质、共点力等）都引用了高中的分类方式，但落实到具体知识和方法上则限定在初中的范围内，针对深外学生基础较好的学情，有效地实施初高中衔接的新课标理念。

③【评点】碎片化知识点是旧版课标的典型状况。

④【评点】系统化体现了复习课对接新课标，更对接省中考的形式转接。

现实场景→物理模型）[1]的核心素养。复习课教学过程可以利用思维导图建立起知识点之间的联系，构建知识框架，这样有助于学生完整理解学习的内容，获得系统性认知（图1）。

本单元课堂设计任务安排六节复习课，每节配以相应的课前学案、课中巩固、课后作业加以参考[2]。

【第一课时】

1. 力的定义——什么是力？力的单位、三要素、示意图。（杨明）
2. 力的分类方式——按性质如何分类？按效果如何分类？（杨明）
3. 重力、弹力、摩擦力的三要素特点及受力分析案例。（杨明）
4. 力与力的关系——比较相互作用力与二力平衡的异同，并举例说明。（梁明月）

【第二、三课时】——其中课标实验应前往实验室动手完成模拟

1. 力的作用效果（梁明月）

（1）发生形变——弹性形变和塑性形变，谈及形变的程度与压强的关系[3]。（跨单元大单元）

（2）改变运动状态——与运动的关系：改变大小、改变方向、大小方向同时改变。

（3）匀速直线运动与变速运动的区别（跨单元大单元）：特殊运动分析与是否受力辨析。

2. 四个静力学实验（杨菁）

（1）检验二力平衡条件的实验

（2）伽利略的猜想实验

（3）拓展：探究胡克定律的实验（实验班）

（4）课标实验：探究滑动摩擦力与哪些因素有关[4]

①实验步骤的详细解析

②课标相关考试重难点突破

③到实验室利用手势识别系统，对动手操作考核打分[5]

④相关实验的改进及原理

---

[1] 李春密，张霄.《义务教育物理课程标准（2022年版）》的变化分析 [J].物理教师，2022，43（06）：35-44.

[2]【评点】大单元分工比较清晰，但对于课时不足的学校，可能会出现教学进度滞后的问题，此处应有具体优化方案辅佐整体计划。

[3]【评点】注意课堂的"算力分布"，虽然有关，但毕竟以受力分析为主，关于压强的部分点到为止，不要喧宾夺主占用过多复习时长。

[4]【评点】新课标"应做必做"的21个学生实验，确应引起足够的重视！

[5]【评点】充分调动信息化手段增加实验教学的可靠性，也和深圳中考的机评趋势接轨，助力学生在后续的实验操作考试中规范操作。

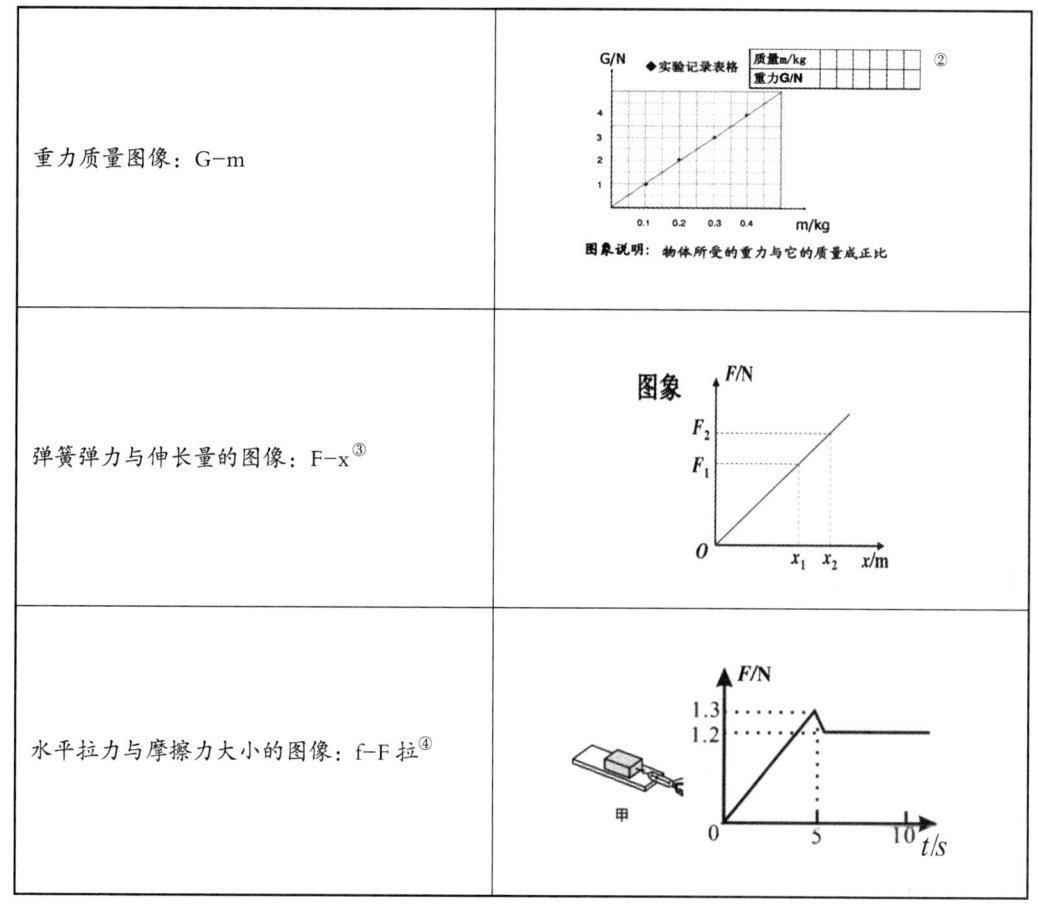

**【第四课时】**
1. 静力学的相关图像——（杨菁）

| 图像 | 说明 |
|---|---|
| 重力质量图像：G-m | ② |
| 弹簧弹力与伸长量的图像：F-x③ | |
| 水平拉力与摩擦力大小的图像：f-F拉④ | |

**【第五课时】**
1. 牛顿第一定律和惯性的相关理解——（贺桐杰）
2. 关于二力平衡和三力平衡的相关计算——（贺桐杰）

**【第六课时】**
1. 相关习题课及单元测试——（陈巧奇）

---

②【评点】在无法提及重力加速度的情况下，利用图像这一数学工具帮助学生理解 g 的意义，体现了科学思维的核心素养。

③【评点】初中只要求知道成正比，以帮助理解弹簧测力计的原理，不需要定量计算胡克定律，此处的教学应把握分寸。

④【评点】最大静摩擦力是高中的知识内容，此处最好不要过多提及，还是以静摩擦力到滑动摩擦力的变化作为主体认知。

附：单元复习结构框架图（如图1所示）

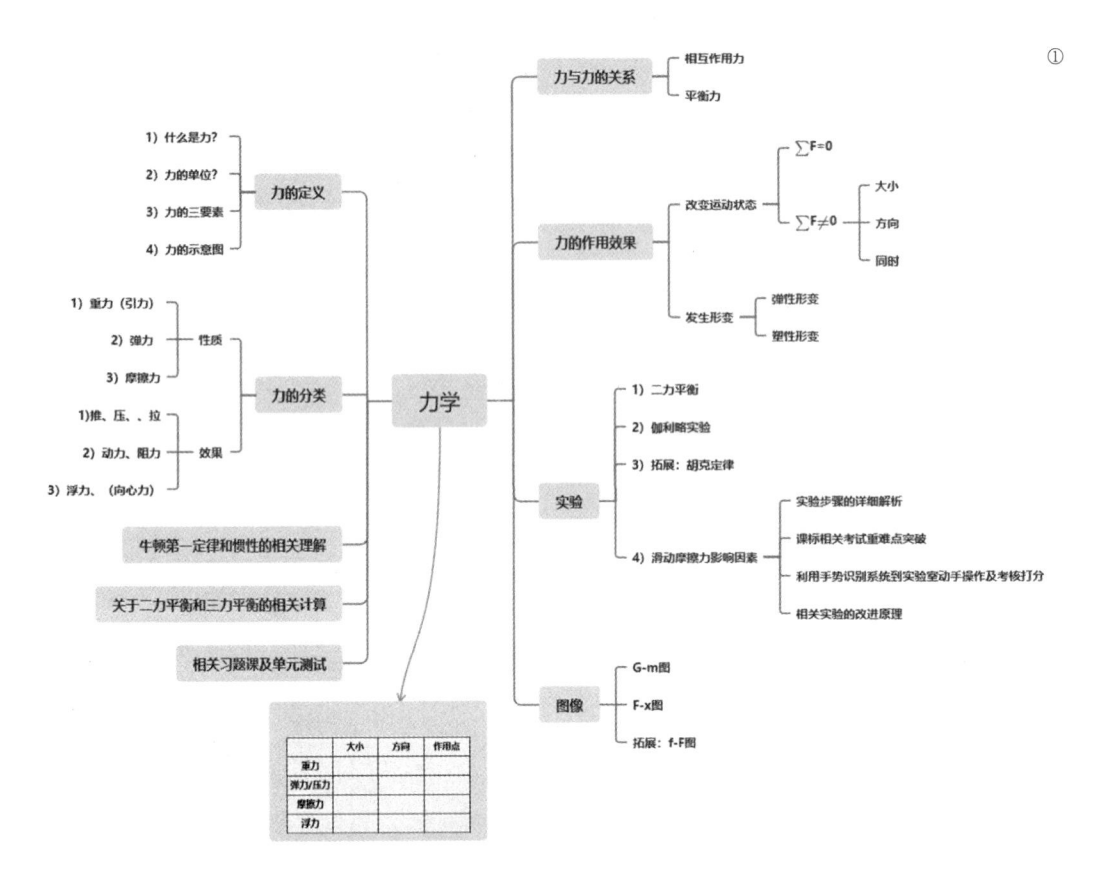

图1 静力学知识框架

备注：在思维导图的绘制中，可以用树形图或气泡图的方式展现大单元的知识框架。对知识点的描述可用文字、图片，以简单直观为佳。同时可以用双气泡图或表格的形式将知识点或思维方法进行类比和对比，构建大单元知识体系②。

## ◎学习过程

1.以问题为导向，串联静力学概念

在复习课中如何将碎片化的物理概念联系起来③？以问题为导向，通过设计问题串的方法，将力学概念设计为三个层层递进的问题串。

问题串1：什么是力？力的单位是什么？力的三要素是什么？如何画力的三要素？

设计意图：此问题串唤醒和反馈学生对静力学基础概念的理解程度，是后续所有力学概念的基础。

---

①【评点】导图非常清晰，体现了大单元的备课特点。如果可以适当加入探究方法和科学思维方面的内容，可以更加凸显能力维度。

②【评点】这个备注是点睛之笔，可以指引老师们在后续类似的大单元备课中，也采用相似的路径进行备课和教学设计。

③【评点】关于"物理观点"方向的大单元串接。

问题串 2：如何对力进行分类？

设计意图：对力的分类可以从力的性质和力的效果两个方向进行。按照力的性质可以将力分为重力、弹力、摩擦力；按照力的效果可以将力分为推力、拉力、压力、浮力等等。此问题串通过对力的分类，引导学生从本质上认识力、理解力，以更好地区分重力、弹力、浮力等的产生条件。

问题串 3：力和力之间、力和运动之间有什么关系？

设计意图：该问题串引导学生从力与力、力与运动的角度对力学规律进行区别和联系，进一步引导学生理解力与运动的规律，构建力与运动的知识框架。

2. 基于主线设计，联结静力学规律

将所有力学概念的梳理联结之后，如何将物理量之间的联系即物理规律进行联结和梳理，如在静力学复习中，可以弹簧测力计为主线进行问题设计[①]。

问题 1：弹簧测力计的上标有"N"和"g"，你能从中获得哪些信息？

设计意图：由弹簧测力计的刻度和单位说起，串联起力的单位、力的作用效果、重力与质量大小的关系，以及弹簧伸长量与所受拉力的关系等相关物理量和基础知识。

问题 2：哪些实验用到了弹簧测力计？

设计意图：弹簧测力计可用于探究重力与质量的关系的实验、探究影响滑动摩擦力大小的因素的实验，探究影响浮力大小的因素的实验，探究浮力大小与排开液体重力的关系的实验等等。通过弹簧测力计在各个实验中的使用，串联各个物理规律。

问题 3：以上分别运用什么原理？

设计意图：探究重力与质量的关系的实验、探究影响滑动摩擦力大小的因素等实验都利用了二力平衡原理。

问题 4：什么是受力平衡？物体受力满足什么条件时会处于平衡状态？当物体运动处于什么状态时，物体受力平衡？

设计意图：从简单串联形成的大线条知识框架中梳理出核心知识——二力平衡进行细化复习，引导学生更深层地理解和掌握二力平衡的规律。

问题 5：问题 2 中的各个探究实验是如何利用二力平衡或受力平衡的知识进行探究的？分别得出什么物理规律？

设计意图：引导学生以弹簧测力计为主线、以二力平衡为核心，梳理静力学的相关物理概念，通过实验探究回顾实验结论，深化对静力学物理规律的理解[②]。

在以弹簧测力计为主线的问题设计中，串联了静力学中从概念到规律的大部分内容，引导学生进阶，提升复习内容的综合性和思维水平，在问题解决中促进学生的思维进阶。

3. 指向重难点突破，巩固专题训练

中考复习课的重点不仅在于概念和规律的再现和组合，更在于对新课学习中的重

---

[①]【评点】关于"科学思维"方向的大单元串接。

[②]【评点】在实验探究中复盘了对应的几个物理规律，同时也加深了学生对实验器材使用本身的理解。

难点和教学诊断中反馈的易错点的深刻理解。教师在复习课的备课中必须全面把握学情、深刻分析错误原因，并进行针对性的精准施教以及变式训练。重难点的突破更适合以专题的方式进行。在静力学复习中，我们可以将重难点分成几个专题[①]，每个专题重点解决一种类型的问题，促进学生掌握问题解决的方法。

静力学复习内容大致可以分为力学实验、图像、运动和力等专题。在专题复习中，教师不仅要注重内容的复习，更要注重思维方法的复习，综合运用多种复习技巧以取得更好的复习效果。如在实验专题复习中可以以弹簧测力计为主线，设计针对探究重力与质量关系、探究二力平衡、探究影响滑动摩擦力大小因素、探究浮力的影响因素、探究浮力大小与排开液体重力的关系等实验，从实验目的、实验原理及方法、实验器材的选择、实验数据处理的方法、实验结论等多方面进行对比，以利于学生对实验的深层理解。在图像复习专题中，通过对图像坐标、变化趋势的观察分析作出正确判断，通过特定条件获取新的信息。在运动和力分析复习专题中，要注重帮助学生理解平衡力与平衡状态的关系，抓住影响滑动摩擦力的因素只与压力和接触面粗糙程度有关的特点进行分析，如例1（见图2）。在专题复习中，帮助学生体会解题的一般思路和方法非常重要，如抓住平衡状态、受力平衡、两力的大小相等，方向相反的特点，是判断摩擦力方向和大小的有效方法。[②]

例1：水平地面上的一物体受到方向不变的水平推力 F 的作用，F 的大小与时间 t 的关系和物体的速度 v 与时间 t 的关系如图所示，下列说法正确的是（ ）

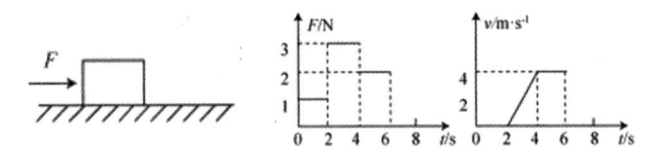

A. 0~2秒，物体没有推动，是因为推力小于摩擦力
B. 2~4秒，物体做匀速直线运动
C. 2~4秒，物体受到的摩擦力是3N
D. 4~6秒，物体受到的摩擦力是2N

图2　运动和力专题例题[③]

### 4.重视综合实践，促进能力提升

2022年义务教育物理课程标准更注重学生的跨学科实践，强调提高学生的STEM综合能力，进一步提升综合素养和实践素养，拓宽物理课程的视野，发展学生的个性特长和优化物理课程的探究性学习活动。[④][⑤]在中考复习中我们仍需重视综合实践活动，

---

① 【评点】要注意专题的跳跃度，不要"抢了第二轮专题复习的生意"。
② 【评点】建构静力学复习各个知识点之间的规律桥接。
③ 【评点】经典习题，很好地在一道题目里融合了复习内容的诸多维度，建议在评讲时分时段演绎其受力情况和运动情况的变化。
④ 【评点】这个教学活动同时兼顾了"做中学"和"跨学科实践"两个新课标要求，仔细优化大有可为。
⑤ 廖伯琴. 提炼核心素养，凸显课程育人价值：义务教育物理课程标准（2022年版）解读[J]. 基础教育课程，2022，322（10）：46-52.

以促进学生核心素养的提升，例如在探究影响滑动摩擦力的影响因素时，可以在进行校趣味运动会（也是在初三复习阶段）的拔河①的背景下，探究两只同品牌同规格的运动鞋与地面之间的滑动摩擦力，如图3所示，在综合实践中提高学生的实验操作能力和综合分析能力。

图3 在综合实践中探究滑动摩擦力

## ◎结语

面向大单元设计的中考物理复习有助于学生建构完整的知识体系，促进学生知识迁移能力和综合素养的提高。参照我们对于静力学的大单元备课方法，基于不同的复习内容（如结合密度、压强、浮力的"流体复习"大单元；纵穿电路、电功和家庭用电的"电路解构"大单元等②），我们还力图开发更多的大单元复习内容，力争在单元内、单元间为学生建立相对完善的物理思维体系，并适当渗透科学态度和科学责任，力图让他们在初中物理最后的学习阶段形成自己相对系统的物理素养。

当然，不同的内容应分梯度设置复习目标，选择适合的方法，提炼科学思维方法，还有很多方式需要我们去思考和探索。

---

①【评点】联系学生的生活场景，培养学生对日常生活的深入观察，也是另一种对信息的搜集整理能力。

②【评点】深外的物理科组团队，显然为更多、更全面的大单元复习工作提前做出了框架设计，我们也期待着这些远景规划在后续的教学过程中逐一落实，并整合成更大、更广阔的教学成果。

# "辽宋夏金元时期：民族关系发展和社会变化"课堂设计

——义务教育教科书 历史 七年级 下册 第二单元

设计：宝安校部 何宏武 于辰夫 袁兵根 何宗书 杨仲林

评点：深圳市宝安区教育科学研究院历史教研员 林 佳

## ◎设计导语

统编初中历史七年级下册第二单元辽宋夏金元时期上承繁荣与开放的隋唐，下启统一多民族国家巩固和发展的明清。在政治制度、民族关系、社会经济等方面有鲜明特色。进行大单元教学设计时应结合"民族关系发展和社会变化"主题进行针对性教学。

依据课标，本单元学习分三个板块，一是通过史料了解宋元政治制度；二是从史事的因果联系、历史的古今联系，认识这一时期民族关系的发展；三是了解这一时期城市和商业的发展、科技创新、文学艺术成就，认识宋元时期繁荣的经济、文化在中国历史上的重要地位。

本单元教学设计结合这三个主题，以任务驱动导向，设计问题链引导学生思考探究。学生结合史料，在材料阅读、信息提取、语言表述、文字整理等具体过程中，提升识记、理解、归纳、评价等方面能力。同时，将教学评价融入教学过程，制定较明确的评价标准，结合具体任务考查学生参与程度、内容掌握程度等。

## ◎任务框架[①]

如右图。

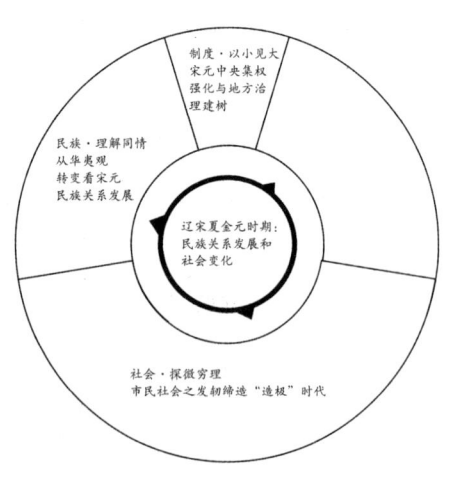

---

[①]【评点】七年级下册第二单元的标题为是"辽宋夏金元时期：民族关系发展和社会变化"，教师用"制度·以小见大""民族·探微穷理""社会·理解同情"三个部分将该单元内容进行了重构，三个部分分别对应政治、民族关系、经济和文化科技等方面的内容，帮助学生建立起本单元的知识框架，为学生理解"统一多民族发展"这一板块大概念奠定基础。值得注意的是，宋元时期文化科技方面的发展，不单是与经济方面有关系，还与当时的民族交融有关联，因此任务架构也可以考虑将文化与科技部分从"民族·探微穷理"当中抽取出来，成为框架主干的第四个部分。

◎ 学习过程

环节一 制度·以小见大——以中书省（中书门下）为线索探究宋元中央集权强化与地方治理建树（3课时）

任务1：回顾隋唐三省六部制变迁

（1）课前结合教材，参考《中国古代简史》与材料选段，回顾隋唐前期三省六部制并分析中书省流变为"中书门下"与"枢密院"的原因，理解北宋制度并非"横空出世"。

政事堂者，……常于门下省议事，即以议事之所……至高宗光宅元年，……乃迁政事堂于中书省。

记曰：政事堂者……法紊不赏，爵紊不封，闻荒不救，见馑不矜；逆谏自贤，违道变古，此堂得以杀之。

——李华《中书政事堂记》

宋初，循五代之制，置枢密院，与中书对掌文、武二柄，号为"二府"。

——《宋史·职官志》

教师点拨：

唐宰相议政场所为政事堂，初设门下省，后迁中书省，玄宗时改称"中书门下"。学者认为，政事堂渐由三省长官办公议政场所变为宰相裁决机关。

原因一：巩固统治，加强君主专制中央集权。

原因二：完善制度，行政与军事分离。

任务2：北宋分化机构，加强集权

（1）结合教材与材料总结宋代统治者对制度的理解及其措施。

宋太祖尝令后苑（机构名）造一熏笼（一种赏玩香薰的物件），数日不至。帝责怒，左右对以："事下尚书省，尚书省下本部，本部下本寺，本寺下本局，……以经历诸处故也。"太祖怒曰："谁做这般条贯来约束我！"

普（当时宰相）曰："此是自来条贯……以经诸处行遣，须有谏理会。此条贯深意也。"

——马永卿《元城语录》

（2）据材料，模拟北宋官员上朝情形与中枢决策流程，体会宋朝废"坐论之理"与文武不和现象。

旧制，宰相早朝上殿命坐，有大事则议，常从容赐茶而退……宋初，……啜茶之礼寻废，执政皆立而奏事。相体失其尊严……

——钱穆《国史大纲》

中书、（枢）密院议边事，多不合。赵明（北宋将领）与西人（西夏）战，中书赏功，而密院降约束；郭遵（北宋将领）修堡，枢密院方诘之，而中书已下褒诏矣。

——《宋史·职官志》

（3）中书门下的地位与"士大夫"的意识。

彦博（中书门下副相）曰："（皇帝）为与士大夫治天下"。

——李焘《续资治通鉴长编》

先天下之忧而忧，后天下之乐而乐。

——范仲淹《岳阳楼记》

教师点拨：

重文轻武：军机枢密院由文人担任长官；士大夫地位前所未有之高，"与皇帝共治天下"；士大夫的参政意识。

（4）两宋之法弊端

①结合教材与材料，归纳宋制弊端与造成的危机。

"本朝鉴五代藩镇之弊，遂尽夺藩镇之权，兵也收了，财也收了，赏罚刑政一切收了，州郡遂日就困弱。靖康之祸，虏骑所过，莫不溃散。"因及熙宁变法（即王安石变法），曰："亦是当苟且废弛之余，欲振而起之，但变之不得其中尔。"

——《朱子语类》

②参考史料，模拟秦桧劝动南宋高宗的情由，理解宋制在南宋的延续与弊端。

时上（宋高宗）颇厌兵。（秦桧等）入其言，会诸将稍恣肆，各以其姓为军号，曰"张家军""韩家军"……以为诸军但知有将军，不知有天子。跋扈有萌，不可不虑。上为之动……

——罗大经《鹤林玉露》

任务3：元朝行中书省

（1）阅读地图册、立体中国地形图，结合材料探究元朝疆域空前辽阔却未现割据之原因。

①制度：元初行中书省建制。

| 职位 | 中书省 | 行中书省 |
| --- | --- | --- |
| 首长 | 中书令 | \ |
|  | 左、右丞相（各1人） | 丞相（1人） |
| 副相 | 平章政事（4人） | 平章政事（2人） |
|  | 左、右丞（各1人） | 左、右丞（各1人） |
|  | 参知政事（2人） | 参知政事（2人） |

②地理：结合地图地形，了解元朝打破自然区隔之划分。

③民族："对蒙古统治者而言，地方分权之弊，可用种族控制之利来弥补。"（萧启庆：《元代的镇戍制度》）

任务4：素养作业

（1）小组完成隋唐以降中书省（中书门下）演变与原因的思维导图。

教师点拨：

政制构建是社会局势与统治者意图等多方面交错演进的结果，为了巩固政权，中书省的变化在宋元呈现出不同方向形态，但都强化对统一多民族国家的管理。

设计意图[①]：

该环节第一个目的是培养时空观念和史料实证素养：1. 引导学生阅读历史文本、回归历史场景；2. 以权威史料为底本进行情景模拟编排，利于学生进入时空情景考察历史、体会政制构建。

二是整合七下第一、二单元有关政治制度的知识，以中书省（中书门下）变迁为抓手呈现宋元制度变化。

三是提升学生对政治制度的整体理解，以较高思辨要求培养学生认识政制变化的深层因果。

环节二　民族·理解同情——从华夷观转变看民族关系发展

任务5：宋与周边少数民族关系（1课时）

通过了解羁縻政策的主要内容，体会宋在周边少数民族地区心中的地位，掌握宋代民族关系特点。

阅读材料：

宋对境内南方各少数民族主要采用羁縻制度实施统治……宋朝建立之初，各族土酋纷纷纳土内附，宋依其疆域，重新划为"羁縻州洞"……职位最高的刺史由最大的领主世袭充任，必须经朝廷封赐，……土酋定期向宋廷朝贡。

——张文《两宋政府的少数民族赈济措施刍议——兼论宋朝民族政策的转变倾向》

问：宋代与周边少数民族之间的关系如何？羁縻政策之下双方主要关系是什么？宋代掌控周边民族的原因？

教师点拨：

宋代仍保存着上邦的夷夏观，采取对南方少数民族间接统治的羁縻政策。宋时，多个民族政权并立，强大政权多在北方，以游牧文明为主，对中原农耕文明发动冲击。但宋代南方也有诸多民族亦建立了政权，宋代对南方少数民族有强势的一面，同时体现中华民族多元一体特点。

任务6：讨论元代民族观念的继承、变化及原因。探究为何夷夏观念发生演变。（1课时）

阅读材料：

辽、夏、金、元等少数民族政权相继并立，其间的兴亡更迭，又酝酿华夷思想的再次演变。金、元易代以及宋、元鼎革时期，传统纲常里的忠君思想高涨，……而到由元入明之际，决定士人政治抉择的主要因素已是君臣大义而非华夷之辨，华夷之间的界限……渐渐消失。

问题：夷夏观念有什么演变？原因是什么？

---

[①]【评点】中国古代不同时期的政治制度有所差异，但均是因当时的具体情况，在原有制度的基础上进行变革的结果。教学设计有利于学生理解古代中国专制主义中央集权制度的发展变化历程。另外，由于是七年级学生，部分文言史料可以考虑转化为现代文，降低学习难度。

教师点拨：

华夷之辨淡化。尽管这并非统治阶层主动推动民族融合的结果，但终元一代，华夷一家的民族和谐观逐渐形成，真正的"胡汉同风"在元末明初出现。

任务7：入乎其内，出乎其外——历史剧场（1课时）

通过历史剧场，加深学生对本课的思考，对宋代形成不同的认识。划分不同角色，演绎出吐蕃、大理、西夏等使节谒见元帝忽必烈时的态度，忽必烈说出心中行省制的设想，周边少数民族选择接受。（主要据学生对材料的理解）

设计意图：

本设计分三课时，围绕宋元民族关系详解民族是一个动态存在，宋代的民族地位不但不低，较汉唐更增对大理、吐蕃等地的掌控，这也为元朝大一统奠定基础。

要解决的问题是：1.宋与周边政权间关系；2.汉人传统华夷观转变；3.元朝对宋代民族关系的继承发展。三个问题层层递进，越深入探讨越难。通过探究，学生理解由宋到元，从华夷之辨到华夷一家的观念的演变，对于消除民族内隐偏见有重要的现实意义和历史意义，对于建立当代多元、开放、包容、和谐的民族关系有重要价值。

环节三　社会·探微穷理——宋元市民社会之"造极"时代

任务8：宋元时期经济得到大发展，经济发展是宋元社会变化的基础。（1课时）

子目：农业发展；手工业兴盛；商业贸易繁荣。

关注中国古代经济重心南移的最终完成：从唐中期开始，中国经济重心南移，至两宋时期，南方地区成为中国经济重心。

劳动力、生产技术、良种引进使宋朝农业有大发展，农业进步是手工业与商业发展的基础。

教师点拨：中国古代农业生产是经济与社会发展的基础。

手工业在农业大发展的基础上勃兴，纺织、制瓷、造船（造船的目的是运输）等行业为商业发展提供了交易的物品与工具。

活动：鉴赏《清明上河图》（《石渠宝笈三编本》仿本），让同学们理解当时北宋都城开封农业、手工业与商业的繁荣，认识到经济基础对上层建筑的决定作用。再结合图片、视频讲解来展示。

作业：小组排练樵夫潘伯前往开封卖柴过程中对北宋社会情况的见闻。（陈桥驿、朱仙镇、农村经济、草市、开封城的漕运业、手工业、商业夜市、纸币使用等。）

任务9：庞大市民阶层孕育文学与娱乐形式。（1课时）

子目：繁华都市生活；宋词和元曲。

北宋城市人口增加，市民阶层增加，对于物质与文化的需求更强烈，宋词、元曲等通俗、更适应市井娱乐需求的文学形式以及瓦子、勾栏等娱乐场所就出现了。开封、临安、大都等大城市的出现反映了宋元时期城市商业发展与市民阶层活跃。

活动：小组自选主题（如月亮、乡情、送别等），各组搜集梳理唐诗、宋词、元曲

的演绎。（前置作业）

通过学生吟诵相关主题的诗、词，学生们明白宋词是市民阶层的产物，两者和勾栏、瓦子一起反映了宋元时期繁盛的市民阶层与文化。除此之外，收集唐诗会比收集宋词难度大，通过对相关小组成员收集过程难度的提问也能得到反馈。（课上完成）

作业：进一步从体裁、题材、时代、内容、读者、作者等情况分析，形成200字文稿。

任务10：宋元繁荣经济与宋元"能臻其妙"的科技。（1课时）

子目：活字印刷术的发明；指南针、火药的应用；发达的中外交通。

印刷术出现证明庞大市民阶层的出现及文化的繁盛。指南针的广泛应用正是宋代有强烈的对外经济交往需要的明证。

活字印刷术是印刷术在宋代的新发展，体现市民阶层传播通俗文化的需要。指南针与造船技术的发展适应了经济发展后扩展海外贸易的需要，又促进海外商贸发展。指南针、活字印刷、火药对世界文明亦有深远影响，宋元科技不仅领先世界而且促进了世界文明进程。

活动：购买活字印刷器具，让学生体验活字印刷的灵活与便利。借助相关视频与地图册，展示宋元繁荣的外贸。让学生了解科技与交通事业对宋元经济的推动。

作业：分小组制作活字，并选择一篇宋词或元曲，每位组员使用橡皮或其他材料制作规格一致的活字，每位同学10-15个活字。

教师点拨：

宋元繁荣经济为宋元"能臻其妙"的科技提供土壤。宋元科技发展也促进宋元经济文化发展。在此基础上理解：经济决定政治与文化，政治与文化又反作用于经济等唯物史观。

说明：宋元时期与明清时期的巨大区别是宋元时期更开放包容、更具学习能力。而明清时期中国特征则转变为内向、保守与落后。之所以如此，是因为宋元时期有一个庞大的市民阶层、有一个繁荣的商业社会——宋元时期税收更多建立在商业上。

## 【总评】

本单元的单元大概念为"民族关系发展和社会变化"，这是中国古代史板块大概念"统一多民族国家的形成与发展"当中的重要部分。板块大概念下，包含了政治上大一统的中央集权制的发展、经济上经济重心的南移、思想上的统一等不同领域的重要概念。这些重要概念在宋元时期有不同的具体表现，这些知识分布在这一单元的不同课文当中。这一单元的教学为后续板块大概念"统一多民族国家的形成与发展"在明清阶段的表现的学习打下基础。

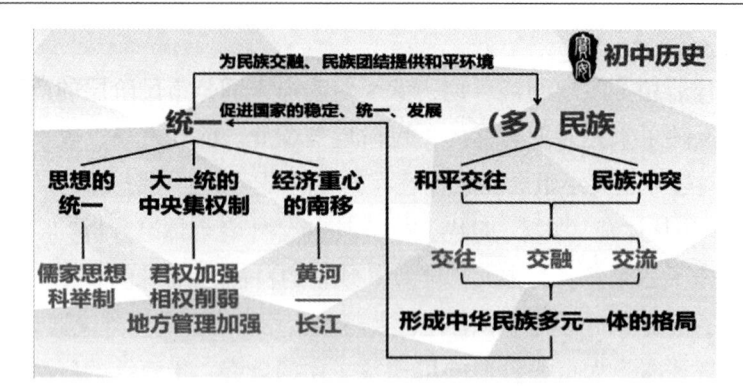

[图示内容：初中历史思维导图]

统一 — 为民族交融、民族团结提供和平环境 → (多)民族
促进国家的稳定、统一、发展

统一：
- 思想的统一：儒家思想、科举制
- 大一统的中央集权制：君权加强、相权削弱、地方管理加强
- 经济重心的南移：黄河、长江

(多)民族：
- 和平交往
- 民族冲突
→ 交往 交融 交流
→ 形成中华民族多元一体的格局

通过多种学习活动，学生知道中国古代经济重心的进一步南移，理解元朝统一对中华民族进一步交融的重要意义，认识宋元时期繁荣的经济、文化在中国历史上的重要地位，认识中国古代的重要发明对世界文明发展的贡献。

教师基于大单元教学的理念，将教材第 6—13 课共 8 课的教学内容进行重构，通过多种活动塑造真实情境，帮助学生理清学科知识框架，提升核心素养和关键能力，为后续学习中进一步完整地理解板块大概念做好了铺垫。

# 单课时课堂设计与实录

# 《石壕吏》课堂设计

——义务教育教科书 语文 八年级 下册 第六单元

设计：燕南校部 任 敏

评点：燕南校部 唐 敏 李高丽

## ◎课题名称

"听""诗圣"的忧国忧民

## ◎设计缘起

《石壕吏》是杜甫"三吏"中的一首诗，深刻反映了安史之乱时期的社会现实，也是作为"诗圣"的杜甫体察民情、忧国忧民的范本。本教学设计将从圣的繁体字"聖"入手，抓住字源中"耳"这一字形结构，从"听"的角度来解析诗歌。引导学生去发现诗中杜甫所听到的不同声音，通过想象来丰富细节，进一步理解和体会杜甫的情感态度，从而加深对"诗圣"的认识。

## ◎学情分析

学生此前已经学习过杜甫的《望岳》《春望》等诗歌，对杜甫在安史之乱期间的经历比较熟悉，能够较好地建立起与本诗的背景连接。此外，这首诗本身在理解上难度不大，学生可以根据已经掌握的诗歌鉴赏方法来进行自主分析，因此在教学设计中，主要由学生来完成对诗歌内容的解读。

## ◎教学目标

本单元要求"在反复诵读的基础上，培养文言语感；注意积累文言词语和句式"，《石壕吏》在教学中特别注重反复诵读，且在多次诵读中配合对诗歌逐步深入的理解，此外还要引导学生反复琢磨重点词句，从而解读文本。

单元助读中提到本单元的诗文"表现了古人的哲思和情怀"，在《石壕吏》的教学中注重引导学生感受杜甫作为"诗圣"的伟大情怀。[①]

---

[①]【评点】课程目标的设置符合语文新课标提出的课程总目标以及第四学段的学段要求。例如："感受语言文字的美，感悟作品的思想内涵和艺术价值。"（总目标第8）"在通读课文的基础上，理清思路，理解分析内容，体味和推敲重要词句在语言环境中的意义和作用。"（学段要求"阅读与鉴赏"第2）。目标明确清晰，为后面课程任务的设置提供引领。

◎ 课堂导入

同学们，今天我们继续来学习杜甫的《石壕吏》。我们先回顾一下有关杜甫的知识，杜甫是我国唐代伟大的现实主义诗人，他的诗歌被称作"诗史"，而他则被称作"诗圣"。

◎ 学习过程

任务1：

解析"圣"字，进入情境。（2分钟）

请大家看一下这个字，知道这是什么字吗？

给出"圣"的繁体字形，学生观察各部分的字形结构，引导学生由形解义。①

补充"圣"的字义解析：

"聖，从耳者，谓其耳顺。"——《说文解字注》

"聖者，声也。言闻声知情。"——《风俗通》

所谓"圣"，即能听到不同的声音，从而体察世间人情，杜甫被称作"诗圣"。在石壕村的那一夜他都"听"到了什么？今天我们就由"听"来解诗。

说明：由"圣"到"聖"，可以激发学生的学习兴趣，并进一步由"聖"中"耳"这一字形的解析，顺利引入对诗歌"听"的探寻。

任务2：

朗读诗歌，初步寻"听"。（2分钟）

请大家自由朗读一遍诗歌，一边读一边留心找出杜甫在石壕村都"听"到了什么？

学生齐读全诗，读完后快速找出原诗中的句子并进行分享。

明确原诗中的句子：

"吏呼一何怒""妇啼一何苦""听妇前致词""如闻泣幽咽"

根据大家找到的句子，可以将其分为以下三个主要内容，分别是"官吏""老妇"还有"哭声"。接下来我们将分三个小组来展开我们对于《石壕吏》中"听"的探寻。

说明：初步感知诗歌，从诗歌中找出有关声音的诗句，作为探究"听"的入口。

任务3：

文本细读，分组解"听"。（6分钟）

学生自由分为以下三个小组来解析"听"的内容："听官吏""听老妇""听哭声"。②

在对文本进行解读时，三个小组要按照"任务单"上不同的解读要求来展开讨论。讨论时，学生需将讨论的成果记录在分发的A4纸上，最后每组选出一到两位同学作为代表来进行分享。

---

① 【评点】由字形入手，启发学生想象联想，激发学生兴趣。

② 【评点】分组进行研讨，以学生为主体，通过任务式学习，利用阅读和鉴赏、表达和交流的语文实践活动，引导学生主动梳理整合，建构学生语言运用和思维能力。

各小组任务单如下：

听"官吏"组
　　　　　　　　小组中心任务："听"官吏做了什么、说了什么。
问题1：
诗中是如何描写官吏的？找出相应句子，并结合重点词语来"听"官吏的声音。
问题2：
官吏说了什么？尝试从文字背后寻找隐藏的官吏的声音和语言。

听"老妇"组
　　　　　　　　小组中心任务："听"老妇经历的苦难、所做的决定。
问题1：
从老妇的致词中能听到她的哪些苦？请做概括总结。
问题2：
老妇为何要做出自请服役的决定？试着想象老妇说这话时的语气。

听"哭声"组
　　　　　　　　小组中心任务："听"不同人的不同哭声。
问题1：
能听到哪些人在哭？
问题2：
他们是怎样地哭？为何而哭？
问题3：
为何最后听到的是"泣幽咽"？

说明：由官吏到老妇再到哭声的探究，实际上是逐渐深入理解诗歌的过程。学生直接分析会存在一定困难，因此借助任务单上面的问题，可以引导学生聚焦各部分的重点内容，从而带动想象，从文字表面逐步走入文字背后，在讨论的过程中对诗歌的理解可以逐步加深。

任务3：
分享交流，以"听"解诗。（15分钟）
这是一个名为石壕村的地方，此时已入夜，远近还可以听到几声犬吠，在寂静的村落里，显得格外清晰。突然，有声音打破了夜的宁静，原来……
三个小组逐一分享"听官吏""听老妇""听哭声"的探究结果，学生分享的同时总结相应特点：官吏—恶，老妇—苦，哭声—悲。

任务单问题预设答案[①]：

听"官吏"组
问题1：诗中是如何描写官吏的？找出相应句子，并结合重点词语来"听"官吏的声音。
"捉人"：可以想象官吏"捉人"时所发出的声音。这里不说征兵、点兵、招兵，表明是官吏强迫百姓、硬抓人走的。而且是在"夜"里，表示突然偷袭，白天已捉不到人，要趁夜捉人。
"吏呼"：官吏在呼喊、呵斥，声音中带着怒气，可以想见其狰狞的面目。
（官吏呼喝的样子请学生表演）
问题2：官吏说了什么？尝试去文字背后寻找隐藏的官吏的声音和语言。
结合老妇致词的内容，明确这里是隐去了官吏的问题，这种手法叫作"藏问于答"。可以从老妇的回答中，还原官吏的语言。
——你们家还有男人吗？
——那还有没有其他人？
——你们家必须出一个人！
（一位同学模仿官吏问话，老妇组用原文进行回应）

听"老妇"组
问题1：从老妇的致词中能听到她的哪些苦？请做概括总结。
老妇之苦：丧子之苦（战争惨烈）、困窘之苦（家境贫寒）、应征之苦（自请服役）。
问题2：老妇为何要做出自请服役的决定？试着想象老妇说这话时的语气。
老妇要掩护老翁、保护儿媳和幼孙。
老妇在做出这一决定时语气应该是痛苦且坚定的。痛苦在于她要以年迈的身躯奔赴前线，意味着生死未卜，坚定在于老妇以这种方式保护了家人，体现了她身上的自我牺牲精神。

听"哭声"组
问题1：能听到哪些人在哭？
老妇及她的家人（老翁、儿媳、乳下孙），那个夜晚其他经历相似的家庭，投宿在她家的杜甫。
问题2：他们是怎样地哭？为何而哭？
老妇啼哭——三层苦
儿媳、老翁呜咽——老妇被抓走
乳下孙大哭——受到惊吓
其他家庭呜咽——相似的经历
杜甫默默流泪——为老妇一家人的遭遇
问题3：为何最后听到的是"泣幽咽"？
他们经历了无数苦难，也许丧子、丧夫之时，已经绝望地哭嚎过了，而在那样的夜晚，他们也只能默默哭泣，压抑自己痛苦的情绪，不敢大声地哭诉自己的悲苦。

通过大家刚才的分享，我们可以了解，在石壕村的那一夜，杜甫听到了官吏的残暴、老妇的悲苦，还听到了哭声背后无数家庭的悲痛。

---

[①]【评点】表演环节，设置情境，结合学生生活经验（例如一个人发怒时候的样子和语气），让学生在课文中挖掘隐藏的信息，并用自己的语言表达出来，有一定的自由度。

任务4：

指导朗读，再读全诗。（3分钟）

讲解朗读时的重音、语气、节奏等，带入对诗歌的理解，全班齐读。①

朗读指导如下：

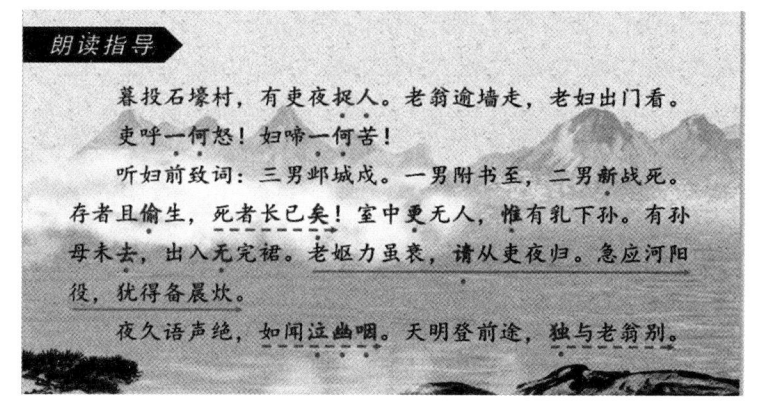

> **朗读指导**
> 暮投石壕村，有吏夜捉人。老翁逾墙走，老妇出门看。
> 吏呼一何怒！妇啼一何苦！
> 听妇前致词：三男邺城戍。一男附书至，二男新战死。
> 存者且偷生，死者长已矣！室中更无人，惟有乳下孙。有孙
> 母未去，出入无完裙。老妪力虽衰，请从吏夜归。急应河阳
> 役，犹得备晨炊。
> 夜久语声绝，如闻泣幽咽。天明登前途，独与老翁别。

蓝色加点字应该重读，比如前面分析到的"捉人、一何"。虚线的句子要注意节奏放慢一些，比如"死者长已矣"。再如老妪自请服役时的痛苦且坚定，语速就要稍快一点。

说明：学生通过讨论和分享，对诗歌的内容已经有了更深层次的理解，借助朗读指导，学生可以更加清楚地把握具体句子的重音、语气、节奏，朗读也可以更见成效。

任务5：

发挥想象，再次寻"听"。（4分钟）

大家想象一下，除了前面"听"到的官吏、老妇和哭声，这首诗中是否还隐藏着一些其他声音，说说你还能听到什么？

可能想象到的声音：老妇催促老翁快跑的声音，老翁逾墙走时快速而仓皇的声音，老妪临行前对儿媳嘱托的声音，老翁向杜甫含泪诉苦的声音……

学生着重想象一下②，"独与老翁别"时，老翁会与杜甫说什么？

老翁也许会感叹他们一家悲惨的遭遇，也许会叹息自己未知的命运，这些连同其他所有声音，其实都折射出在战争背景下，一个个家庭最真实的悲惨经历。杜甫他听到了这些声音，也体察到了当时广阔而深刻的社会现实。

说明：学生再次透过文字去想象诗中其他的声音，还原石壕村那一晚故事的细节，进而对战争背景下，普通百姓的悲惨日常有更深入的理解，也可以更好地衔接下面对作者思想情感的解读。

---

①【评点】在理解的基础上重视朗读训练，体现语文课程的实践性。朗读教学注意技巧点拨，做到有章法有指导，具体有效。

②【评点】这个部分两次强调想象，既深入研讨课文，进一步把握人物情感，又有效训练了学生的思维能力。

**任务 6：**

再看"圣"字，理解主题。①（4 分钟）

此时，我们再来回看一下"圣"字，"口"字表示能言说，可这首诗中杜甫却从未开口，他不发议论、不动声色，那你们读出这首诗中杜甫到底想表达什么了吗？

主要的思想情感：对残暴官吏的批判，对老妇一家的悲悯，对老妇献身的赞扬，对和平的期待。

我们要注意当时的写作背景，仔细看注释一，四处抽调兵丁是由于战事吃紧，这是为了国事，同时杜甫当时官职是华州司功参军，他依然也要为国家忧虑。因此当他听到老妇自请服役的决定时，他对老妇还有一层赞扬之情。这一情感，并不仅仅出现在这首诗中，"三别"中另外两首诗中都有类似的描写：

何乡为乐土？安敢尚盘桓。——《垂老别》

勿为新婚念，努力事戎行。——《新婚别》

杜甫一方面对老妇一家的悲惨经历和被迫应征有强烈的悲悯，另一方面又对国家的安危心怀忧虑，需要百姓奋起抵抗叛军，足见他忧国忧民的思想。正是因为这样，杜甫才真正称得上是"诗圣"！②

尽管杜甫并未在文中开口，但字字句句写尽历史大幕下普通人的悲惨与伟大、无奈与勇敢。时至今日，我们依然能通过这些文字，回望大唐，仿佛能看到一个佝偻着身子的老妪，缓缓走向硝烟弥漫的深处。这正是文字的力量，这也正是作者"口"之所言的另一重意义。

说明：回扣"圣"字，从"听"到"言"，学生可以从故事内容进一步深入到对背后作者思想情感的探究，结合当时的写作背景，进而可以理解作者忧国忧民的思想。特别是对于老妇献身精神的赞扬，借助补充资料，可以进一步理解当时普通百姓的伟大。

**任务 7：**

三读全诗，升华情感。（4 分钟）

欣赏范读视频，注意学习朗读者是如何处理老妇的致词，以及结尾几句话的情感和意蕴的。

（听朗读视频）

范读中，朗读者呈现出了老妇自请服役的痛苦与坚定，结尾又留下很长的余韵，引人深思。最后，让我们用自己的朗读来致敬这伟大的篇章与这伟大的"诗圣"吧。③

说明：以诵读结尾，在范读中感受诗歌的意境，再用自己的朗读去诠释对诗歌内容以及主题的理解，学生在三遍朗读中，能够实现逐层的进步。

---

① 【评点】首尾呼应，并且进一步向前推进，课程设置层次清晰。

② 【评点】爱国忧民的思想是中华优秀传统文化的组成部分，课堂落脚至此，较好地把握了"诗圣"所代表的传统知识分子的心声和他们所代表的不被历史淹没的光辉形象。

③ 【评点】三次朗读，学生体会层层提升，范读增加了学生的审美体验，课程基本实现了从能力提高到思维训练再到审美体验的一步步推进。让学生在我国古代经典诗歌朗读中树立文化自信。

结语:"世上疮痍,诗中圣哲;民间疾苦,笔底波澜。"

布置作业,课外拓展。

1. 补充阅读《新安吏》《潼关吏》,深入理解"三吏"。
2. 将《石壕吏》改写成一则故事。

板书设计:

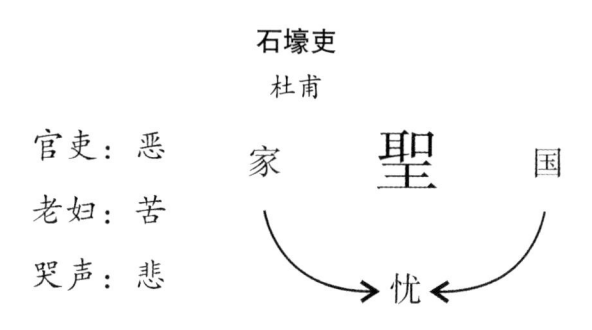

**石壕吏**

杜甫

官吏:恶

老妇:苦    家  **聖**  国

哭声:悲           ↘ 忧 ↙

诗歌内容:

**石壕吏**

暮投石壕村,有吏夜捉人。老翁逾墙走,老妇出门看。

吏呼一何怒!妇啼一何苦!

听妇前致词:三男邺城戍。一男附书至,二男新战死。存者且偷生,死者长已矣!室中更无人,惟有乳下孙。有孙母未去,出入无完裙。老妪力虽衰,请从吏夜归。急应河阳役,犹得备晨炊。

夜久语声绝,如闻泣幽咽。天明登前途,独与老翁别。

## 【总评】

诵读、鉴赏古代诗词,是提高中学生语文素养的重要途径,是弘扬中华优秀传统文化极其重要的方法。该课教学目标的设置,注重引导学生感受"诗圣"杜甫忧国忧民的伟大情怀,培养学生对中华文化的认同感和坚定信心,体现了《语文课程标准》对语文学科核心素养的要求。

该教学设计流程,准确把握了诗歌这一文学体裁的艺术特性,在课堂教学环节的设计中有以下特点:

1. 课堂导入设计巧妙。由"诗圣"的"圣"入手,说文解字,扣住"听"字,既抛出"诗圣"情怀的大纲领,又抓住了诗歌以诗人"旁听"来记录故事的特点。

2. 重视对学生"直觉思维"的培养。诗歌鉴赏切忌教师过多理性分析,而该课设计三个"任务单",引导学生逐步深入理解诗歌,既刺激学生的自主意识和阅读兴趣,又培养和发展了学生的想象力。

3. 重视对诗歌的诵读。通过诵读来感悟诗歌的艺术魅力、获得丰富的审美感受,是诗歌教学的重要手段。该设计在理解诗歌的基础上,有两处诵读诗歌的教学安排:一处重在教师对朗诵技巧的指导,一处重在学生通过诵读获得情感体验和精神陶冶。

# 《石壕吏》课堂实录

——义务教育教科书 语文 八年级 下册 第六单元

执教：燕南校部 任 敏
评点：燕南校部 唐 敏 李高丽

师：好，各位同学目光放到这里，首先我们先安静下来。此时想象我们置身于一个叫石壕村的地方，此时已经入夜，整个村子非常安静，但是远处仿佛还可以听到几声犬吠，在寂静的村落里显得格外清晰。突然有声音打破了整个村子的安静，原来是有官吏来了。好，我们下面首先有请"官吏组"的同学来讲一讲，你们听到了哪些有关官吏的声音？谁是你们推举出来的代表？可以直接站起来说，来吧。

生：首先我们听到的应该是官吏带着他的随从一起到石壕村里面抓壮丁，他们发出一些吵闹声。

师：比如有哪些吵闹声？

生：比如说他们行走的过程中，可能磕磕碰碰，会有吵闹声。交流的时候，可能会说"这家有没有男丁啊？"也会有吵闹声。[1]

师：你觉得会不会说"这家有没有男丁啊"？

生：不会。

师：为什么？因为他是怎么说的？

生：因为他是捉人。

师：请你跟大家分析一下，"捉人"你能够读出什么来？

生："捉人"是他的态度非常的强硬。

师：态度很强硬，而且我可以做一个对比，因为其实古代去征兵的话应该说是师出有名，对吧？我可以带着册子去，我为什么不说"有吏夜征兵"，而要说"夜捉人"。

生：因为是强制的。

师：对，他提到一个重点，因为是强制的，百姓是被迫的。没错，所以百姓有什么反应？

生：老翁逾墙走，老妇出门看。

师：没错，请继续分析。

---

[1]【评点】在老师的引导下，通过小组研读，学生比较好地想象出了当时的情境。

生：吏呼一何怒，我个人认为是官吏到了这一家门前，在这一家前叫骂，希望把里面人吵醒，然后把里面的男丁带走。

师：你能不能模仿一下官吏可能的声音，在门口。

生：快点出来啊！

师：感觉语气好像还没有特别强硬，你们组有没有男生可以来说一下？来，你来试一下语气可能是怎么样的？就说一句就可以了。

生：喂，所有人都出来！

师：可以吗？这个已经够了。谢谢！好，请坐。刚才是我们可能听到的官吏在捉人的一些声音，对不对？其实除了这些声音以外，你们小组还找到了哪些官吏的其他的声音？

生：我们这里还找的就是官吏他说的话，第一个就是他在"吏呼一何怒，妇啼一何苦"，他可能会说"你家的人在哪"，因为他只看见老妇一个人出来。

师：所以他问"你家的人在哪里？"好，还有没有？

生：就是想问她"你家的男人在哪里？"

师：所以我们可以具体一点——你们家的男丁在哪里？对吧？还可以有什么样的话？

生：然后我个人觉得"惟有乳下孙"这句话，就是说因为他家没有男丁了，所以官吏他可能说"你家有人，哪怕是青年女子也要去征兵"。

师：那能不能用非常简练的语言来说一说。

生：他可能就问"你既然有一个在吃奶的孙子，他肯定有母亲的"。

师：可能就问得太过于细致一点，我们再简练一点。他可能回答他说此时家里已经没有男丁了，对吧？他就直接问"你们家里还有人，有没有别的人？"就可以了，对吧？好，还有没有别的话？

生："老妪力虽衰"，前面他可能问"就算你们家没有男丁了，也没有别的人了，但是我还是得抓人，所以说你们怎么办？"然后老妪自己要跟他走。

师：我们把同学刚才比较长的话语换成非常简练的话语，就你家必须出来一个人，没错吧？很好，想得很好。对，刚才这个小组其实跟我们呈现的是他们是如何寻找官吏的问话的？从哪里找的？

生：老妇。

师：哪里？老妇的回答，所以这是这篇文章当中使用的一种手法，它的名字叫作"藏问于答"，[1] 请各位做笔记。而听官吏这个小组的同学正是从老妇的回答当中去还原一下这个官吏可能都说了哪些。我很想让大家还原一下刚才的场景，那么我刚才听同学，其实他的整个状态是非常好的，我们能不能做一个配合？就是我们也有老妇组，那请同学来用这种语气问话，然后老妇组用原

---

[1]【评点】学生自己一步一步慢慢体会到"藏问于答"的手法，比一开始就给出抽象概念要更有利于学生理解。

文来回答他，好不好？来，我们做一下配合，加油同学，试一下。你用现代汉语来问话就可以了。

生：喂！你们家的，赶快出来！

师：好像你没有直接问到他们可能会回答的问题，因为刚才我们是不是说他先要问他们家什么？

生：有没有人。

师：尤其是有没有什么人？

生：男人。

师：对，你再重新问一遍。

生：你们家有男人吗？有的话赶快出来！

师：来，回答。

生齐读：三男邺城戍：一男附书至，二男新战死。存者且偷生，死者长已矣！室中更无人……

师：他还没有问你们就直接"室中更无人"了？你会怎么问，官吏？

生：你们家其他男人都去哪了？

生齐读：室中更无人，惟有乳下孙。有孙母未去，出入无完裙。

师：最后。

生：但是我还是要再抓一个人去，你们打算怎么办？

生齐读：老妪力虽衰，请从吏夜归，急应河阳役，犹得备晨炊。

师：好，给他们一些掌声。（掌声）好，请坐。那么经过这一部分的分析，我们能不能用一个字来概括一下官吏的特点？

生：狠。

师：好。或者说我们是不是还有一个更为严酷一点的词语？

生：强势。

师：用一个字就可以了。

生：怒、恶。

师：好，那我用"恶"这个更为严重一点的词语来概括一下官吏的特点[1]。那面对如此凶恶的官吏，老妇是什么样子的？我们请老妇组来说一说他们听到的东西。第一个听到老妇有哪些苦？来，同学。

生：首先是听到老妇在官吏的怒吼下凄苦地喊叫。

师：她致辞的过程当中有哪些苦？概括一下。

生：就是她的三个儿子都被抓去当壮丁了，而且有两个已经死了，还有一个生死不明。家中只剩下了孤儿寡母，而且他们的家境很贫寒，甚至没有好衣服穿。在这种情况下，老翁竟然也要被抓走了，然后……

师：老翁也要被抓走了。

---

[1]【评点】课堂是对话的艺术，这个环节中教师语言简洁精准。

生：所以他们还要继续来抓壮丁。

师：刚才我们开头说了，此时老翁已经"逾墙走"，所以就不存在说老翁抓走的这个问题，对不对？好，还有吗？

生：然后还有他们常年受战乱的影响。

师：好，受战乱的影响。可能这样我们就不算做了一个总结和概括，你们小组其他同学有没有能再概括一下这些"苦"的？做一下补充，好不好？请坐。你们来做一下补充。

师：你们来做一下补充，有哪些苦？来，这位同学

生：我觉得她的"苦"主要分成三种，一是她丧子的苦。

师：丧子之苦，没错吧？继续。

生：第二个是因为他们家里十分贫穷，就是贫穷之苦。

师：贫穷之苦，其实从她在讲她儿媳的状态时就可以看出来，还有没有别的？

生：然后她要照顾小孩"乳下孙"，所以叫照顾小孩之苦。

师：照顾小孩之苦。那么最后的一个句子，我们似乎忘了老妇最后要去干嘛？

生："备晨炊"。

师："备晨炊"，其实她就要去哪里了？战场，这算不算是一种苦？当然要算了，你们别忘了老妪是什么样的情况？"力虽衰"，所以你们各位想一想，她如果上战场对于她可能意味着什么？

生：死亡。

师：也有可能是生死未卜，对吧？肯定也算是一种苦，我们可以把它概括为什么苦？其实可以用里面的词语来代替，她要去应征，对吧？所以我们可以概括为应征之苦。很好了，请坐。这是老妇的几层苦，但最后老妇她还是决定要怎么样？前往战场，请讨论的同学告诉我，你们认为老妇为什么要做出这个决定？

生：我觉得有以下几种可能，第一点就是保护她的家人，因为如果她不去的话，官吏肯定会从他们家里抓另外一个人去，有可能是她孙子的母亲，也有可能是会继续搜索老翁。

师：对，要保护自己的家人。

生：第二点就是尽自己的微薄之力去保护另外一个家人，有可能在前线作战，生死未卜的另外一个儿子。

师：想得很远，还想到了那一个"附书至"的儿子，对吧？好，还有没有别的？主要是这两个原因是吗？

生：还有一个是分担家中压力和贫苦，所以走了的话可能会少用掉一点粮食。

师：你想得好完整，这些是老师所没有想到的。那么刚才同学提到这些，你们有没有想出老妇在说出这个话的时候，她的语气可能是什么样子的？

生：我们讨论结果是老妇的语气可能是比较无奈卑微，而且比较坚决的。[①]

师：好，有无奈卑微，但同时有坚决，为什么？

生：卑微是因为她是不得已要上战场去征战，然后坚决是因为她只要上战场了，就可以保护其他的人不用去受那些苦。

师：对，所以是痛苦而且坚定地表达了自己决定服役的这样一个决心，是吧？你们想得很好，请坐。所以在这里，老师可以带大家一起把老妇的整个情况用一个字概括一下，你们会用什么？

生：苦。

师："苦"可能是更多同学会想到的，对吧？除了官吏和老妇的声音，在整个的石壕村当中，我们还听到了哪些哭？那么请讨论哭声组的同学来分享你们讨论的结果。

生：首先我们看第一个问题，能听到哪些人在哭？首先傍晚的时候，官吏来捉人的时候，我们能很清楚地看到"妇啼一何苦"，说明老妇在啼哭。

师：老妇。

生：然后同时结合官吏来抓人的语境，很可能官吏到其他家去抓人的时候，也会听到其他家，这种家中不得不出人去应征的哭声，也就是其他家庭在哭。

师：还有吗？

生：同样还有到了"夜久语声绝，如闻泣幽咽"的时候，因为后文看到诗人独与老翁别，老翁可能到深夜的时候已经回来了，然后知晓老妇被抓走的消息，他也可能会哭泣，为自己的伴侣哭泣。

师：老翁也在哭泣。

生：然后包括孙女孙子的母亲。

师：我们称她为儿媳就可以了，继续。

生：儿媳可能也是家中的长辈，平时很照顾自己的长辈，不得不离开。然后又想到目前难以保证家中安全，家中又如此的贫困，自己还要抚养儿子，可能也会一起哭泣。

师：好，我稍微问一下，还有一个"乳下孙"，"乳下孙"会不会也在哭？有可能，大家别忘了刚才官吏这么凶狠，会不会吓到这个孩子？对，所以孩子也有可能被惊吓而哭，对吧？其实刚才同学已经也把其中一部分人哭的原因告诉了我们，但大家有没有听到其实这些人哭的方式是不太一样的，你们听他的分享听到哪些不同类型的哭声？有啼哭，有抽泣，还有被吓哭的，"幽咽"是一种什么样的状态？

生：就是想哭不敢哭出声。

师：他们说了不敢出声，好，你们有没有人可以替他们回答一下，为什么最后是"幽咽"这样不敢哭出声的状态？讨论到这个问题了吗？同学你来试一下。

---

① 【评点】"卑微而坚定"，学生的分析细致到位。

生：我们这里讨论的原因，第一个可能是因为他出声就会被官吏听到，所以可能又会对他们家庭做些更过分的事情。然后第二个可能是他们的孩子被吵醒了，儿媳又需要继续照顾孩子，所以他哭得不能特别大声，免得再次把孩子吵醒了。

师：好细心，还有没有？

生：第三，我认为妇女可能也是在仔细地听着外面官吏还有老妇的回答，所以她可能是要断断续续地哭，而且要低声的可能听到他们的回答和一些内容。[①]

师：很好了，对不对？而且他提到了非常重要一点，就是这种低声的哭泣其实代表着人在压抑自己的情感，对不对？所以其实在夜晚压抑的何止是老妇这样一家，其实在石壕村的别的家庭当中，可能都有这种压抑着自己痛苦的幽幽咽咽的哭声，对吧？所以我们现在把哭声的特点也来总结一下，你们会用哪一个字？

生：用一个"惨"字。

师：好，各位同学，我们现在来看，这是三个小组一起讨论的成果。通过这个讨论，我们了解到杜甫在那个夜晚听到了凶恶的官吏，还听到了苦难的老妇一家的经历，同时又听到了悲惨的哭声。

【总评】

节选部分是《教学设计》中的"任务三"，也是整个课堂的主体部分。在此，学生围绕老师设计的三个"任务单"，通过小组合作、师生对话、诵读活动等方式，逐层深入地完成对诗歌基本内容的理解，为诵读诗歌、理解主题和升华情感做准备。

在这一教学环节中，学生完成了老师预设的任务，并产生了多元的、开放性的解读，对作品的意蕴也有新的发现，如在讨论"老妪应征原因"这一话题时，学生能结合作品细节"一男附书至"，基于充满人情味的美好想象，给出富有新意的解读。

教学过程中，任课教师举重若轻，引导有力。亲和的对话姿态，轻巧的设问，细节处的点拨，清晰的阐释，都展示了任课教师良好的教学素养，也体现了以下重要教学理念：

1. 重视和关切课堂动态效果。课堂教学目标明确，步骤清晰，但不拘泥于预设的教学目的和流程。

2. 落实"以学生为主体"的观念。课堂上师生围绕任务主线，平等对话。学生阅读深入细致，思维活跃，活动充分。

---

①【评点】不给学生设限，让学生结合自身生活经验去想象和联想，给出的答案可能超出老师预期，令人惊喜。

# 《再塑生命的人》课堂设计

——义务教育教科书　语文　七年级　上册　第三单元　第十课时

设计：宝安校部　李　靓
评点：宝安校部　蔡明慧

## ◎设计导语

《再塑生命的人》节选自美国盲人作家海伦·凯勒的著作《假如给我三天光明》一书，讲述了安妮·莎莉文老师走近海伦·凯勒的生活，启示她真理，给她以爱，最终帮助海伦重拾希望，走向光明未来的故事。本文人文内涵丰富，对当代青少年的情感、态度、价值观教育意义重大。

本文选入部编版语文教材七年级上册第三单元，该单元课文所承担的课程目标主要是让学生体会不同时代少年儿童的学习状况和成长经历，体悟永恒的童真和爱；同时学会默读和抓关键句的阅读方法。

根据教材"三位一体"的设计理念，《再塑生命的人》作为本单元的自读课文，其课程价值在于让学生借助阅读提示、旁批等助读系统，在教师的引导之下，自主地训练默读和抓关键句的能力，从而将这种阅读方法自发迁移至整本书阅读中去。

基于以上教学解读和教材分析，结合深外宝安"四有"好课堂的标准，即有趣、有序、有效和有用，设定了相应的活动环节，引导学生由浅入深地展开课文研究。通过教学过程中的问答活动、朗读活动、角色演读活动增加学生研读文本的趣味性，同时提升师生对话、生生对话、文本与学生的对话的有效性，为学生今后的自学搭建支架，引授方法。让学生学完本课后，掌握默读、速读等阅读方法，锻炼学生筛选信息、整合信息的能力，提升学生的听说读写能力，同时让学生感悟到生命的力量，引导学生以乐观向上、热爱生活、坚忍不拔的精神品质走进以后的学习与生活，真正做到学有所长、学有所用、学有所悟。

◎ **任务框架**

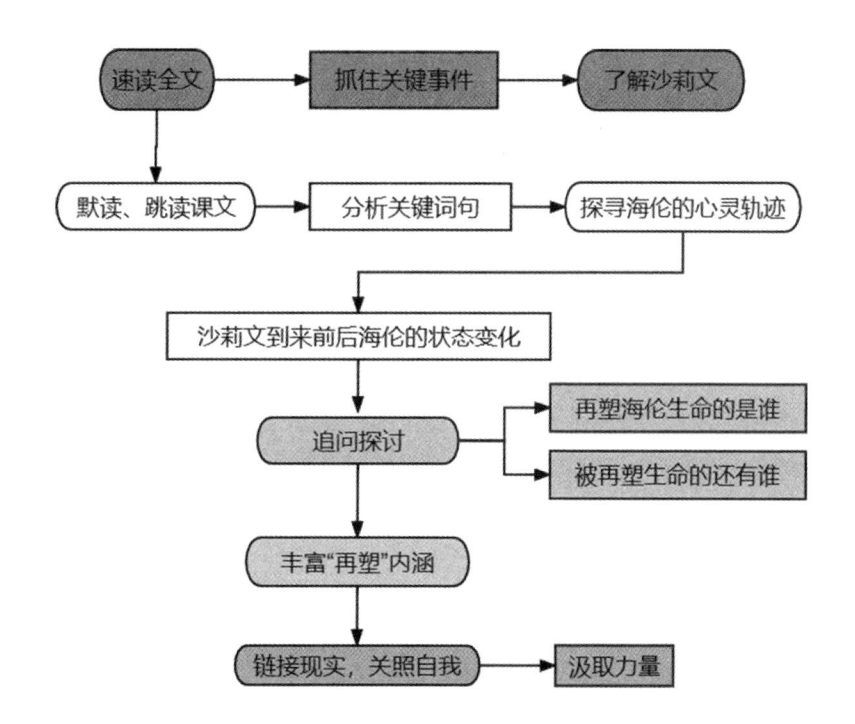

```
速读全文 → 抓住关键事件 → 了解沙莉文
    ↓
默读、跳读课文 → 分析关键词句 → 探寻海伦的心灵轨迹
    ↓
沙莉文到来前后海伦的状态变化
    ↓
追问探讨 → 再塑海伦生命的是谁
         → 被再塑生命的还有谁
    ↓
丰富"再塑"内涵
    ↓
链接现实，关照自我 → 汲取力量
```

◎ **学习过程**

环节一  了解莎莉文老师的智慧与爱

1. 结合预习，找出关键语句，初步认识莎莉文。
2. 速读全文，抓住关键事件，深入了解莎莉文。

说明：本环节主要采用课前默读和课中速读的方式，融合听、说和读的活动，引导学生关注旁批，感受沙莉文老师充满智慧与爱的教育的同时，有效地训练学生筛选信息、整体概括的能力。

环节二  感受"我"的心灵轨迹的变化

1. 结合第 3 处旁批，默读第 5—12 段。
2. 研读关键句，读懂"我"。画出写"我"的感受与认识的句子，并分析"我"在探求真理与爱的启示下的心灵轨迹。
3. 跳读第 1—4 段，了解"我"在莎莉文老师到来之前的心理状态。

说明：本环节以跳读、朗读的学生活动为主，通过勾画并朗读、品读关键语段等灵动多样的方式，来感受海伦·凯勒的蜕变，理解海伦·凯勒对莎莉文老师的敬爱和感激之情。

### 环节三　回扣标题，理解"再塑"

1. 追问探讨：再塑海伦生命的是谁？被再塑生命的还有谁？
2. 师生交流：链接生活，关照自我。
3. 布置作业：请以"重要的 _____"为题，写一篇随笔。

说明：本环节旨在通过说与写的活动，打通文本与自我，打通文本与社会，学以致用，帮助学生观照自我，培养学生好学善思、热爱生活、坚忍不拔、自强不息的精神品质。课后"写"的作业，将思想层面的体悟和感受以随笔的方式呈现出来，有效落实了语文听、说、读、写能力的训练。

# 《再塑生命的人》课堂实录

——义务教育教科书　语文　七年级　上册　第三单元　第十课时

执教：宝安校部　李　靓
评点：宝安校部　蔡明慧

师：同学们，今天我们要来学习一篇写人的课文，它的题目是——
生：《再塑生命的人》
师：这篇课文的作者是我们熟悉的海伦·凯勒。预习了课文，大家知道再塑海伦生命的是谁？
生：安妮·沙莉文老师。
师：①在海伦的眼中，沙莉文老师是一个什么样的人？原文中有没有提到？
生："她就是那个来对我启示世间真理、给我深切的爱的人。"
师：请同学们齐读这一句。
　　（生齐读。）
师：②正如本句的旁批所说："启示真理、给我以爱"，这是莎莉文老师再塑"我"生命的两个支点。那莎莉文老师是通过什么样的方法来再塑"我的生命"的呢？请同学们带着这个问题速读全文，读的时候注意用笔勾画出关键的事件。
　　（生速读课文。）
师：好，同学们都读得很认真，我们一起来分享一下阅读收获吧。你找到了哪些事件，能看出莎莉文老师运用了怎样的方法来"启示真理、给我以爱"呢？
生：首先就是说莎莉文老师来到家里的第二天就先给了海伦一个布娃娃，感觉就是先提起海伦兴趣。然后她在手指上拼写 doll 这个单词，就像做一个手指游戏，培养海伦的兴趣，让她慢慢想学。后来她就告诉她，这是在拼写单词，因为当时海伦以为这就是一个手指游戏，根本就不是拼写单词。
师：莎莉文老师通过游戏的方法来激发"我"的兴趣，让"我"学到了很多知识。
生：在第 8 自然段，后面莎莉文老师又给了她一个更大的新布娃娃，用意是告诉海伦大布娃娃和小布娃娃一样都叫作 doll。
师：一大一小，通过什么样的方式教会海伦知识？

---

①【评点】导入部分即抓住关键问题高效组织教学，引领学生快速进入核心话题"再塑生命"，调动学生的直觉思维和逻辑思维，有效开展课堂对话，快速进入学习情境。

②【评点】将旁批作为组织教学的抓手，引导学生关注沙莉文老师教"我"的两个细节，结合其中抒情和议论语句的品读，进而理解"启示真理、给我以爱"这两个支点于"我"的生命价值。

生：通过用大娃娃和小娃娃进行对比。

师：通过比较的方式来让"我"感受知识。

生：一开始，海伦认为水就是杯，杯就是水，然后"我"就发脾气。莎莉文老师看到"我"发脾气她也没有说什么，而是带"我"去外面散步。在散步的时候，她让"我"把手放在喷水口下面，让"我"感受水，然后她在"我"手上拼写水这个单词，让"我"感受到杯是杯，水是水。

师：为什么一定要让她触摸水啊？

生：莎莉文老师让她触摸水，然后在她手上写水这个单词，目的是让她把生活中的物和单词联系起来，进而真正明白单词的意思，了解它内在的含义，打开海伦通向世界的门。

师：结合我们刚才几位同学所说，莎莉文老师在教导海伦时懂得变通，善于抓住教育契机，懂得因材施教，这就是教育的智慧。同学们，我们了解到的莎莉文老师是一位多么智慧的教育家啊！面对这样一位老师，海伦·凯勒曾经在她的《假如给我三天光明》一书中这样写道："假如给我三天光明，我首先要长久地凝视我的老师"。这位老师究竟给海伦带来了怎样的变化？竟引得她如此深情的表达。请同学们继续默读第5—12段，结合第三段旁批，来画一画写"我"的感受和认识的句子。[①]

（生默读课文。）

师：好，我看同学们都已经读得差不多了。那我们一起来分析一下，看看在莎莉文老师真理与爱的启示下，"我"有哪些变化，"我"的心灵轨迹是怎样的？

生：原来在海伦的世界里面，一个寂静而又黑暗的世界里面，根本就不会有温柔和同情。当莎莉文老师带她去井房，让她感受水这个单词的时候，她就知道了水是她手上流过的这种清凉而奇妙的东西。这种经历让她求知的欲望油然而生，原来宇宙万物都有名称。莎莉文老师启发了她的新思想，让她用好奇的眼光看待每一样东西。

师：在莎莉文老师的启示下，"我"认识世界的大门被打开了。

生：井房的经历使"我"求知的欲望油然而生。"我"开始想要主动学习知识了。

师：油然而生，自然而然地生发某种情感。莎莉文老师为"我"打开了认识世界的大门，而现在，"我"想要主动地走出这扇大门去感受万物了。

生：莎莉文老师不仅教给了海伦知识，也教给了海伦同情心，一些情感，这是她以前没有的。

师：" 我"生平第一次产生了情感，产生了悔恨的情绪，她在悔恨什么呢？

生：悔恨把老师送给她的布娃娃摔碎了，这是她的用心。

师：如果你是海伦·凯勒，你现在想说些什么？

生：老师对不起，我不小心把……真不是故意的，我现在感受到你的用心了。

---

[①]【评点】结合旁批，默读品析，鉴赏感悟，析再塑之人，品再塑之果。

师：这是对老师说的话，她会不会也有些想对布娃娃说的话呢？

师：刚刚提到了一个词叫"悔恨"，"我"悔恨自己摔碎了布娃娃，那在刚刚摔碎布娃娃的时候，"我"就产生了悔恨的心情吗？一开始摔碎布娃娃的时候，"我"的心情是怎样的？大家在原文中能找到吗？

生："我"实在有些不耐烦了，抓起新布娃娃就往地上摔，把它摔碎了，心中觉得特别痛快。

师：接下来写了"我"摔碎布娃娃的具体感受，你能把这句话再读一遍吗？

生：发这种脾气，"我"既不惭愧，也不悔恨，"我"对布娃娃并没有爱。

师：读这句话的时候，你是带着怎样的情感来读的？

生：无所谓，漠不关心。

师：那你能通过什么样的朗读方式来把这种情感读得再明显一点呢？

（生读。）

师：摔碎了布娃娃，"我"既不惭愧，也不悔恨，"我"对布娃娃根本就没有爱。在"我"的那个寂静而又黑暗的世界里，根本就不会有温柔和同情，有的只是——

生：一片黑暗和寂静。

师：有的只是——

生：孤独寂寞。

师：所以，"我"哪里只是对布娃娃没有爱啊。"我"是对这个世界的一切都没有爱。这个时候，"我"是没有悔恨之情的，但是后来，"我"产生了悔恨之情，"我"对布娃娃有了爱的感觉，[①]而这是生平第一次。那在莎莉文老师到来之前，"我"的世界是怎样的？请同学们跳读第1—4段，了解在莎莉文老师到来之前"我"的状态。[②]

（生跳读课文。）

师：同学们，在这个阶段，我的状态是怎样的？

生：从第4段中，我们可以感受到她对光明的渴望和当时的不知所措，从第三段我们可以发现她当时其实对未来没有什么期待，而且她是易怒和苦恼的，心中是黑暗而孤独的。

师：你很好地总结了这一段时间"我"的心理状态。第1—4段里面有没有哪些词语和句子能够具体地体现出来"我"的这种状态呢？

生：朋友，你可曾在茫茫大雾中航行过？在雾中神情紧张地驾驶着一条大船，小心翼翼地缓慢地向对岸驶去，你的心怦怦直跳，唯恐意外发生。在未受教育之前，我正像大雾中的航船，既没有指南针也没有探测仪，无从知道海港已

---

[①]【评点】有效的师生对话将"我"生命复苏的过程呈现了出来，也将莎莉文老师"再塑"我生命的过程呈现了出来。这种呈现是经过思维深度思辨后得到的结论，学生的审美体验得以升华。

[②]【评点】与前一学习任务的结果呈现形成强烈的碰撞，生命原貌的情感撞击更凸显了莎莉文老师对我"再塑"的力量之伟大。

经临近。我心里无声地呼喊着："光明！光明！快给我光明！"

师：你找得很准。在这里，海伦运用了什么样的方法来表现了她什么样的状态呢？

生：运用了比喻的修辞来表现内心的感受。

师：我刚才看到这个同学也画出了一个句子，请你来分享一下。

生：莎莉文老师到来的那天，"我安静地走到门口，站在台阶上等待着"，内心似乎并没有期待，没有什么希望。

师：好像内心已经绝望了是不是？那"我"的内心现在真的平静吗？

生：其实也不能说她对未来完全没有期望。她现在站在门口，站在台阶上等待，其实我觉得她现在心里肯定不平静。她希望她能得到光明，得到一个转机。

师：那文中还有哪些词语能体现出她这种不平静？

生：第4段中"你的心怦怦直跳，唯恐意外发生。"我觉得这里"怦怦直跳"并不是她对人生的迷茫感，而是在走廊上等待，等待一个转机。

师：除了有一种紧张和害怕之外，还有期待和渴望，渴望着奇迹的发生。其实在第3段中还有描写海伦心态的句子。

生："我的手指搓捻着花叶，抚弄着那些为迎接南方春天而绽开的花朵。"这些花儿燃烧着，那为什么海伦·凯勒不能像这些花朵一样绽放呢？

师：所以她现在在做一个动作——

生：搓捻。

师：什么情况下我们才会不停地揉搓同一样东西啊？

生：紧张。

师：紧张，她也还在期待接下来会发生的事情。这个地方通过动词也很好地表达了人物的感受。

师：现在，处在黑暗世界里的"我"疲倦、迷茫，但是也还有渴望，有内心最深处的呼喊，我们一起来读一读海伦内心最深处的呼喊吧。

师生合作朗读：我心里无声地呼喊着：光明！①

我心里无声地呼喊着：光明！光明！我心里无声地呼喊着：光明！光明！快给我光明！

师：来，同桌的你，刚才你身边的这位海伦呼喊了三次"光明"，有带给你不一样的感受吗？

生：后面两次感觉更强烈了，更加感受到渴望了。

师：通过反复来突显出这种渴望。

师：莎莉文老师为"我"带来了真理和爱的光明，后来海伦的世界变得怎么样了？请同学们齐读第13段。

（生齐读。）

师：现在，整个世界在我的面前变得——

---

① 【评点】入情入境的朗读，喊出对光明的渴望和对生命的期待。

生：花团锦簇，美不胜收。

师：我的世界开始充满了——

生：希望。

师：开始充满了——

生：喜悦。

师：开始充满了——

生：幸福。

请同学们再次齐读本段的最后一句。

（生齐读。）

师：至此，在莎莉文老师智慧和爱的引领下，"我"的世界开始变得截然不同，"我"完成了生命的再塑。

师：同学们，现在我们再回首全文，再塑海伦生命的是谁？

生：莎莉文老师。

师：再塑海伦生命的是谁？

生：莎莉文老师。

师：再塑海伦生命的还有谁？

生：有安妮·莎莉文老师，还有海伦她自己。莎莉文老师用游戏等方式教海伦拼写单词，海伦也爱上了这种学习方式，喜欢上了学习，走向了光明。

师：除了有老师的引领，还有自身不懈的努力。那再塑海伦生命的还有什么？

生：我觉得再塑海伦生命的不仅有莎莉文老师和她自己，还有这世上的种种光明。莎莉文老师帮她打开了世界的门，世界的光明吸引了她，所以她想要走出去，去感受这个世界的美好，让自己的生活更富有色彩。用有限的生命去感受无限的美丽。

师：在老师的引领下，在自身的努力下，在整个世界的感染下，海伦完成了她生命的再塑。海伦运用所学知识，结合自身经历，写成了一部享誉全球的著作——《假如给我三天光明》。书中有这样一句话："面对光明，阴影就在我们身后。"这句话给一代又一代年轻的、身体健全的我们以不懈奋斗的力量。同学们，这被再塑生命的人，还有谁？是海伦给了我们更多人再塑生命的勇气。所以，在海伦的帮助下，这世上更多的人的生命得到了再塑。莎莉文老师用她的智慧启迪了海伦知识、真理，给她以爱，再塑了海伦的生命，而海伦又运用自身的力量传递知识、真理和爱，再塑了更多人的生命。同学们，你们是否也曾像一艘①大海里的航船，迷茫、无助，你是通过什么来再塑你自己生命的？

生：有时候在学习中会遇到一些困难，在家里我会求助我的妈妈，她也是为我指明方向的人。

师：家人也是我们人生路上的指导者和陪伴者。

---

① 【评点】整合学习情境，联系生活实际，感受"再塑"之美，升华精神体验。

生：当我经历了挫折郁闷时，那些书籍也再塑了我，比如《假如给我三天光明》之类的书。

师：书籍也有无穷的力量。

生：当我遇到困难时，我的朋友会帮助我。

师：我们成长道路上的益友。

生：我想说一说我发生不久的经历。就是上一次的数学小测，你知道我考了多少分吗？79分。当时我的心情就是一种很崩溃的状态，因为我从来没有考过这么差。下午放学时数学老师就把我叫了过去，她跟我说了很多话来鼓励我，想把我从这个心情里拉出来。数学老师说，每个人都会经历挫折，这是一次很小的挫折，在我人生中还有许许多多的一切，这帮我从悲观、绝望的心情里走出来，让我再去以一种更和平、更乐观的心态去面对一次又一次的失败。我觉得这对于我的人生来说都是一件忘不掉的事情。上上节课我们又进行了一次测验，我觉得这一次如果我再考差了，我是不会哭的，我会记住数学老师的话。

师：请同学们给这位同学一点鼓励。在老师的帮助下，在老师和自己的帮助下，她找到了重塑生命的自信。

师：同学们，请你们回头看一看这宏伟的图书馆，如果说每一本书都是我们前进道路上的灯塔，那么我们何其有幸。如果海伦的《假如给我三天光明》不能给你再塑生命的决心，那么还有史铁生《我与地坛》中的坚毅、海明威《老人与海》中的不屈、笛福《鲁滨孙漂流记》中的执着。从海伦、史铁生、海明威，再到笛福，他们都用自己人生的智慧再塑着我们人生路上的每一步脚印。无论是他人还是自己，无论是书籍还是知识，总有一样东西在我们生命中是重要的，都可能带给我们再塑生命的力量。

## 【总评】

本文是一篇自读课文。设计聚焦自读课文文本特质，结合单元阅读说明、旁批、课后阅读提示等整合提炼，设计"识再塑之人，感教育之爱""析再塑之人，品再塑之果""延再塑内涵，悟爱之力量"学习任务，提供默读、速读、跳读、浏览读、朗读等学习支架，聚焦有深度的师生对话、生生对话，创设情感充沛的学习情境，让学生在品读、感悟、思辨中经历"阅读与鉴赏""表达与交流""梳理与探究"的语文实践过程，在理解文本、体悟情感、升华境界的同时，获得语文能力，提升核心素养。周国平说："一切有效的阅读不只是接受，更是自我发现，是阅读者既有的内在经历的被唤醒和继续生长。"本课设计最大亮点在于指向价值观塑造的"唤醒和生长"。从初识沙莉文老师时，通过典型事件的梳理与探究，让学生产生对教育之爱的赞美，到"析再塑之人，品再塑之果"任务中，巧用教材助读体系，给予学生学习支架，让学生在充分结合旁批默读感悟中，充分关注"启迪智慧，给我以爱"的方法、过程和带给我的生命质变。学生自主建构知识、自主唤醒情感，实现深度学习的师生、生生对话，再到"延再塑内涵，悟爱之力量"，学生被唤起的高阶思维和情感能力让"再塑"的主体无限延展，高品质的审美能力让"再塑"主体可以是人、可以是物、可以是精神，价值观得到升华。

# 《我的叔叔于勒》课堂设计

——义务教育教科书 语文 九年级 上册 第四单元 第一课时

设计：龙华校部 胡子伊

评点：龙华校部 黄 金

## ◎本课时学习目标[1]

目标1：学生通过把握文章内容，清晰梳理小说情节。

目标2：紧扣文本细节，用全面、贴切的语言分析小说主要人物，从各个人物的角度出发挖掘理解作品的多元主题。

目标3：激发学生爱善憎恶的情感，帮助他们树立正确的人生观。

## ◎本课时学情分析

学习《故乡》后，学生已初步掌握了小说三要素等小说知识，学习了塑造小说人物的方法。学习本课前已进行了前置阅读，完整阅读了本篇文章。课堂上引导学生围绕菲利普夫妇态度的"变化"梳理文章结构，从人物描写、人物的语气中解读几组小说人物形象，从而深入挖掘作品所呈现出的多元主题，激发学生向善、向美之心。[2]

## ◎课堂导入：预习检查

同学们，我们先来做一个关于小说知识的快问快答：小说三要素、人物描写方法（生抢答）。小说以塑造人物为中心，我来检查大家的预习情况，你们能不能直接说出《我的叔叔于勒》一文中有哪些人物？最主要的人物是哪几个？（生齐答）这节课我们聚焦这三组主要人物（菲利普夫妇算一组，大家课下还可以运用类似的方法探究其他人物，由三组人物画出课堂结构图）[3]

```
菲利普夫妇 ──眼中──→ 于勒
         ↖眼中      ↗眼中
          "我"（若瑟夫）
```

---

[1]【评点】从语文要素和人文要素两方面确定本课时的学习目标。
[2]【评点】帮助学生树立正确价值观，体现了语文学科的育人功能。
[3]【评点】以学生喜欢的抢答形式温故知新，激发学生的学习兴趣，也为下一教学环节做铺垫。

◎ 学习过程

**环节一　初读【菲利普夫妇眼中的于勒】**

菲利普夫妇眼中的于勒是怎样的？请学生画出菲利普夫妇对于勒的称呼词，填写下表。①

（学生已预习，思考1分钟，找全称呼词，回答时必须说明出处）。

| 当……时 | 称呼 |
|---|---|
| 于勒早年花了菲利普夫妇的钱 | 坏蛋、流氓、无赖 |
| 于勒赚了钱并愿意给他们 | 正直的人、有良心的人、有办法的人、好心的于勒 |
| 发现于勒破产，又变成了穷光蛋 | 小子、家伙、贼、流氓 |

菲利普夫妇对于勒的态度发生了怎样的变化？
预设：于勒有钱时，对他很赞赏；于勒没钱时，对他厌恶、嫌弃、避之不及。
根据态度变化补充情节：
盼于勒（开端）→夸于勒→遇于勒→躲于勒
（分析："别"和"躲"的区别）
师：从这样的态度变化中，你看出了什么？围绕着什么字变化？
生：钱。
预设：菲利普夫妇以金钱为中心，部分学生能说出"唯利是图"。

**环节二　细读"我"眼中的菲利普夫妇**

速读第20—47段（高潮部分），圈画描写菲利普夫妇的文字，分析人物心理、性格。②
示例：从第 __ 段的 _____，我可以看出菲利普夫妇的 _____。

请2—3位同学起立发言。先引导聚焦"买牡蛎"一处的情节，总结出菲利普夫妇"爱慕虚荣"的特点，再精读下面的文段。

我父亲突然好像不安起来，他向旁边走了几步，瞪着眼看了看挤在卖牡蛎的身边的女儿女婿，就赶紧向我们走来，他的脸色十分苍白，两只眼也跟寻常不一样。他低声对我母亲说："真奇怪！这个卖牡蛎的怎么这样像于勒？"父亲赶紧走去。我这次可跟着他走了，心里异常紧张。

我父亲脸色早已煞白，两眼呆滞，哑着嗓子说："啊！啊！原来如此……如此……我早就看出来了！……谢谢您，船长。"

他回到我母亲身旁，是那么神色张皇。

---

① 【评点】以"称呼的变化"为切入点，给学生解决问题的梯子，引导学生感受人物形象。
② 【评点】圈点勾画法，引导学生抓住关键段、关键句、关键词来感受人物形象，且注重培养学生的语言表达能力。

他坐在长凳上，结结巴巴地说："是他，真是他！"然后他就问："咱们怎么办呢？"

父亲突然很狼狈，低声嘟囔着："出大乱子了！"

请1位同学朗读旁白，1位同学扮演"父亲"（提醒留意划线词）。①

预设：学生抓住神态、动作描写，分析父亲的恐惧、绝望（希望幻灭后的崩溃）、不知所措、软弱、毫无主见……

母亲回来了。我看出她在哆嗦。她很快地说："我想就是他。去跟船长打听一下吧。可要多加小心，别叫这个小子又回来吃咱们！"

母亲突然很暴怒起来，说："我就知道这个贼是不会有出息的，早晚会回来重新拖累我们的。现在把钱交给若瑟夫，叫他去把牡蛎钱付清。已经够倒霉的了，要是被那个讨饭的认出来，这船上可就热闹了。咱们到那头去，注意别叫那人挨近我们！"她等我把2法郎交给父亲，母亲诧异起来，就问："吃了3个法郎？这是不可能的。"

我说："我给了他10个铜子的小费。"我母亲吓了一跳，直望着我说："你简直是疯了！拿10个铜子给这个人，给这个流氓！"

全班齐读，模仿母亲的语气，体会母亲的性格特点。

预设：学生抓住母亲的语言描写，分析出"有主见""有心计""尖酸刻薄""泼辣""冷酷绝情""唯利是图"……

（提示：面对同样的事情，母亲和父亲的表现有何区别？你在朗读的时候感觉到母亲的语气是怎样的？"这个贼"可是他们的亲人啊！）

总结菲利普夫妇形象：

自私自利　冷酷无情

唯利是图　金钱至上

（学生齐读、做笔记）

问：他们为什么这样对待自己的弟弟？找依据。

预设：生找第2段生活拮据部分，明确"拮据"含义；找第6段，于勒占了菲利普的遗产。

资料助读：

《我的叔叔于勒》写于1883年。发展迅速的法国工业使广大农民流离失所，小资产阶级贫困破产成为普遍的社会问题。阶级矛盾尖锐，中下层人民生活辛酸，金钱成为社会权力的第一杠杆。人们因钱而扭曲了自己的观念。

请学生初步总结小说主题：

通过描述菲利普夫妇对亲兄弟于勒前后截然不同的态度，揭示了资本主义国家人与人之间赤裸裸的金钱关系，反映了资本主义社会的黑暗和腐朽。

---

① 【评点】引导学生正确地朗读，通过朗读品味语言，体味人物情感，感受人物形象。

### 环节三　深读"我"眼中的于勒

过渡语言：到目前为止，是不是还有一个人物没有涉及到？

预设："我"。

那么"我"眼中的于勒是什么样的？学生找原文，分析。请2—3名学生发言。

明确：

30段：他又老又脏，满脸皱纹，眼光始终离不开他眼里的活儿。

42段：我看了看他的手，那是一只满是皱痕的水手的手。我又看了看他的脸，那是一张又老又穷苦的脸，满脸愁容，狼狈不堪。

提示：对一个人的态度，还可以从他如何观察这个人来看。

预设：通过强调4个"看"字、2个"满"字让学生感觉到，小若瑟夫的目光中有同情的流淌。

分析：为什么3次同义反复？

我心里默念道："这是我的叔叔，父亲的弟弟，我的亲叔叔。"①

提示：父亲的弟弟不就是我的叔叔吗？"我的"读出重音。

预设：3次反复强调了我与于勒叔叔之间的亲情血脉，体现了我的同情与怜悯；同时与菲利普夫妇的态度形成对比，具有一定的讽刺效果。

总结："我"是一个怎样的人？

预设："我"是一个天真善良、重视亲情、富有同情心和正义感的孩子，与父母形成鲜明对比。

### 环节四　你眼中的于勒故事

品标题，探主题：

讨论："我的叔叔于勒"能否改成"于勒的故事"？②

预设：学生通过讨论分析，紧扣"我的叔叔"一词，提炼出"亲情视角"。

多元主题探讨：以 ____ 为中心，这篇小说的主题是 _____

（希望　同情、亲情　若瑟夫　于勒　同情　菲利普夫妇　小人物的辛酸　金钱关系　势利虚荣）

一般学生都能说出以上几种主题。教师可就"希望"主题单独提问学生，勾连所学的《故乡》。在孩子们的身上寄托着关于光明和美好人性的希望。

完善小说主题：通过描述菲利普夫妇对亲兄弟于勒前后截然不同的态度，揭示了

---

①【评点】再次抓住"称呼"来感受人物形象，与前文的方法一脉相承，又让人物形象形成鲜明的对比，进而为下一步探讨文章的主题做铺垫。

②【评点】巧设问题，从另一个角度引导学生进一步探究本文的主题。

资本主义国家人与人之间赤裸裸的金钱关系，反映了资本主义社会的黑暗、腐朽，表现了金钱关系对人性的扭曲，呼唤纯朴善良的人性与人间真情。

小结：本文所呈现的，正是在 19 世纪下半叶欧洲社会的大背景下，真实人性中良知与利益的碰撞。感谢法国作家莫泊桑用夸张、对比的手法，警示我们直面丑恶、珍惜善良与美好。

环节五：思考【你眼中的自己】

设身处地：假如你是菲利普夫妇，你会那样对待于勒吗？①

开放性试题，让学生换位思考，以慈悲的目光看待在时代洪流中身不由己的小人物，让他们更加珍惜人性中美好、温暖的一面。

## ◎ 课堂小结

通过学习《我的叔叔于勒》这篇课文，学生更全面地掌握了分析小说人物的方法，开始学会从丰富的描写和语言的细微处品味人物的多个侧面。在若瑟夫这个叙述者的身上，学生领悟到"儿童视角"所带来的真实与纯粹。在对多元主题的思考探究中，学生学会从不同小说人物的角度出发分析作品所呈现的思想。

## ◎ 作业检测：（延伸对叙事视角的讨论）②

选用一个新的叙事视角（菲利普、菲利普夫人、于勒、牡蛎……）重写菲利普夫妇遇于勒的情节（400 字以上）。

## 【总评】

本节课的整个教学过程以学生为主体，尊重学生个体的主观阅读体验。老师给学生的是支架，为学生搭建解决问题的梯子。老师设计了一些有梯度的问题，循循善诱、精准引导、适时点拨启发。各个教学环节基于核心素养发展的要求，让语文学科素养真正落地。老师在引导学生探究主题的过程中，注意对学生思维的培养，"授之以渔"，教给他们解决问题的方法。如抓住关键句子、批注法、换位思考、逐层深入等方法的运用，让学生的思维能力得到培养与提升。在教学中发展学生的思维能力，提升学生的思维品质的同时，老师把握了语文的工具性与人文性的统一，不断强化育人意识，让孩子们在自主学习探究中自觉地形成健康的审美意识和审美情趣，帮助孩子们树立正确的价值观，让语文教学达到了"春风化雨，润物无声"的育人效果。

---

① 【评点】拓展延伸，培养孩子们的发散性思维和深入思考探究的能力。
② 【评点】作业的设计结合人物形象和主题，培养孩子们"写"的能力。

# 《我的叔叔于勒》课堂实录

——义务教育教科书 语文 九年级 上册 第四单元 第一课时

设计：龙华校部 胡子伊

评点：龙华校部 黄 金

环节一 预习检查

快问快答：小说三要素、人物描写方法①

小说以塑造人物形象为中心。《我的叔叔于勒》中有哪些重要人物？

环节二 初读"我"眼中的菲利普夫妇

师：刚刚同学们详细分析了小说对菲利普夫妇的人物描写，现在请几位同学来总结、概括一下菲利普夫妇的形象。

生：菲利普夫妇的形象是自私自利、冷酷无情、唯利是图。

师：很好，会用四字词语描述人物。还有没有同学补充？②

生：我认为菲利普夫妇还爱慕虚荣、金钱至上。

师：相当准确，请批注在书上。大家平时要注意积累这样的四字词语，再遇到类似的人物和故事要能用起来。他们为什么这样对待自己的弟弟？在文章中找依据。③

生：刚刚我们总结道，菲利普夫妇本身就是自私自利、冷酷无情的。

师：对，菲利普夫妇本身性格里面有自私自利、金钱至上的成分。我们还能不能找到其他客观原因？④

生：第6段中说到，于勒当初糟蹋钱，还大大占用了"我"父亲应得的遗产。

生：第10段里说，他给菲利普夫妇写信说自己赚了很多钱，而且好像许下了承诺，发了财就会回来和他们一起过好日子，所以菲利普夫妇会逢人就炫耀。

---

①【评点】温故知新，在学生已构建的小说有关知识的基础上很自然地引出本节课的切入点及重点之一——人物形象的分析。

②【评点】对学生的评价精准。

③【评点】教给学生批注阅读的方法，引导学生扣住文本找依据，培养孩子们好的阅读习惯。引导学生热爱国家语言文字，在真实的语言运用情境中积累语言经验，指导学生在语言实践中，主动积累运用语言文字。

④【评点】因势利导，步步为营，循循善诱。

后面于勒居然以那么潦倒的形象出现在他们面前，菲利普夫妇应该会觉得上当受骗了。①

师：这个点有意思，大家注意到了没有？第10段提到于勒写的这封信，奠定了一个欺骗的基础。陡然看到穷困潦倒的于勒，心理落差巨大，必然会很生气了。

生：第2段说"母亲对我们的拮据生活感到非常痛苦"，家里"样样都要节省"，买日用品买减价的，买花边都要计较价钱等等，可以看出菲利普夫妇家里很穷，所以也没法帮助、支持一个穷困的弟弟。

师：很敏锐——这里的"拮据"是什么意思？看注释。②

生：缺少钱，经济境况不好。

师：物质上很匮乏，就是"拮据"。我们把这个词标记起来——因为他们家生活拮据，所以不敢接受这个没有钱的、曾经行为不正的于勒。我给大家补充一段资料，一起读一读。

生：《我的叔叔于勒》写于1883年。发展迅速的法国工业使广大农民流离失所，小资产阶级贫困破产成为普遍的社会问题。阶级矛盾尖锐，中下层人民生活辛酸，金钱成为社会权力的第一杠杆。人们因钱而扭曲了自己的观念。（资料助读）③

师：看完这段材料，你觉得菲利普夫妇这样对待自己的亲人（弟弟）的原因有什么？

生：环境的影响，社会背景的影响。

师：我们是不是可以开始归纳小说的主题了？④

生：我认为这里面比较明显的主题就是通过描写菲利普夫妇的这种冷漠无情、自私自利、唯利是图，来揭发小资产阶级的丑恶嘴脸。通过若瑟夫的第一人称视角，我还看到了作者的人文关怀——对中下层人民的同情与理解、对残酷现实的无奈。⑤

师：目前我们能读到作者对于人与人之间赤裸裸金钱关系的批判，对于资本主义社会黑暗与腐朽的批判，先将这个主题记下来。至于有没有"同情"，我们得贴着文本去分析。到目前为止，我们已经分析了菲利普夫妇和于勒两组人物了，还有谁没讲到？⑥

生："我"。

师：看看"我"眼中的于勒是什么样的。

---

① 【评点】在老师的引导下，学生依据文本，有了自己的阅读感受，回答得很精彩。

② 【评点】老师及时地给予学生中肯的评价，并且引导学生抓住文本中的关键词来理解文章的内涵。

③ 【评点】适时地辅以资料助读，帮助学生理解人物形象及当时的社会背景。

④ 【评点】老师顺势巧妙地引出了本节课的重难点——主题的探究。这几个环节设计的问题环环相扣，培养了孩子们的思维能力。

⑤ 【评点】学生在前面环节的铺垫和老师的启发下，对主题已经有了一定的认识。

⑥ 【评点】老师继续引导学生以人物形象为抓手来探究主题，教学思路很清晰。

环节三　我眼中的于勒

生：第30段"他又老又脏，满脸皱纹，眼光始终离不开他眼里的活儿。"第42段"我看了看他的手，那是一只满是皱痕的水手的手。我又看了看他的脸，那是一张又老又穷苦的脸，满脸愁容，狼狈不堪。"

师：找得很准，那么第42段和第30段相比多了点什么？①

生：多了主观性。

师：胡老师这里标了几个词出来——我"看了看"（重读）他的手，我又"看了看"他的脸，你在这四个"看"字中间能读到什么？②

生思考。

师：联系一下你的生活，你生活中让你看了又看的人一般是什么样的人？③

生1：帅哥美女！

（全班笑。）

师：哦，那为什么要反复看帅哥美女？因为你在意他，对不对？

（学生思考。）

生：我从这里读出了若瑟夫对叔叔于勒的在意，还有对于勒变化的难以置信。第9段里说于勒已经租了一所大店铺、做着一桩大买卖。此时的于勒在若瑟夫的心中应该过着资产阶级上层那种富裕、光鲜的生活，但是眼前的于勒满是皱纹、又老又穷苦、满脸愁容、疲惫不堪。现实与想象的巨大反差，让若瑟夫难以置信。④

师：他难以相信眼前的于勒发生了这么大变化！好，那么这个小孩对于勒满脸愁容、狼狈不堪的观察和难以置信的心情，又体现了什么？

生：对于勒的情况非常同情！从若瑟夫细致的观察中也能看到他的柔软和善良。

师：说得很准确，于勒的愁苦都落在了若瑟夫的眼中，这个孩子的目光是有温度、有温情的。第42段里还有一句反常的话，大家还没提到。

生："这是我的叔叔，父亲的弟弟，我的亲叔叔。"其实是三次反复！

师：为什么作者要设计三次同义反复？

生：反复是强调，强调了于勒是我的叔叔，这样的身份。

师：为什么要强调于勒是我的叔叔？

生：这三次重复好像是在说服自己，眼前这个满脸愁苦、生活艰难的人是我的叔叔。

师：所以这种"说服"中还有怎样的情感？

生：有对于勒的同情、怜悯，为给十个铜子的小费做铺垫。

---

①【评点】抓住重点段落来分析，帮助学生搭建探究问题的梯子。
②【评点】老师的示范方法指引，让学生明确了方向。
③【评点】联系生活实际引导学生，让学生感受文学作品中的语言和形象。
④【评点】从学生精彩的回答中已看到了这堂课的效果，真正落实对学生学科素养的培养，是高效的课堂。

师：你们想想，"我"的爸妈是怎样对待于勒的？他妈妈把十个铜子看得很重，他却给了于①勒。所以若瑟夫是一个怎样的人？

生1：很有同情心、心地善良。

生2：善良温暖、有正义感、有正确的价值观和人生观。

生3：对他叔叔的态度是比较尊敬和关心的，也体现他重视亲情。

环节四　你眼中的于勒故事

师：我们已经分析了于勒、菲利普夫妇和若瑟夫三组人物，现在来看一个思考题：标题"我的叔叔于勒"能不能换成"于勒的故事"？（重读"我的叔叔"）②

生1：我觉得不能换，因为这篇文章是以若瑟夫的角度去描述的，课文中有一句呼应"这是我的叔叔，父亲的弟弟，我的亲叔叔"。强调"我的叔叔"可以更深刻地反映出若瑟夫的情感，他的同情心和他的父母形成了鲜明的对比。

生2："我的叔叔于勒"是从"我"的角度、第一人称的角度来阐述于勒故事，带入更多个人的情感，这样子的话更能让读者感觉到于勒的可悲可叹，更具体也更有真实感。

师：除了第一人称视角更加真实可信、让人有代入感之外，还有什么值得注意的？这个"我"是什么年纪呀？

生3：若瑟夫是个小孩，小孩子的目光是纯净、清澈的，没有多少的功利心和价值判断。

生4："我的叔叔"强调了一种亲缘关系，暗示我们不要用金钱关系去衡量亲人之间的这种关系。

生5：以"我的叔叔于勒"为题更有警醒世人的作用，告诉我们要珍惜血脉亲情，不要把金钱放在第一位。

生6："我的叔叔于勒"这个标题好像有一种暗示，美好的亲情、血缘关系最终还是大于金钱关系的。

师：在对换标题的讨论中，同学们关注到"金钱视角"之外的"亲情视角"。《我的叔叔于勒》体现了黑暗社会环境下亲情的纯粹，对于善良、美好人性的呼唤，也更加突出人与人之间赤裸裸的金钱关系的残酷性。

师：现在我们发现，这篇小说的主题不只有对金钱关系的批判。比如从若瑟夫的角度出发，我们能看到——

生：亲情、人性之善、同情、怜悯……

师：那从于勒的角度看呢？

生：我觉得还能看到当时社会的黑暗，看到作者对社会的讽刺。文章中说他"又

---

①【评点】这里的师生互动的环节很精彩，在老师高超的步步为营的追问下，学生达到了预设的教学效果。这个互动的过程既培养了学生的阅读能力和表达能力，也培养了学生的思维能力。

②【评点】以"换标题"的形式让学生在对比中理解作品的主题，给了学生从低阶思维向高阶思维攀升的拐杖，可见老师课堂设计的巧妙。

老又脏，满脸皱纹"，可以看到这时候的于勒还是很愿意干活的，但是他的生活还是这么困苦。所以可能不只是他的问题，还有社会的问题。于勒是社会底层的小人物，是社会的缩影。

师：这位同学用一种温暖的眼光，关注到了小人物的努力、挣扎、无奈与辛酸。那从菲利普夫妇的角度我们能看到什么？

生：看到资本主义社会的黑暗，之前说到的金钱对人性的扭曲。

师：也要注意，菲利普夫妇本身是什么样的人呢？

生：爱慕虚荣、势利、唯利是图的人。

师：所以其实也讽刺了这样一类人。之前大家读过莫泊桑的另外一篇小说《项链》，我们班好多同学参演过《项链》改编课本剧，它也是讽刺了一类虚荣到极致的人。真好，那么还有什么主题我们可以挖掘的吗？

师：老师给大家提示一个词——"希望"。看到"希望"这个主题，你觉得可以怎么去分析？大家学《故乡》也学了挺长时间，你能联想到什么？在"我"这样一个小孩的身上看到什么样的希望？①

生：若瑟夫作为一个孩子本身就是社会的希望和未来。他的父母都被资本主义金钱关系扭曲成自私自利、爱慕虚荣的品性，但是在这个小孩的身上却出现了跟这种金钱关系相反的温暖的同情心。就像在鲁迅《故乡》中，迅哥儿和闰土的隔膜是因为封建社会的压迫，但是他们的后辈暂时还是一起，还有希望拥有他们未曾生活过的新的生活。②

师：非常精彩的答案，老师都不知道怎么去补充了！他还提到了我们学过的《故乡》里面的两个小孩——水生和宏儿。大家要学会把课内所学的文章勾连起来。

师：像他刚刚说到的，若瑟夫这个孩子身上的纯真和善良也许能如此一直流淌下去。现在，我们可以将《我的叔叔于勒》的主题总结得更完善了。

生：通过描述菲利普夫妇对亲兄弟于勒前后截然不同的态度，揭示了资本主义国家人与人之间赤裸裸的金钱关系，反映了资本主义社会的黑暗、腐朽，表现了金钱关系对人性的扭曲，呼唤纯朴善良的人性与人间真情。

### 环节五　思考你眼中的自己

师：我们从不同人物的角度出发似乎能看到不同的主题，这是莫泊桑小说的多重魅力。本文所呈现的，正是在19世纪下半叶欧洲社会的大背景下，真实人性中良知与利益的碰撞。感谢法国作家莫泊桑用夸张、对比的手法，警示我们直面丑恶、珍惜善良与美好。我们不妨设身处地想想：假如你是菲利普夫妇，

---

① 【评点】类文阅读在这个环节结合得非常完美。在与《故乡》的对比阅读中，水到渠成地探究出了本篇小说的主题——表现了金钱关系对人性的扭曲，呼唤淳朴善良的人性与人间真情。

② 【评点】学生在老师的点拨下，不断地呈现精彩回答，可见这堂课的高效。

你会这样对待于勒吗？①

师：时代的洪流中，小人物的选择有时是无可奈何的，但我们应该尽力做到不随波逐流。希望同学们的心中，永远保有真、善、美的力量。②

## 【总评】

胡子伊老师的这节课是一节在新课程理念下，以素养为引领，课标为指向的生动精彩的小说主题探究课。本堂课教学目标明确、教学思路清晰、教学内容重难点突出，教学环节环环相扣，教学视角创新独特。整堂课呈现语文要素明晰，人文要素入心的特点。

胡老师在教学设计上以人物形象分析为切入点，引领学生在自主合作探究的氛围中探究小说的主题。老师引导学生在通读课文整体把握小说情节的基础上，以"我眼中的人物形象"为切入口，紧扣教材，逐层深入，适时点拨地引导学生抓住文本中的关键字词句，体味和推敲重要词句在语言环境中的意义和作用，结合学生自己的阅读体验，对课文的内容和表达有自己的心得，主动地探究出了文章的主题。总之，胡老师这节课既培养了学生的语文素养，又涵养了学生的人文情怀，是一堂让核心素养落地开花的高效美课堂！

---

① 【评点】培养了学生正确的价值观。

② 【评点】语文的育人导向在结束环节的彰显，让本堂课锦上添花，语文要素与人文要素完美融合。

# "与一次函数有关的三角形面积问题"课堂设计

——义务教育教科书　数学　八年级　上册（人教版）　第十四单元　第十四章

设计：宝安校部　舒　莉

评点：宝安校部　许　强

## ◎ 本课时学习目标

1. 将绝对值中的两点距离概念类比到平面直角坐标系中的距离问题，解决线段的长度问题。

2. 与一次函数有关的三角形面积问题，关键是如何确定"底"和"高"，并利用点坐标和一次函数的直线解析式表示出相应的量。

3. 在图像和解析式的双重观察和分析中，进一步培养并发展学生的几何直观、数形结合的能力，最终将面积问题转化为距离问题突破。

## ◎ 本课时学情分析

学生在七年级上学期已经学习了数轴，并掌握了利用数轴理解绝对值概念，初步形成了可以利用两点所对应的数求出一维直线中的两点间距离，八年级上学期引入平面直角坐标系，利用勾股定理推导出平面中的任意两点间的距离。本课时学习与一次函数相关的三角形面积，利用割补法先确定出三角形的"底"和"高"，再利用解析式表示出点坐标，从而算出两点间距离。

任务一，帮助学生复习并巩固任意两点间的距离，特别是水平距离和铅锤距离表示方法的简洁性。与一次函数有关的三角形的面积问题，需要学生借助图形特点准确找出三角形的底边和对应的高，并利用数形结合思想和几何直观表示出相关量。学生刚刚经历了一次函数的学习路径，认识一次函数解析式，画出其图像，研究性质，对利用数形结合的方法解决三角形面积问题比较陌生。

任务二，需要教师搭设问题串，引导学生类比所学知识迁移应用。三角形的面积问题作为计算几何的度量量之一，一直都是一个重点问题，并且以其背景的不同，有一些不同的方法呈现出来，比如之前已经学习了放在网格中计算三角形面积，现在与一次函数问题相结合，需要充分利用一次函数解析式和点坐标特征，对三角形的底和高进行重新定义。

任务三，引导学生将三角形的面积转化为二分之一的铅锤高与水平宽之积，这将是学生遇到的一项挑战，可以进一步发展几何直观和数形结合思想。

### ◎课堂导入语

同学好，我们在七年级已经学习了数轴上两点间的距离问题，八年级引入平面直角坐标系后，也能表示出任意一点到坐标轴的距离，现在老师摆放了一个在平面直角坐标系中的三角形，请大家自主完成学案中的提出的三个问题。

### ◎学习过程

环节一　提出问题，引发思考

问题1：如图，点 $P_1(-1, 2)$ 与 $x$ 轴的距离为_____；与 $y$ 轴的距离为_____；到原点的距离为_____。

问题2：如图，点 $P_1(-1, 2)$ 与点 $P_2(1, 2)$ 的距离为_____；点 $P_2(1, 2)$ 与点 $P_3(1, 3)$ 的距离为_____。

问题3：如图，点 P1（-1，2）与点 P3（1，3）的距离为_____。

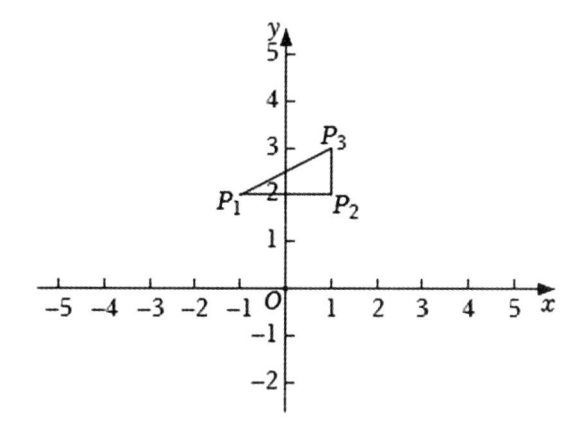

设计意图：通过设置三个问题串，将在平面直角坐标系中的距离问题递进式化解成小阶梯问题。第一问复习巩固之前学习过的平面直角坐标系中的任意一点到坐标轴或者原点距离，第二问解决两点连线平行于坐标轴的距离问题，第三问利用第二问结论及勾股定理推导出任意位置两点间距离。通过此环节，可以通过点的横纵坐标求出任意摆放的两点间的距离，将点坐标与距离的关联展现给学生。①

环节二　探究面积，关联生长

知识梳理站：请在学习本课时中，记录下平直系中三角形的类型，发现生长脉络。

---

①【评点】提出的三个距离问题，实则是本节课的核心内容，可以生长出三角形的面积解决方法。从本源问题出发，从知识发生发展的规律看待问题，循序渐进地进行递推，既符合学生认知发展规律，又能唤醒学生的探求欲。

三角形类型 → 在平直系中的图 → 面积计算方法

设计意图：设计知识梳理站，是为了学生能够在观察三角形摆放的不同位置后，在实际操作中总结归纳出在平面直角坐标系中计算三角形面积的方法与三角形的形状关系不大，更多地发展几何直观，对三角形进行适切的割补，确定底和高，利用点坐标数形结合地表示出来。自行推导出面积公式，完成代数推理过程。①

例题 1 如图，一次函数 $y=-3x+6$ 的图像与 $x$ 轴、$y$ 轴交于点 $A$、点 $B$，则一次函数图像与两条坐标轴围成的三角形面积为_____。

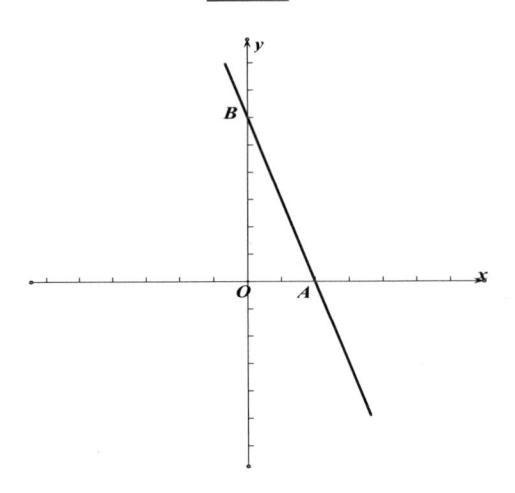

变式 1.1 已知一次函数的图像与直线 $y=2x+1$ 平行，且它的图像与坐标轴所围成的三角形面积为 9，则一次函数的解析式为_____。②

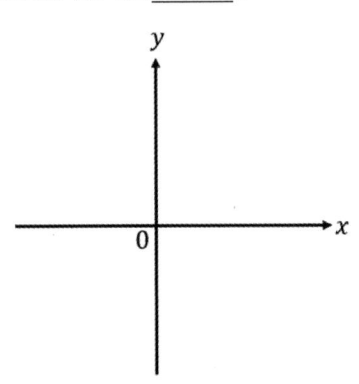

设计意图：例题 1 给出一次函数解析式，可以求出与坐标轴的交点坐标，再求出这个与坐标轴围成的三角形面积，学生实际解决起来都比较顺手，以此鼓励学生思考这个三角形具有什么样的位置优势，部分学生可以快速发现这个三角形的位置特征，底和高都是平行（或重合）于坐标轴的，因此利用点的横纵坐标计算出水平距离和铅

---

① 【评点】知识梳理站，以开放形式为学生搭建思维地图，自我生长建构形成三角形面积与一次函数数形结合关系，理解位置变化的方法归一性。

② 【评点】例题 2 是例题 1 到例题 3 的桥梁，为学生搭建思维平台，深刻体会三角形面积是如何转化为线段的距离问题。提升四能，发现问题、提出问题、分析问题，最后解决问题，培养学生自信心。

锤距离即可。变式1.1和例题1的条件和结论互换,给出面积求解析式,此时会出现多值性问题。原因在于距离是没有方向,而横纵坐标轴本质即为数轴,是有正方向的。

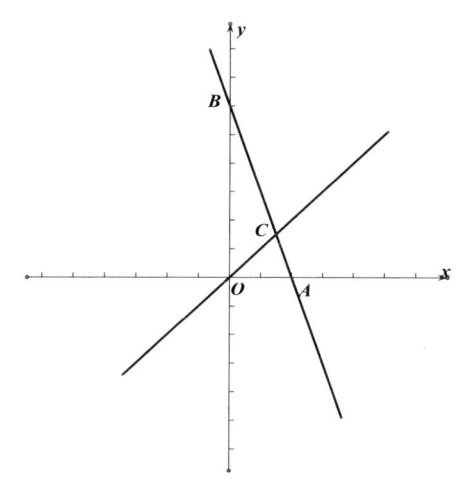

例题2 如图,已知直线 AB 的解析式为 $y=-3x+6$ 与正比例函数 $y=x$ 相交于点 C,则 △AOC 的面积为_____。

变式2.1 已知直线 AB 的解析式为 $y=-3x+6$,与正比例函数 $y=x$ 相交于点 C,直线 $x=3$ 与直线 OC 交于点 D,与直线 AB 交于点 E,则 △CDE 的面积为_____。

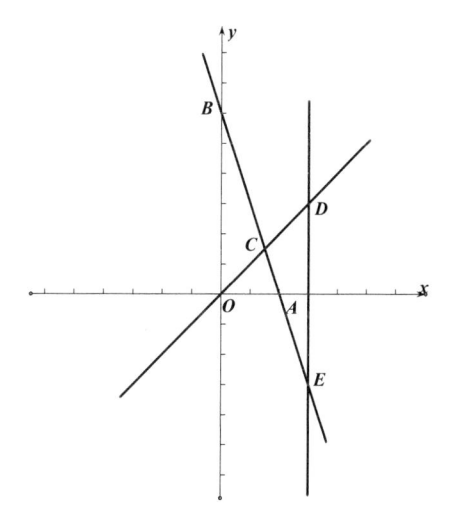

设计意图:例题1虽已强调在平面直角坐标系中的三角形面积问题和三角形的位置有关,但仍有部分同学会认为是因为直角三角形的形状带来的优势。例题2和变式2.2势在打破这种思维误区,让学生自主探究找出这两个三角形中的最适合底及对应的高,并能用点坐标表示出来。学生通过前面的铺垫发现此时三角形并不是直角三角形,但是只要以平行(或重合)于坐标轴的三角形一边作为底边,其对应的作为高,这两个与面积计算的相关量都可以转化为平面直角坐标系中的水平距离和铅锤高度。

例3 如图,已知一次函数 $y=-x+1$ 与 x 轴交于点 A,与 y 轴交于点 B,C点坐标为(1,2),连接 AC、BC,求△ABC 的面积。

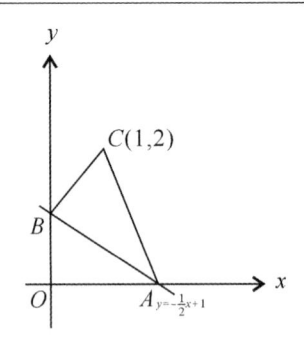

变式 3.1　如图，已知一次函数 $y=-x+1$ 与 $x$ 轴交于点 $A$，与 $y$ 轴交于点 $B$，$C$ 点坐标为（3，$\dfrac{1}{2}$），连接 $AC$、$BC$，则 $\triangle ABC$ 的面积_____。①

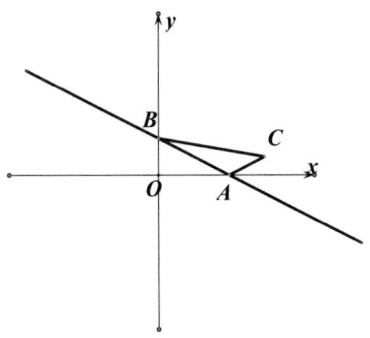

设计意图：例题 3 设计了一道位置随意摆放且非直角三角形的面积问题，给学生的思考设置了障碍，并很好地发展学生的最近发展区。问题从表面看确实是之前都没有被解决过的，但是如果学生能够一以贯之，将之前的面积问题转为平直系中的水平距离和铅锤距离，跳一跳就能解决新的问题。并且也将之前算面积的割补方法，再一次运用在面积推导之中。变式 3.1 较之例题在已知直线解析式和点的设置上制造了障碍，很多学生会采取横切的方式进行面积分割，运用对比的方法，启发学生进行观察分析，若采用横切的方法，平行于横轴的两点纵坐标相同，来表示出横坐标，这种方式会比已知横坐标相同表示出纵坐标复杂。因此也通过这样的方式让学生自己感悟出切割方法的优劣。②

---

①【评点】变式 3.1 斜放三角形设置在学生思维惯性上，容易从已知点出发横切三角形。对比发现横切在横坐标表达上存在困难，探索发现竖切的优越性。

②【评点】例题 1 从特殊位置的三角形面积出发，到例题 2 有一边平行（或重合于）坐标轴的三角形位置再到一般位置放置的三角形面积，对于位置任意摆放的三角形面积前置了两步阶梯，将完成学生从关注计算面积的特殊形状三角形到关注位置的一级跳跃。对于非直角三角形面积割补，再利用一次函数解析式，完成了从形到数的转化的二级跳跃。斜放的非直角三角形问题可外补矩形或者内切两个一边平行坐标轴，一题可多解，最终归一成竖切三角形的方法，培养了学生的发散思维和转化能力的三级跳跃。

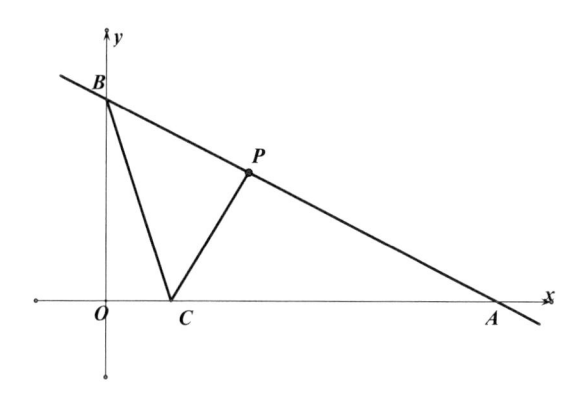

**环节三 拓展延伸，提升能力**

例题 4 如图，已知一次函数 $y=-\frac{1}{2}x+6$ 与 $x$ 轴交于点 $A$，与 $y$ 轴交于点 $B$，$C$ 点坐标为（2，0），当点 $P$ 在直线 $AB$ 上运动时，连接 $BC$、$PC$，则 $\triangle BPC$ 的面积 $S$ 关于 $x$ 的函数关系式，并求出自变量 $x$ 的取值范围为_____。

设计意图：前面已经将三角形在平面直角坐标系中的三种位置从特殊到一般地呈现出来，最后知识梳理出解决一般性的面积公式即二分之一的铅锤高乘以水平宽。拓展问题将三角形面积问题与动点问题相结合，分析动点在已知解析式图像上运动，由点 C 进行竖切求解三角形面积。

**环节四 小组探究，合作交流**

例题 5 如图，直线 $y=-x+b$ 分别交 $x$，$y$ 轴于 $A$，$B$ 两点，点 $C$（0，2），若 $S_{\triangle ABC}=2S_{\triangle ACO}$，若点 $P$ 是射线 $AB$ 上的一点，$S_{\triangle PAC}=S_{\triangle PCO}$，则点 $P$ 的坐标为_____。

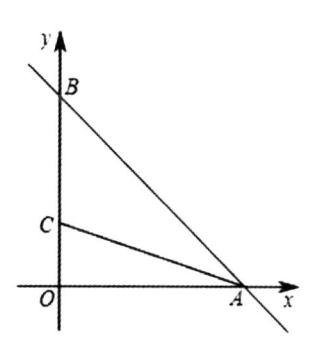

设计意图：将两个三角形的面积以和差倍分的形式给出，已知 $S_{\triangle ABC}=2S_{\triangle ACO}$，这两个三角形是同高的，三角形的关系转化为底边关系，通过点 $C$ 的坐标，求出直线 $AB$ 解析式。再通过第二个三角形面积的等量关系，求出点 P 的坐标。

**环节五 自主小结，方法梳理**

设计意图：通过学生自主小结，将三角形的面积问题求解方法归纳梳理，并通过条件呈现方式的变化，感悟问题的核心关键是将三角形的面积问题转化为在平面直角坐标系中求线段长问题。

## ◎课堂小结

本课时隶属大单元一次函数综合问题中的三角形面积问题专题。学生在学习之前已经有了在平直系中求两点间距离的储备知识，在学习三角形的问题中，通过问题设置，一步步推导出一般位置的三角形面积公式。实质是利用竖切割补的方法将三角形的面积转化为铅锤高和水平宽求解。发展学生的几何直观素养和数形结合的能力。

## ◎作业检测

1. 直线 $y=-3x+12$ 与坐标轴围成的三角形面积是_____。

2. 已知一次函数 $y=kx+b$ （$k \neq 0$）的图像经过点 $A$（3，0），与 $y$ 轴交于点 $B$，$O$ 为坐标原点．若 $\triangle AOB$ 的面积为 6，则该一次函数的解析式为_____。

3. 如图，已知直线 $AB$ 的解析式为 $y=-x+3$ 与正比例函数 $y=2x$ 相交于点 $C$（1，2），则 $\triangle AOC$ 的面积为_____。

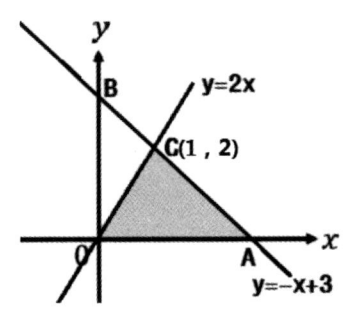

4. 已知直线 $AB$ 的解析式为 $y=-x+3$ 与正比例函数 $y=2x$ 相交于点 $C$（1，2），直线 $x=-1$ 与直线 $OC$ 交于点 $E$，与直线 $AB$ 交于点 $D$，则 $\triangle CDE$ 的面积为_____。

5. 如图，在平面直角坐标系 $xOy$ 中，正比例函数 $y=x$ 的图像与一次函数 $y=kx-k$ 的图像的交点为 $A$（m，2）。则 $\triangle AOB$ 的面积为_____。

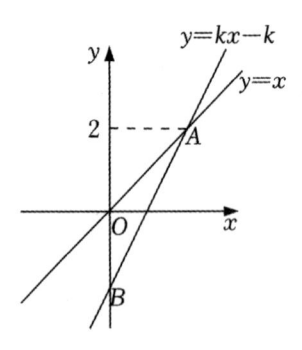

6. 如图，在平面直角坐标系中，直线 $AB$：$y=kx+1$（$k \neq 0$）交 $y$ 轴于点 $A$，交 $x$ 轴于点 $B$（3，0），点 $P$ 是直线 $AB$ 上方第一象限内的动点。点 $P$ 是直线 $x=2$ 上一动点，当 $\triangle ABP$ 的面积与 $\triangle ABO$ 的面积相等时，求点 $P$ 的坐标。

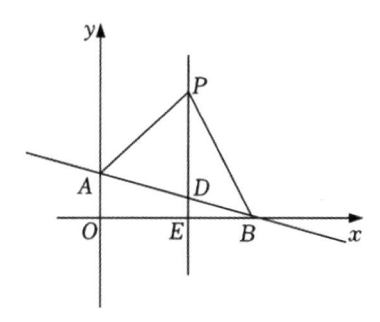

7. 如图，直线 $y=x+3$ 与 $x$ 轴交于点 $A$，与 $y$ 轴交于点 $B$，点 $C$ 与点 $A$ 关于 $y$ 轴对称。设点 $M$ 是 $x$ 轴上的一个动点，过点 $M$ 作 $y$ 轴的平行线，交直线 $AB$ 于点 $P$，交直线 $BC$ 于点 $Q$，连接 $BM$。若 $\triangle PQB$ 的面积为，求出点 $M$ 的坐标。

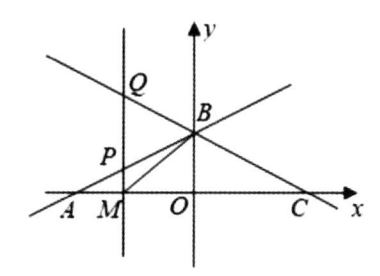

8. 如图，直线 $AB$ 的解析式为 $y=kx+6$，$D$ 点坐标为 $(8,0)$，$O$ 点关于直线 $AB$ 的对称点 $C$ 点在直线 $AD$ 上。在 $x$ 轴上是否存在点 $F$，使 $\triangle ABC$ 与 $\triangle ABF$ 的面积相等，若存在，求出 $F$ 点坐标，若不存在，请说明理由。

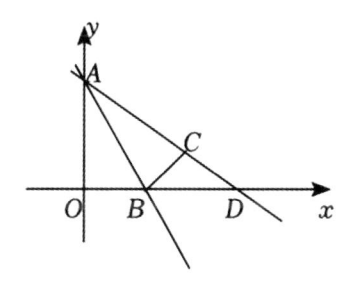

【总评】

数学知识是一个系统的整体，既有不同阶段水平的纵向延伸，又有不同领域的综合贯通。本课时在学生完成了一次函数的一般路径，即解析式、画图、性质、应用的纵向学习后，将一次函数与几何问题融合起来，从纵向的链式搭建成横向的网状结构。在大单元框架设计的思路下组织材料，主要研究与一次函数相关的三角形面积问题。以平面直角坐标系中两点距离为驱动性问题引导，作为知识的发生点，设置问题串，搭建平台，帮助学生掌握任意两点间距离，并比较出平行于坐标轴的距离只需要横或者纵坐标即可表示。帮助学生形成初步观念，在平面直角坐标系中线段距离的表达方式优劣性和其位置有着联动本质关系。开放式学习单，从型、图、式三个维度，在学习进程中不断发现，发展出一般化位置下的三角形面积计算方法，从而推演出宽高公式，得出一般性结论。一图多变，引发学生认知冲突，激发其探究欲望，使学生逐步发现隐含的关系和结构特征，提升学生思维和研究问题的能力。整体设计逻辑性强，环环相扣，从学生已知出发不断设置最近发展区问题链，遵循关联知识脉络，符合认知规律。既有一题多解，又有多题一解，提升拓展并引申思维，掌握知识本质，提升数学素养。将三角形的面积问题导向水平和铅锤距离问题。在探究的过程中不断渗透数形结合思想，函数与方程思想、化归与转化思想、提升综合应用能力。从结构化视角进行整合，关联例题和变式，启发学生提出问题、发现问题、解决问题，从知识的发生发展来处理问题，能更好地促使学生知识结构的整合、方法路径的明晰、思维结构的提升。

# "与一次函数有关的三角形面积问题"课堂实录

——义务教育教科书　数学　八年级　上册（人教版）　第十四单元　第十四章

设计：宝安校部　舒　莉

评点：宝安校部　许　强

师：同学们，我们在七年级已经学习了数轴上两点间的距离问题，八年级引入平面直角坐标系后，也能表示出任意一点到坐标轴的距离，现在老师摆放了一个在平面直角坐标系中的三角形，请大家自主完成学案中的提出的三个问题。并对三个问题的方法进行小结。

生：第一问是求任意一点到坐标轴或原点的距离。

师：第二、三问中的点 $P_1$ 与 $P_2$，点 $P_2$ 与 $P_3$，点 $P_1$ 与 $P_3$ 有怎样的位置关系。

生：点 $P_1$ 与 $P_2$ 的连线与 x 轴重合，这两点的距离为两点横坐标之差的绝对值，同理，点 $P_2$ 与 $P_3$ 可以表示成纵坐标之差的绝对值。点 $P_1$ 与 $P_3$ 两点的位置是任意的，但是可以利用前面已经算出的点 $P_1$ 与 $P_2$，点 $P_2$ 与 $P_3$ 的距离和勾股定理推导出这两点间的距离。[①]

师：大家总结得太好了，说明之前七年级在数轴上的一维距离的方法已经很好地应用到了二维平面直角坐标系中的两点间距离。那么请大家带着知识梳理站的框架问题，一起分析例题 1 中的三角形面积求法。[②]

生：老师，这个三角形是一个直角三角形，可以通过直线解析式求出与坐标轴的交点坐标，从而算出三角形的面积。

师：这位同学回答得很正确，但是老师注意到一个细节，这位同学在算三角形面积的时候特别强调了三角形的形状是直角三角形，与一次函数有关的三角形问题一定是具有特殊形状的直角三角形吗？带着这样的思考，我们继续来解决变式 1.1[③]。

生 1：老师，这道题目的解决我遇到了障碍，因为不知道一次函数的解析式，所以没有办法确定三角形的样子。

---

①【评点】提出的三个距离问题，实则是本节课的核心内容，可以生长出三角形的面积解决方法。从本源问题出发，从知识发生发展的规律看待问题，循序渐进地进行递推，既符合学生认知发展规律，又能唤醒学生的探求欲。

②【评点】知识梳理站，以开放形式为学生搭建思维地图，自我生长建构形成三角形面积与一次函数数形结合关系，理解位置变化的方法归一性。

③【评点】例题 2 是例题 1 到例题 3 的桥梁，为学生搭建思维平台，深刻体会三角形面积是如何转化为线段的距离问题。提升四能，发现问题、提出问题、分析问题，最后解决问题，培养学生自信心。

生2：因为直线与已知直线 y=2x+1 是平行的，所以我们可以设直线解析式为 y=2x+b，那么直线与 x 轴的交点坐标为 $(-\frac{b}{2}, 0)$，与 y 轴的交点坐标为（0，b），利用三角形面积为 9，列出绝对值方程 $\frac{1}{2}\left|-\frac{b}{2}\right||b|=9$，求解出即可得出两条直线解析式。

师：这位同学的回答，逻辑清晰且严谨，不仅列出了方程，还注意到距离的非负性，而截距 b 可正可负，因此要列出绝对值方程，得到多值性结论。同学们还可以发现这两道问题设置的条件和结论的互逆性，当已知的为三角形面积时，直线解析式可能会有多值。例题 2 和变式 2.1 中的三角形并不是直角三角形，是不是面积就没有办法求得呢？

生 1：这道题目我认为还是比较简单的，首先算出 OA 的长度作为三角形的底，再利用点 C 到 x 轴的距离作为高，就可以算出三角形的面积。

生 2：△CDE 的面积可以选定 DE 为底，点 C 到 DE 的距离为高，算出来。

师：两位同学回答得很正确，但是还有一个问题需要思考并回答。这两道题中的三角形的形状是什么，对求面积有什么影响？

生 1：我们发现在平面直角坐标系中算面积，似乎和三角形的形状没有太大关系，例题 1 是直角三角形的面积，好求，例题 2 和变式 2.1 虽然不是直角三角形，但是有一条与坐标轴平行，所以我们都选择了这条边作为三角形的底边，再用点坐标求出具体数值即可。

师：归纳得很好，说明大家已经发现了在平面直角坐标系中三角形面积解决的钥匙了。请大家带着这把钥匙继续自主发现解决例题 3 的好方法吧。

生 1：例题 3 中三角形面积可以联想在网格中的三角形面积计算方法，用一个矩形框住这个三角形，并使三角形的三个顶点都落在矩形的边上，这样可以求出面积。

生 2：我想过点 C 作一条平行于 y 轴的直线交 AB 于点 D，将三角形的面积分割成两个 △ADC 和 △BDC 的面积计算，理由就是被分成的两个三角形以 CD 为底，可以利用这两点坐标表示出来，对应的高之和等于点 A 和点 B 的两点横坐标之差的绝对值。

师：两位同学的方法都非常不错，但是生 2 的方法利用了前面的钥匙，将一个一般位置的三角形转化成两个有一边与坐标轴平行的三角形面积问题。为这位同学的迁移应用能力点个赞。

生：过点 C 作平行于 x 轴的直线交 AB 于点 D，利用例题 3 同样的方法，可以算出面积。

师：这位同学的方法确实也可以算出三角形的面积，但是在处理面积分割的方式上采用了横切的方式，同学们能否思考一下竖切和横切的区别在哪里？

生：我通过计算对比，发现横切的方法，点 C 和点 D 是纵坐标相等，需要表示出横坐标，比竖切的方法是横坐标相等来表示纵坐标的方法麻烦。①

师：这位同学通过自己的实际操作发现了这两种分割方法的优劣，非常好，有了这样的经验分享之后，大家也可以自己尝试对比一下。这样我们就可以梳理出在平直系中的三角形面积的一般求法，可以过三角形的某个顶点作 y 轴的平行线对三角形进行竖切，将三角形面积转化为铅锤高和水平宽乘积的一半。这就是面积的宽高公式。②

生：△BPC 的三个顶点中的点 P 是动点，但是仍可用宽高公式表示出来，因为点 P 在运动，所以面积会随着点 P 的运动而变化。

师：大家发现原来我们将问题分析透彻之后，即使加入动点问题后，与一次函数相关的三角形面积问题一样可以迎刃而解。

生：我们小组通过第一个等量关系 $S_{\triangle ABC}=2S_{\triangle ACO}$ 可以求出直线 $y=-x+b$ 的解析式和 A，B 两点的坐标，再利用第二个等量关系 $S_{\triangle PAC}=S_{\triangle PCO}$，求出点 P 的坐标。

师：通过小组合作，大家已经将三角形的面积问题进行了组内的充分讨论，并且非常流畅地表达出来。说明大家能够熟练运用宽高公式解决面积问题。并且有其他组利用了其他方法进行陈述，做到了一题多解，这都是很好的表现。

## 【总评】

学生已经完成了一次函数的一般路径，即解析式、画图、性质、应用的学习。但是将一次函数与几何问题结合起来仍然存在比较多困惑。在大单元框架设计的思路下设置本课时，主要研究与一次函数相关的三角形面积问题。以平面直角坐标系中两点距离为出发点，设置问题串，搭建平台，帮助学生掌握任意两点间距离，并比较出平行于坐标轴的距离只需要横或者纵坐标就可以表示出来。帮助学生形成初步观念，在平面直角坐标系中线段距离的表达方式优劣性和其位置有着联动本质关系。开放式学习单，从型、图、式三个维度，在学习进程中不断发现，发展出一般化位置下的三角形面积计算方法，从而推演出宽高公式，得出一般性结论。一图多变，引发学生认知冲突，激发其探究欲望，使学生逐步发现隐含的关系和结构特征，提升学生思维和研究问题的能力。整体设计逻辑性强，环环相扣，从学生已知出发不断设置最近发展区问题链，遵循关联知识脉络符合认知规律。既有一题多解，又有多题一解，提升拓展并引申思维，掌握知识本质，提升数学素养。将三角形的面积问题导向水平和铅锤距离问题。在探究的过程中不断渗透数形结合思想、函数与方程思想、化归与转化思想，提升综合应用能力。

---

①【评点】变式 3.1 斜放三角形设置在学生思维惯性上，容易从已知点出发横切三角形。对比发现横切在横坐标表达上存在困难，探索发现竖切的优越性。

②【评点】例题 1 从特殊位置的三角形面积出发，到例题 2 有一边平行（或重合于）坐标轴的三角形位置，再到一般位置放置的三角形面积，对于位置任意摆放的三角形面积前置了两步阶梯，将完成学生从关注计算面积的特殊形状三角形到关注位置的一级跳跃。对于非直角三角形面积割补，再利用一次函数解析式，完成了从形到数的转化的二级跳跃。斜放的非直角三角问题可外补矩形或者内切两个一边平行坐标轴，一题可多解，最终归一成竖切三角形的方法，培养了学生的发散思维和转化能力的三级跳跃。

# "如何消费更实惠？"课堂设计

——义务教育教科书　数学　八年级　下册　北师大版　综合与实践

设计：燕南校部　刘瀚文

评点：燕南校部数学科组长　毕良粒

## ◎本课时学习目标

本课时学习目标分为三部分，对应新课标核心素养[①]的三个方面。具体要求如下：

1. 用数学的眼光观察现实世界——通过社会调查，了解实际生活中存在的消费优惠类型，发现生活中基本的数学研究对象，在实际情境中发现和提出有意义的数学问题，进行数学探究。

2. 用数学的思维思考现实世界——通过分析与计算，综合运用数学工具，比较在各种消费场景下不同优惠类型的实际优惠程度，获得对于促销的正确看法和认知，体会数学源于生活又服务于生活的功能，树立合理健康的消费观，发展质疑问难的批判性思维。

3. 用数学的语言表达现实世界——通过数学语言，简约精确地描述生活中的优惠方案，在现实生活中构建普适的数学模型，表达和解决问题，并用数学语言进行表达和交流。

## ◎本课时学情分析

本课时安排在八年级下册数学第二章《一元一次不等式与一元一次不等式组》结束之后，学生已经掌握了一元一次不等式（组）的解法和应用，能够利用一元一次不等式（组）与一次函数解决简单的实际问题。学生在七年级数学、道德与法治等学科中已经学习并进行过简单的社会调查，能够分析和思考生活中的数学问题，但相对缺乏将现实问题简化为数学模型并加以解决的能力。

## ◎课前助学

引例　如图，已知一次函数 $y=kx+b$ 的图像经过 $(0, 4)$，$(3, 0)$ 两点，则不等式

---

[①]【评点】教学目标能与数学核心素养建立关联，体现刘老师具有将数学新课标理念落实于课堂教学的基本观念。教学目标能指向学生的学习结果，反映学生经过本节课学习后所发生的变化，体现刘老师对教学目标的价值与意义理解较为准确、到位。

$kx+b>0$ 的解集为_____。

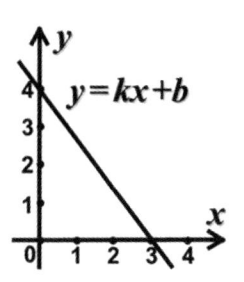

变式1  如图，直线 $y_1=kx+b$ 与直线 $y_2=\frac{1}{3}x$ 的图像交于点 $A(3,1)$，则不等式 $kx+b<\frac{1}{3}x$ 的解集为_____。

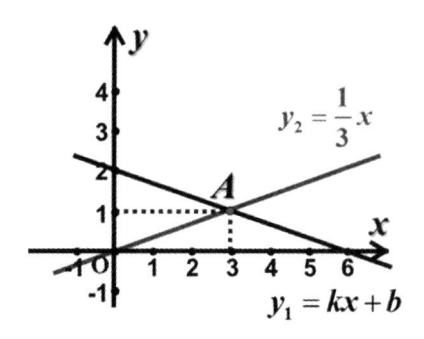

变式2  在变式1的基础上，若无论 $x$ 取何值，$y$ 都取 $y_1$，$y_2$ 中的较小值，此时 $y$ 是一条怎样的函数？

寻找生活中的"优惠方案"[①]

将全班分为三个小组，进行生活中不同种类"优惠方案"的收集。

类型一：分级折扣（如超市商铺会员）

类型二：预存型折扣（如健身房、理发店）

类型三：满减型优惠（如外卖平台、电商满减优惠）

◎**课中探学** [②]

课堂导入语

同学们，你们参加过"双十一"和"618"吗？每年的两次电商大促都吸引了大家的目光，大家都在疯狂地清空自己的购物车，希望能够以更优惠的价格购买到自己心仪的商品。事实上，优惠活动不仅限于电商，在我们的现实生活中，为了促进消费，

---

①【评点】学生收集到不同类型的"优惠方案"后，通过自主探究、小组合作学习等建立模型来解释与应用，在课堂上分享。

②【评点】本节课始终围绕"如何消费更实惠"的问题，组织学生课前进行实地调查，如收集与分析山姆会员店不同会员卡、健身房的不同健身卡等，这些问题都是学生现实生活中存在的真实问题，因而本课选择的课程内容是合适的。

商家们都会推出各式各样的优惠活动。课前老师让同学们分组去调查生活中三个不同类型的优惠活动,今天的课我们就请三个小组的同学来分享他们调查到的三个生活中的优惠活动,我们一起通过计算比较一下,究竟如何选择优惠方案能够让我们真正获得实惠。

任务 1:超市的会员折扣(10 分钟)[①]

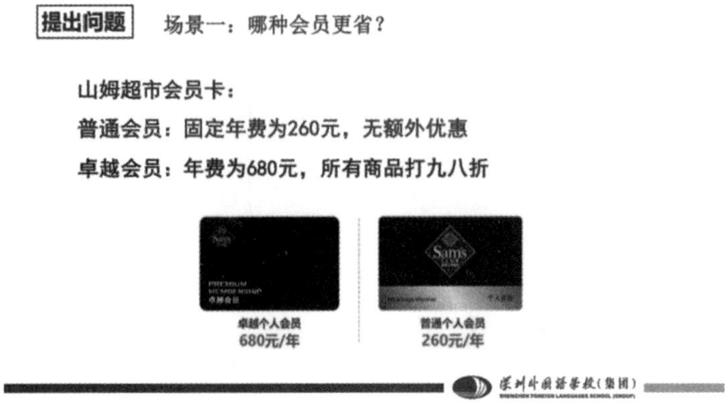

**提出问题** 场景一:哪种会员更省?

山姆超市会员卡:
普通会员:固定年费为260元,无额外优惠
卓越会员:年费为680元,所有商品打九八折

山姆超市会员卡:

普通会员:固定年费为 260 元,无额外优惠

卓越会员:年费为 680 元,所有商品打九八折

此环节的涉及的数学工具:一次函数、一元一次不等式

此环节的涉及的数学方法:代数法、图像法[②]

环节总结:从计算结果和图像上看,你觉得两个会员方案孰优孰劣?

1. 卓越会员的九八折看着非常诱人,但实际需要每年购买商品达到 21000 元以上才能够比普通会员更实惠。但大部分的家庭是很难购买到这个额度的。

2. 从图像上看,两种会员在购买商品的价格足够高的情况下,实际差距非常小。

说明:本节课前,学生刚学习完一元一次不等式与一次函数的关系,能够运用一次函数表达两种会员方案每年购买商品的原价和实付价格直接的关系,并应用不等式进行解决。由于对应函数图像不便于绘制,运用数学软件 Geogebra 进行辅助,[③]能够直观地帮助学生感受两个一次函数图像之间的关系。

---

① 【评点】在三个任务之中,都让小组调查并发现问题,提出合理假设,预测结果,选择合理的数学模型与方法进行解释与判断,利用真实情境检验与修正模型。

② 【评点】教师引导学生认真思考、分析问题中的数量与数量关系,发现问题中蕴含了变量,这些变量之间存在着"对应"等函数特征,进而自然而然地联想到"函数"这个数学模型。

③ 【评点】通过已经学习过的一元一次不等式与一次函数的关系,学生学会用不等式与函数图像进行方案比较,体现数形结合的数学思想,在课堂上也通过丰富的多媒体工具,进行辅助展示,充分调动学生的积极性。

任务 2：健身房的不同支付方案（10 分钟）

某健身房的支付方案：

次卡：单次 48 元

月卡：每月 439 元，可用 10 次，超出部分每次打八折

季卡：三个月 998 元，不限次数

半年卡：半年 1899 元，不限次数

年卡：一年 2999 元，不限次数

此环节的涉及的数学工具：一次函数（分段函数）、一元一次不等式

此环节的涉及的数学方法：代数法、图像法

环节总结：如果是你，你会办理年卡吗？为什么？

1. 高等级的会员卡虽然从计算上看十分优惠，但需要达到一定使用次数之后才能够真正享受到实惠。

2. 高等级的会员从某种程度上看其实是商家的"诱导消费"。

说明：相较于任务 1，任务 2 中的函数关系更复杂，为分段函数关系，对于关系式和函数图像绘制的难度进一步提高。任务 2 更倾向于让学生从商家的角度思考优惠方案的设计取向，以让学生获得对于商家设计优惠时"诱导消费"取向的认知。

任务 3：外卖平台的满减优惠（15 分钟）

方案一：每满 79 减 20

方案二：每满 109 减 30

每次只能选择一种优惠方案

此环节的涉及的数学工具与方法：列表计算

环节总结：满减的折扣看似非常诱人，但在实际生活中，我们真的能享受到如此高额的折扣吗？

点外卖的时候为了凑够满减，结果多点了很多吃不下的东西，反而造成了浪费。

商家在设计优惠和货品价格的时候，都是经过精心计算的，比如满 100 减 30，看上去是打了 7 折，但实际上我们在购买商品的时候会发现无论如何都买不到刚好 100 元，甚至很多商品都是 99 元，实际上根本达不到 7 折的优惠。

说明：任务 3 中，方案之间的大小关系比较复杂，需要通过分段分析和计算的方式获得结论。此外，学生通过生活实际场景的思考，能够想到此种优惠方式的理论与实际之间的差距，从而对于优惠活动有更加理性的判断。

## ◎ 课堂小结

1. 在今天解决实际问题的过程中，我们遵循怎样的思路来进行？运用了哪些数学工具？[①]

发现问题——分析问题——数学建模——应用模型——解决问题

数学工具：一次函数、不等式与方程、代数法与几何法、列表

2. 面对生活中琳琅满目的优惠方案，通过这节课你有什么收获？[②]

拥有足够的数学思维和计算方法才能在各式各样的优惠方案面前选择最能获得实惠的一种方案。

选择更高档次的会员，看上去省了很多钱，但实际上却让自己花了更多的钱。

买的没有卖的精，商家在设计优惠的时候利用了消费者的逐利心理，诱导消费者去追求更高档次的折扣，为自己并不存在的需求买单。

消费要遵从自己的需求，不应被商家诱导。

## ◎ 课后拓学

基础性作业：

有一家刘老师常去的理发店，店员介绍了多种预存型的会员卡方案。已知刘老师只在该店剪发，每次剪发需 40 元，请通过计算帮助刘老师分析，他要选择哪一种会员卡？

---

[①]【评点】在解决本课的问题中，综合运用了数与代数领域中的方程、不等式及函数等数学知识。同时，学生课前走到现实世界中进行了社会调查，课中开展了自主探究、合作学习等多样化的学习方式，并通过多样化的教学评价来培养学生形成正确的消费观念，这些都体现了综合与实践活动课程学习的特点，也在本节课学习中得到很好的体现。

[②]【评点】整节课通过具有代表性的三种生活中的方案问题，最后又将问题回到生活，将主题升华，让学生了解到了数学来源于生活，又服务于生活，学会用数学解决生活中的问题。

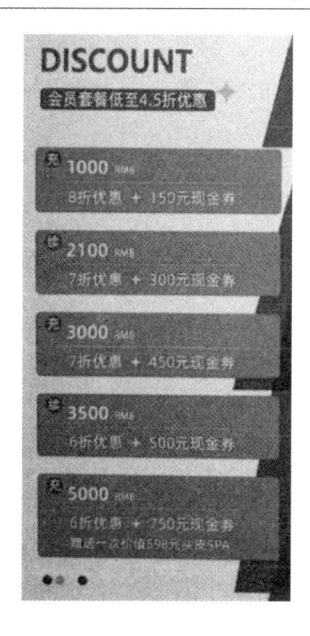

拓展性作业：

通过访问和调查，选取一个新的生活中的"方案选择"场景，并分析何种时候何种方案更加实惠？[1]

## 【总评】

《义务教育数学课程标准（2022年版）》指出，"综合与实践领域的教学活动，以解决实际问题为重点，以跨学科主题学习为主，以真实问题为载体，适当采取主题活动或项目学习的方式呈现，通过综合运用数学和其他学科的知识与方法解决真实问题，着力培养学生的创新意识、实践能力、社会担当等综合品质"。解决实际问题，让学生感受到数学的价值与意义，体会数学与现实世界的密切联系，这是综合与实践课程教学第一个典型特征。从这个意义上说，本节课始终围绕"如何消费更实惠"的问题，组织学生课前进行实地调查，如收集与分析山姆会员店不会同会员卡、健身房的不同健身卡等，这些问题都是学生现实生活中存在的真实问题，因而本课选择的课程内容是合适的。

另一方面，学生综合运用数学和其他学科的知识与方法来解决问题，这是综合与实践活动课程的第二个典型特征。在解决本课的问题中，综合运用了数与代数领域中的方程、不等式及函数等数学知识。同时，学生课前走到现实世界中进行了社会调查，课中开展了自主探究、合作学习等多样化的学习方式，并通过多样化的教学评价来培养学生形成正确的消费观念，这些都体现了综合与实践活动课程学习的特点，也在本节课学习中得到很好的体现。

本人认为可以进一步改进的是，综合与实践活动课程的教学，需要统筹规划，更

---

[1]【评点】课后作业让学生回顾本堂课的内容和过程，运用课堂上的讨论，再去解决一个新的生活问题，提高和巩固学生解决问题的能力。

多地开展小组合作学习、探究学习，需要教师系统规划好学生课前、课中学习任务，即在教师的指导下，不同学习小组课前需要围绕"如何消费更实惠"这一主题，到现实生活中选择他们关注的场景，开展数据收集与处理、提出问题、建立模型、求解与解释模型等学习活动，形成本组的成果，并做好课堂分享的准备。课中需要构建合适的课堂环境，组织每一个小组分享他们的成果，并对他们在研究问题、解决问题过程中的表现给出积极的评价，找出每个小组解决问题过程中的共性，形成问题解决的基本路径：调查并发现问题、提出合理假设、预测结果、选择合理的数学模型与方法进行解释与判断、利用真实情境检验与修正模型。

# "如何消费更实惠？"课堂实录

——义务教育教科书 数学 八年级 下册 北师大版 综合与实践

执教：燕南校部 刘瀚文

协助：燕南校部 吴宛轩 马鸿凯 周少英

评点：初中部数学科组长 毕良粒

师：第二个场景，我们来到一家健身房，第二小组负责分享的同学是吴念宸，有请！

生：在深圳有一家健身房叫做 One Day[①]，它是按照次数收费的，单次是48元。月卡有效期一个月，每个月439元，可以使用10次，超出10次的部分打八折。季卡有效期三个月，一个季度998元，不限次数。半年卡一张1899元，有效期半年，不限次数。年卡一张2999元，有效期一年，不限次数。

师：谢谢，我们要如何对这几个方案进行比较呢？[②]

生：对这些方案进行两两比较。

师：那我们先取前两种，刚才同学说到他是按照入场次数来进行收费，那这个时候如果还需要列出函数关系的话[③]，自变量和因变量分别是什么？

生：自变量是入场次数，因变量就分别是对应的次卡和月卡的费用。

师：能不能把函数关系式表示出来？请大家写在导学案上。

师：次卡的函数关系是什么？

生：$y_1 = 48x$

师：那月卡的费用函数关系应该怎么表示？

生：前十次和超出十次的时候表示方法不一样，需要分类讨论。

师：对的！需要分类讨论，所以这个函数应该是一个什么样的函数？[④]

生：应该是一个分段函数。

师：好，我们先把它写成分段函数的形式，有没有同学已经写出来了？刘鹏荣来说说看？

生：当 $0 < x \leq 10$ 时，$y_2 = 439$；当 $x > 10$ 时，$y_2 = 439 + (x-10) \times 48 \times 0.8 = 38.4x + 55$。

---

① 【评点】以现实生活事件作为例子，进行方案分析，能吸引同学的兴趣，使课堂学习生活化。

② 【评点】抛出问题，引导学生进一步思考。

③ 【评点】与课堂主题进行联系，引导学生进行函数关系思考。

④ 【评点】通过对比探究，引导学生得出分段函数的概念。

师：非常好。当次数小于等于10次时，不管去了几次，这439元都已经花出去了，所以 $y_2 = 439$；当 $x > 10$ 时，需要分为10次及以下的部分和10次以上的部分分别计算，然后相加。接下来，我们试着画一画这两个函数的图像。请大家把两个方案的函数图像画在同一个直角坐标系上。①

师：从函数图像上我们能很直观地发现，超过多少次之后月卡会比较便宜？

生：超过9次之后月卡比次卡便宜。因为，通过计算可以得到交点的横坐标约等于9.15。

师：而且随着次数的增加，便宜的额度会如何变化？

生：月卡的优惠额度会越来越大，因为月卡函数的斜率更小②，二者的差距会越来越大。

师：但是如果真的让你选去办次卡或者办月卡，你会选择哪一种③？

生：次卡！

师：为什么会选择次卡？请一位同学来说说看。

生：一个月一般就只有30天，如果办月卡的话，要一个月去超过9次才能够比次卡更优惠，说明几乎是每三天就要去一次。我们平时都在上课，一般只有周末的时间才能去健身房，大概率是去不到10次的。所以次卡更加优惠。

师：回答得很好！请坐下。虽然看似月卡优惠的力度很大，而且去的次数越多，优惠越大，但似乎我们实际去的次数能不能达到9次还是个未知数。同理，还有季卡，半年卡和年卡。单从时间数值上看，这几类会员卡是更优惠了，那它们各需要去几次才会比次卡更加优惠？请大家计算一下。

生：季卡需要超过20次；半年卡需要超过39次；年卡需要超过62次。

师：那如果是你，你会办年卡吗？

生：不会！

师：大家非常果断地说了不会。为什么呢？

生：因为我觉得自己可能一年去不了60次，就白花了这么多钱。而且在新闻报道上，我看到过有的健身房收了高额会员费之后卷款关门，还有一定风险④。

师：很好，请把你们的选择写在导学案上。

【总评】

《义务教育数学课程标准（2022年版）》指出，"综合与实践领域的教学活动，以

---

①【评点】通过已经学习过的一元一次不等式与一次函数的关系，让学生学会用不等式与函数图像进行方案比较，体现数形结合的数学思想。在课堂上也通过丰富的多媒体工具，进行辅助展示，充分调动学生的积极性。

②【评点】引导学生通过图像的倾斜程度即斜率来分析因变量的变化快慢，得出结论。

③【评点】通过次卡和月卡的比较，引导学生结合生活实际理解分段函数中函数值的大小比较。

④【评点】引导学生得出结论以后，回归生活实际，教会学生通过数学工具解决实际问题，做出理性选择。

解决实际问题为重点，以跨学科主题学习为主，以真实问题为载体，适当采取主题活动或项目学习的方式呈现，通过综合运用数学和其他学科的知识与方法解决真实问题，着力培养学生的创新意识、实践能力、社会担当等综合品质"。解决实际问题，让学生感受到数学的价值与意义，体会数学与现实世界的密切联系，这是综合与实践课程教学第一个典型特征。从这个意义上说，本节课始终围绕"如何消费更实惠"的问题，组织学生课前进行实地调查，如收集与分析山姆会员店不同会员卡、健身房的不同健身卡等，这些问题都是学生现实生活中存在的真实问题，因而本课选择的课程内容是合适的。

另一方面，学生综合运用数学和其他学科的知识与方法来解决问题，这是综合与实践活动课程的第二个典型特征。在解决本课的问题中，综合运用了数与代数领域中的方程、不等式及函数等数学知识。同时，学生课前走到现实世界中进行了社会调查，课中开展了自主探究、合作学习等多样化的学习方式，并通过多样化的教学评价来培养学生形成正确的消费观念，这些都体现了综合与实践活动课程学习的特点，也在本节课学习中得到很好的体现。

综合与实践活动课程的教学，课前需要统筹规划好学生更多地开展小组合作学习、探究学习，需要教师系统规划好学生课前、课中学习任务，即在教师的指导下，不同学习小组课前需要围绕"如何消费更实惠"这一主题，到现实生活中选择他们关注的场景，开展数据收集与处理、提出问题、建立模型、求解与解释模型等学习活动，形成本组的成果，并做好课堂分享的准备。课中需要构建合适的课堂环境，组织每一个小组分享他们的成果，并对他们在研究问题、解决问题过程中的表现给出积极的评价，找出每个小组解决问题过程中的共性，形成问题解决的基本路径：调查开发现问题、提出合理假设、预测结果、选择合理的数学模型与方法进行解释与判断、利用真实情境检验与修正模型。

# "Water"课堂设计

——义务教育教科书 Oxford English 七年级 下册（沪教版） Unit 5

执教：龙华校部 吕梓轩

评点：龙华校部 周 敏 黄浪花

## ◎本课时学习目标

本课时目标的制定基于 2022 年英语新课标四大核心素养要求：[①]

**语言知识：**

学生初步认识文本的生词释义，并学会正确发音。了解语篇结构，通过分析对话来理解水滴的旅行过程。

**文化知识：**

学生能够了解日常用水的来源和水循环的方式，并意识到水资源的珍贵，树立节约用水的观念。

**语言技能：**

学生通过阅读文本，提取相关信息，回答文本相关问题。学生能够基于水循环图，根据文本出现的动词短语，口头复述水滴的旅程。

**学习策略：**

学生在教师和图文帮助下，对文本进行拆解、分析，整理水滴循环的过程，提高自学能力。同时课堂的讨论环节能帮助学生培养交际能力。在课堂讨论阶段让学生思考文本的不合理之处，从而能锻炼学生的批判性思维。

## ◎本课时学情分析

经过初一上学期的英语学习，学生能够顺利从小学过渡到初中，逐渐适应初中的英语学习和课堂环境。另一方面，由于初一学生的年龄还相对较小，因此对需要直观思维能力的游戏、竞赛、视频等比较感兴趣，因此课堂以小组竞赛的形式进行，并配以音乐视频等以吸引学生的注意。初一学生有较强的表现欲，而初一阶段的英语学习的重要任务在于激发学生对英语的学习兴趣，因此课堂当中应以鼓励为主，对于学生口语表达要多鼓励多引导，尽可能多地为学生创造口头表达的机会，并进行正面的错

---

① 【评点】定位准确，心中有素养目标，教书育人有方向。

误反馈，如重述①（recasts）等。

◎**课堂导入语**

Hello everyone! Please look at these pictures and guess our topic today.② Ocean water, bottle water, tap water... Yes, today we'll talk about water. Water is something that we cannot live without. It's in our everyday lives. However, how much do you know about water? Let's do a very quick quiz.

　　同学们看看这些图片，猜猜我们今天的话题是什么？海水、瓶装水、自来水……没错，我们今天将要讨论一下"水"。水是我们为了生存而离不开的东西，存在于我们的日常生活当中。然而，我们对水又了解多少呢？让我们做一个小测试来考考大家。

◎**学习过程**

Pre-reading:

环节一　Quiz about water

Teacher shows some quiz questions about water to students.

1. You can live without water for ___ days.

2. When you exercise, you need ___ water.

3. Water covers about _____ of the Earth.

4. About ___ of the water on Earth is 'fresh' or without salt.

5. How much water is your body made up of?

6. To stay healthy, how much water should you drink a day?

7. Which of these contains the most water? Bones, brain or muscles?

When students give their answers, the teacher gives some supplementary explanation.

设计目的：

To make a connection between students' existing knowledge and the topic of the class; students learn some background information about water. Some quiz questions are about the scarcity of water on the Earth, so students may have understanding of how valuable water is. Inter-subject study is also achieved. (English-geography and English-biology)

环节二　Brain storming

How would you describe yourself if you were water?

(Tips given: I have no colour; I can help people…)

Students imagine they were water and introduce themselves with one sentence.

---

①【评点】对学情了解非常清楚，教学手段合乎学情。

②【评点】导入直观可视，简洁明了。

设计目的：

Student can imagine they were water and talk as water. This helps leading into the main text of the class.(water talks).①

While-reading:

环节三　Task-oriented detailed reading②

1. Students read the first part of the text and answer three 'true or false' questions.

① Dora was crazy and talking to herself.

② The drop of water felt happy.

③ Dora was wasting water.

2. Teacher let students read the second paragraph and answer the multiple-choice questions.

① Where did people clean the water?

② What did people add to the water to clean it?

③ How did the water travel into people's homes?

3. Teacher let students read the last part of the text and give short answers to three questions based on the text.

① Is the tap the end of this drop of water's journey?

② Where does the drop of water's journey start?

③ Why should we not waste water?

设计目的：

Dividing the text into three parts helps students with detailed reading and lessen their reading burden, as the text is new to them. Task-oriented reading can also give them direction when they read. In the reading tasks a.b.c, the difficulty of the tasks is gradually increased(T/F questions → multiple choice → short answers).Instead of simply giving answers to the questions, students need to find the evidence sentences to support their answers. Also, some key words and phrases are taught and explained here. Vocabulary learning is intertwined with text reading, so that it is more efficient.

环节四　Role-play reading③：

Teacher assigns the roles (narration, Dora and the drop of water) to different groups and let them read the text out loud. Students are required to imitate the tones of different characters.

---

① 【评点】有效激发学生想象力，也为下文做了铺垫。
② 【评点】任务型教学，教学环节由易到难，分层教学，人人有事做，人人有收获。
③ 【评点】角色扮演活动符合学生特点，输入之后的输出，检验学生的生成情况。

设计目的：

In the role play reading section, students are given a chance to read the text out loud together. They can be more familiar with the text. At the same time, the teacher can check what words or phrases students are still not very familiar with.

环节五　Retelling

There are two rounds of retelling in this section. In the first round, the teacher shows a flow chart about the journey of the drop of water. Pictures and some key expressions are provided as tips for students (key expressions have blanks that should be filled in by students first). Students are allowed to use the pictures and phrasal tips to retell the journey. In the second round, language tips are removed and only pictures remain. Students now have to only look at the pictures and use their own language to retell the journey of the drop of water.

设计目的：

The retelling part tests their overall comprehension of the text as well as their speaking ability. Instead of having students retell the journey of the drop of water directly, a flow chart with tips of expressions is given beforehand as a 'preheat' for the next retelling section.

Post-reading:

环节六　Group discussion

1. Do you find anything unreasonable in the passage?

（The teacher can give some hints to students.）

2. If you were the drop of water, how would you show that you are valuable?

3. What can we do to save water in our daily lives?

设计目的：

In this part, students' critical thinking ability is the focus. Any relevant answers are allowed if students can give convincing reasons.

(Expected findings: the drop of water wants to tell Dora not to waste water because she is valuable. However, instead of telling Dora how valuable she is, she only talks about her long journey.)

## ◎课堂小结

This class aims to teach students words and expressions relevant to the topic, to let students get a good grasp of the reading, to improve their speaking ability as well as to cultivate their awareness of protecting water and their critical thinking. Overall, this class has achieved its teaching objectives.

In the role play reading section, some students do not seem to be very familiar with the pronunciation of some words. Some groups are not clear about which part they should read.

This is normal when students are given brand new text. It is possible that in the detailed reading section, when students are finished with the reading tasks, they should be given a chance to read out that particular part of text together, so that they can be more familiar with the passage.

◎作业检测

1. Finish the exercise on P.60 and P.61

(Vocabulary and comprehension exercise helps students consolidate what they have learnt in the class.)

2. Draw a poster to tell people to save water.[①]

(Based on the last discussion, students are to appeal to people to save water)

【总评】

这节课很有艺术，教学安排清晰有序，科学规范。在教学处理上，从生活入手，以小见大，化难为易，内容层次分明，引导和点拨学生，让学生动口动脑，主动参与教学过程，各个环节有详细和针对性的练习，科学合理有效地培养学生自主创新和辩证思维，并在整个教学过程中注重学生口语表达能力的培养。教师恰当地运用丰富的表扬手段，让学生在学习中感受到成功的快乐，是一节优秀的课。

---

① 【评点】作业设置灵活，锻炼学生的思维创新能力和动手能力。

# "Water" 课堂实录

——义务教育教科书　Oxford　English　七年级　下册（沪教版）　Unit 5

执教：龙华校部　吕梓轩

评点：龙华校部　周　敏　黄浪花

整理：鲍　晓

T: Good afternoon, class!

S: Good afternoon, teacher!

T: Look at these pictures① and guess② our topic today.

S: Water!

T: Yes. Ocean water, bottle water, tap water...

S: Water!

T: Yes, we can say a drop of water. So, yes, today we'll talk about water. Okay? Water is something that we cannot live without. It's in our everyday lives, right?

S: Yes.

T: However, how much do you know about water? Let's do a very quick quiz.③ OK? Please turn to page 58 of the textbook. Let's do it together, shall we? Number one you can live without water for a few_____.

S: Days.

T: You're correct.④ We can live without water for a few days.⑤ Excellent. Number two, when you exercise, you need more water, less water, or no water?

S: More water.

T: Of course, because you sweat after human exercise.⑥ Number three, water covers about____? This one, who is challenging? Who's that? Raise your hand.

S: Two thirds.

---

① 【评点】图片导入，非常直观，使学生的注意力在较短的时间里被激活。

② 【评点】利用图片让学生 guess 当堂课的主题，充分调动了学生的兴趣，也让学生思维动起来。

③ 【评点】以 quiz 的形式促使学生积极思考，把课本和生活有效联结在一起，而且很好地进行了跨学科知识的融合（地理和生物），体现了深外好课堂的广度。

④ 【评点】老师面带微笑，及时给予肯定！

⑤ 【评点】复述强化学生答案，引导学生说完整句子。

⑥ 【评点】此处是老师在解释原因，如果追问学生，让学生回答会更好。

T: Two thirds. Do you agree?①

S: Yes.

T: Next, bravo! Two thirds of the Earth, is water, more than a half, right? That's a lot. Number four, it's time to test your geography knowledge.

S: 3 %.

T: Are you sure? Do you agree?

S: Yes.

T: Okay, so you're great. That's right. 3 %. OK, only 3% of the water on Earth is fresh or without salt. That means most of the water is not drinkable or is dirty②, is salty, right?

S: Yes.

T: We cannot drink it. Only 3% of the water is fresh or without salt. Does it make sense? Problem? Actually, I have more questions, and they're not on the textbook③. Are you ready?

S: Yes.

T: How much water is your body made up of? Group five, the gentleman.

S: 60%.

T: 60 %? Yes. 60% of your body is water. Six, to stay healthy, how much water should you drink a day? In order to stay healthy? How much water should you drink④? The lady in Group One.

S: 6 to 8 cups.

T: We should drink 6 to 8 cups. Thanks. That's right. Okay. Last question. Which of these contains the most water? Bone is ____ your brain ____ muscles (show students the meaning by postures).

S: I choose B, brain.

T: Do you agree?

S: Yes.

T: Our brain contains the most water of all body parts. So when you say, someone's brain is full of water. Probably it's not humiliation.⑤ It's a fact. Probably the more water you get, the smarter you are. So, imagine, if you were water, how would you describe yourself? For example, I can say, I have no color. Or I can say, I can help people do something.

S: I can help people and animals alive.

---

① 【评点】让学生参与课堂评价，使课堂不只有表达，还有倾听和思考。
② 【评点】以英英释义的形式处理本课的生单词，特别好！
③ 【评点】从课内延伸到课外，从地理跨到生物，体现学科融合意识。
④ 【评点】环环相扣，逐步铺垫水的重要性。
⑤ 【评点】用生活中的"脑子进水"过渡到课文，自然有趣且再次成功抓住学生的注意力。

T: I can keep people and animals alive.①

S: Yes.

T: That's great. Bravo. What else? If you were water, how would you describe yourself? That lady in Group Five.

S: I can't smell.

T: I have no smell. Yes! That gentleman in Group Six.

S: I can help people or animals alive.

T: He has said it. You just repeat it.

S: People use me to ...er... clean.

T: Yes, people use me to clean. How about Group Three and Group Four? Last chance. I need someone from Group Three and Group Four. You have answers? Okay, you just gave up. OK, you.

S: People use me to grow plant.

T: Yes, people use me to grow plants. That's right. OK, so, just now, you all talk as water. However, in real life, can water talk?

S: No.

T: Imagine if it can talk, what would it say? So today we're exactly going to find out. Water Talks. OK. Turn to Page 59 of your textbook. I need you to read the 1st part of the passage, OK? And then answer these three questions, true or false questions.② You have one minute. Are you ready?

S: Yes.

T: Alright. So, can anyone tell me? The 1st sentence, true or false? Dora was crazy and talking to herself. Crazy means you're mad. True or false? Yes.

S: False.

T: Why?

S: Because Dora was talking to a drop of water.

T: Because Dora was talking to a drop of water. Very good. Did you find it? This underlined sentence. Drop. What is a drop? It's a very small amount. A drop of water is like this. OK, that's false. Number two, the drop of water felt happy.

S: False.

T: It's false, why?

S: Because he said an angry voice.

T: Because he said in an angry voice. What is voice? What is voice?

S: 声音。

---

① 【评点】重复学生答案，加深印象并利用重音纠错。
② 【评点】把文章分解，阅读任务形式多样，由浅入深，符合学生的认知规律，且兼顾到各个层次学生的能力。

T: A voice means the sound made by people. Think of singing. Okay. Voice. Please underline the words that I write on the blackboard. The 3rd question, Dora was wasting water.

S: True.

T: It's true. Why do you say so?[①]

S: Because you are wasting water.

T: Okay, you are wasting water. Mm Okay, the drop of water said you were wasting water. Does that really mean she was wasting water? For example, I say you did not finish your homework last night. Did you finish your homework last night? You did. So what is the evidence that Dora was wasting water?

S: Because the tap was on.

T: Yes. Because the tap was on. That's the evidence that Dora was wasting water. What does that mean? The tap was on? Tap?

S: 水龙头。

T: And "on" means it's in use. When something is on, it is in use. For example, the lights are?

S: On.

T: The computer is?

S: On.

T: Let's read it together, shall we? Let's read the 1st part together. Okay? Dora was in the bathroom, one, two, go!

(Students read the first part together.)

T: Let's go to the 2nd part. Read and answer these multiple choice questions. Are you ready? OK, you have one minute.

T: So question one, where did people clean the water?

S: In the reservoir.

T: It is in the reservoir. Correct! Okay, where is it? Can you find the sentence? Read the sentence.

S: I dropped into a river and ran into a reservoir.

T: Yes. Excellent. All right. So what is a reservoir? What is a reservoir?

S: 水库?

T: Yes. Repeat after me. Reservoir. Reservoir.

S: Reservoir. Reservoir.

T: Do we have reservoirs in Shenzhen?

---

① 【评点】先给予肯定，再追问，促进学生深层次思考，并养成"找证据"的好习惯，优秀习惯的培养是课堂永远的任务。

S: Yes.

T: Yes, we have a lot. The closest one, the nearest one, is in Minzhi. And number two, what did people add to the water to clean it? Please.

S: C, "tremical".

T: Ok, C, repeat after me. Chemical, chemical[①].

S: Chemical, chemical.

T: Great. And where is it? Let's read it.

S: They cleaned me and added some chemical to me.

T: Repeat after me, chemical, chemical.

S: Chemical, chemical.

T: What is chemical?

S: 化学物质。

T: Chemical is a substance obtained by or used in chemical process. Okay? Chemical. Number three, how did water travel into people's house?

S: B.

T: Can you find the sentence?

S: I travelled through the pipes under the streets and now I'm here.

T: Excellent. Yes, through the pipes. The water travels through the pipes into people's homes. What is pipe?

S: 管道。

T: Ok, pipe is a long, round hollow object. He said the Chinese meaning, excellent. Now, let's go to the last part of the text. All right, again, there are three questions for you to answer. I'll give you one minute to read.

T: OK, number one, is the tap the end of this drop of water's journey? Is it?

S: No.

T: Why do you say so?

S: People will clean it again.

T: No, people will clean it again. It's not the end of its journey. No, it isn't. Number two, where does the drop of water's journey start?

S: ...

T: I cannot hear it.

S: River or sea.

T: Okay, a river and sea. Okay, that's right. It said, my journey starts there. What does there refer to?

S: River and sea.

---

① 【评点】重视学生的发音，一个个音节教生词，非常扎实，有深外好课堂的力度。

T: River and the sea. Yes, exactly. And number three, why should we not waste water? Where is the answer? Why shouldn't we waste water?

S: Because water is valuable.

T: Because water is valuable. Yes. Where is it? Yes, it's here. What does that mean? What does that mean? When you say something is valuable, what's that in Chinese?

S: 贵重的。

T: OK, repeat after me. Valuable, valuable.

S: Valuable, valuable.

T: Good. We have six groups, right?

S: Yeah.

T: I would like group one and group two. You are the narration. You know what narration is?

S: 旁白。

T: Yes. And group three and group four, you are Dora. Group five and group six, you are the drop of water. Okay, let's read again, together, shall we?①

(Students read the text in groups.)

T: OK, you've done a good job. Let's practice some words. Repeat after me. Drop, drop. Reservoir, reservoir. Chemicals, chemicals. Valuable. Valuable.

S: Drop, drop. Reservoir, reservoir. Chemicals, chemicals. Valuable. Valuable.

T: So just now, we have learned the journey of the drop of water, right? The journey of it. Now, let's try to retell. You can look at your book. First, it was in a _____.

S: Cloud.

T: Then? Look at your books and try to use expressions②.

S: Dropped into a river.

T: Then it dropped into a river. Very good. Now, where did it go? Then it went into a? How to say that word?

S: Reservoir?

T: Reservoir, reservoir.

S: Reservoir, reservoir.

T: It ran into a reservoir. Okay. And then? Please.

S: Through the pipe under the street.

T: Pipe.

S: Pipe.

T: What?

---

① 【评点】指令清楚，分角色朗读加深学生对文本故事的理解，为复述课文做足铺垫。

② 【评点】复述环节，先用课本的流程图及重点短语的复现，加深了同学们对水循环的理解，使后面的复述生成水到渠成。

S: Water.

T: Water travelled through the pipes under the streets. And then, and then?

S: Tap?

T: The taps. I have a question. Is this the end of the drop of water's journey?

S: No.

T: What's next? Is this the end of the journey? Oh, where will it go?

S: Clean it again.

T: People will clean it again, and it will go to rivers and the sea. Actually, guys, something is missing here. Something is missing here. The journey is not perfect. It's not completed. It's missing, this process. How does the drop of water go from the sea to the sky? Did you learn it in your other process?

S: 蒸发。

T: Yes, I can hear someone, evaporate.

S: Evaporate.

T: This process is missing in the text. OK? So this is a complete cycle of a drop of water. Okay, water cycle. Now, here comes a more challenging task. Retell it. I will not give you any tips. You just look at the pictures and tell me the journey of the drop of water. OK? Just look at the pictures and retell it, and you can start like this: first, it was in a cloud. I'll give you 2 min. OK? I'll give you 2 min to practice.

(Students practice retelling.)

T: Alright? Times up. You guys are ready?

S: No.

T: No? Someone...

S: Yes.

T: That gentleman. Listen. Quiet. OK, go!

S: First, it was in a cloud. It dropped into a river. Third, it went into a "risiver".

T: Reservoir.

S: Reservoir.

T: Good.

S: Then, it travelled through the pipes. Finally, it arrived to the tap. Then, it will recycle.

T: Or we can say, it will go to the?

S: The sea.

T: The sea. Yes, very good. Awesome. What's your name?

S: David.

T: David has done a very good job. I give you two points.

S: First, it was a cloud, then the water ran to the reservoir. Second, it pipes.

T: Travelled through the pipes.

S: It travelled through the pipes. Then it ran to the tap. Finally, he runs to the sea.

T: Finally, it ran to the sea. Yes. Very good. Last chance! Last chance! That gentleman in group four.

S: First, the water travelled into the river. Next, into a reservoir. And then, travelled through into a pipe under the street. And... and... get to the tap. Last, the water to the sea.

T: That's it?

S: Yes.

T: Very good.

(Students laugh because the last student has a strong Chinese accent.)

T: I think it is brave enough to stand up and answer the question. Okay? Do not laugh at your classmate. Now I have a very challenging question for you. After we read this passage, do you find anything unreasonable in the passage?[①]

S: Water can't say things.

T: Yeah, of course. Water cannot talk in real life. That's the most unreasonable thing in the story. Yes. Anything else? Anything else? Do you find anything strange or unreasonable in the story?

S: No.

T: Well. First of all, I'll give you some tips. First of all, why did the drop of water tell Dora not to waste water?

S: Because water is... water is valuable.

T: Because water is valuable, right? But in the whole passage, what's this drop of water talk about?

S: Talking about where it comes from.

T: It talks about where it comes from. Does that show its value? Does that show that it's valuable?

S: No.

T: Maybe not, right? It only talks about where it comes from, but it does not talk about how valuable it is. So that is the unreasonable thing in a story. You're very smart. What's your name?

S: Mr. Zou.

T: Mr. Zou, OK. Very good. Now, if you are the drop of water, how would you show that you are valuable?

S: There is a lot of water, but few of them can drink.

---

① 【评点】"质疑课文不合理的地方",发展学生辩证思维,不唯书,不唯上,有深外好课堂的深度和开放感,激发和捕捉思维火花是课堂最动人的风景!

T: Yes. Although there is a lot of water on the Earth, little is drinkable, right?

S: Yes.

T: What else?

S: We can't live without water.

T: We can't live without water. Yes. Good. How to say that you're valuable?

S: Some days without water, there people cannot drink.

T: People cannot?

S: Drink water.

T: People cannot drink water. Where there is no water, people will die. Right?

S: Yes.

T: Excellent. Okay. For our last task, let's create a poem together to show its value.

　　Let me start. Water is valuable....

　　Actually, we can also sing about it. Let's watch a video clip about water.

(After the video)

T: OK, that's it for today's class. This is your homework. Thank you. Class is over.

## 【总评】

吕老师这节课较好地体现了课程的素养目标，教学手段运用得体，教学效果好。整堂课的教学设计符合中学生的实际和教学内容的需要，从开头的 free talk 导入课堂，通过图片启发提问到 Quiz 测试，再到词汇 Paraphrase 和 Reading 阅读、Dialogue 对话、Discussion 讨论，完全符合学生认知水平。在课堂教学中运用多媒体课件，插播图片和视频，使教学内容更生动、形象、直观。同时，教学过程设计有新意。按照《英语课程标准》的情景任务型教学途径，任务设计有新意，导入利用猜谜语，增加学生学习兴趣，各个环节过渡自然。更注重讨论的设计，调动全体学生思维的参与，使学生在有意义的活动中学习语言。同时培养了学生的合作意识，让学生在活动中体验成功。吕老师整节课都围绕"人与自然"的主题，强调人与自然的和谐发展的重要性，提升学生环境保护的意识和开启学生处理环境问题的新探索。本节课吕老师让学生多了一份灵动，让学习更为主动；多了一份活泼，让教学充满活力；更多了一份趣味和尊重，营造了一种身心解放、思维开放、个性奔放的教学情景，建构起一种互动、体验、快乐的多元课堂。

# "Sports" 课堂设计

——义务教育教科书 英语 九年级 下册（沪教深圳版） 第五单元

设计：宝安学校 廖 茹 李美华 陈桦玲 张运奇 刘晓军 郑 航 叶瑞正
海乐实验学校 蔡可欣
整理：陈桦玲

## ◎设计导语

教材意图：本单元以"运动"为话题，属于"人与社会"的主题范畴，子主题内容包括：1. 常见的体育运动项目，运动与健康（一级）；2. 运动等社团活动，潜能发掘（二级）；3. 日常体育活动（滑雪，乒乓球，足球等），重大体育赛事（奥运会），体育精神（三级）。

具体呈现上，本单元以各类运动和体育比赛为主线，包含了不同语篇内容：2篇记叙文，3篇应用文和2篇说明文，涵盖了连续性文本和非连续性文本。通过分析可以看出，教材意图在于让学生了解运动带来的乐趣，通过谈论自己喜欢的活动，分享自己喜欢的运动和运动员，了解体育精神，梳理热爱体育、强身健体的理念（具体语篇及意图见下图）。同时，通过问去体育场馆的路，掌握问路和指路的表达方法。

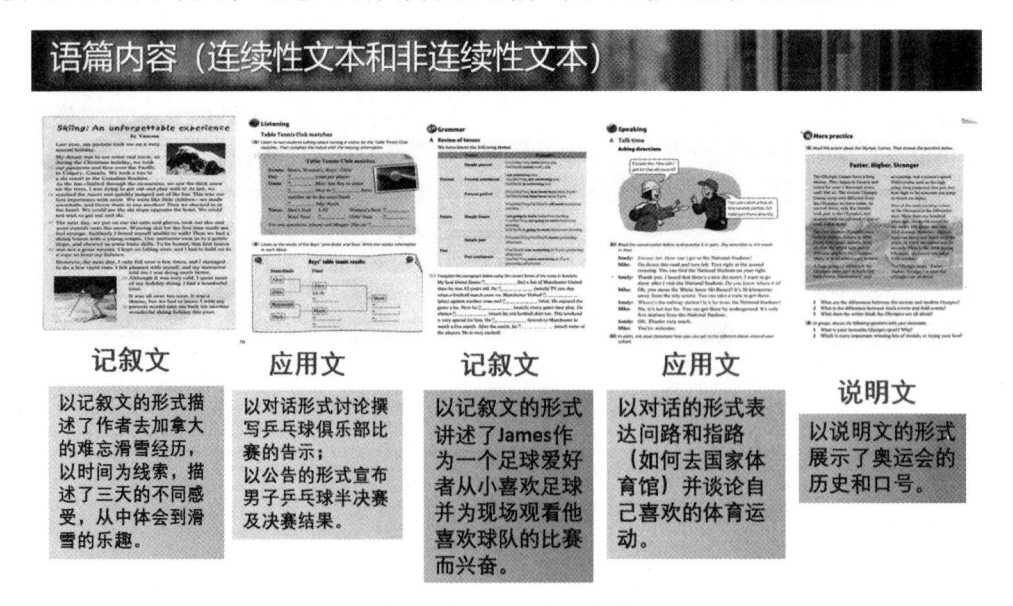

**语篇内容（连续性文本和非连续性文本）**

| 记叙文 | 应用文 | 记叙文 | 应用文 | 说明文 |
|---|---|---|---|---|
| 以记叙文的形式描述了作者去加拿大的难忘滑雪经历，以时间为线索，描述了三天的不同感受，从中体会到滑雪的乐趣。 | 以对话形式讨论撰写乒乓球俱乐部比赛的告示；以公告的形式宣布男子乒乓球半决赛及决赛结果。 | 以记叙文的形式讲述了James作为一个足球爱好者从小喜欢足球并为现场观看他喜欢球队的比赛而兴奋。 | 以对话的形式表达问路和指路（如何去国家体育馆）并谈论自己喜欢的体育运动。 | 以说明文的形式展示了奥运会的历史和口号。 |

单元语篇类型及意图（1）

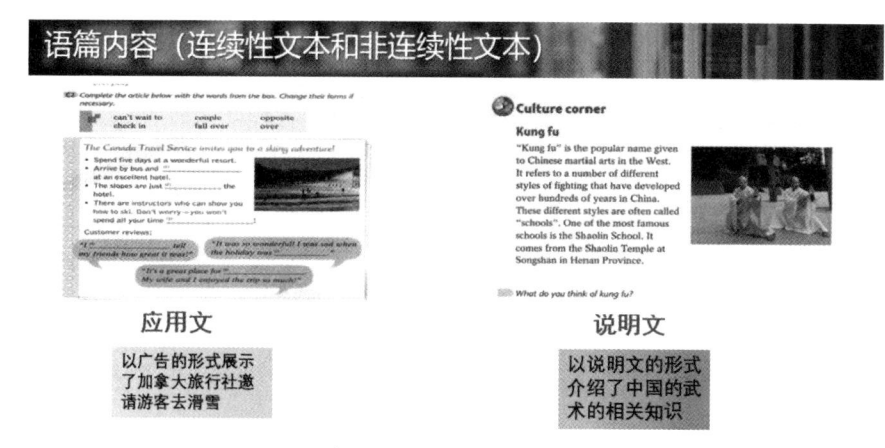

单元语篇类型及意图（2）

## ◎学情分析

九年级学生在此前两年关于"校园文化和娱乐"和"个人梦想"的话题中或多或少接触了运动相关素材，因此已具备了话题相关的基本英语对话能力。同时，2022年初的冬奥会和2022年末的世界杯事件期间，学生常常谈及相关话题，因此对本单元话题有相关知识储备（中文为主）。通过本单元，学生的发展点在于：1.学生对具体的体育项目体验增加认知（运动项目本身与参与的心情、感受描写）；2.用体育赛事播报员身份，宣布比赛结果和比分；3.通过了解常见的大型体育赛事，体会运动精神，培养热爱体育、强身健体的理念。

设计意图：在单元大观念的指导下，学生通过"学习理解－应用实践－迁移创新"的链条，围绕着具有挑战性的学习任务，全身心参与，体会成功，获得发展。

## ◎任务框架

本单元的语篇类型多样，为方便对标，把不同板块的语篇用阿拉伯数字命名如下。

图：本单元语篇对应简称

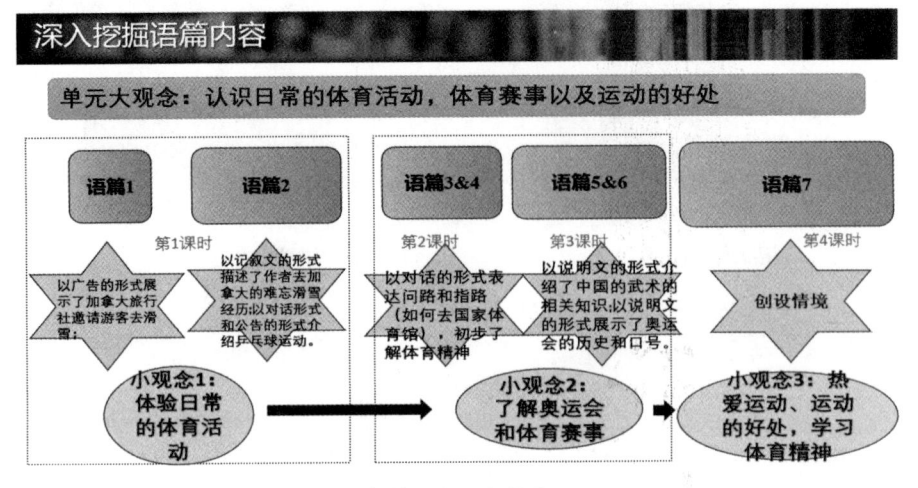

单元大观念：认识日常的体育活动，体育赛事以及运动的好处

语篇1｜语篇2｜语篇3&4｜语篇5&6｜语篇7

第1课时｜第2课时｜第3课时｜第4课时

语篇1：以广告的形式展示了加拿大旅行社邀请游客去滑雪；
语篇2：以记叙文的形式描述了作者去加拿大的难忘滑雪经历以及对话形式和公告的形式介绍乒乓球运动。
语篇3&4：以对话的形式表达问路和指路（如何去国家体育馆），初步了解体育精神
语篇5&6：以说明文的形式介绍了中国的武术的相关知识；以说明文的形式展示了奥运会的历史和口号。
语篇7：创设情境

小观念1：体验日常的体育活动 → 小观念2：了解奥运会和体育赛事 → 小观念3：热爱运动、运动的好处，学习体育精神

本单元小观念提取

基于以上，设计本单元的课堂教学思维导图如下：

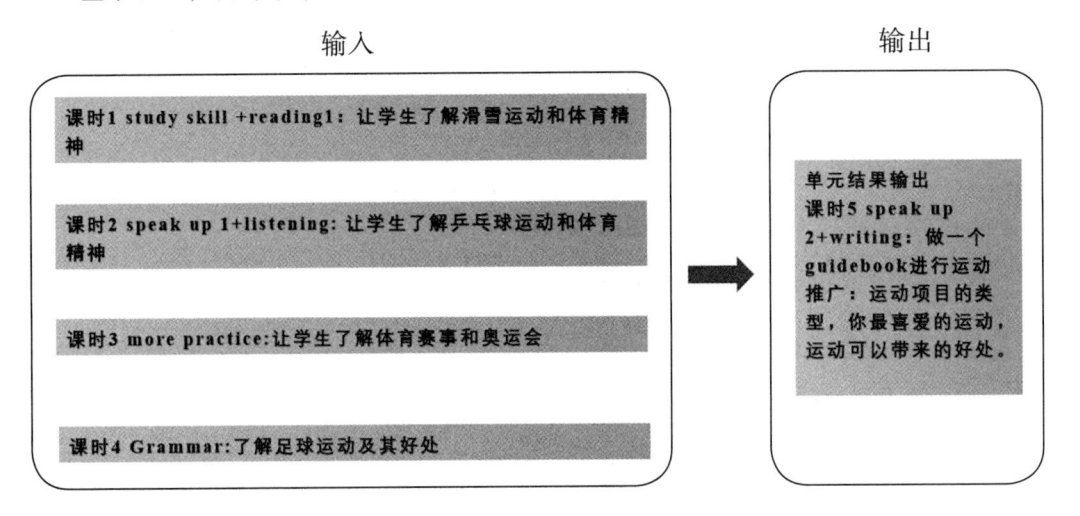

输入　　　　　　　　　　　　　　　　　　输出

课时1 study skill +reading1：让学生了解滑雪运动和体育精神

课时2 speak up 1+listening：让学生了解乒乓球运动和体育精神

课时3 more practice：让学生了解体育赛事和奥运会

课时4 Grammar：了解足球运动及其好处

单元结果输出
课时5 speak up 2+writing：做一个guidebook进行运动推广：运动项目的类型，你最喜爱的运动，运动可以带来的好处。

◎学习过程

环节一　体验日常的体育活动（对应语篇1和2，共1课时）

任务1：初步了解滑雪运动和体育精神
（1）学习理解

学习理解类活动主要包括感知与注意、获取与梳理、概括与整合等基于语篇的学习活动。教师围绕主题创设情境，激活学生的已有知识和经验，铺垫必要的语言和文化背景知识，引出要解决的问题。

① 感知与注意：观看滑雪运动标志图和一则滑雪广告，形成对滑雪运动的初步印象。

What are they?

Where have you seen these symbols before?

If you want to go skiing, what do you need to prepare in advance?

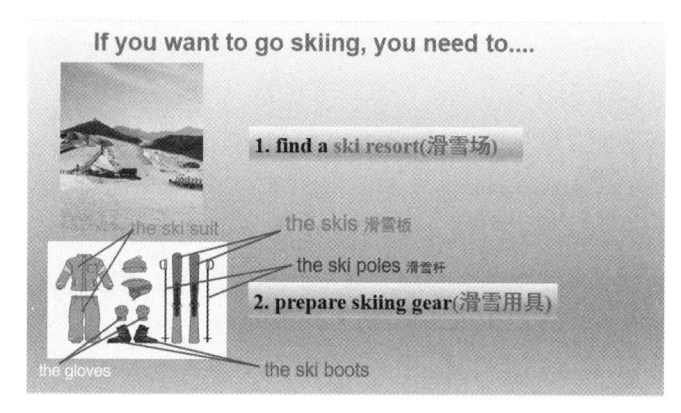

② 梳理、概括和整合：通过扫读和细读等阅读技巧概括 Vanessa 在洛基山的见闻和滑雪经历，梳理文章结构，获取关键信息（时间、地点、任务和事件）和重要细节。

正式阅读之前，教师提出以下问题：

What do you think the article is mainly about?

What is the text type?

Other "wh" elements that you need to pay attention to?

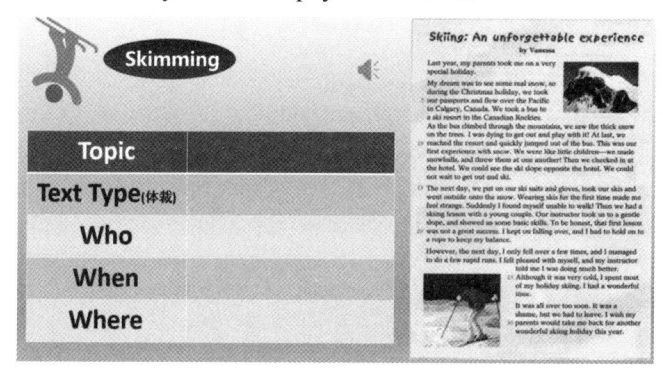

（2）应用实践

应用实践类活动主要包括描述与阐释、分析与判断、内化与运用等深入解析语篇的学习活动。

①描述与阐释

通过思维导图、填空、回答问题的方式，进一步完善 Vanessa 经历的相关细节，深化对于滑雪运动的过程和其背后所蕴含的精神的认知。

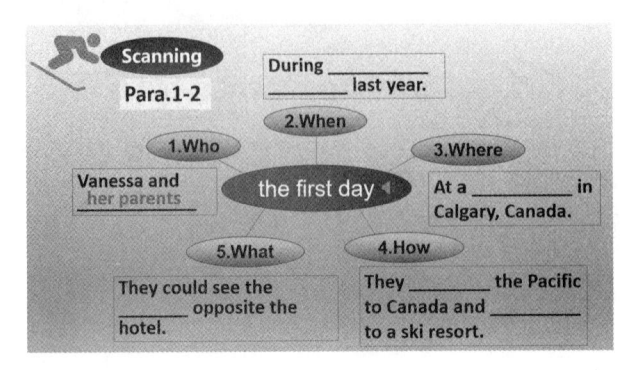

**Scanning Para.1-2**

- 1.Who: Vanessa and her parents
- 2.When: During _____ last year.
- 3.Where: At a _____ in Calgary, Canada.
- 4.How: They _____ the Pacific to Canada and _____ to a ski resort.
- 5.What: They could see the _____ opposite the hotel.

(the first day)

②分析、判断与运用

细节分析：接触新事物总会给人带来丰富的情感体验，可能有惊喜、有好奇、有恐惧等等，文中哪些地方传达出了兴奋之情？

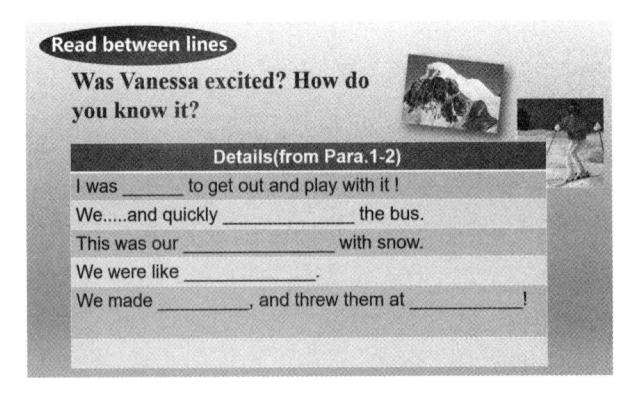

**Read between lines**

Was Vanessa excited? How do you know it?

Details(from Para.1-2)
- I was _____ to get out and play with it!
- We.....and quickly _____ the bus.
- This was our _____ with snow.
- We were like _____.
- We made _____, and threw them at _____!

主题句判断：Venessa 对这趟旅程的整体感受如何？请找出支持性细节。

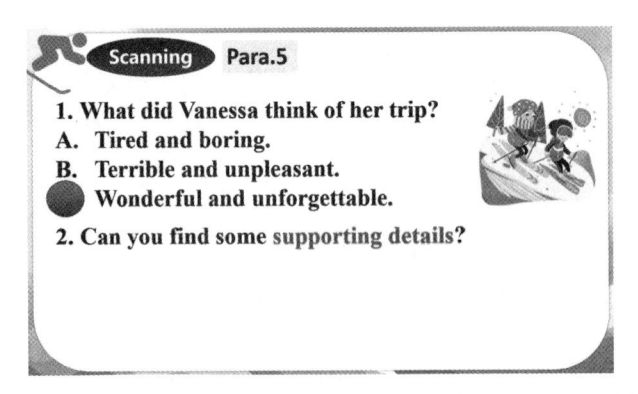

**Scanning Para.5**

1. What did Vanessa think of her trip?
   A. Tired and boring.
   B. Terrible and unpleasant.
   ● Wonderful and unforgettable.
2. Can you find some supporting details?

读后讨论：在读后讨论环节，鼓励学生结合全文分析，也可以结合自身经历，分享 Venessa 通过这次难忘的滑雪之旅获得哪些成长（技能上、心理、心态上的等等）。

What do you think Vanessa wants to tell us from her experience?

> **Post-reading**
>
> **Brainstorming**
>
> 1. For Vanessa, why is it an unforgettable experience?
>
> 2. What do you think Vanessa wants to tell us from her experience?

（3）迁移创新

迁移创新类活动主要包括推理与论证、批判与评价、想象与创造等超越语篇的学习活动。

教师播放苏翊鸣的视频后提问：结合运动员苏翊鸣在 2022 年冬奥上的表现，谈谈你能从他们身上学到什么精神？

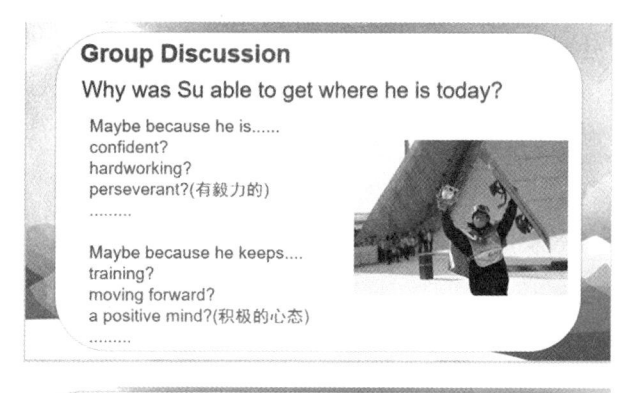

> **Group Discussion**
> Why was Su able to get where he is today?
>
> Maybe because he is......
> confident?
> hardworking?
> perseverant?(有毅力的)
> .........
>
> Maybe because he keeps....
> training?
> moving forward?
> a positive mind?(积极的心态)
> .........

> With your efforts(努力) and resolution(决心), you can fulfill your dream!
> Trust yourself and never give up!

说明：

本单元的每一课时设计都是基于英语学习活动观，该活动观是基础外语教育的中国主张与实践方案，是《普通高中英语课程标准（2017 年版）》（以下简称高中课标 2017）首次提出的。王蔷教授在 2022 年全国基础外语教育"三亚论坛"上进一步阐释了英语学习活动观的内涵、架构、特征和优势，并分享了具体的实操。

就本节课而言，在学习理解类活动的设计中，在学生阅读之前，教师根据图式理论提出问题，激活学生的已有知识，建立已有知识与新知识的联系。第一问为事实性问题，帮助学生了解话题，架设个人经历与文本内容之间的桥梁；第二个问题为延展性问题，既能够激活学生头脑中的相关图式，也能够使学生的视野向外拓展，由此引入第一篇文章。

为促进阅读能力和阅读策略的迁移，教师引导学生关注文本体裁，方便之后迁移学习同一体裁文章的结构和基本要素。在初中生的英语阅读中，预测是重要的阅读技能。教师通过恰当设问，引导学生关注语篇的主标题、副标题（如有）、图文说明等，引导学生预测文章内容，构建清晰的结构框架。此外，由于英语文章相比中文更多采用开门见山的表达，因此学生对每段首句的关注能够推动其在阅读过程中定位目标信息，把握和理解关键信息，提高阅读效率。

在应用实践类活动中，教师引导学生观察图片、深挖细节，在图片信息与文本信息之间建立逻辑关联，并根据文章线索组织语言，进行恰当合理的表述。学生浏览文本，根据语篇基本要素快速定位目标信息，在完善思维导图过程中增强语篇意识，深化对新知识结构的理解和运用。确认主题句有利于发展学生的逻辑思维，让学生在阅读过程中将零散的信息条理化，运用聚合思维归纳信息，体会每一段如何服务于大标题和主题句。通过分析、判断、推理等逻辑，英语学科教学也实现了育人目标，因为学生的思维品质和策略运用能力不断得到了提高。

在迁移创新活动中，主要可包括：推理论证与评价，想象与创造的形式。本课时用的是评价。学生通过此活动可以逐渐形成客观公正、具备个人思维特征的语言表达。

环节二　了解奥运会和体育赛事，初步了解体育精神（对应语篇3至6，共2课时）

任务 1：学生了解乒乓球赛事和体育精神（该课时后有详细课堂设计和课堂实录，因此本部分略写）

（1）学习理解

学生认读和理解单词 announcement，fee，enter，final；认识单词semi-final；了解单词 directly，stadium，crossing。

（2）应用实践

掌握问路和指路的常用表达方法，能够在运动的话题语境下分享交流个人喜爱的运动项目及原因。

（3）迁移创新

从体育赛事迁移到运动员，学习运动员坚韧不拔的特质，并迁移到自身身上。

说明：

该任务旨在让学生通过咨询体育场馆位置来复习问路指路的表达方法，激起学生在日常生活中关注体育赛事，关心运动生活的热情。同时，在听力部分通过同人讨论撰写乒乓球俱乐部比赛告示和宣布比赛结果的公告，让学生们更进一步体会到参与赛事的满足感，掌握相关表达的成就感。

值得一提的是，考虑到这是一节九年级的听说课，本课时紧扣深圳英语听说考试的题型，在合适的地方加入了相应题型（如模仿朗读、信息提问和思维导图，详见下文单课时课堂设计），无形中让学生们降低对题型的陌生感，锻炼了学生的应试能力。此外，思维导图题型选择了这两年广受讨论的谷爱凌作为素材，有利于扩大学生阅读视野，让学生借助互文性阅读，深入体会到运动给人带来的生命热情，养成热爱运动、积极与人交往的正确价值观，培养坚韧不拔、不轻言放弃的品格，通过分析评价谷爱凌的理念，培养了包容开放的思维品质，提升了语言表达能力和学习能力，如此，便能践行英语的核心素养。

任务 2：more practice：学生了解体育赛事和奥运会

（1）学习理解

在创设的具体的情境（通关本课知识才能进入运动馆）中识别和记忆田径、奥林匹克格言、推铅球等表达，挖掘语篇内的精彩表达。

Mini Quiz：Where did the Olympic Games begin?

True or false:

1) In ancient times, only the Greeks took part in the Olympics.

2) Women were not allowed to join but they could watch the events.

3) Every 5 years, athletes from all over the world take part in different sports at the Olympics.

（2）应用实践

观察、分析及归纳听力及阅读语篇的结构和特点，对文本细节进行深度思考，培养批判性思维。

描述阐释：Read for the structure

```
The Olympic Games
    Part 1: (Paragraph _____)
    • Main idea: _____

    Part 2: (Paragraph _____)
    • Main idea: _____
    _____

    Part 3: (Paragraph _____)
    • Main idea: _____
```

分析判断：Venessa's friends are also interested in knowing more about the Olympics. Can you find the corresponding paragraphs for them?

**Choose proper paragraphs for your friends.**

| A. Paragraph 1 | B. Paragraph 2 |
|---|---|
| C. Paragraph 3 | D. Paragraph 4 |

1. Lily is attracted by the amazing performance of Eileen Gu, and she wants to know more about the Olympics, especially the ancient history.

2. James is especially focused on the 100-meter race and he wants to know how the world record was broken again and again.

3. Tom likes running and he wants to know other track and field events so that he can have a try.

4. Amy is a student and she needs to conduct some research on modern Olympics.

整合应用：What can we infer from the first two paragraphs?

A. Most of the athletes are women in the modern Olympics.

B. The first Olympic Games began in Greece and lasted for over 1,000 years.

C. In 1895, women could only take part in a single kind of sport at the Olympics.

D. It shows that the world becomes more equal and open.

（3）迁移创新

创造性地运用本课时所学内容，筛选整合有用信息来辩论自己对奥林匹克精神的理解。

1. In your opinion, which is more important at the Olympics:

　　winning lots of medals, or trying your best?

2. Did your favourite athlete prove the motto "Faster, Higher, Stronger-Together"?

Who is he/she?

说明：

学生通过学习理解类活动，获取和梳理语言和文化知识，形成基于主题的知识间的关联，因此教师在设置问题上层层引导，逐步深入，逐渐帮学生建立起关于奥运会的结构化知识。通过应用实践类活动中的描述阐释、分析判断逐渐内化文本的语言和文化知识，加深对主题的理解。通过迁移创新类活动，围绕主题和内容开展推理论证和评价等活动，形成个人的认知和观点，继而联系实际，尝试在新的情境中运用所学语言、知识、思想和方法，解决真实生活中的问题，用英语表达对所学主题的新的认知态度和价值判断。

环节三　热爱运动、运动的好处，学习体育精神（对应语篇7，共1课时）

任务1：了解足球运动及其好处

（1）学习理解

用学过的六种主要时态和被动语态的结构表述足球相关的知识。

James and Vanessa are good friends in the same school. They watched the 2022 World Cup together. Vanessa asked James some questions about the World Cup. Can you help him answer them?

Which country held the 2022 World Cup?

How many countries participated in the 2022 World Cup?

Why was the World Cup held in November?

What is the World Cup mascot ( 吉祥物 )?

阅读世界杯相关的文段，分辨出文段中的时态。

---

阅读一篇对 C 罗的采访，找出其中的三种一般时态，并总结它们的结构。

---

通过阅读 James 的观赛感受，找出其中的进行时并归纳其结构。

---

阅读曼联吉祥物的介绍，找出其中的现在完成时并归纳其结构。

---

（2）应用实践

In pairs, ask and answer questions about the pictures.

Practice    In pairs, ask and answer questions about the pictures.

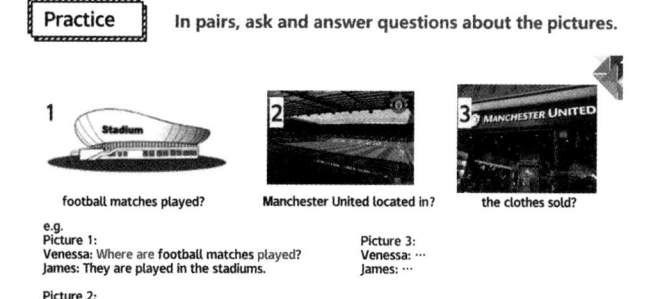

1 Stadium
football matches played?

2 Manchester United located in?

3 MANCHESTER UNITED
the clothes sold?

e.g.
Picture 1:
Venessa: Where are football matches played?
James: They are played in the stadiums.

Picture 2:
Venessa: Where…
James: …

Picture 3:
Venessa: …
James: …

（3）迁移创新

What are the benefits of playing football?

---

说明：

语法专题的形式和意义如何兼顾一直是英语教师们在探索的话题，本课时的设计也尽可能兼顾形式和意义，让学生学习后印象更加深刻。

环节四  单元结果输出

任务 1

（1）学习理解

学习关于体育运动的词汇和口语表达，了解不同类型的体育运动和竞技项目，掌握描述自己最喜爱运动和体育明星的表达方式和结构。

Who's the best sport player of all time and why?

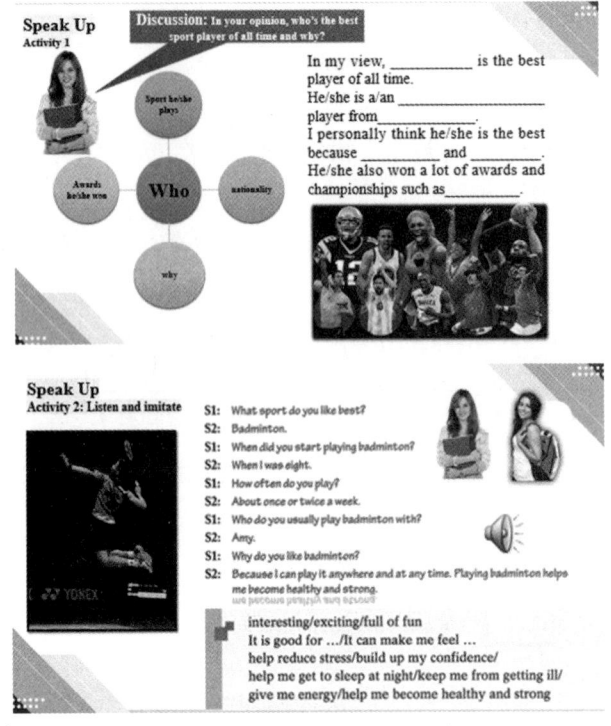

（2）应用实践

掌握使用蛛网式思维导图整合写作思路并在此基础上创作一份推广手册。

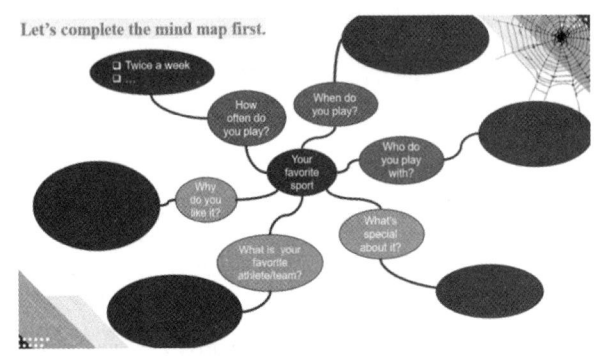

（3）迁移创新

Use the Olympic Ring--Five-step writing strategy and the Mind map to write about your favorite sport.

B. 单课时课堂设计

本课时学习目标：学生认读和理解单词 announcement，fee，enter，final；认识单词 semi-final；了解单词 directly，stadium，crossing。（学习理解）

掌握问路和指路的常用表达方法，能够在运动的话题语境下分享交流个人喜爱的运动项目及原因。（应用实践）

了解大型赛事主要有哪些项目，学习运动员坚韧不拔的特质，并迁移到自身身上。（迁移创新）

本课时学情分析：学生此前已经初步学过一些问路指路句型，此课时以复习为主。学生初步了解一些运动员的事迹，但具体介绍则需要思维导图搭建框架，并且有适当高质量 input，才能有口语上的 output。学生在听力中并未接触过宣布比赛结果的类型，脚手架需要坚实搭建，给出完整的 presentation-practice-production 闭环。

课堂导入语：Once you have tried flying and spinning through the air, the memory will be everlasting. What do you do when you have unforgettable memories? Well, Venessa's answer is to keep a diary. Now boys and girls, please listen and repeat her diary content.

**Step 1: Warming up**

*Imitate and read Venessa's recent diary to find out what's new in her life.*

Vanessa

Last year, my parents took me on a very special holiday. We took a bus to a ski resort in the Canadian Rockies. We saw the thick snow on the trees and I was dying to get out and play with it! After reaching the resort, we quickly jumped out of the bus and played in the snow. My love towards sports grew since then, and now I do sports every day. I also love to do sports or watch different sport events with my friends. My goal is to be more healthy and energetic this year.

任务 1：Asking and giving directions

Speaking of watching different sport events (in her diary), Venessa invited Sandy to visit the National Stadium and have fun at the White Snow Ski Resort. Today is the day! But Sandy doesn't know the way... Please listen and find out how Sandy asks direction.

**Step 2: Asking and giving directions** Page 74

*It is weekend. Venessa invited Sandy to visit the **National Stadium** and have fun at the **White Snow Ski Resort**. Today is the day! But Sandy doesn't know the way... Please listen and find out how Sandy asks direction.*

Sandy: 
Mike: Go down this road and turn left. Turn right at the second crossing. You can find the National Stadium on your right.
Sandy: Thank you. I heard that there's a nice ski resort. I want to go there after I visit the National Stadium.
Mike: Oh, you mean the White Snow Ski Resort? It's 30 kilometres away from the city centre. You can take a train to get there.
Sandy: 
Mike: No, it's not too far. You can get there by underground. It's only five stations from the National Stadium.
Sandy: OK. Thanks very much.
Mike: You're welcome.

Can you please tell how Sandy asks directions?

Can you think of more sentence patterns to ask direction? Pay attention: you need to be polite and specific.

**Sentence patterns to ask directions 问路句型**

- ◆ Excuse me. How can I get to …?
- ◆ Do you know where … is?
- ◆ Where is …?
- ◆ Is it far from …?

More:

- ◆ Is this the way to …?
- ◆ Can/Could you tell me the way to …?
- ◆ Can/Could you tell me how to get to …?

Listen and repeat again. This time, focus on the sentence patterns that give directions.

**Read and find**

Let's listen to the conversation and read after it. Page 74
This time, focus on the sentence patterns that *give directions*.

Sandy: Excuse me. How can I get to the National Stadium?
Mike: Go down this road and turn left. Turn right at the second crossing. You can find the National Stadium on your right.
Sandy: Thank you. I heard that there's a nice ski resort. I want to go there after I visit the National Stadium. Do you know where it is?
Mike: Oh, you mean the White Snow Ski Resort? It's 30 kilometres away from the city centre. You can take a train to get there.
Sandy: Where's the railway station? Is it far from the National Stadium?
Mike: No, it's not too far. You can get there by underground. It's only five stations from the National Stadium.
Sandy: OK. Thanks very much.
Mike: You're welcome.

Okay, what are the sentence patterns that give directions? More sentence patterns?

**Sentence patterns to give directions 指路句型**

- ◆ Go down this road and turn left.
- ◆ Turn right at the second crossing.
- ◆ You can find … on your right.
- ◆ It's … away from…
- ◆ You can get there by underground.

说明：该任务旨在让学生通过咨询体育场馆位置来复习问路指路的表达方法，激起学生在日常生活中走出教室、走出寝室、探索生活、关注体育赛事、关心运动的热情。

任务2：Listening A: Table Tennis Club Matches

Sandy joins Venessa at the National Stadium now. They will watch Table Tennis Club matches. We are going to listen to some information about the matches.

"Sports"课堂设计 | 181

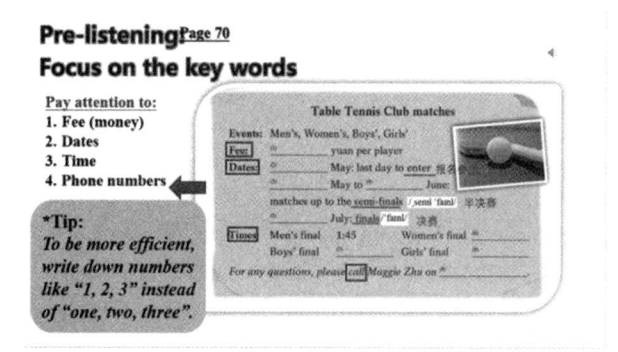

Before that, 10 seconds for you to read the text.

Now tell me, what are some of key words that you should pay attention to?

Tips: Use ordinal numbers( 序数词 ) when you write or read dates.

To be more efficient, write down numbers like "1, 2, 3" instead of "one, two, three".

If you were Sandy, and you would like to know more information:

1. 如果你是 Sandy，你想知道女子乒乓决赛将在什么时候开始，你可以这样问：

_____

2. 如果你是 Sandy，你想知道男子乒乓球决赛的结果是怎样的，你可以这样问：

_____

任务 3：Listening B: Announcing competition results

Finally, the results of the matches come out, but do you know how the results are announced? Observe the following expressions and work out the rules.

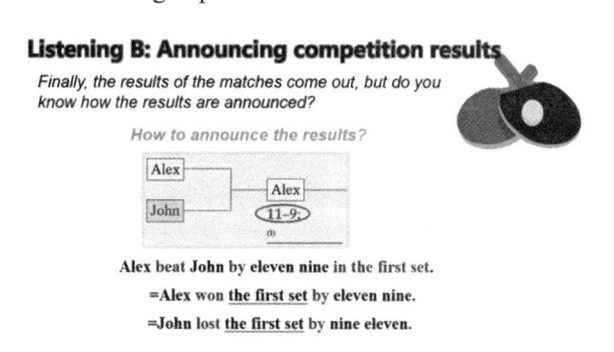

Listen to the results of the Boys' semi-finals and final. Write the correct information in each blank.

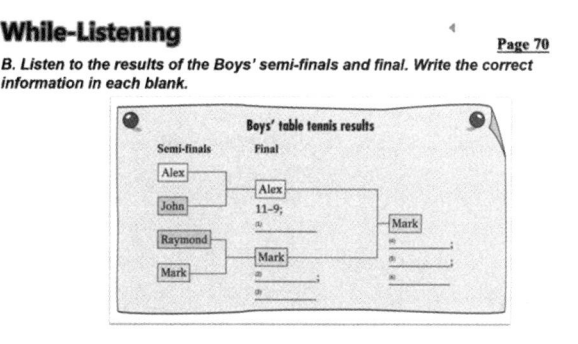

Venessa and Sandy are so happy because they get the chance to announce the following results of the Girls' semi-finals and final. If you were them, how would you announce?

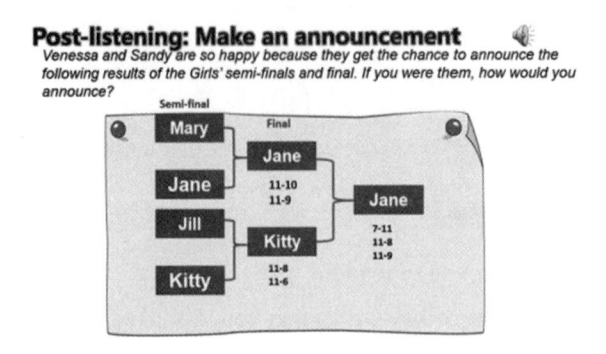

说明：在听力部分，任务 2 和 3 通过同人讨论撰写乒乓球俱乐部比赛告示和宣布比赛结果的公告，让学生更进一步体会到参与赛事的满足感和掌握相关表达的成就感。

任务 4：Speaking: Direction+Favourite sport

Next station is the Ski Resort. Can you help Sandy to show Venessa how to get to the Ski Resort from the National Stadium?

Venessa and Sandy meet a famous skier in the Ski Resort. Do you know her? Listen and try to tell her story.

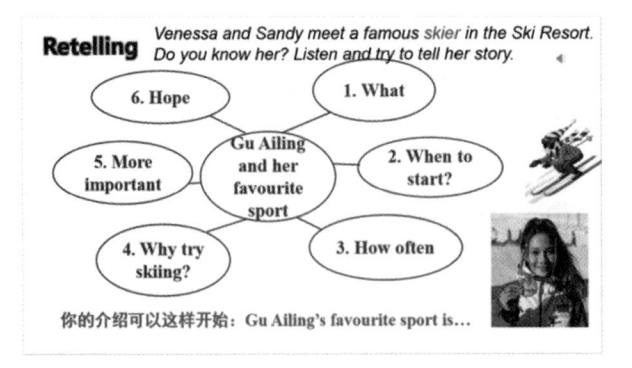

What do you think?

"Of course, she wants to win medals even golds, but what's more important is to enjoy the game and love the sport".

I think to win is more important because_____

_____

I think to enjoy the game is more important because _____

_____

说明：本课时紧扣深圳英语听说考试的题型，在合适的地方加入了相应题型（如模仿朗读、信息提问和思维导图），无形中降低了学生对题型的陌生感，锻炼了学生的应试能力。此外，思维导图题型选择了这两年广受讨论的谷爱凌作为素材，有利于扩大学生的阅读视野，让学生借助互文性阅读，深入体会运动给人带来的生命热情，养成热爱运动、积极与人交往的正确价值观，培养坚韧不拔、不轻言放弃的品格。通过分析评价谷爱凌的理念，培养了包容开放的思维品质，提升了语言表达能力和学习能力，如此，便能践行英语的核心素养。

◎课堂小结

Sentence patterns to ask directions:

◆ Excuse me. How can I get to...?

◆ Do you know where ... is?

◆ Where is ...?

◆ Is it far from ...?

◆ Is this the way to ...?

◆ Can/Could you tell me the way to ...?

◆ Can/Could you tell me how to get to ...?

Sentence patterns to give directions:

◆ Go down this road and turn left.

◆ Turn right at the second crossing.

◆ You can find ... on your right.

◆ It's ... away from...

◆ You can get there by underground.

Sports not only build better athletes but also better people. — Julie Foudy

◎作业检测

Compulsory:

Introduce your favourite sport to your parents.

Optional:

Draw inspiration from your personal experiences and also the above video. Design your sports vlog with your daily sports routine and tell us why. Creativity is encouraged.

# "Sports" 课堂实录

——义务教育教科书 英语 九年级 下册（沪教深圳版） 第五单元

评点：廖 如 刘建双

T: So the girls had a good time at the Ski Resort. To their greatest joy, they met Eileen Gu there. Quick question: what do you know about Eileen Gu?

S: She is now studying in Stanford Uni.

T: That is right. What else?

S: She played for China in the 2022 Winter Olympics.

T: Yes, she represented China. What else? For example, when did she start skiing and why?

S: I have no idea...

T: Ok, let's listen to the recording and please try to take notes with the help of the Mind map. 15 Seconds for you to prepare.

(Students are preparing.)

T: Ready? Go.

(The teacher plays the recording for the first time.)

T: Do you need to listen again to get all the answers?

S: Yes.

(The teacher plays the recording for the second time.)

T：Now, you should be ready to go. Any volunteers? Kitty please.

S1: Gu Ailing's favourite sport is skiing. She learned skiing when she was 3. She practices (practiced) skiing on weekends. She thinks skiing an extreme sport that can give her freedom and creativity. She wants to win and enjoy the game at the same time.

T: Nice try with clear logic and structure. You have also made progress in terms of pronunciation and fluency. But please pay attention to some details.[①] For example, did she practice skiing on weekends all the time or just during a specific period of

---

① 【评点】在给学生反馈的时候，特别是此类口语活动难度较高，先大力表扬，从各方面给出评价（逻辑、篇章结构、发音和流利度等），再提出可改进之处，循循善诱，让学生收获肯定的满足感，有利于激发学生开口说英语的动力。

time?

S: A specific period of time.

T: When exactly? Anybody got the answer from the recording?

S2: When she was in San Francisco.

T: Bingo. You are a brilliant listener. Now that you have a clear idea about her, can I have Alisa to try retelling for the second time.

S3: Eileen Gu's favourite sport is skiing. She learned how to ski at the age of 3. She could only ski on weekend because she was busy with school when she was in San Francisco. She tried skiing because it could give her freedom and creativity. Her goal is to win medals and even golds, but what's more important is to enjoy the game and love the sport. She hopes to use sports as "a bridge".

T: Excellent! You have more complete message and your have various sentences, from simple sentences to adverbial clause of time to adverbial clause of cause. You are a master of story telling! Everybody, let's give Alisa a big hand please.

Students are clapping.

T: Now here is a sample answer for you. Try to read it buy yourself and compare the sentences with yours.

Students read together:

Eileen Gu's favourite sport is skiing. She learned how to ski at the age of 3. Now she is a talented freeskier (自由滑雪选手). She loves skiing very much. While going to school in San Francisco, she could only practice skiing on weekends.

She wants to encourage more girls in China to try skiing and other extreme sports (极限运动) because skiing gives her freedom and creativity especially when she controls her body and does difficult tricks (技巧). Of course, she wants to win medals even golds, but what's more important is to enjoy the game and love the sport.

She hopes to use sports as "a bridge" between China and the US.

T: Good job. So, how do you understand the sentence:

"Of course, she wants to win medals even golds, but what's more important is to enjoy the game and love the sport"? [①]If you think that to win medals is more important, please raise your hand.

(About one third of the students raised their hands)

Ok, now two minutes for you to find someone with a different view and try to discuss with him or her.

---

① 【评点】该问题为开放性问题，有利于激发学生的思考和逻辑表达。但并非所有的课堂都能进行这样的讨论，一是时间关系（前面的内容已经很充实了），二是学生程度水平关系。因此，虽说没有固定答案，但教师也可以适当增加一些脚手架，有利于降低难度，让更多学生参与进来，获得思想交锋的体验。

(2 minutes passed)

T: Okay! Time is up. Jason, just now I saw you raised your hand, right? Can you share with us your ideas?

S4: Yes! To win can show people the result of your efforts. You must have worked very hard, so much harder than others before you can achieve success.

T: I agree with you. To win is important and it matters a lot for many people. Any different ideas?

S5: But in our lives, sometimes the difference between winning and losing is often extremely close. Sometimes, you are just unlucky. When we are unlucky, we are just unlucky. It doesn't mean that we are not working hard. Instead, if we can enjoy the sport and go on working hard, we can win next time.

T: Lovely! Yes, luck plays an important part in winning. No matter it is winning or losing, every moment of life is a teaching us something. I hope that instead of focusing on losing or winning, you focus on the things that you can learn and be a good player in life and live a happy life, okay? Alright, I guess that is it. Class over.

【总评】

本节课在设计与实施方面具有以下几方面的特色：

1. 精选文本，辅助创设主题语境。教师根据学情，围绕同一主题选择更为学生所熟知的明星运动员作为听力材料，借助思维导图再输出，在真实语境中开展主题意义探究教学，非常有意义。

2. 巧妙设问，深度学习。在本课例中，提问贯穿整个教学过程。在听前，教师创设问题情境，引导学生复习功能意念内容；在听中，赋予学生赛事结果播报员的身份，让学生在角色扮演中掌握比分播报规则；在听后，教师创设新的问题情境，用中文提问考查学生的信息询问交际能力，运用所学知识创造性地解决新问题。

3. 紧跟中考，融入题型。在本节听说课中，创意性地利用了课本素材，融入深圳中考英语听说题型，环环相扣，步步推进，在无形中让学生熟悉题型，消除畏惧心理，提升听说的练习效率。

4. 发展思维，助力迁移创新。在用思维导图复述环节中，侧重引导学生恰当运用学习策略，增强表达的逻辑性、流利性和完整性。同时，后面的讨论具有思考性、批判性和创新性。

# "楽しい料理教室"课堂设计

——义务教育教科书　日语　八年级（人教版）　第四单元　第七课时

设计：燕南校部　陆文芳
评点：燕南校部　张晓雯

## ◎本课时学习目标

本课时从"多国饮食"主题中选取了"快乐做饭"这一话题，围绕"留下中国的味道，教日本外教岩崎老师做几道家乡菜"等活动，开展跨学科（日语+劳动）主题实践活动。[①] 具体学习目标如下：

目标 1——知识与技能：能够在自然的语料中准确获取信息，掌握中餐中常用的食材、调味料、烹饪方法等日语表述，学会使用"まず・次に・それから・最後に"等衔接词，条理清晰地向日本人讲解做白切鸡、水煮肉片等中国菜的步骤。

目标 2——过程与方法：通过梳理、归纳等方式，理解听力语篇中牛肉盖浇饭的制作过程，并学会迁移运用类似表达教日本人做中国菜。通过讨论、小组合作等方式，设计海报且有条理地阐述做饭步骤和推荐理由。

目标 3——情感态度与价值观：通过教岩崎老师做中国菜的主题实践活动，加深对中华饮食文化的理解和认同，会以日本人易于理解的方式讲述和介绍中国传统美食的烹饪方法。在实际烹饪的过程中，尝试发现和简单归纳中日饮食文化的异同。

目标 4——劳动素养：以劳树德、以劳育美，能够根据他人的饮食习惯和口味喜好设计菜谱，并在讨论和实际烹饪的过程中，提高设计能力、烹饪能力，从而提高生活技能并体会烹饪的乐趣。

## ◎本课时学情分析

学生在上节课已初步了解了中日用餐习惯的不同，能够发现美月家（日本人）端着碗吃饭，横着摆放筷子。而英珠家吃饭时把碗放在桌子上，竖着摆放筷子。但是在用日语表达异同时，逻辑还不够清晰，听说能力相对薄弱，在具体的生活情境中，语言知识的迁移和运用能力还有待提高。因此，本节课的教学将围绕"做饭"这一主题，

---

[①]【评点】日语课程要培养学生的核心素养，主要包括语言能力、文化意识、思维品质、学习能力等方面。文化理解是培养文化意识的重要基础，同时文化理解也是思维品质形成的重要途径。本课时的目标是通过语篇的学习了解了日本的饮食文化后，引导学生学会以介绍中国料理的方式，传播中国文化。教学目标与国家教育目标和课程目标理念一致，表述清晰规范。

通过导入听力、小组讨论和发表演说展示等环节，促进学生综合运用日语的能力。

## ◎课堂导入语（1分钟）[①]：

　　春めく四月はちょうど日本の桜のシーズンです。日本の古語では、春を桜どきと言い、蕾から満開までの桜が日本に希望満ちた春の息吹を吹き込んでいます。中国と違って、日本では卒業式も新学期の始まりも全部4月にあり、この桜がピンクの海ように咲いている別れの時期に、多くの人々がそれぞれの人生の道を踏み始めます。岩崎先生もうちの学校で5年間の任期が満ち、日本へ戻っていくことになりました。帰国する前に、岩崎先生は一つの小さな願いがあります。今日は一緒にその願いを叶えてみましょう。

　　草长莺飞四月天，日本当下正值樱花季。在日语的古语中，将春天称为樱时"さくらどき"，樱花的含苞、盛开为日本送来了充满希望的春日气息。与中国不同，日本的开学季、毕业季都在4月。在这个月，很多人会在这粉色的花海中走向不同的人生路口，去寻求新的人生意义。在这离别的季节，外教岩崎老师将结束五年任期回日本深造。临行前，岩崎老师还有个小小的心愿，今天就让我们一起帮岩崎老师实现她的心愿吧。

## ◎学习过程

　　环节一　（11分钟）明晰本课时总任务，简单了解中国菜系特点，学习中餐常用的食材、食器以及烹饪手法的日语表达。

　　1. 播放岩崎老师的临别视频，明晰岩崎老师的心愿[②]——想向大家学几道好吃的中国菜，把中国的味道带回日本。（2分钟）

　　2. 介绍一下你家乡的美食，简单了解中国饮食文化的特点。（4分钟）

　　3. 学习中餐中常用到的食材、食器以及烹饪手法的日语表达。[③]（5分钟）

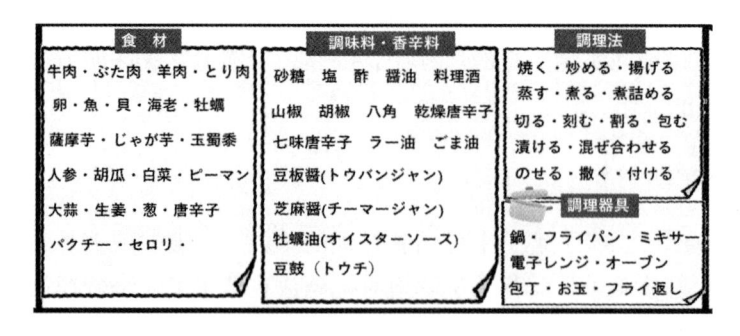

| 食　材 | 調味料・香辛料 | 調理法 |
|---|---|---|
| 牛肉・ぶた肉・羊肉・とり肉 | 砂糖　塩　酢　醤油　料理酒 | 焼く・炒める・揚げる |
| 卵・魚・貝・海老・牡蠣 | 山椒　胡椒　八角　乾燥唐辛子 | 蒸す・煮る・煮詰める |
| 薩摩芋・じゃが芋・玉蜀黍 | 七味唐辛子　ラー油　ごま油 | 切る・刻む・割る・包む |
| 人参・胡瓜・白菜・ピーマン | 豆板醤（トウバンジャン） | 漬ける・混ぜ合わせる |
| 大蒜・生姜・葱・唐辛子 | 芝麻醤（チーマージャン） | のせる・撒く・付ける |
| パクチー・セロリ | 牡蠣油（オイスターソース） | |
| | 豆鼓（トウチ） | |

| | 調理器具 |
|---|---|
| | 鍋・フライパン・ミキサー |
| | 電子レンジ・オーブン |
| | 包丁・お玉・フライ返し |

---

　　[①]【评点】导入语设计巧妙，既介绍了日本文化，又结合了学生的实际生活，创设情境，让学生通过完成任务的方式达成学习目标，真正学以致用。

　　[②]【评点】该环节是一大亮点，通过岩崎老师的视频成功地吸引了学生的注意力，为接下来的活动做了很好的铺垫。

　　[③]【评点】基于本校学生习惯良好，自学能力强的特点，用课前学案的形式提前布置与主题相关的词汇，课堂教学得以更高效地进行。

说明：

该环节设定了真实的情境——教日语外教几道好吃易做的中国菜，致力于提高学生在真实的生活情境中用日语解决问题的能力。岩崎老师即将结束任期回日本深造。5年的教学生涯，深外学子孜孜不倦的学习精神、对日语的热情、深外领导和老师们的关心照顾都给岩崎老师带来了无限的温暖和感动。回国在即，岩崎老师想把这份温暖和中国的味道带回日本。每当在日本品尝这些自己动手烹饪的中国菜时，相信一定会勾起在中国工作生活的点滴和美好回忆。

如何帮助岩崎老师完成她学做中国菜的心愿，用日语条理清晰地教岩崎老师做中国菜？该部分作为预热，在于帮助学生搭建知识框架，拓展知识储备。深圳是移民城市，学生多来自五湖四海，各地的饮食文化也有所不同。首先请学生聊聊自己的家乡美食，借此简单了解中国几大菜系的特点。由于课标教材中未涉猎过多饮食主题的词汇，第三部分作为补充内容，可以以课前学案的形式提前布置。学生通过查字典或者上网搜索等方式，提前了解中餐中常用到的食材、香辛料以及烹饪手法的日语表达，尽可能减少因生词造成的表达障碍。补充词汇不做识记要求，学生能按需正确使用即可。

**环节二** （10分钟）学习描述做饭步骤——以听力文本牛肉盖浇饭为例[①]

1. 听下面的对话，将你听到的内容填在横线或括号里（3分钟）

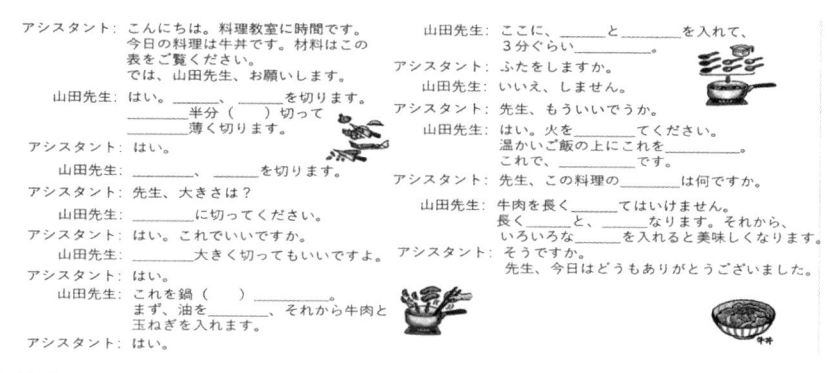

参考答案：まず、玉ねぎ、初めに、に、それから、次に、牛肉、適当、もっと、で、炒めます、入れて、出し、調味料、煮ます、とめ、のせます、できあがり、ポイント、煮、煮ると、固く、野菜。

2. 和老师同学一一确认横线处用了哪些副词、衔接词、动词。思考这些词汇特别是「まず・次に・それから・最後に」对语篇的叙述和理解有何帮助？（4分钟）

3. 听文本，确认做牛丼用到的食材。看图片使用「まず・次に・それから・最後に」分四步简单叙述做牛丼的过程。（3分钟）

---

① 【评点】该环节引导学生在听的过程中借助文本图片等理解语篇大意，掌握用日语表达做饭步骤，很好地体现了核心素养下语言知识的教学要求。

1　まず、玉ねぎと牛肉を切ります。玉ねぎは適当に切って、牛肉は薄く切ります。

2　次に、牛肉と玉ねぎを鍋で炒めます。まず油を入れて、それから牛肉と玉ねぎを入れます。

3　それから、出しと調味料を入れて3分ぐらい煮ます。

4　最後に、温かいご飯にのせます。

说明：

该环节旨在以牛肉盖浇饭为例，学习如何条理清晰地介绍做饭过程。引导学生在听力语篇中获取有效信息，快速抓取对文章意义理解起关键作用的核心词汇。启发学生在听语篇时，要多留意动词、副词，特别在分步叙述时，要通过听取「まず・次に・それから・最後に」等衔接词来帮助理清文章的逻辑和说话者的意图。通过分步复述牛肉盖浇饭的制作过程，锻炼学生口头表达能力，有效地检测学习效果，提升学生的听说能力。

相比阅读文字信息，学生听取信息时会更有难度，特别是在生活情境的口头对话中。因此在设计听力任务时，要根据学情把握难度。听之前，可以预留半分钟时间，让学生通读全文，并通过观察PPT上的图片，简单预测听力内容，做到听之前心中有数。听的过程中，不必逐字逐句全部听清楚，即使有不懂的词汇或表达，也不必在意，只要听取有效信息即可。听之后，要注意总结归纳，思考听力文本中哪些词汇或句型的使用有助于清晰表达，并学会运用。

环节三　（14分钟）迁移运用，合作探究，用日语条理清晰地教日本人做几道中国菜

1. 小组商讨决定教岩崎老师做哪道中国菜，并合理分工，完成海报制作。[①]（8分钟）
2. 小组发表——展示海报并用日语讲解做菜过程，完成生生互评。（6分钟）[②]

评价标准如下：

**評 価 基 準**

| | | | |
|---|---|---|---|
| 中華料理の作り方がはっきり紹介できた。 | | | |
| デザイン性の高いポスターが作成できた。 | | | |
| グループのメンバーが協力して発表できた。 | | | |
| 礼儀正しく挨拶できた | | | |
| 総合評価 | | | |

说明：

第一部分，可以按照地域将学生分成若干小组，学生分组后围绕主题展开讨论。

---

①【评点】日语课程倡导通过"日语实践活动"组织课程内容与学习过程。该环节体现了自主学习，合作学习和探究学习等学习方式与学习过程，激发了学生的学习兴趣，提高了学习能力。

②【评点】小组发表这个环节是整堂课的高潮部分，既培养了学生的语言技能，也符合新课标的育人导向，"用中学""做中学"，充分发挥学生在学习中的主体作用。

本班学生初一时已参加过校团委组织的"占领厨房 我来做菜"主题活动，已具备一定的烹饪技术和烹饪经验。小组成员可以从难易程度、菜品特色、岩崎老师的口味喜好等多个方面商量决定教哪道家乡菜，并借鉴牛肉盖浇饭的做法将菜谱以海报形式呈现。

第二部分，小组成员上台用日语解说该道菜的制作流程。小组成员之间要注意分工合作，每个成员都应发挥所长积极参与。其他同学发言时，在座的同学应保持安静，认真聆听，并参考评价标准完成互评。

◎ 课堂小结

本课围绕"做饭"这一主题，在"留下中国的味道"，教岩崎老师做几道家乡菜这一日语实践活动中，引导学生学会迁移所学，会以日本人易于理解的方式讲述和介绍中国的传统美食。同时引导学生在此过程中加深对中华饮食文化的理解和认同。设计菜谱时，能够心怀他人，考虑到他人的饮食习惯和口味喜好，并在设计和实际烹饪的过程中，提高烹饪技能，体会烹饪的乐趣。

整个教学任务的设计要符合学生的认知规律，注意搭建难度阶梯，循序渐进。尊重学生的学习主体地位，引导学生通过小组合作学习、互动交流等方式，挖掘学生潜能，以促进学生形成良好的日语理解、表达和展示能力。

◎ 作业检测

1. 按照本小组设计的菜谱，回家亲自烹饪，并配以解说，以图文或视频形式发送电子邮件给岩崎老师。[①]

2. 阅读补充文章，请至少从两个角度归纳中日饮食文化的特点。[②]

> 日本料理といえば、最大の特徴は自然の食材に恵まれて新鮮であることです。日本人が料理を作る時、油・調味料などをできるだけ少なく使って、自然の素材の味を殺さないように調理されます。生のまま・茹でるだけ・煮るだけで食べることが多いです。
>
> 中国では、「油」はエネルギー源で、「加油」は力を蓄えを発揮することで、中国料理は巧みな火の使い方で多いに発達しました。うまみを可能な限り抽出したスープを用いて、熱した油で香りを出して、豊かで調和のとれた味わいを目指しています。
>
> 総じて言えば、日本人はあっさりした味を好む習慣があり、しかも食べ物の自然の風味や形をできるだけ保とうとします。素材の味を最大限に生かします。一方、中国人は、一般的に言って料理をするとき、食材を細かく切ったり、練ったりして、その原型をとどめなくしてしまいます。味にしても八角、胡椒、唐辛子、桂皮、ネギ、生姜、大蒜など大量の調味料を使って元の味を変えてしまうことに熱情を注ぎます。いわば、素材本来の味から離れた別の味に仕上げます。
>
> 中国料理と日本料理を比較した場合、両国人民の味覚と美意識の違いがはっきりと分かります。ある外国人は、「中国料理は錬金術——つまり見たこともないような物から不思議な物を作り出す魔法的な能力があって、日本料理は皿に静物を盛り付けた芸術です。」と言っていますが、誠に言い得て妙だと思います。

说明：课上已围绕学做日料「牛丼」、教日本外教岩崎老师几道家乡菜等活动综合锻炼了学生的听说能力。课后将通过写邮件和阅读相关主题的课外文章来锻炼读写能力。并通过实际烹饪，将理论转为实践，让同学们意识到课堂所学可以运用于实际生活，解决真实问题。

---

① 【评点】作业1紧扣课堂学习的目标和内容，不仅形式多样化，还实现了跨学科。可以培养学生的劳动素养，提高学生综合运用知识的能力。

② 【评点】作业2通过相关主题的阅读理解对比中日饮食文化的异同，培养学生尊重与包容不同文化的态度，锻炼学生的思维品质。

# 《楽しい料理教室》课堂实录

——义务教育教科书　日语　八年级（人教版）　第四单元　第七课时

执教：燕南校部　陆文芳

评点：燕南校部　张晓雯

先生：春めく四月はちょうど日本の桜のシーズンです。日本の古語では、春を桜どきと言い、蕾から満開までの桜が日本に希望満ちた春の息吹を吹き込んでいます。中国と違って、日本では卒業式も新学期の始まりも全部4月にあり、この桜がピンクの海のように咲いている季節に、多くの人々がそれぞれの人生の道を踏み始めます。この別れの時期、岩崎先生もうちの学校で5年間の任期が満ち、日本へ戻ることになりました。帰国する前に、岩崎先生は一つの小さな願いがあります。今日は一緒にその願いを叶えてみましょう。

生徒：はい、そうしましょう。

先生：（岩崎先生からのビデオを流して）みなさん、岩崎先生の願いは何ですか。

生徒：中国料理の作り方を勉強したいとおっしゃいました。[①]

先生：中国は広くて、各地方にはおいしい料理がたくさんありますね。深センは移民都市で、みなさんはそれぞれの地方から深センに来ました。故郷の何かおいしい料理を薦めたいんですか。

生徒1：わたしの故郷の有名な料理は南京ダックです。南京ダックはしょっぱくておいしいです。

生徒2：わたしは四川省の出身です。四川料理の中でマーボー豆腐が一番好きです。

先生：マーボー豆腐はあまり辛くなくて、おいしいですね。

生徒3：わたしは広東料理のチャーシューをお薦めしたいです。チャーシューは塩辛くて、ちょっと甘くて、おいしいです。[②]

先生：中国は広い土から多様な料理の流派が生まれていますね。中国料理は食材が多くて、調理法も複雑ですね。今まで勉強していない言葉がたくさ

---

①【评点】观看录像后通过提问确认学生是否明白外教的愿望。教师选择有利于提高教学效果的多媒体手段，创设真实场景，自然引出本课教学内容。

②【评点】深外好课堂五大原则之一是要有充分的自主性和互动感。本对话环节通过师生互动，引导学生进行思考，活跃课堂氛围，有利于教学目标的达成。

んあるので、それぞれの言い方を一緒に確認してみましょう。

（タスク2を略する）

先生：皆さんは今料理の作り方が大体分かりやすく説明できるでしょう。今回はさっさと岩崎先生に美味しい中国料理の作り方を教えましょう。まずは地域によって四つのグループに分けましょう。それから、どんな料理をお薦めでしょうか、グループで相談して、「まず・次に・それから・最後に」で作り方をポスターに書いてください。材料なども忘れないでくださいよ。八分間でやってください。後で各グループで発表してもらいましょう。①

1組：みなさん、おはようございます。わたしたちのグループは豚肉の四川風煮込みを紹介します。この料理の食材は豚肉・唐辛子・乾燥唐辛子・山椒・大蒜・もやし・野菜です。調味料は豆板醤・塩・醤油・油と澱粉です。この料理の作り方はまず、野菜を洗います。豚肉を薄切りにして、澱粉・醤油・塩を入れて漬け込みます。次に、唐辛子や大蒜を切って、豆板醤と油と一緒に鍋で炒めて香りを出します。それから、水・もやし・野菜・豚肉を鍋に入れて煮ます。最後に、山椒と乾燥唐辛子を入れます。熱い油をかけて出来上がりです。②

先生：みなさんははっきりと豚肉の四川風煮込みの作り方を紹介しましたね。この料理を薦めしたい理由は？

1組み：この料理は四川料理の中でとても人気があります。少ししか辛いものが食べられない人に向いています。

先生：岩崎先生は辛いものが好きですか。

1組み：はい、好きです。

先生：ですから、この豚肉の四川風煮込みをぜひ薦めたいんですね。よくできました。みなさんは評価基準を参考にして、1組の発表を評価してください。③

老师：春意盎然的四月正是日本樱花盛开的季节。在日本古语中，春天被称为樱花时节，从花蕾到盛开的樱花给日本注入了充满希望的春天气息。和中国不同的是，在日本，毕业典礼和新学期的开始都在4月。在这个月，很多人会在这粉色的花海中踏上各自的人生之路。在这离别的时候，外教岩崎

---

① 【评点】这个小组活动环节在充分考虑学生的接受度的同时，也具有适当的广度和深度。为学生提供充分的学用日语的机会，也创设了合作学习和探究学习的机会。每组学生既能关注本组的活动结果，也能观看其他组的成果，这种交互式学习方式可以极大地促进学生的进步。

② 【评点】通过小组合作展示海报和介绍中国菜，不仅锻炼了学生的语言表达能力，增强了自信心，还培养了学生的记忆能力和归纳概括等思维品质。

③ 【评点】评价环节的设计突出了以学生为本的理念，引导学生积极动脑动口，培养了学生思辨与创新的意识。

老师即将结束 5 年任期回日本深造。临行前，岩崎老师还有个小小的心愿，今天就让我们一起帮岩崎老师实现她的心愿吧。

学生：好的，就这么决定吧。

老师：（播放岩崎老师的录像）同学们，岩崎老师的愿望是什么？

学生：岩崎老师想学习中国菜的做法。

老师：中国地域辽阔，各个地方都有很多美味菜肴。深圳又是移民城市，大家从各个地方来，有什么家乡的美食想推荐吗？

学生1：我家乡有名的菜是南京咸水鸭。南京咸水鸭咸咸的，很好吃。

学生2：我来自四川省。四川菜中我最喜欢麻婆豆腐。

老师：麻婆豆腐不太辣，非常好吃。

学生3：我想推荐粤菜的叉烧。叉烧微咸又带点甜，味道很棒。

老师：在中国广阔的土地上诞生了各种菜系。中国菜中用到的食材很多，烹饪方法也很复杂，有很多目前还没学过的表达，让我们一起来确认一下吧。

省略任务2

老师：现在大家可以简明扼要地说明菜的做法了吧。这次就赶紧来教岩崎老师如何做好吃的中国菜吧。首先根据地域分四组。随后，小组讨论推荐什么菜，然后用"先、后、再、最后"将做法写在海报上。用到的食材也不要忘记写哦。请在八分钟内完成，之后分小组发表。

1组：大家好。我们组介绍的是四川的水煮肉片。这道菜用到的食材有猪肉、辣椒、干辣椒、花椒、大蒜、豆芽和蔬菜。调料是豆瓣酱、盐、酱油、油和淀粉。这道菜的做法是首先洗蔬菜，将猪肉切成薄片，放入淀粉、酱油、用盐腌制。接着切辣椒和大蒜，和豆瓣酱、油一起下锅炒出香味。然后将水、豆芽、蔬菜、猪肉放入锅中煮。最后放入花椒和干辣椒，浇上热油即可。

老师：组1清晰地介绍了四川水煮肉片的做法。那么推荐这道菜的理由是？

1组：这道菜在川菜中很受欢迎，非常适合只能吃一点辣的人。

老师：岩崎老师喜欢辣的东西吗？

1组：是的，很喜欢。

老师：怪不得想要推荐四川水煮肉片，做得很好。请大家参考评价标准，对一组发言进行评价。

## 【总评】

深外好课堂，有以下五条原则。第一，好课堂要有明确的育人性和方向感。第二，好课堂要有充分的自主性和互动感。第三，好课堂要有鲜明的现代性和开放感。第四，好课堂要有清晰的衔接性和系统感。第五，好课堂要有饱满的生成性和获得感。

本节课遵循主题为引领、情景为依托、语篇为载体、任务为驱动四个原则，有机地融入日语课程内容的主题、语篇、文化理解、语言知识、语言、技能和学习策略等六要素，有效培养学生的核心素养。

本节课是八年级「箸とスプーン」一课的拓展。学生在前面6个课时已初步了解了中日用餐习惯的不同，为了提高学生在具体的生活情境中进行语言知识的迁移和综合运用能力，围绕"做饭"这一主题，通过教岩崎老师做几道家乡菜这一日语实践活动，精心进行教学设计，视频、听力、小组讨论和发表演说展示等环节，引导学生在此过程中加深对中华饮食文化的理解和认同。教师在实施教学中，重难点突出，讲课思路清晰。用饱满的热情调动了教学气氛，注重教学互动，课堂驾驭能力强。以学生为中心，利用活动引导学生进行探究性学习。学生积极参与展示，提高了自主学习能力，同时促进了日语理解表达和展示能力。

本节课有以下三个特点：第一，充分运用信息技术和海报制作，融合课堂教学，让课堂活起来。如果采用传统教学方式会使学生觉得枯燥无味，而且容易分散注意力。授课老师除了利用各种信息技术，还在小组活动中加入了海报制作，充分调动了每一个学生的参与热情，在活动中发展能力，让学生真实地去感受知识、体验知识、积极参与，努力实践，在活动中学会用语言表达交流。第二，教学评一体化，以评促学，以评促教。新课标倡导教师要准确把握教学评在育人过程中的不同功能，树立教学评的整体育人功能。教师针对小组活动设计了评价表，用来评价学生对课堂任务的兴趣和投入程度，对任务的适应程度和完成程度，以及在解决问题过程中的能力和情感发展水平等，给予学生有针对性的鼓励，切实做到新课标要求的以评促学，以评促教。第三，课堂有鲜明的开放性和实践性。教师的教学思想是开放的，目标设定不仅限于教学内容的完成度，而是从学生整体综合素质的提高、人文精神的培养等多方面入手。教学内容是开放的，改变了学科教学的单一性。本节课的作业之一要求学生按照小组设计的菜谱，回家亲自烹饪，并配以解说，以图文或视频形式发送电子邮件给岩崎老师。课程结束时进行了升华，激发学生对相关内容或问题继续学习的欲望。

本节课准确地把握了课程要培养的学生核心素养，培养了学生的家国情怀。教学过程设计流畅，组织教法合理，学生的主体作用和教师的主导地位都能得到比较好的体现，达到了预期效果，是一节成功的好课堂。

# "复分解反应"课堂设计

——义务教育教科书 化学 九年级 下册（人教版）

设计：宝安校部 陈锦填

评点：宝安区初中化学兼职教研员 宝安校部 朱文蕾

## ◎学习目标[①]

课标要求：

1. 理解化学反应的本质是原子的重新组合；认识常见的复分解反应及简单应用。
2. 能辨别常见的复分解反应。

## ◎本课时学习目标

通过酸碱盐知识回顾，归纳提炼复分解反应的概念及特点，通过实验探究了解复分解反应发生的条件。并能依据复分解反应发生的条件，判断酸、碱、盐之间的反应能否发生。

通过归纳推理与实验论证，培养学生实验探究与创新精神。通过宏观、微观、化学方程式三重表征探析复分解反应的发生实质，培养学生宏观辨识与微观辨析的核心素养。

## ◎本课时学情分析

1. 在思维能力上，学生已完成初中阶段三种基本反应类型的学习，对于化学反应的分类有一定的基础，初步具备通过多个化学反应的共同特征归纳某一类反应能力，并通过宏观变化—微观实质—符号表征的思维模型理解不同反应类型。在知识基础上，在本单元以及过往单元的学习中，学生接触过部分复分解反应的示例，这些示例将作为素材，引导学生归纳出复分解反应的特征，有利于学生对复分解反应这一概念的理解、探究、提炼和生成。[②]

2. 本节课的重点和难点在于复分解反应发生条件的探究。学生需要通过对已知复

---

[①]【评点】课标、教材、学情、考情四者互相关联，也互相印证，都是生成课时目标的依据，在新课标、旧教材的现状下，依据课标对教材进行批判性、反思性的分析，结合学情和考情，生成合理课时目标。

[②]【评点】除了对学生已有的知识进行分析，也对学生掌握这些知识的思维路径（方法模型）进行回溯，并在本课时中进行相应的巩固和深化。

分解反应方程式和现象的分析，综合对部分陌生反应现象的猜想和实验验证，推导出复分解反应发生的条件，并将这一推导的结论应用于更多酸、碱、盐反应能否发生的猜想中，对学生能力要求较高。本节课前学生已具备化学反应现象描述的能力，同时对涉及的部分现象反应是否发生的探究也具备一定的基础。[①]

3.学生具备从微粒观的角度理解化学反应的能力，[②] 同时在上一单元的学习中也对溶液中和反应的微观实质有较为深刻的理解，这为拓展学生的思维、理解复分解反应发生的实质以及判断复分解反应能否发生奠定了基础。

◎ **课堂导入语**

各位同学，在上一个单元，我们集中学习了酸和碱的性质，探索了中和反应的奥秘。在上一节，我们接触了几种常见的碳酸氢盐和碳酸盐，认识了它们的反应和相应的性质。在过往的学习中，我们也接触了诸如石灰石和稀盐酸制备二氧化碳这种酸和盐发生的反应。我们往往可以通过实验现象正确地写出方程式。但是同学们仔细想一想，我们知道酸和碱都具有相似的共性，它们发生的这些反应有没有相似的规律呢？如果有，这些规律是什么，能不能帮助我们更好地认识甚至是预测酸碱盐之间发生的反应呢？今天就让我们一起来进行探究。

◎ **学习过程**

环节一 旧知回顾

1.写出以下方程式，找一找方程式中你所发现的规律。
（1）碳酸钠与稀盐酸反应：
（2）实验室制取二氧化碳：
（3）碳酸钠与氢氧化钙反应：
（4）氢氧化铝中和过多的胃酸：

设计意图：本环节旨在引导学生回顾并正确书写出相关的化学方程式，拟用方程式的书写练习唤醒学生的酸碱盐相关性质和转化的记忆。在学生已有的认知中，这些反应相对比较松散和独立，本环节意在驱动学生进行梳理，尝试找出规律。学生在没有老师的进一步引导之下，可能回答出诸如"都有沉淀或者气体""大部分都有水""大部分有碳酸根或者二氧化碳""反应前后都是化合物"等答案。

环节二 探究复分解反应的概念及特征

1.教师通过以下指令，引导学生从上述四个方程逐步归纳出复分解反应的概念。一是因碳酸性质不稳定而分解生成的二氧化碳和水书写成原始生成物碳酸的形式；二是对反应物和生成物，均尝试拆解成阴离子和阳离子的形式。学生借此自主归纳出复

---

① 【评点】非常准确、简练！
② 【评点】能够明确学生已有能力，作为教学活动设计的依据，较好地体现了教学设计能力。

分解反应的概念："两种化合物互相交换成分，生成另外两种化合物的反应，叫作复分解反应。"

2. 引导学生回忆化合反应、分解反应、置换反应三种反应类型，用字母进行形式表示。观察上述复分解反应的形式，尝试用字母表示其一般式。①

3. 观察上述几个反应前后各元素、原子团化合价的变化情况，小结复分解反应中化合价的变化规律。同时引导学生利用这一规律提高复分解反应方程式配平的准确性。

设计意图：本环节在教师给出的提示引导下，学生有意识地对上述反应进行梳理，总结出复分解反应的概念和特征，并通过与已知的三种基本反应类型横向比较的形式，加深对复分解反应规律的理解。同时对复分解反应化合价的变化情况也适当地提及。

环节三 探究复分解反应发生的条件

任务1：学生思考：酸碱中和反应属于复分解反应吗？根据所举的几个例子，并与复分解反应的概念进行匹配，从反应类型的角度重新理解酸碱中和反应中"酸 + 碱 = 水 + 盐"的深层含义。

1. 盐酸中和氢氧化钠：
2. 熟石灰处理硫酸厂废水：
3. 氨水中和过多的硫酸：

任务2：以"酸 + 碱 = 水 + 盐"为提示，推导出酸碱盐组合发生复分解反应后可能生成的物质类型。

设计意图：通过对"中和反应归属类型的判断"以及"酸碱盐不同组合产物类型"的思考，加深学生对复分解反应这一类型的判断。同时承上启下，引出本环节的下一个任务。

任务3：探究"是否化合物两两交换成分即可发生复分解反应"。

向学生抛出探究性的问题：所有化合物两两交换成分都能按照上述提到的生成物类型发生复分解反应吗？根据教师提供的三个两两搭配的化合物组别，通过实验探究，记录现象，得出结果，并做出推论。

| 做出假设 | 化合物两两交换成分 _____ 发生复分解反应 ||||
|---|---|---|---|---|
| 实验设计 | 组别 | $CuSO_4$溶液 + NaOH溶液 | $CuSO_4$溶液 + $BaCl_2$溶液 | $CuSO_4$溶液 + NaCl溶液② |
| 实验结果 | 现象 | | | |
| | 方程式 | | | |
| 实验结论 | | | | |

设计意图：以实验探究的形式，验证学生所做出的假设，培养学生实验探究的能

---

① 【评点】回顾已有的反应类型模型，建立新模型，符合新课标的要求。

"复分解反应"课堂设计 | 199

力以及基于实验事实进行证据推理的意识，培养学生的学科观念和思维。

任务 4：复分解反应发生规律

展示更多的复分解反应方程式，学生通过对比归纳发现其中反应能够进行所暗含的条件规律。

（拓展任务）请学生仿照氯化钠和氢氧化钠发生酸碱中和反应过程中，反应的实质以及各微粒的变化情况，选取其中一到两个反应，尝试画出反应时溶液中微粒的变化情况。[②] 小组内通过对比，分享所能找到的规律。

小组发现：反应发生之后，溶液中的_____都减少了，猜测溶液会朝着_____的方向进行。

设计意图：通过上一个实验，学生已经初步得出复分解反应并非任意两个化合物两两交换成分就能发生，此环节通过大量不同方程式的对比归纳出反应条件。在此基础上，结合学生在中和反应的学习中已有的反应实质和微粒观念，可通过拓展任务的形式引导学生小结出复分解反应发生的微观实质。

任务 5：复分解反应发生规律的应用

根据前述活动所掌握的概念，给出若干个方程，让学生学以致用，进行判断，推测反应能否进行。同时通过实验设计和操作，验证自己的猜想。

1. 下列反应能否发生？请做出合理的推测。

① $H_2SO_4+ NaOH$   ② $H_2SO_4+NaCl$
③ $H_2SO_4+K_2CO_3$   ④ $H_2SO_4+BaCl_2$

2. 小组合作，完成实验设计，验证反应的发生。

| 序号 | ① | ② | ③ | ④ |
|---|---|---|---|---|
| 操作 | | | | |
| 现象和结论 | | | | |

设计意图：对学生是否掌握复分解反应发生的规律进行及时的检验和评价。所安排的四个组合，生成沉淀、气体、水以及不发生反应的组合兼具，同时考查学生通过化学方程式对化学反应现象的预测以及对无现象化学反应的检验等内容，综合性较强。

任务 6：复分解反应对反应物的要求。

以漫画的形式[③]展示碳酸钡和硫酸钠的尝试反应的历程，试图引导学生找出以下两个问题：

---

① 【评点】选择实验素材很巧妙，考虑了离子反应关系的深层问题，但又不过多增大思维难度，也给课堂教学和学生思维发展留出了空间。

② 【评点】对化学变化过程进行多视角认识，"宏观—微观—符号"三重表征是新课标提出的要求。通过微观分析认识复分解反应，有助于学生从本质上理解复分解反应的发生条件的开放式任务，有利于生成更多的课堂资源。

③ 【评点】设计新颖，富有趣味性，同时与前面的学习任务相关联，很好地实现了微观分析思维方法的延续和巩固。

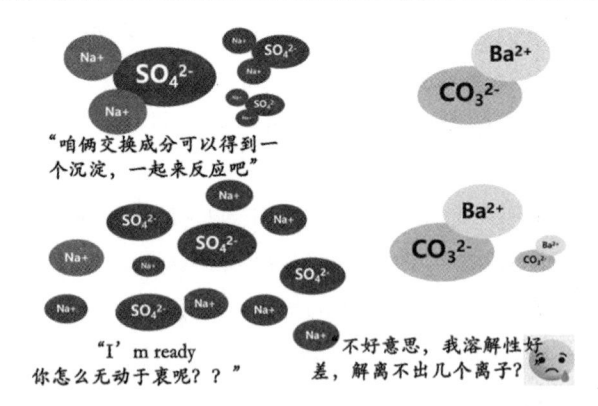

[图示:Na⁺、SO₄²⁻、Ba²⁺、CO₃²⁻等离子的对话场景]

"咱俩交换成分可以得到一个沉淀，一起来反应吧"

"I'm ready 你怎么无动于衷呢？？"

"不好意思，我溶解性好差，解离不出几个离子？"

对话中所指的沉淀可能是什么？

根据对话，猜想出复分解反应对反应物的要求？

设计意图：本小节承接任务4的内容，需要学生在理解复分解反应是由化合物解离出的微粒两两交换成分的基础上，尝试找出复分解反应对反应物的要求，即要求反应物在水溶液（或另一反应物为酸时的酸溶液）中溶解，并解离出离子，才能参与后续的反应。

**环节四　常见酸、碱、盐的溶解性**

引导学生小结回顾复分解反应发生的条件，即生成沉淀、气体或者水，以及复分解反应发生对反应物的要求。通过对比，能自觉关注复分解反应发生中物质的溶解性，并展示教材中部分常见酸、碱、盐的溶解性表，学生通过观察表格总结出常见酸、碱、盐的溶解规律。

设计意图：本环节是在学生能够熟悉复分解反应发生条件的基础上，对复分解反应的条件之一进行补充，让学生能够利用必要的信息判断复分解反应的发生情况。因为从反应物的层面上将复分解反应对于水生成的判断，学生在中和反应中有所接触；对于气体生成的判断，初中阶段所接触的气体生成种类较为单一，在制备二氧化碳一节的教学内容中也早有接触；对于沉淀的生成，仅在上一课时碳酸盐的性质中有过接触，且沉淀种类较为繁多，因此对本部分内容的补充有利于学生应用实际的信息和条件规律解决复分解反应类的相关问题。

## ◎课堂小结

本节课衔接上一课时对碳酸盐和碳酸氢盐的学习，同时统整过往所学过的中和反应等化学反应方程式，梳理出复分解反应的概念，横向联系其他三种已知反应类型，理解复分解反应的反应特征。本节课的教学重点和难点在于复分解反应发生条件的探索和认识，本节课学生经历了观察归纳-实验验证-规律小结-实践应用的认知思路和过程，对复分解反应发生条件有了深刻的认识，并能利用这一反应发生规律对未知的化学反应做出判断，以解决实际问题。此外，本课时在课标基础上对课时内容中复分解反应发生的实质和对反应物的要求进行了一定的拓展，两者存在内在的因果联系，有助于学生从微观视角加深对复分解反应的认识。

## ◎当堂练习[①]

1. 下列物质混合，能发生复分解反应且现象不明显的是（  ）
   A. 铁与硫酸银溶液
   B. 氢氧化钠溶液与稀盐酸
   C. 澄清石灰水与纯碱溶液
   D. 硫酸钠溶液与氯化铜溶液

2. 根据初中化学所学知识判断，下列物质间的转化不能通过一步反应实现的是（  ）
   A. $HCl \rightarrow AgCl$           B. $NaOH \rightarrow Fe(OH)_3$
   C. $CuSO_4 \rightarrow CuCl_2$      D. $KNO_3 \rightarrow NaNO_3$

3. 判断下列物质间在通常情况下能否发生反应，能发生反应的写出有关反应的化学方程式，不能反应的说明原因。
   （1）碳酸钾溶液与氯化钙溶液：_____。
   （2）碳酸钾溶液与稀盐酸：_____。
   （3）氯化钠溶液与硫酸钾：_____。
   （4）氢氧化钡溶液与硫酸：_____。
   （5）碳酸钠溶液与硝酸钾溶液：_____。

## ◎作业检测

完成深圳市初三化学作业设计样例《生活中常见的盐》第三课时内容。

---

[①]【评点】该课时有个别题目需要一定的解题技巧，在课堂上增加相应的习题内容，提高学生的学习成就感。

# "复分解反应"课堂实录

——义务教育教科书 化学 九年级 下册(人教版)

执教：宝安校部 陈锦填

评点：宝安区初中化学兼职教研员 宝安校部 朱文蕾

师：请同学们根据通式：AB+CD $\rightleftharpoons$ AD+CB，用自己的话来概括一下，什么是复分解反应？

生：两种化合物相互交换成分，生成另外两种化合物的反应叫作复分解反应。

师：请同学们思考，对于复分解反应，除了外形上我们直接观察到两种化合物相互交换成分，还有没有其他隐藏的规律？请大家仔细观察以上四个复分解反应。我给大家提示一下，特别关注反应前后物质和原子团中元素的化合价有什么变化，找到之后请组员之间相互交流。

（学生小组内讨论）

生：反应前后化合物中原子团和物质中各元素的化合价都不变。

师：在复分解反应中，各个反应物生成物的原子团和元素化合价都是不变的，总结起来就是"里应外合价不变"。

师：知道了复分解概念后，请同学们想想我们之前有没有学过其他复分解反应呢？（思考20秒）提示大家，想想我们之前学习酸碱盐一节，接触了中和反应，那中和反应是不是复分解反应呢？

生：是（声音较小）。

师：有些同学不是很确定，那下面我们举几个中和反应的例子，大家来看看中和反应是不是复分解反应呢？现在请同学们写出在学案上的三个方程式并观察写出来的三个方程式是不是复分解反应。请一位同学到黑板上来书写。

生：书写反应方程式。

  a. 盐酸中和氢氧化钠：$HCl+NaOH \rightleftharpoons NaCl+H_2O$

  b. 氢氧化钙和硫酸：$Ca(OH)_2+H_2SO_4 \rightleftharpoons CaSO_4+2H_2O$

  c. 氨水和硫酸：$2NH_3 \cdot H_2O+H_2SO_4 \rightleftharpoons NH_4(SO_4)_2+2H_2O$

师：请这位同学告诉我们，通过书写方程式，你能判断中和反应是不是复分解反应吗？

生：以 $Ca(OH)_2$ 和 $H_2SO_4$ 反应为例，$Ca^{2+}$ 和 $SO_4^{2-}$ 结合生成 $CaSO_4$，$H^+$ 和 $OH^-$ 结合生成 $H_2O$，另外两个中和反应也是发生类似的反应过程，化合物之间互相交换离子成分,所以中和反应是复分解反应。

师:那我们来回顾一下,之前我们学过,中和反应的实质是什么?

生:$H^+$和$OH^-$结合生成$H_2O$。

师:谁的$H^+$?谁的$OH^-$?

生:酸的$H^+$,碱的$OH^-$。

师:我们把酸表示为HR,碱表示为MOH。其中$R^-$是酸根阴离子,$M^+$为金属阳离子。酸和碱反应实际是$H^+$和$OH^-$结合,酸中剩下的$M^+$和碱中剩下的$R^-$也会结合生成盐。中和反应的定义也就是酸和碱反应生成盐和水,金头酸尾结合在一起也就是盐。请同学们根据常见酸和碱的组成,思考以下反应的规律,发生复分解反应,生成物会是什么物质类别?

生:酸和盐反应生成另一个酸和另一个盐;碱和盐反应生成另一个碱和另一个盐;盐和盐反应生成另外的两个盐。

师:接下来看第二个思考问题,我们已经知道,复分解反应的定义是两两交换离子成分能够发生的反应。那老师现在有个疑问:是不是我们随便找两个化合物,交换一下离子成分,反应就发生了,我们就称它发生了复分解反应呢?

生:不可以。

师:可不可以,我们需要拿证据来证明。[①] 老师这里给大家准备了好几种常见的化合物,现在请大家一起在小组内完成学案上三个对应的实验:向两支分别盛有少量硫酸铜溶液的试管分别滴加氢氧化钠溶液、氯化钡溶液、氯化钠溶液,观察现象并填入表中。请同学们通过实验操作来验证,它们是不是相互交换成分就可以发生反应呢?实验过程中请同学们记录好相关的实验现象。并写出对应的化学反应方程式。大家开始实验。

(学生开始实验并完成对应的学案内容)

师:时间到,我们请一个小组带着实验试管上来分享他们观察到的实验现象以及对应的化学反应方程式。

学生:第一支试管加了NaOH后出现了蓝色絮状沉淀,第二支试管加了$BaCl_2$后出现了白色沉淀,第三支试管加了NaCl后没有溶液没有任何变化。

师:所以根据实验现象,你认为所有的试管都两两交换发生了复分解反应了吗?

生:第一、二支试管中都有明显现象,生成沉淀,所以发生了复分解反应,第三支试管没有现象,没有发生复分解反应。

师:那我们一起来看一下这个小组写出的对应的复分解反应方程式。第一支试管中:$CuSO_4+2NaOH \rightleftharpoons Na_2SO_4+Cu(OH)_2\downarrow$,我们观察到的蓝色沉淀也就是生成的$Cu(OH)_2$;第二支试管中:$CuSO_4+BaCl_2 \rightleftharpoons BaSO_4\downarrow+CuCl_2$;第三支试管中:不反应。为什么?

生:因为第三个反应没有生成气体或水或沉淀。

---

[①]【评点】凸显了实证意识,渗透对学生的核心素养的培养。

师：直观一点就是这个试管没有任何现象发生，也就是我们发现试管1和试管2中有现象产生，发生了复分解反应，而试管3中没有现象产生，实际上也没有发生复分解反应。但是没有现象的实验就一定没有反应发生，这句话对吗？

生：不对。有可能发生了无明显现象的化学反应。

师：比如有哪些例子？

生：一些酸碱中和反应，二氧化碳和氢氧化钠的反应……

师：非常好，那么反应是否能够发生，等我们找到规律之后，再交给同学们来进行判断。接下来我们再来看一组我们很熟悉的复分解反应，请大家观察这些复分解反应有什么样的共同点？一分钟小组交流。

生：都生成了 $H_2O$、沉淀或者气体。

师：接下来请同学们画出这些方程式发生反应前后离子的变化情况，以 HCl 和 NaOH 为例：$HCl+NaOH \rightleftharpoons NaCl+H_2O$，请同学们标出剩下反应的离子交换情况。

（学生完成剩余反应微观图示）。

师：大家注意观察，反应前有哪些离子，反应后有哪些离子？完成后思考反应后溶液中的什么东西减少了？提示大家：对比反应前和反应后的离子变化，发现有什么变化？

生：反应后溶液中离子减少了。反应 $HCl+NaOH \rightleftharpoons NaCl+H_2O$ 中 $H^+$ 和 $OH^-$ 减少了；反应 $CaCO_3+2HCl \rightleftharpoons CaCl_2+ H_2O+CO_2\uparrow$ 中 $CO_3^{2-}$ 减少了。

师：反应后的离子数目减少。根据质量守恒定律，实际这是因为减少的离子发生反应生成了什么？

生：$H_2O$ 或气体或沉淀。

师：请同学们一起来完成这个空的填写，感受一下复分解反应发生的实质。

生：反应发生之后，溶液中的离子数目都减少了，猜测溶液会朝着离子数目减少的趋势进行。

师：接下来请同学们推测下面这四个反应能否发生，再根据老师提供的药品进行验证？注意边实验边做好记录。1.$H_2SO_4+2NaOH \rightleftharpoons$；2.$H_2SO_4+NaCl \rightleftharpoons$；3.$H_2SO_4+K_2CO_3 \rightleftharpoons$；4.$H_2SO_4+BaCl_2 \rightleftharpoons$

生：进行实验验证。

师：请一个小组来分享，这些反应能发生吗？说出你的理由。

生：第一个反应能发生，因为生成了水，但实验过程中没有实验现象。第二个反应不能发生。第三个反应能发生，因为产生气泡，生成了气体。第四个反应能发生，因为产生了白色沉淀。

师：刚才这位同学提到了，第一个反应能发生，但没有实验现象。有哪个小组通过实验证明了这个反应发生？起来分享一下，演示操作一下。

生：先取少量 $H_2SO_4$ 溶液于试管中，向其中加入无色酚酞，溶液呈现无色，说明里面溶液是酸性，然后向试管中滴加 NaOH 溶液，可以发现溶液瞬间由红色变为无色，说明溶液中 $H_2SO_4$ 过量，继续滴加 NaOH 溶液，直至溶液变红，说明 $H_2SO_4$ 与 NaOH 反应完全，溶液呈碱性。说明 $H_2SO_4$ 和 NaOH 发生了化学反应。

## 【总评】

本课在设计上具有以下亮点：

### 一、结合新课标，多角度认识化学变化

基于新课标，引导学生从宏观（反应现象、物质变化、反应条件）、微观（离子角度）、符号（方程式）三个角度对复分解反应进行认识，归纳反应的定义、特征和条件，充分体现了设计者对新课标的深入研读和准确理解，并能在此基础上对教材内容进行重构和改进，使得教学内容和方式更加符合新课标的要求。

### 二、针对性设计，多方式认识化学变化

本课的课堂任务环环相扣，课堂活动形式多样，同时每个活动都针对性地解决一到两个重要问题，同时应用相应的思维方法，提高相应的学科意识和能力。

| 活动 | 内容与形式 | 解决的问题 |
| --- | --- | --- |
| 环节1 | 写方程，说现象 | 初步了解常见的复分解反应现象 |
| 环节2 | 下定义，建模型 | 明确复分解反应的定义与特征 |
| 环节3任务1、2 | 用模型，再辨识 | 巩固复分解反应的定义<br>丰富对复分解反应产物的认识 |
| 环节3任务3 | 做实验，找证据 | 用实验证据证明复分解反应的条件<br>提升实证意识和推理能力 |
| 环节3任务4 | 画模型，认本质 | 用模型图认识复分解反应的微观本质 |
| 环节3任务5 | 做实验，证猜想 | 综合运用知识；提升实验探究能力 |

而且设计了开放性的学习任务（自选反应绘制微观过程）和进阶性的学习任务（教师设计实验—自主设计实验），符合新课标和新形势下对学习任务和作业设计的要求。

### 三、渗透思维方法和学科观念，多方向提升学科素养

结合教学设计和课堂实录，可以看出设计者重视模型建构这一学科重要方法在教学中的应用和对学生建构模型，应用模型能力的培养，同时也在日常教学中注意渗透微粒观、变化观、实证意识等。

同时，建议本课适当精简活动内容，争取在一个活动中解决多个问题，给学生以空间和时间深入思考，同时体会知识的整体性和综合性。任务6和任务4具有较强的关联性，可以调整一下任务顺序，使学生更完整全面地掌握复分解反应的条件，再进行应用，同时对任务5的内容做调整。

# "种子植物"课堂设计

——义务教育教科书 生物学 七年级 上册(人教版)

设计：龙华校部 郭晓敏
评点：燕南校部 何海辉

## ◎本课时学习目标

本课时学习目标分为四部分，每个目标对应新课标四大核心素养要求[①]，具体学习策略与能力要求如下：

目标1——生命观念：识别当地常见的植物种子，说出种子的主要结构，形成热爱生命、保护自然环境的意识。

目标2——科学思维：通过自己亲手做实验，学会科学观察的基本步骤与方法，得出种子的正确结构，可以培养学生观察、分析、动手、合作等能力。

目标3——探究实践：参与收集种子的活动，科普种子结构，体验与他人交流和合作的乐趣。

目标4——态度责任：通过学习种子的结构，认识种子结构和功能的适应关系，感恩种子在自然界和日常生活中的作用。了解人工种子繁育新技术，增强科学创新意识。

## ◎本课时学情分析

通过前一节的学习，学生明确了生物圈中的绿色植物可分为藻类、苔藓、蕨类和种子植物四大类群，而且对藻类、苔藓和蕨类植物的结构特点已基本掌握，但是对种子植物的结构特点还未有了解，也不懂得如何区分它们。所以，通过本节实验课，让学生学会观察和识别种子结构，运用比较的方法区别单、双子叶植物，培养学生的动手和观察能力，形成良好的科学态度。另外，七年级学生对于动手实验的愿望非常强烈，愿意主动探索未知的领域，本节课就给予学生这样的机会，但是他们独立完成操作的能力还有待加强，这就需要老师的帮助，指导学生正确地发现与解决问题。

## ◎教学重点

菜豆种子的结构和玉米种子的结构。

---

① 【评点】学习目标指向核心素养，从生命观念、科学思维、探究实践和态度责任入手，让学生知道他们将要学习的具体知识和技能，课程目标清晰明确。

## ◎ 教学难点

菜豆种子各部分结构对应功能；玉米种子各部分结构对应功能。

## ◎ 课堂导入语[①]

2004年美国向中国发起大豆战争，中国惨败，大豆市场被美国垄断。大豆是今天中国进口依赖度最高的粮食之一，进口量约占全国总需求的85%。有没有办法打破这一现象呢？先来看一段视频。

播放新闻视频：云南繁育成功首例洋桔梗人工种子，结束外国公司垄断历史。

提出项目式问题：人工种子是一种人工制造的代替天然种子的颗粒体，可以直接播种于田间。想要繁育出成功的人工种子，需要怎么做呢？

同学们提出方案，相互补充，得到流程：了解种子的结构→明确哪些结构是发育成植物体必须的结构（种子的发育）→利用生物技术制备人工种子。

## ◎ 学习进程

环节一　种子初观察

任务1：宏观上，了解种子的形态、大小、颜色[②]

角色互换：两位同学上讲台当老师，在实物投影仪前展示自己收集的常见植物的种子，并介绍它们的名称。通过观察种子的形状、大小和颜色，从感官上认识种子，了解种子的多样性，知道不同种子的形态、大小和颜色各不相同。

提出：这些形态、大小和颜色各不相同的种子都能发育成一株株幼苗，它们具有怎样的内部结构呢？

说明：让学生上台当老师，激发学生的学习兴趣，调动学生的积极性，通过直观的展示，学生认识到不同种子的形态、大小和颜色各不相同。同时学生通过思考，形成初步认识：它们都能发育成一株株幼苗，应该具有类似的内部结构。从而激发进一步探究的欲望：种子有什么样的内部结构呢？

环节二　种子深解剖

任务2：微观上，掌握种子的结构

以菜豆种子和玉米种子为代表，进行观察实验，了解种子的内部结构。

（1）课前教师将"观察玉米种子的结构""观察菜豆种子的结构"的视频发给学

---

[①]【评点】本节课通过新颖的"人工种子"的话题作为导入语，成功吸引了学生的注意力，同时通过国外种子垄断的话题，激发学生的爱国热情，学生学习的积极性被充分调动起来，为接下来的内容做了很好的铺垫。

[②]【评点】该环节让学生上台展示并介绍自己收集的种子，给予学生充分展示的机会，互相交流得到直观的认识：不同种子的形态、大小和颜色各不相同。

生[①]，学生学习观察的基本方法：由表及里，由上至下，先形态后结构，先宏观后微观。课前学生分组，分别准备实验，教师配合指导。

（2）课堂选取两个小组完成"观察菜豆种子"和"观察玉米种子"的演示实验[②]（通过实物投影平台展示）并指出实验注意事项（小组集体成果：不要急于切开种子；不要急于分开两个豆瓣，要感受两个豆瓣相连的部位是哪里；注意玉米切开的方向，仔细观察各部分结构；仔细观察玉米切面滴加稀碘液后的颜色变化），并认真观察其他组的演示实验。同学们对演示实验的小组同学进行评价。

（3）实验：两人一组，参照视频和同学们的演示实验，完成对菜豆种子和玉米种子的解剖观察。[③]

观察菜豆种子的结构

①取一粒浸软的菜豆种子，先观察它的外形。

②剥去种子最外面的一层—种皮，分开合拢着的两片子叶。

③对照课本 81 页图 3-10 用放大镜观察各部分结构。

观察玉米种子的结构

①取一粒浸软的玉米种子，先观察它的外形。

②用刀片将种子纵向切开。

③在剖面上滴一滴碘液，再用放大镜仔细观察。

将各部分结构涂成不同的颜色，对种子进行染色，更清楚地认识种子各部分的结构。

实验过程中，相互交流准备阶段和实验过程中遇到的问题及解决措施。学生在教师指导下，各组从知识、能力方面归纳总结，对自己和组内成员进行评价。

（4）完成学案任务一和任务二。

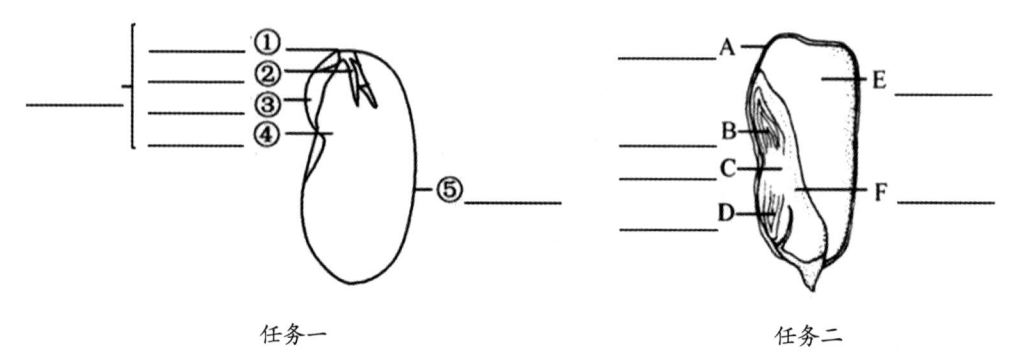

任务一　　　　　　　　　任务二

（5）归纳：小组讨论、设计表格归纳菜豆种子和玉米种子的异同点。总结种子的

---

[①]【评点】教师将学习视频提前发给学生，利用翻转课堂的模式，促进学生的主动操作和主动思考。

[②]【评点】学生上台演示，可以提高参与积极性，增强学生自信心，有利于解决教学重点和难点，提高了学生的学习兴趣。

[③]【评点】每一位同学都有机会亲手进行实验操作，体验实验过程，分析实验中的问题，有利于培养学生的动手能力和思维能力，体现了核心素养当中的科学探究和科学思维的结合。

基本结构，了解胚的重要性。①

|  | 菜豆种子 | 玉米种子 |
| --- | --- | --- |
| 相同点 | 都有_____和_____ | |
| 不同点 | 子叶有_____片，_____胚乳（有或无），储存营养物质 | 子叶有_____片，_____胚乳（有或无），储存营养物质 |

说明：翻转课堂，学生课前观看视频，熟悉观察种子实验的各个步骤，更有利于了解本实验的重难点，将学习的决定权从教师转移给学生。选取小组同学进行演示实验，而不是教师进行演示，可以激发学生的学习兴趣，课堂气氛更活跃。每个学生在课堂进行实验操作，学生进行互评，进一步培养学生的观察能力和动手能力。图表的绘制和总结，培养学生的归纳能力和知识整合能力，同时证实前面的猜测：种子具有类似的内部结构。

环节三　种子巧分类

任务3：重回宏观，由微观种子结构拓展植物的分类②

展示各种各样大小不同的种子的图片，并比较课前收集的种子，根据种子的子叶数目不同，对种子进行分类——单子叶和双子叶，进而拓展单子叶和双子叶植物的特点。

说明：通过观察定义生物学概念，可以达到简单、通俗易懂、形象生动的效果。

环节四　种子再发育

任务4：种子如何发育成一个完整的植物体

通过刚才的实验，了解了种子的基本结构，那么种子结构的每个部分分别发育成植物体的哪一部分呢？哪些结构是发育成植物体必不可少的呢？

演示：种子和幼苗的实物对比

播放视频：种子发育成植物体的视频

推测种子的各个结构分别发育成植物体的哪一部分。设计验证自己的猜测的实验方案，课下大胆尝试③。特别强调胚芽发育成茎和叶两个部分，不是只发育成叶。

得出胚是新植物的幼体，是种子结构最重要的部分。

说明：了解了种子的基本结构，引导学生思考每一部分结构分别发育成植物体的哪个部分，学生自主设计实验，课下进行验证，提高了学生的科学思维能力和动手能力，视频的播放产生更直观的效果，给予学生视觉冲击，学习兴趣更加浓厚。

---

①【评点】学生小组合作，自己设计表格进行归纳总结，提高了对知识的汇总和归纳能力。

②【评点】按照宏观－微观－宏观的顺序进行学习，逻辑清晰，符合学生的认知规律。

③【评点】将学习主动权交给学生，充分挖掘学生的学习潜力，不知不觉中学生的思维得到了锻炼，能力得到了提升。

### 环节五 制备人工种子

小组讨论：若要繁育人工种子，哪些结构是必需的？需要怎样制作呢？

小组讨论后，相互交流评价，然后观看视频《神奇的人工种子》，了解人工种子的制作过程，利用实验室提供的材料进行模拟制作，掌握新科技。[①]

总结：责任感

到目前为止，我国已成功把芹菜、花椰菜、桉树等植物的胚状体制备成了人工种子，并得到了较高的发芽率。相信在不久的将来，人工种子可以发挥更多的潜在优势，创造更大的价值！希望我们可以培育出更多的人工种子，打赢种子贸易战！

说明：了解新科技，呼应开篇设计的问题与情境，进而激发学生的责任意识和爱国热情，达成态度责任这一核心素养的培养。

## ◎课堂小结

本课时的教学重点是菜豆种子和玉米种子的各部分结构和功能。教学过程中主要运用任务驱动与小组合作探究等方式，学生亲手解剖、亲自实验、切身感受，锻炼学生的探索、合作精神和交际能力。

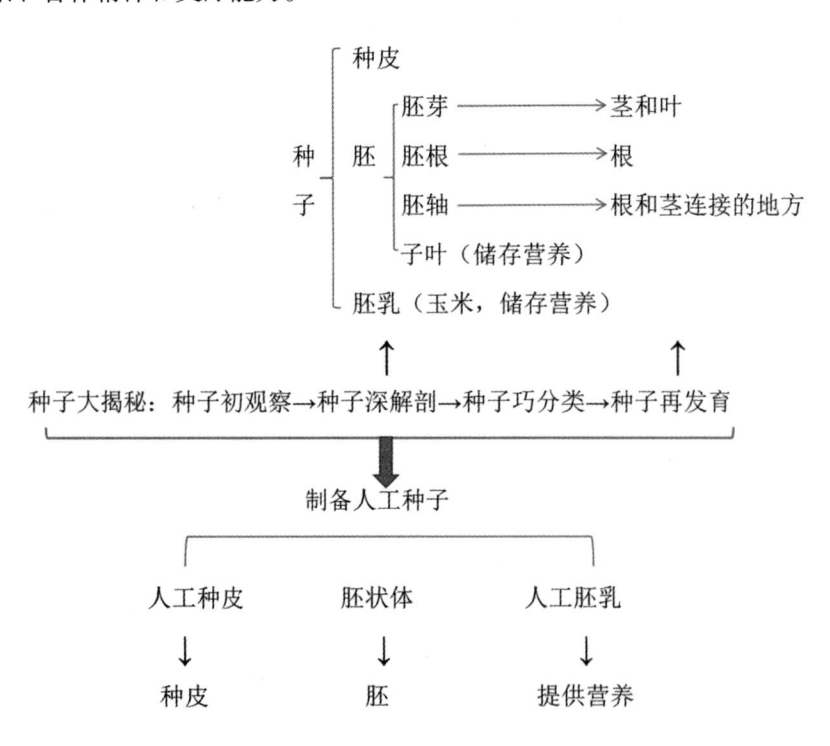

```
                ┌ 种皮
                │      ┌ 胚芽 ──→ 茎和叶
          种    │  胚 ─┤ 胚根 ──→ 根
          子 ──┤      │ 胚轴 ──→ 根和茎连接的地方
                │      └ 子叶（储存营养）
                └ 胚乳（玉米，储存营养）
                         ↑                    ↑
          ┌──────────────┴────────────────────┴──────────────┐
          种子大揭秘：种子初观察→种子深解剖→种子巧分类→种子再发育
                                   ↓
                              制备人工种子
                    ┌──────────────┼──────────────┐
                 人工种皮         胚状体         人工胚乳
                    ↓              ↓              ↓
                  种皮             胚           提供营养
```

---

①【评点】前后呼应，回归到导入环节提出的人工种子的问题，通过模拟制作，对人工种子新科技有了深刻的认识，激发了学生的科技创新意识，体会到国家的进步和日益强大，进而增强了学生的爱国热情。

◎**作业检测：**[①]

以下作业二选一：

1. 绘制菜豆种子和玉米种子的结构图
2. 模型建构：利用教师提供的彩色橡皮泥，以小组为单位制作菜豆种子和玉米种子的模型，进一步加深对种子各个结构的认识。

## 【总评】

本堂课很好地落实了课程标准所提倡的指向学科核心素养的生物学习活动观。主要体现在以下几个方面：

**设计新颖，调动学生热情。** 相比于传统的复习导入，本节课以耳目一新的"人工种子"进行导入，别具一格，极大地激发了学生的学习兴趣，因此整堂课学生和老师都非常有热情，体现了教学的热度。

**问题驱动，培养思维能力。** 本节课开篇给出了项目式问题：如何制作人工种子。通过合作探究，引导学生观察菜豆种子和玉米果实的结构，学生在层层任务驱动中归纳总结种子结构，概括出人工种子必须具备的结构，实现了问题情境的有效链接，培养了学生的思维能力。

**迁移创新，促进深度学习。** 学生根据所学内容判断其他种子的类型，实现了知识的应用与迁移，体现了思维型课堂的内涵，展现了教学的广度与深度。

**以生为本，有效开展教学。** 本堂课以学生为中心，教师积极引导学生自主合作学习，主动思考和解决问题，通过层层递进的教学设计为学生提供了合作、质疑、讨论、思考和表达的空间，在师生互动、生生互动中，优化学生思维习惯，提升学生思维品质。

**合理评价，升华课堂效果。** 完整的教学活动包括教、学、评三个方面。本节课课堂评价活动贯穿教学的全过程，为检测教学目标服务，以发现学生学习中的问题，并提供及时的帮助和反馈，促进学生更有效地开展学习。

---

[①]【评点】课后作业具有"开放式、可选择"的特点，给予学生充分选择和发挥的空间，在归纳、模型建构的过程中，学生的各方面能力可以得到进一步的提升。

# "种子植物"课堂实录

——义务教育教科书 生物学 七年级 上册（人教版）

执教：龙华学校 郭晓敏

评点：燕南校部 何海辉

师：2004年美国向中国发起大豆战争，中国惨败，大豆市场被美国垄断。①大豆是今天中国进口依赖度最高的粮食之一，进口量约占全国总需求的85%。有没有办法打破这一现象呢？我们一起来看一段振奋人心的视频。

生：好（很激动）。

师：从刚才的新闻中，我们知道云南成功繁育了首例洋桔梗人工种子②，结束了外国公司垄断历史，这是中国取得的巨大进步！（鼓掌）人工种子是一种人工制造的代替天然种子的颗粒体，可以直接播种于田间。请同学们想一想，如果现在我们想要成功繁育出人工种子，需要做什么准备工作，怎样一步步做呢？③

生1：首先，需要知道人工种子和自然种子的区别。

生2：需要知道自然种子的哪些结构是发育成植物体所必需的，这样我们只要能够人工将这些必备的结构组合起来就好了。

生3：需要了解制备人工种子的技术。④

师：同学们提出的想法都很有道理，而且考虑得很全面。我们一起来梳理整个流程：①了解种子的结构→②明确哪些结构是发育成植物体所必需的（种子的发育）→③利用生物技术制备人工种子。

生：与老师一起梳理。

师：今天我们就尝试在实验室中制备人工种子。我们首先进行第一步了解种子的结构——种子初观察，先从宏观上认识种子，了解种子的形态、大小、颜色。课前同学们都收集了各种各样的种子，现在请两位同学上台当老师，在实物投影仪前展示自己收集的常见植物的种子⑤，并介绍它们的名称和特征。

---

① 【评点】背景材料新颖，激发学生的爱国热情和求知欲。

② 【评点】新话题的提出，进一步激发学生的学习兴趣。

③ 【评点】提出项目式问题，引导学生进行思考、探究，明确本节课的主线。

④ 【评点】给予学生充分参与课堂的机会，通过学生的回答，一起明确本节课需要解决什么问题，将要解决的主要问题转化为几个具体的问题，并基于这些具体问题设计和组织教学。

⑤ 【评点】角色互换，让学生上台当老师，可以充分发挥学生学习的主观能动性，激发学生学习的主动性、积极性和创造性。

生1：这是我收集的种子，这个红色的是红豆，这个是花生，这个是绿豆，外观是绿色的，它们都可以掰开，分成两瓣。

生2：这是我收集的种子，这个扁扁的黄色的是玉米种子，这个是我们吃的大米，这个黄色的小小的是小米。

师：掌声感谢两位同学，向我们展示了各种各样不同的种子。通过观察，我们发现不同种子的形态、大小和颜色各不相同。但是它们都能发育成一株株幼苗，这是否与它们的内部结构有关呢？

生：（思考并回答）应该是的。

师：老师在课前已经将"观察玉米种子的结构""观察菜豆种子的结构"的视频发给了大家，同学们已经利用课余时间分组完成了实验①，相信大家都做得非常好。有没有小组可以上台演示自己的操作过程？我们一起来学习。

生：举手。

组1：演示"观察菜豆种子"的实验（通过实物投影平台展示），指出实验注意事项②：不要急于分开两个豆瓣，要感受两个豆瓣相连的部位是哪里；仔细观察各部分结构。

组2：演示"观察玉米种子"的实验，指出实验注意事项：不要急于切开种子；注意玉米切开的方向，仔细观察各部分结构；仔细观察玉米切面滴加稀碘液后的颜色变化。

师：同学们觉得刚刚两个小组同学的演示实验如何？你们有什么想要补充的吗？③

生：演示得非常清晰，玉米也切得很熟练，课下肯定练习了很久，点赞！

生：我觉得碘液可以滴加得再少一些，滴加过多，容易撒到桌面或弄到手上。

师：同学们的评价很到位，老师给大家准备好了实验材料，请同学们两人一组，参照视频和同学们的演示实验，完成对菜豆种子和玉米种子的解剖观察。为了保证实验的顺利、安全进行，除了刚才两组同学的提示，老师提醒大家注意观察的基本方法：④由表及里、由上至下、先形态后结构、先宏观后微观；切玉米的过程中要注意安全。

生：两人一组，完成对菜豆种子和玉米种子的解剖观察。

菜豆种子：（1）观察菜豆种子的外形、颜色。（2）按照从外向内的顺序解剖种子，观察种皮。（3）观察子叶、胚芽、胚轴、胚根。

总结菜豆种子结构组成。

---

①【评点】翻转课堂，学生可以根据自身的问题以及自己掌握知识的状况需要，用自己喜欢的方式、节奏来思考、学习，同时通过"先学"，学生能够携带问题进入课堂，使得学生在课上变成了学习的主体。

②【评点】小组上台演示而非教师进行实验演示，给了更多学生参与课堂的机会，同时，有利于调动台下学生的积极性。

③【评点】生生互评，学生可以意识到自身的不足。同时来自同学的认可，可以进一步增强学生的自信心。

④【评点】教师再次提醒实验注意事项，强调实验的安全，体现了课堂的严谨性。

玉米种子：（1）选取新鲜的玉米种子，观察颜色、外形。（2）对玉米种子进行纵切，取一半玉米种子，用解剖器撕取外皮，明确外皮是果皮和种皮紧贴在一起形成的。（3）在玉米种子纵切面上滴加碘酒，并观察纵切面颜色变化，明确胚乳的位置和含有的物质。（4）对玉米种子的胚进行观察，描述各结构的特点、数量、位置关系。

总结玉米种子结构组成。

实验过程中，总结相互交流准备阶段和实验过程中遇到的问题及解决措施。[①]学生在教师指导下，各组从知识、能力方面归纳总结，对自己和组内成员进行评价。

师：请同学们将种子的各部分结构涂成不同的颜色，更清楚地认识种子各部分的结构，完成学案任务一和任务二，标注出各个结构的名称。

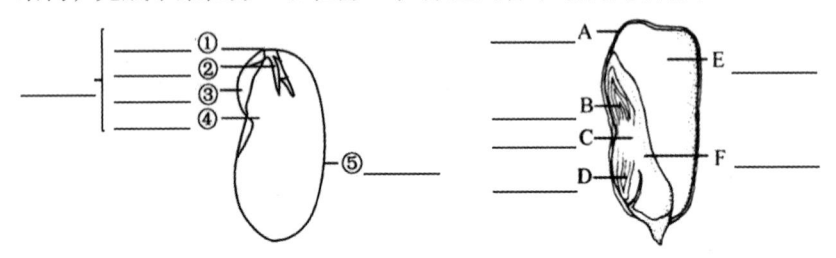

生：认真完成任务一和任务二。

师：大部分同学已经完成了，老师将这位同学做的答案投屏出来[②]，我们一起看看他做得对吗？首先我们来看菜豆种子，①是胚轴，②③④分别是？

生：胚芽、胚根、子叶。

师：①②③④合起来称作？

生：胚。

师：大家的回答非常正确。在这里大家要注意，胚是新植物的幼体，将来发育成一个完整的植物体。⑤是种皮，起保护作用。所以菜豆种子的结构是由种皮和胚组成的。那么玉米种子的结构和菜豆种子一样吗？[③]我们再一起来看一看。

生：A种皮和果皮。

生：B胚芽，C胚轴，D胚根。

生：E胚乳，F子叶。

师：回答得很准确。大家有没有注意菜豆的最外面是种皮，而玉米的最外面是种皮和果皮？

生：是啊，这是为什么呢？

师：玉米的最外面是种皮和果皮，它的果皮和种皮紧贴在一起，种子加果皮组成了果实，所以其实一粒玉米是一个果实，而不是种子，只是我们习惯了称它

---

① 【评点】在课堂上再次给予全体同学动手操作的机会，结合课前的实验，学生之间会互相交流实验过程中遇到的问题和解决措施，更加有利于知识的消化和吸收，同时提高了学生的沟通交流和合作能力。

② 【评点】投屏展示同学的答案相比于直接展示ppt更具有吸引力，学生会不自主地集中精力看同学的答案，使得课堂效果更好。

③ 【评点】引导学生进行迁移、联想。

为种子而已，大家要特别注意。
生：原来如此啊！老师，我还有一个疑问：玉米的子叶怎么这么小呢？为什么菜豆种子的子叶这么大？①
师：这是一个非常好的问题，蚕豆、豌豆和菜豆等豆科植物，种子发育初期虽有胚乳，但后期完全被发育中的胚吸收消耗了，因此种子成熟时不具有胚乳，这种无胚乳的种子，胚具有肥厚而肉质的子叶，在种子萌发时为胚提供营养。所以，玉米的营养物质主要储存在胚乳中，而菜豆的营养物质主要储存在子叶中。
生：原来如此啊。
师：刚刚同学们学习了菜豆种子和玉米种子的结构，请大家以小组为单位，讨论、设计表格，归纳菜豆种子和玉米的异同点。②
生：小组讨论，总结。
师：我们请这个速度最快的小组来展示一下自己的答案。

|  | 菜豆种子 | 玉米种子 |
| --- | --- | --- |
| 相同点 | 都有_____和_____ | |
| 不同点 | 子叶有_____片，_____胚乳（有或无），储存营养物质 | 子叶有_____片，_____胚乳（有或无），储存营养物质 |

生：这个表格画得真好！
师：这个小组不仅速度快，而且表格画得也非常好，值得大家学习。③
生：谢谢大家鼓励，我们会继续努力的，通过总结我们发现，尽管菜豆种子和玉米种子的形态、大小、颜色各不相同，但是它们都具有种皮和胚的结构。它们的不同点主要在于子叶和胚乳，菜豆种子子叶有两片，没有胚乳，玉米种子子叶有一片，有胚乳。

【总评】

郭晓敏老师的教学注重主题探究，创设了"人工种子"这一创新情境，极大地激发了学生的学习兴趣。教学设计思路清晰，符合教学内容实际和学生现有的认知；活动设计注重了调动学生小组合作的积极性，给予学生充分的自主学习和展示的空间，并要求学生用语言归纳、概括、表述出来，锻炼了学生的归纳和口语表达能力。郭老师通过提问、暗问、追问等方式，使学生始终处于思维的活跃状态。在互动过程中，教师未将自己的理解强加给学生，而是引导学生从不同的角度思考问题，鼓励学生发表自己的看法，尊重学生的个性表达，最终使课堂出现了许多精彩的生成，达成生命观念、科学思维、探究实践、态度责任的多维目标。

---

① 【评点】追问激发学生深度思考，引导学生学习不仅要看到表面，而且要积极深入思考。
② 【评点】小组合作，讨论、设计表格，学生的自主归纳能力得到提升。
③ 【评点】鼓励性的语言，可以调动全体学生积极参与，培养学生学习生物的兴趣。

# "延续文化血脉"课堂设计

## 看春晚联欢晚会，赏中华文化之美

——义务教育教科书 道德与法治 九年级 上册 第三单元 第五课

设计：龙华校部 曾凯钰 沙珂夷

评点：龙华校部 杜雪梅

## ◎本课时学习目标[1]

**政治认同：**

感受中华优秀传统文化的独特魅力，热爱中国特色社会主义文化，增强对中华文化的认同感和归属感。

**道德修养：**

了解中华文化的特点，知道中国特色社会主义文化的内涵，能够描述中华文化的力量，列举中华文化的内容。

**法治观念：**

培养热爱中华文化和中华传统美德的情感，立足社会主义先进文化，作出符合文化自信要求的判断和选择。

**健全人格：**

增强对民族文化的自尊心、自信心和自豪感，传承并弘扬中华文化，坚定文化自信，提高对中华文化的认知和运用能力。

**责任意识：**

知道中华文化的产生、内容和意义，理解文化自信的意义，明确文化自信的途径。

## ◎本课时学情分析[2]

初中生处于世界观、人生观、价值观形成的关键时期，使学生打牢中华文化底色，自觉传承中华优秀传统文化，树立文化自信，对学生的健康成长具有重要意义。随着年龄的增长以及学科知识的积累，九年级学生对中华文化有了一定的认知。但是在外

---

[1]【评点】学习目标紧紧围绕道德与法治学科五大核心素养，结合本课时的主题设定，层层深入。

[2]【评点】对学情的分析符合九年级学生特点，针对外来文化的冲击，教师能很好地引导学生加深对中华优秀文化的认同。

来文化与本土文化的激荡中，九年级的学生受其辨别是非能力的限制，在一定程度上会淡漠对中华优秀传统文化价值的认知，从而忽视对中华优秀传统文化的继承与发展。基于以上学情，设计本课内容，引导学生有意识地了解中华文化的特点及其创造力和包容力，从而重视中华文化的价值，增强对中国特色社会主义文化的价值认同。

## ◎课堂导入语

导入：兔年春晚中的中国元素——播放舞蹈《满庭芳·国色》片段[①]

2023年央视兔年春晚的《满庭芳·国色》用中国传统色作为切入点，以舞为语、以曲为韵，桃红、凝脂、缃叶、群青等有着优美名字的"中国色"扑面而来。作曲家依次选用唢呐、古筝、二胡、笛箫、琵琶五种中国民族乐器，与五种颜色、五位顶尖舞者相互对应、配合，把管弦乐作为氛围基底，民族打击乐中国大鼓、梆子作为节奏声部，将人间绝色吟之以曲，绘之以舞。最后"唱色"部分巧妙地将若干中国颜色的名称作为歌词配以具有记忆点的国风旋律，唱出了42种中国传统色。

思考：舞蹈《满庭芳·国色》中融合了哪些中华文化元素？[②]

背景音乐融合了中国民族乐器。

舞蹈蕴含中国舞的韵味。

服装带有中国传统色桃红、缃叶、群青、凝脂、沉香……

## ◎学习过程

环节一　学习中华文化的内容、特点

思考：概括中华文化的内容，并尝试用成语，从时间脉络和类型两个角度来形容中华文化的特点？[③]

小结：

中华文化的内容：语言文字、文化典籍、文学艺术等

特点：源远流长、博大精深

阅读材料：2023年春晚另一人气创意节目《当"神兽"遇见神兽》，则利用裸眼3D、VR三维绘制等技术手段让众多上古神兽得以走出文献古籍。其中，在制作团队创新性的设计制作下，故宫瑞兽"甪端"的形象经裸眼3D技术、视觉增强等科技焕发新生，与同样活泼灵动的孩子们共同发挥无穷的想象力，迸发出传统与时代融合的蓬勃活力。

思考：中华文化还有什么样的特点？

小结：

特点：与时俱进的创造力和海纳百川的包容力

---

[①]【评点】春晚舞蹈《满庭芳·国色》画面和乐曲都很优美，能很好激发学生的学习兴趣，快速带领学生进入课堂。

[②]【评点】提问的设计很好地将导入的内容与课题相结合，自然地过渡到新课的学习。

[③]【评点】从"时间脉络"和"类型"两个角度，提问清晰，指向性非常明确。

环节二　了解文化的定义及重要性

【思考】请学生举例身边的文化？①

学生举例，老师补充：传统节日、诚实守信、重男轻女、算命等。

思考：你认为其中哪些是中华优秀传统文化？

小结：文化的词性：中性词

判断：所有的文化都需要继承发展。

观点错误，我们要继承发展中华优秀传统文化，取其精华去其糟粕。

环节三　认识中华文化及文化自信的重要性，思考如何传承中华文化？②

思考：当你在欣赏《满庭芳·国色》片段时，你有怎样的感受？

气韵雅致的中国古色，是中华优秀传统文化特有的语汇。它们远不止于色彩，更承载着中国人看待世界的方式，背后蕴藏着中华民族流传千年的审美基因和经典智慧。因而，随《满庭芳·国色》而"出圈"的大美中国色，点燃的不仅仅是时下的"色彩新潮流"，更有由悠远、深厚中华优秀传统文化底蕴作为有力支撑的文化自信。

小结：

中华文化的重要性：中华文化积淀着中华民族最深层的精神追求，代表着中华民族独特的精神标识，为中华民族伟大复兴提供精神动力。

文化自信的重要性：文化自信是一个国家、一个民族对自身文化价值的充分肯定，是对自身文化生命力的坚定信念，是一个国家、一个民族发展中最基本、最深沉、最持久的力量。

材料：

《当"神兽"遇见神兽》节目中，根据《山海经》《抱朴子》《史记》《礼记》《庄子》《说文》等古籍设计的凤凰、麒麟、白泽、貔貅、鲲、甪端六种神兽形象，与被称为"神兽"的小朋友同台演出，代表春晚送给孩子一份萌趣可爱的新春礼物。

潮汕地区素有"工夫茶乡"之称。有近千年种植历史的潮汕单丛茶是潮汕工夫茶必用茶叶，因其特有的香气而闻名海内外。随着品茶一族的年轻化，传承千年潮汕单丛茶如今有了一套全新喝法。近期汕头大街小巷的奶茶店、甜品店，镇店之宝多为独特的单丛奶茶、单丛柠檬茶等。潮汕"花样"单丛茶成年轻人的提神消暑新"神器"。

思考：阅读2023年春晚《当"神兽"遇见神兽》创作故事和潮汕茶艺的新喝法，你认为要如何对待中华优秀传统文化？③

---

①【评点】时时关注学生，调动学生的生活经验，注意激发学生的学习状态。教师引领学生走向学习的深处，直抵知识与问题的本质。

②【评点】由对中华优秀传统文化的认识、认同到传承，教学设计层层深入，培养学生的责任意识。

③【评点】由《满庭芳·国色》到《当"神兽"遇见神兽》，教师在授课内容的推进上，很好地借助具有典型性的案例，避免了空洞的说教，也为学生的思考提供了很好的支架。教师很自然地提出同学们感兴趣的话题——潮汕茶艺的新喝法，再次吸引学生的注意力，且引起学生新的思考。

小结：

推动中华优秀传统文化创造性转化、创新性发展。

不忘本来，吸收外来，面向未来，不断铸就中华文化新辉煌。

树立文化自信，增强民族文化认同感和民族凝聚力。

环节四　探究与实践

任务：青少年要做守正创新的先锋。作为深外学子，请你从"传承中华优秀传统文化"的角度，结合生活经验和所学知识，制定深圳传统文化研学方案，并说明设计意图。

◎课堂小结：[①]

通过这节课的学习，我们知道了中华文化的内容、特点、重要性和怎样发扬中华文化。对中华文化有了更多的认识，树立了文化自信，增强了民族自豪感和民族自信心。我们要在日常生活中自觉传承中华文化，争做弘扬中华优秀传统文化的新时代好少年。

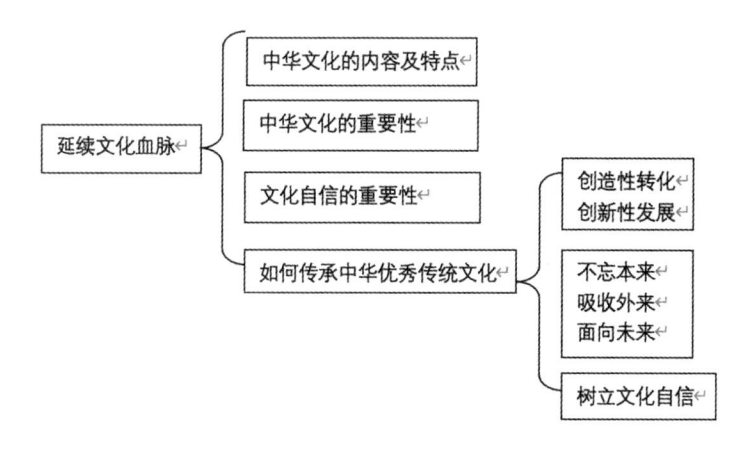

```
                    ┌─ 中华文化的内容及特点
                    │
                    ├─ 中华文化的重要性
延续文化血脉 ───────┤
                    ├─ 文化自信的重要性
                    │                              ┌─ 创造性转化
                    │                              │  创新性发展
                    │                              │
                    └─ 如何传承中华优秀传统文化 ───┤─ 不忘本来
                                                   │  吸收外来
                                                   │  面向未来
                                                   │
                                                   └─ 树立文化自信
```

◎作业检测：评价任务[②]

利用课余时间，体验你所设计的深圳传统文化研学路线，记录研学中对传统文化的所思所想，并撰写 200 字的研学感受。

**总评**

本课的内容《延续文化血脉》选自统编初中道德与法治九年级上册第三单元第五课。教学目标的设定，从"感受中华优秀传统文化的独特魅力"，"热爱中国特色社会主义文化"，"增强对中华文化的认同感和归属感"，"能够描述中华文化的力量"到

---

①【评点】从知识层面的总结到对学生情感价值观的引导，很好地体现了"立德树人"的核心思想。板书设计脉络清晰，重点突出，高度浓缩了教学内容，学生一目了然。

②【评点】作业设计避免了机械重复，先自行设计研学路线，并写下所思所感，将知识融合在活动中，注重学生能力的锻炼。

"明确文化自信的途径",注重践行和弘扬社会主义核心价值观,增进中华民族价值认同和文化自信,注重培养学生的主人翁意识和担当精神。教师的政治向度明确,很好地做到了思想引领,体现了深外好课堂的向度。教学设计的四个环节,由学习中华文化的内容、特点到了解文化的定义及重要性,再到认识中华文化及文化自信的重要性,最后是探究与实践。由知识层面到能力层面,再到情感价值观层面,整个课堂设计环环相扣,教学难度逐层深入。教师在学生现有认知的基础上,穿插引入当下热度较高的不同文化呈现形式,如春晚的舞蹈视频和选取学生熟悉的生活素材,如潮汕工夫茶的引入,注重激发学生学习的兴趣,联系学生生活实际,把看似抽象的文化形象地呈现给学生,加深学生对中华优秀传统文化的理解、感知,进而培养对其的热爱。课堂注重学生思维的培养,引导学生重新认识中华优秀的传统文化,并能很好地传承我们的优秀文化,很好地实现了课时目标。整个课堂设计,看得出教师备课的用心用情,呈现出教师良好的精神状态。总结环节简洁有力,注重学生情感的培养。最后的板书设计脉络清晰,重点突出,高度浓缩了教学内容,可见教师扎实的基本功和对教育教学的热情,很好地体现了"为党育人,为国育才"的目标。

# "延续文化血脉"课堂实录

## 看春晚联欢晚会，赏中华文化之美

——义务教育教科书　道德与法治　九年级　上册　第三单元　第五课

执教：龙华校部　曾凯钰
评点：龙华校部　杜雪梅

师：今天老师将带领同学们开启体味中华文化之美的旅程。首先，我们把视角聚焦于2023年兔年春节联欢晚会。同学们刚刚已经欣赏完了春晚中极具中国风的舞蹈《满庭芳·国色》片段[①]。有同学能够概括出舞蹈《满庭芳·国色》中都融合了哪些中华文化元素吗？

生：首先舞者跳的是中国舞，他们的服装桃红、凝脂、缃叶、群青[②]等都是取自中国传统色。

生：背景音乐能够听出融合了唢呐、古筝、二胡、大鼓、琵琶等中国民族乐器，有很强烈的国风色彩。同时，演唱者将中国颜色的名称作为歌词，唱出了42种中国传统色。

师：看来同学们观察得都特别仔细呢。那老师想请大家跳出春晚的现场，思考一下中华文化除了表现在同学们刚刚提到的舞蹈、音乐之中，还能在哪儿找到？

生：学校隔壁公园有一座中式凉亭。

师：非常好，从身边着手，所以中华文化还表现为建筑文化，还有吗？

生：我们书写的方块字是由甲骨文演变而来的。

师：没错，中华文化还表现为独具特色的语言文字。

生：我们背的五言绝句、七言律诗，还有文言文，也是外国文化所没有的。

师：特别棒，中华上下五千年沉淀出的文学艺术作品也是中华文化的重要组成部分。中华民族在中华大地上劳动和生活，各族人民团结互助，用勤劳和智慧共同建设了灿烂的中华文化。同学们刚刚还提到了饮食文化、节日文化、文化典籍等等，这些都是我们中华文化的具体表现形式，是丰富多彩的、多样化的。那大家能否尝试用两个成语，从时间脉络和类型两个角度来形容中华文

---

[①]【评点】以最新的春晚舞蹈《满庭芳·国色》导入，唯美的画面和优美的乐曲，将学生带入一种美妙的境界，能快速将学生的注意力引入课堂。

[②]【评点】从学生的回答看得出，学生已进入课堂学习状态，此时，老师很自然地过渡到课堂主题——中华文化，并启发学生思考，还能在哪些方面找到中华文化的影子。

化的特点?①

生：从时间脉络来说，我们国家是四大文明古国之一，只有中华文化是从未中断的，延续发展至今。像源源不绝的长江之水，源头很远，历史悠久，根底深厚，我会选源远流长这个词。②

生：从刚刚提到的中华文化的类型来说，中华文化体现在方方面面，内容很广，所以我会选博大精深这个词。

师：概括得非常到位，源远流长、博大精深就是我们中华文化的特点。

师：接下来老师带大家从兔年春晚另一档人气创意节目《当"神兽"遇见神兽》思考我们的中华文化还有什么样的特点?《当"神兽"遇见神兽》利用裸眼3D、VR三维绘制等技术手段让众多上古神兽走出文献古籍。③其中，在制作团队创新性的设计制作下，故宫瑞兽"甪端"的形象经裸眼3D技术、视觉增强等科技焕发新生，使活泼灵动的孩子们共同发挥无穷的想象力，迸发出传统与时代融合的蓬勃活力。从另一个角度来说，大家觉得我们的中华文化在现如今有丧失独特性吗?

生：没有，而且还结合现代科技迸发出新的色彩与生机。

师：很好，从这个层面上来讲，中华文化是包罗万象的，是极具生机、历久弥新的。那我们用两个力来概括中华文化的特点，你会用哪两个力?

生：与时俱进的创造力和海纳百川的包容力。

师：接下来老师想请大家分享一下在欣赏《满庭芳·国色》片段时，你有怎样的感受?

生：非常自豪。

师：这种情感会在你看美国漫威大片，英国《哈利·波特》电影时涌上心头吗?④为什么呢?

生：不会。因为《满庭芳·国色》蕴含的古色古香是我们中国人才能读懂的韵味，别的文化都没有。

师：是呀，这就是我们的文化自信。气韵雅致的中国古色，是中华优秀传统文化特有的，它们远不止于色彩，更承载着中国人看待世界的方式，背后蕴藏着中华民族流传千年的审美基因和经典智慧。随《满庭芳·国色》而"出圈"

---

①【评点】教师对学生的回答给予积极的肯定和鼓励，适时的总结恰到好处，很好地体现了课堂的节度。紧接着抛出新的问题，从"时间脉络"和"类型"两个角度，提问清晰，指向性非常明确。

②【评点】学生的回答不是干瘪的一个词，有比较清晰的阐释和陈述，可见在平时的课堂上，教师很注重学生口语表达和综合能力的训练。

③【评点】由《满庭芳·国色》到《当"神兽"遇见神兽》，教师在授课内容的推进上，很好地借助具有典型性的案例，避免了空洞的说教，给学生的思考提供了很好的支架，看得出教师备课时的用心用情。

④【评点】如果教师只是单纯地让学生比较美国的漫威大片和英国的《哈利·波特》电影与我们传统节目的区别，学生可能会给出不同的答案，但有以上知识的铺垫，学生很自然地能回答出我们传统文化的优势，并能体会传统文化的韵味。

的大美中国色，点燃的不仅仅是时下的"色彩新潮流"，更有由悠远、深厚中华优秀传统文化底蕴作为有力支撑的文化自信。那请大家试想一下，如果一个国家、一个民族丧失了文化自信，它的结局会是怎样的？

生：我们历史课曾经学过，①美国总统尼克松在《1999不战而胜》中写道："当有一天中国的年轻人已经不再相信他们老祖宗的教导和他们的传统文化，我们美国人就不战而胜了。"所以，我认为如果一个民族、一个国家放弃继承自身的优秀文化，继而丧失了文化自信，这个国家将会丢掉自己的灵魂。

师：这位同学跨学科牵引了历史课的案例，做到了学科间学习的融会贯通，值得我们学习。没错，我们强调文化自信是一个国家、一个民族对自身文化价值的充分肯定，是一个国家、一个民族发展中最基本、最深沉、最持久的力量，也是我们的灵魂和根。那么如何在新时代传承我们的优秀传统文化呢？老师想请问大家喝过奶茶吗？②

生：当然喝过。

师：那大家知道"工夫茶乡"是指我国东南的什么地区吗？

生：应该是潮汕地区。

师：没错，潮汕地区素有"工夫茶乡"之称。有近千年种植历史的潮汕单丛茶是潮汕工夫茶必用茶叶，因其特有的香气而闻名海内外。随着品茶一族的年轻化，传承千年潮汕单丛茶如今有了一套全新喝法。近期汕头大街小巷的奶茶店、甜品店，镇店之宝多为独特的单丛奶茶、单丛柠檬茶等。潮汕"花样"单丛茶成年轻人的提神消暑新"神器"。大家在现如今这个快节奏的时代，坐下来慢慢品茶可能是一件难得的事儿。但是我们的潮汕茶艺结合年轻人的喜好，玩出了新喝法。从以上这则材料来看，你认为要如何对待中华优秀传统文化？③

生：我觉得要继承优秀传统文化就不能只是简单地继承，要将传统文化结合当下的时代特点，推动中华优秀传统文化在新时代创造性转化、创新性发展，让它迸发出新的生机与活力，才能推陈出新。

生：我认为在这个全球化的背景下，继承中华优秀传统文化不仅要立足本国不忘本来，还要吸收国外先进的文化，然后面向世界展现我们的优秀中华文化，让更多人欣赏到我们中华文化之美。④

---

①【评点】学生很自然地联想到历史课的内容，很好地体现了学科融合的特点，尤其关联比较紧密的历史道法学科。学生列举尼克松的话，很好地回答了教师的提问，很有力度，再次体现教师平时对学生的综合素养的培养。

②【评点】如果单抛出如何在新时代传承我们的优秀文化，学生可能会出现泛泛而谈的情况，此处，教师很自然地提出同学们感兴趣的一个词"奶茶"，再次吸引学生的注意力，且引起学生新的思考。

③【评点】先给范例，再给问题支架，一步步引导学生的思考。

④【评点】课堂到此，学生的回答也就是水到渠成。学生的学习从知识层面到文化层面，再到对优秀文化的传承，层层深入。

师：非常好，同学们已经把如何对待中华优秀传统文化总结得十分透彻了。希望在生活中，在未来，同学们依然能树立文化自信，由此我们的民族文化认同感和民族凝聚力才能代代相传、历久弥新。

【总评】①

本课选取的是延续文化血脉，从目标的设定"政治认同""道德修养""健全人格"和"责任意识"来看，指向性非常明确。每个目标对应新课标的核心素养，培养学生热爱中国特色社会主义文化，增强对中华文化的认同感和归属感，很好地体现了为党育人，为国育才，教师的政治向度明确。本节课在教学目标的设定上很好地体现了深外好课堂的向度。

整节课的设计，以春晚中极具中国风的舞蹈《满庭芳·国色》导入，引导学生分析中国传统文化的特点，到课中引入春晚另一档人气创意节目《当"神兽"遇见神兽》来探讨中华文化在如今是否丧失独特性，到最后引出广东潮汕地区对工夫茶的改良创新，整个课堂设计环环相扣，教学难度逐层深入。循序渐进引入教学重点，兼顾了趣味性和启发性，可见教师在备课时一定是精心准备，在课前和课堂上都充分投入了教学的热情。课堂上学生活动所呈现出的不仅仅是外在形式的热闹，更多的是思维的活跃，学生跟着教师，一步步走进课堂的精彩，师生所呈现出的是良好的精神状态和对课堂、对知识、对思考的热情。很好地体现了好课堂的"热度"。

教师在课堂上呈现出的知识与信息的广度，对中华优秀传统文化的理解，到引导学生的参与，能紧扣教材又能跳出教材，能结合当下的热点，也能将千年的优秀传统文化串在一起。在引导学生的参与时，能让更多的学生参与到课堂中。在引导学生的思维时，能带领学生进入更深层次的思考，学生所呈现出的是一种高效、高质的对话。课堂上，教师富有激情，学生不仅夯实了基础知识，开阔了视野和思维，同时也感受到来自中华文化的冲击力。教师在引导学生学习时，除了对知识的介绍，尤其注重对学生的情感价值观的引导。美国的漫威大片和英国的《哈利·波特》，可能是不少学生追捧的明星，在课上，教师很自然地将二者与中华优秀传统文化进行比较，不露痕迹地培养学生对优秀传统文化的热爱。本节课既有一定的"深度"，又很好地凸显了好课堂的"广度"。

教师与学生的情感同频震颤，教与学配合默契。学生既有令行禁止的自控力，也有放飞思维和情感的自由度，这是教学"力度"的体现，也得益于教师课堂"制度"的建立。

教师在学生的回答后都能恰到好处地给予积极鼓励的评价，充分尊重学生。学生能很自然地联系到其他学科，如历史、语文，可见在平时的教学中，教师很注重学科的融合，培养学生的综合素养。教师的课堂把握游刃有余，有理有节，有"力度"有"节度"，整节课没有一句闲话，很好地凸显"立德树人"的核心思想。

---

① 【评点】教师语言简洁而富有感染力，从知识层面的总结到对学生情感价值观的引导，很好地体现了"立德树人"的核心思想。

# "东南亚"课堂设计

——义务教育教科书　地理　七年级　下册（湘教版）　第七章　第一节

设计：燕南校部　杜学欣
评点：燕南校部　张进晖

## ◎学习目标

1. 运用地图，找出东南亚的范围，说出东南亚地理位置特点及其重要性。

2. 运用气候与地形分布图，认识并归纳中南半岛与马来群岛的气候、地形、河流特征。

3. 能够综合分析东南亚的自然地理环境对农业活动的影响，认识人与自然的关系，树立综合思维与人地协调观。[①]

## ◎学情分析

1. 本节课的授课对象是初一学生，学生在之前的地理学习中已经具备了一定的地理素养。在学习本节内容之前，学生通过对七年级上册地形、气候等要素的学习，以及对七年级下册《认识大洲》一章的学习，基本能够掌握分析某地地理位置、自然地理要素及其相互关系的方法，为本节内容的学习奠定了基础。

2. 学生在对某区域自然地理环境进行分析时，容易采用死记硬背的方法进行学习，读图能力以及将各自然地理要素进行关联的能力仍有所欠缺。

3. 初中学生偏向于喜爱活跃的地理课堂，因而选择贴近学生生活的情境，能最大化地调动学生的积极性，体现学生的主体地位，并深化区域认知，培养核心素养。

4. 在教学过程中，面对班情和学情的差异，需要制定出更具体的符合个性化学习的策略，因势利导，因材施教。

## ◎学习过程

课堂导入：在最近召开的两会新闻中，老师留意到了这样一则消息，说的是今年的政府工作报告明确了今年我国的粮食产量，这已经是我国连续第三年在政府工作报告中提出这一目标了。由此可见，粮食安全对国家和地区的发展十分重要。

目前世界十大稻米生产国，主要分布在亚洲。其中，有6个国家就分布于"东南亚"，

---

[①]【评点】教学目标设计翔实、明确、合理，运用什么工具，达到什么要求，对本节课的教学内容、教学活动设计起到了统领的作用。而且也非常契合课程标准的内容要求。

那么东南亚在哪里，这里为什么能够发展水稻种植呢？今天就让我们一起去"遇'稻'东南亚"，了解这片神奇的区域①。

**任务1："水稻在哪里"——东南亚的范围、地理位置**

学生自主探究：教师展示"东南亚地形分布图"，以及东南亚范围和地理位置的总结表格（见下表），学生完成自主探究活动②，完成东南亚的位置与地理范围表格。

教师强调与补充：

①在学生谈及位置时，补充新几内亚岛东部不包括在东南亚的范围内。

②在请学生回答问题时，教师引导学生从重要纬线、五带的划分、低中高纬的划分以及方位的描述去说出东南亚的纬度位置与海陆位置。

③强调东南亚地处沟通两大洲、两大洋的"十字路口"的重要位置。

| 东南亚的范围与地理位置 ||  |
|---|---|---|
| 范围 || 中南半岛+马来群岛的大部分 |
| 地理位置 | 纬度位置 | 主要位于热带 |
| | 海陆位置 | 东临太平洋，西临印度洋，北连亚洲，东南邻大洋洲。——"十字路口" |

**任务2："水稻种哪里"——东南亚的自然地理特征**③

小组合作探究1：诗词中的地理：教师介绍《赠缅甸友人诗》④的背景，请学生朗读该诗，引入中南半岛的自然特征；展示"东南亚气候类型分布图"与"中南半岛地形图"，小组合作，归纳中南半岛的自然地理特征，完成导学案表格（见下表）。

| | 气候 ||  地形特征 | 河流特征 |
|---|---|---|---|---|
| | 类型 | 特征 | | |
| 中南半岛 | 热带季风气候为主 | 全年高温，分旱、雨两季 | 地势北高南低 | 流向：自北向南 流速：上游流速快，下游水流平缓 |
| | | | 地表形态：山河相间，纵列分布 ||

---

①【评点】这部分利用我国粮食安全问题，结合国家的发展与学生的生活，很好地体现了课程思政的理念，也体现了地理课程贴近生活的特点。

②【评点】在自主探究的表格部分，通过填空题的形式，搭建思路，引导学生思考。

③【评点】东南亚的自然环境特征部分的材料多为地图、统计图表等，科学准确地展现出情境的真实性。同时引导学生学会使用不同的资料得出结论。

④【评点】这部分运用了诗句，引导学生感悟中缅之间山水相连的区域联系，很好地体现了新课标中要求的跨学科学习的理念。

教师强调与补充：教师以绘制地形剖面图的形式，与学生一同探究，让学生感受中南半岛的地形分布格局，得出"山河相间，纵列分布"的结论。

知识点拨—呼应引入：请学生找到中南半岛的主要河流，判断河流水系，展示《赠缅甸友人》诗句，再次强调中南半岛的地形与河流特征。

小组合作探究2：展示"东南亚气候类型分布图"与"中南半岛地形图"，补充马来半岛上的居民会通过开垦梯田来增加农业种植面积。学生进行小组合作，归纳马来群岛的自然地理特征，完成导学案表格（见下表）。

| | 气候 | | 地形特征 | 河流特征 |
|---|---|---|---|---|
| | 类型 | 特征 | | |
| 马来群岛 | 热带雨林气候为主 | 全年高温多雨 | ·地势崎岖<br>·山岭多，平原少 | ·河流湍急<br>·长度短 |

小组合作探究3：教师以"种植攻略"的方式为学生呈现分析材料，让学生以东南亚农民的身份对水稻种植进行选址，通过前期调研、选址分析后，以小组为单位进行展示和汇报。

具体要求：

①前期调研：学生充分阅读攻略1-6，并结合课堂所学内容，提取有效的信息。

②选址分析：在东南亚地形分布图中标出适合或不适合种植水稻的地点，并就其中一处进行详细的分析，合作完成导学案表格（见下表）。

| 选址分析 | 组号：____ 小组选择的地点位于：_____（并在地形图上标出） |
|---|---|
| 气候 | |
| 地形 | |
| 河流 | |
| 土壤 | |
| 其他条件 | |

③展示汇报：每组需要选出一位小组代表，上台说明小组的选址地点以及理由。确保逻辑清晰，语言精练，重点突出。

总结：师生共同汇总各小组的选址结果，并与东南亚物产分布图中水稻的种植区域进行对照，明确水稻主要种植在大河的冲积平原、河口三角洲以及沿海地带，确认选址的合理性，培养整合地理信息与综合分析、解决问题的能力。同时，也进一步明确虽然各地理要素都会影响水稻种植地的选择，但并不是所有条件都需要具备才能进行种植，而是因地制宜，认识到各区域具有的地理特色及差异。

**任务3:"水稻去哪里"——马六甲海峡**

引入:在优越的自然环境以及杂交水稻技术的支持等因素的影响下,东南亚地区的部分国家,不仅自身的稻米需求得到了满足,还成为世界主要的稻米出口国。教师以越南为例,说明该国目前是世界主要的稻米出口国之一,并展示其主要出口地区和国家。

学生自主探究:如果越南的稻米通过海运运输到非洲与欧洲,其路线的选择上有何共同特点?

总结:马六甲海峡是连接太平洋与印度洋的天然水道,也是联结欧洲、印度洋沿岸港口与太平洋西岸港口的重要航道,其地理位置及其在海洋运输中的地位十分重要。①

据统计,每年从马六甲海峡经过的船只超过十万艘,因此这条水道又被称为十字路口的"咽喉",也是东亚国家的"海上生命线"。

拓展探究:调查家里所食用的大米的产地。结合所学,尝试分析该产地的地理位置、自然地理特征与稻米生产之间的关系。

## ◎课堂小结

本课以"遇'稻'东南亚"为主线,引导学生认识东南亚的自然地理环境。课程从水稻在哪里、种哪里、去哪里三个方面逐层推进,学生在自主探究的过程中,以任务为导向,了解东南亚的地理位置和自然地理特征,并以水稻种植地的选择为载体,认识地理环境与人类活动之间的关系,从而引导学生树立因地制宜、人地协调的观念。②

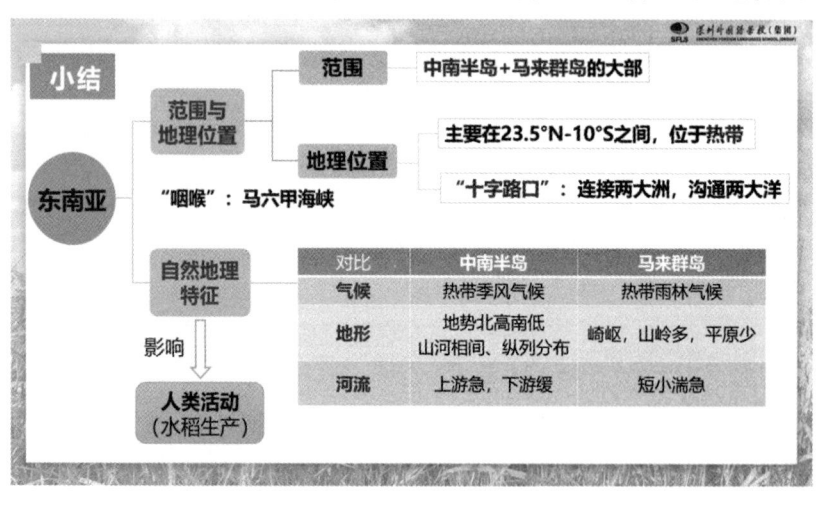

| 对比 | 中南半岛 | 马来群岛 |
| --- | --- | --- |
| 气候 | 热带季风气候 | 热带雨林气候 |
| 地形 | 地势北高南低<br>山河相间,纵列分布 | 崎岖,山岭多,平原少 |
| 河流 | 上游急,下游缓 | 短小湍急 |

小结:东南亚
- 范围与地理位置
  - 范围:中南半岛+马来群岛的大部
  - 地理位置:主要在23.5°N-10°S之间,位于热带
  - "十字路口":连接两大洲,沟通两大洋
- "咽喉":马六甲海峡
- 自然地理特征 → 影响 → 人类活动(水稻生产)

---

①【评点】利用水稻出口引入马六甲海峡的重要性,衔接前面所学的知识,使得课堂整体流畅自然,保障了情境学习的完整性,体现了一定的单元教学理念。

②【评点】此处的小结很好地展示了完整的课堂思路,尤其是体现出地理环境对当地的影响,体现出课堂的地理味道,彰显了地理学科的育人价值。

◎作业检测

我国培育的杂交水稻具有单产高、适应性强等优势,现已推广到多个国家和地区。下图为种植或研究杂交水稻的国家和地区分布图。读图(见课本),完成下面小题。

1. 种植或研究杂交水稻的国家和地区（　　）
   A. 集中在中高纬度地区　　B. 多为发展中国家
   C. 均为内陆国家　　　　　D. 南半球数量较多
2. 东南亚地区是传统水稻种植区,杂交水稻的引种（　　）
   A. 会改变当地饮食习惯　　B. 与当地湿热的环境相适应
   C. 会受到霜冻灾害影响　　D. 将替代热带经济作物种植
3. 杂交水稻技术的推广,可以（　　）
   ①缓解粮食紧缺状况　　②减少贫困人口数量
   ③引发稻米价格上涨　　④消除区域经济差异
   A. ①②　　B. ①③　　C. ②④　　D. ③④

# "东南亚"课堂实录

——义务教育教科书　地理　七年级　下册（湘教版）　第七章　第一节

执教：燕南校部　杜学欣

评点：燕南校部　张进晖

师：那么通过分析中南半岛以及马来群岛的自然地理特征，大家是否已经对东南亚的自然地理特征有了一定的认识呢？

生：是的。

师：那么这些自然地理特征是否有利于水稻的生长呢？

师：如果你是东南亚地区的一位农民，在如此广阔的范围内，你会选择哪一个具体的地点，或者不选择哪一个地点，去发展水稻种植业呢？

师：现在，请大家拿出老师提前给大家发的种植攻略，我们一起来看一下。

师：大家先不着急讨论，先观察一下，这张种植攻略上面一共有多少个攻略呢？[1]

生：6个。

师：对的，那么这6个攻略就相当于大家的一个前期调研工作。首先，大家需要充分阅读这6个水稻种植攻略，提取有效信息。

师：其次，小组讨论时间为3分钟，每个小组需要结合攻略与所学知识，选择一处适合或者不适合种植水稻的地点进行详细分析，合作完成表格4。这个地点要求要比较具体。

师：讨论结束后，每组需要选出一位同学作为代表，结合小组的分析结果，上台用白板笔标出选址地，并说明理由。要求逻辑清晰，重点突出，每组限时45秒。

师：那么大家一边讨论，老师一边给每个组发一张选址表，现在开始。同学们可以热烈讨论，多多发表自己的意见。

【学生小组讨论，时长约5分钟】

师：请每个小组利用最后30秒钟确定小组代表，待会上来的同学需要用笔在白板上将选址地标注出来。

师：好各位同学，请保持安静，先看向老师。

师：刚刚大家都进行了充分的讨论，老师看到，大家至少提出了六七个不同的选择，有的组还有备选方案。那么哪一个组想先上来展示一下呢？

---

[1]【评点】杜老师创新地让学生在情境中补充材料，模拟农民选择种植地，给学生参与决策的机会，能够让学生更好地理解地理环境对人类选择水稻种植地的影响。

师：好的，第一组的月欣同学先举手了，我们有请月欣同学，掌声！

师：那么月欣，作为选址人，你可以说明你们组想或者不想在哪个地方种植水稻。你需要向大家详细地说明，老师也是你的听众哈。

生：我们组选的地点在中南半岛，在湄公河三角洲这里（学生在白板上圈出选址地）。我们可以看到在这一地区，气候主要是热带季风气候，特征是全年高温多雨，分旱、雨两季，雨热同期，有利于水稻的生长。①

师：气候，很好，请继续。

生：其次呢就是地形，这一地区的地形主要是平原，地形较为平坦，土壤也比较肥沃。河流的话就是位于湄公河的入海口，适合种植水稻。

师：好的，谢谢月欣。还有没有要补充的呢？

生：没有了。

师：好的，谢谢。请大家给月欣和第一组掌声。

师：从刚才月欣同学的分析中我们可以看到，她提到了这个地方的气候，对不对？还有地形与河流。那么其实河流除了可以为水稻种植提供水源，它还会给下游地区带来一些什么呢？

生：泥沙。

师：嗯，河流会带来泥沙，泥沙在下游沉积，对不对？这样是不是有利于形成比较肥沃的土壤啊？

生：是的。

师：那么第一组同学，综合你们提到的这4个方面的条件，你们的结论是，这个地点适不适合种植水稻呀？

生：适合。

师：适合，好的。那么还有哪个组想要分享自己的选址呢？好的，梓乐同学。请大家给梓乐同学和第六组掌声。梓乐同学，也请你转过来面对着大家说哈。

生：我们组的选址比较特别，在这个位置（学生在白板上圈出选址地）。

师：这是哪里呢？

生：这个应该是苏门答腊岛，也就是这个大巽他群岛的西部这个位置，也就是苏门答腊岛的东部。那我们选在这里呢，首先它的气候是热带雨林气候，全年高温多雨。

师：高温多雨适不适合水稻的生长呀？

生：是适合的。然后地形的话呢，大家可以看到这里全是绿色，代表的是平原，地形比较平坦。然后河流的话，这里虽然没有很多很大的河流，但是岛屿东部的小河流分布是比较密集的，比较利于灌溉。然后土壤的话，因为附近是有火山的，根据攻略可以知道，火山灰可以使土壤变得更加肥沃。还有一个

---

①【评点】从学生的反馈可以看出，学生不仅选择正确，还能说出其背后的地理原因，说明教师设问准确、引导到位；同时也说明学生具备解决地理问题的核心素养。

其他条件我们认为也比较重要，就是这里靠近马六甲海峡，有利于当地稻谷的出口，能够为当地的经济发展带去更多的便利。谢谢大家！

师：嗯！梓乐同学分析得有道理。请大家给他掌声。[①]

师：那么刚才梓乐呢，谈到了苏门答腊岛的气候、地形还有土壤条件对不对。这里土壤有什么有利的条件？

生：火山灰。

师：这可以使得当地的土壤更加……

生：肥沃。

师：对的，这可以从攻略中看出。那么梓乐同学还谈到了这个选址地中的一个"其他条件"，是什么呀？

生：交通。

师：对的，交通条件，对不对？那么这里临近一个海峡，这个海峡有什么作用呢，我们待会也会一起来学习的哈。好的，由于时间的关系，老师现在还想有请最后一个组进行展示。诶，坐在中间位置的两个组回答得比较少哦，要不要尝试一下呢？好的，那么第二组，意涵你来，大家鼓掌！

生：我们小组呢是选在了这一块（学生在白板上圈出选址地）。

师：这个是什么岛呢？

生：这块是加里曼丹岛。

师：嗯，加里曼丹岛。

生：我们选择这里的原因，首先是这里的气候，从地图册上，我们可以看到这里的年平均气温呢，是25度、30度左右，然后降水全年也是非常丰富的，所以我们推断这里应该是热带雨林气候。水稻的生长需要非常充足的水分。同时这里还有一条河，河流从高处向四周相对平坦的地方流，能够为选址地的水稻种植提供水源。同时这个岛屿周边也是有很多火山的，这也能使土壤变得更加肥沃。那么它的地形呢，我们可以看到这里是大片的绿色，说明这里的地形是平原，也有利于水稻的生长。所以我们觉得选这个地方会比较好。

师：嗯好，说得非常好啊。大家同不同意意涵的观点呀？

生：同意。

师：嗯好，谢谢意涵和第二组同学！那么从刚刚意涵同学的描述中，我们可以知道，她首先对这一地点的气温与降水特征进行了归纳，据此得出了该地的气候特征及其对水稻生长的影响。我们都知道，水稻是一种喜欢什么的植物呀？

生：喜欢高温和充足的水分。

师：对的，水稻喜温喜湿。那么大家有没有像第二组同学一样认真分析地图册上的这两幅气温与降水图呢，这说明第二组同学的讨论与分析还是十分到位的，

---

[①]【评点】能够根据学生的回答，与学生进行对话，进行思维上的碰撞，师生一起参与学习的过程。

对吗？
生：是的。
师：好的。因为时间有限，今天我们的展示只能到这里了。老师很想请所有的组都上来展示，但是由于时间的关系，有点遗憾哈，没有被点到的组，大家也可以课下来跟老师分享你们的选址以及理由。
师：好的，刚才大家都结合东南亚的自然地理特征，选出了自己认为适合种植水稻的地点。那么大家的选址是否合理呢？我们一起来"验证"一下。
师：老师为大家找到了一张东南亚的"物产分布图"，我们可以看到这上面绿色的点代表的是什么呀？
生：是水稻的种植区域。
师：对的。请大家仔细观察一下，水稻在东南亚的实际分布地点，与你们刚才选的是否有重合之处呢？[①]
生：有的。
师：是的，我们可以看到，例如湄公河三角洲、苏门答腊岛的东部，以及刚刚意涵同学所选的加里曼丹岛的这个位置，是不是都有水稻的分布呀？那么其他没有展示的同学，你们选择的地点，是否也是目前东南亚水稻主要分布的地区呢，可以仔细观察一下。老师还想请大家一起来分析一下，中南半岛北部的这个位置，好像没有什么绿色点的分布，这是为什么呢？
生：因为这里的海拔比较高，气温相对较低，而且地势起伏大，平原少，不利于开展水稻的种植。
师：是的。同时这里河流的流速也比较？
生：快，不太适合水稻的种植。
师：好的。通过大家的分析，我们知道东南亚水稻种植的开展与当地的地理环境是密不可分的，大家也已经能够较好地整合地理信息去对地理问题进行综合分析。那么老师希望在之后的学习中，大家也能够学会从多方面综合地思考问题，树立综合思维。

## 【总评】

杜老师利用水稻种植作为情境贯穿本节课，根据情境的地理背景逻辑设计问题和任务，给学生开展探究活动。整节课的设计符合新课标的理念和要求，很好地展示了在初中地理课堂培育学生的区域认知的教学方法。

本节课的教学目标契合课标要求，从东南亚的位置特点及其重要性，到归纳其自然环境特征，再到分析自然地理环境对其农业活动的影响，引导学生从地理的视角了解东南亚，体现出逻辑上的完整性。本节课的教学活动主要在归纳东南亚自然环境特征及水稻种植地点的选择，教学活动设计到位，能够围绕本节课的重点内容。教学过

---

① 【评点】通过真实的资料验证学生的选择，能够引导学生注意探索地理问题时的真实性。

程中的问题设计能够引导学生主动学习，能够引起学生思考问题的兴趣。学生的小组合作探究、讨论的氛围活跃。

另外，本节课体现了课程思政、跨学科等新理念。如在导入环节，杜老师利用了两会中关于"粮食产量"的表述，再引入本节课的水稻种植情境，很好地体现了课程思政的理念。在中南半岛自然环境部分，利用《赠缅甸友人诗》的相关诗句，表达了中缅之间山水相连、友谊长存的思想，很好地体现了跨学科的理念。

在本区域的学习中，杜老师能够渗透自然环境特征对人类活动的影响，学生通过相关的问题和任务，了解东南亚的人地关系的表层关系，且最终能够感悟到因地制宜、人地和谐的理念。

# "新文化运动"课堂设计

——义务教育教科书 中国历史 八年级 下册 第十二课

设计：燕南校部 唐宇彤
评点：致远高中 张 琦

## ◎本课时教材分析[①]

1. 单元结构：本课是八年级上册《中国历史》第四单元《新民主主义革命的开始》中的第一课。本单元主要讲述了新文化运动、五四运动和中国共产党诞生。第一课是奠定思想基础的思想解放运动——新文化运动，它为随后爆发的反帝爱国运动——五四运动起到了思想宣传和铺垫的作用。最后一课是马克思主义在中国的传播成果——中国共产党的成立，这是中国开天辟地的大事，从此中国革命的面貌就焕然一新了。从单元设计上来看，本课是新民主主义革命的先声，上承辛亥革命，为五四运动的开展和中国共产党的成立起到了重要的思想启蒙作用。

从中国近代史上来看，洋务运动、戊戌变法、辛亥革命和新文化运动构成了近代化探索的一条艰辛之路，新文化运动在中国近代思想解放运动中占重要地位。思想文化作为文明发展与转型的重要标志，是历史学习的重要组成部分。通过对本课的学习，可以帮助学生更好地了解近代中国的民主进步和科学发展，理解近代中国的艰辛探索，增强热爱祖国的历史使命感。综上，本课的内容无论是在单元学习中还是在整个中国近代史学习中，都是具有重要意义的。

2. 本课分析：本课主要讲授新文化运动前期的内容，由两个子目构成，分别是"新文化运动的兴起"和"新文化运动的内容与意义"。第一部分讲述了二次革命、护国战争、护法运动几度余波后，旧民主主义革命仍不彻底，揭示了新文化运动诞生的背景。第二部分讲述了新文化运动的内容与意义，新文化运动在思想方面高举民主与科学两面大旗，在文学革命上破旧立新，是对辛亥革命的反思和延续，也为后面的新民主主义革命做好思想上的准备。

## ◎本课时学情分析[②]

本课的内容主要涉及思想史，2021年上半年电视剧《觉醒年代》热播，经过前期

---

[①]【评点】教材分析能够把本课放在整个中国近代史和本单元的背景下，理解编者的编写意图，并且对课程内容进行了细致深入的解析，了解本课特点，为制定适切的课程目标打下了基础。

[②]【评点】学情分析能够结合热播电视剧和问卷调查，真切了解学生的学习基础，尤其是学生学习本课存在的问题和教学的难度，有利于教师采用恰当的教学策略和方法突破难点。

问卷调查，学生对于陈独秀、李大钊、胡适等人有一定的了解，但是对于他们的作品的思想性不是很清楚。在前期学习中，学生已掌握民国初年政治情况，对新文化运动的背景有一定了解，但是其内容和意义，因距离学生的生活实际较远，教学难度较大。

如何让学生易于理解和记忆，需要在课堂教学中由浅及深、循序渐进。八年级的学生经过了一年的历史学习，掌握了一些历史基础知识和学习方法，但对历史问题的理解仍缺少辩证性和全面性，对历史事件的评价仍存在一定的片面性。因此，在教学中，教师仍需根据学生的心理和年龄特征，补充相应的史料，充分利用多媒体教学资源，引导学生全面辩证地看待问题。

## ◎本课时学习目标

本课时学习目标分为四部分，结合新课标五大核心素养要求[1]，具体学习策略与能力要求如下：

目标1——知识建构：通过分析图片与文字信息，了解新文化运动兴起的背景、概况，及新文化运动的主要代表人物与作品。培养学生运用历史的观点分析历史问题的能力。

（核心素养：唯物史观、时空观念）

目标2——思维方法：通过参加座谈会，小组合作阅读新文化运动时期的相关作品，分析典型史料，获取有效历史信息，直观感知新文化运动的面貌。领悟"论从史出，史论结合"的历史唯物主义的思维方法。能够客观地评价新文化运动，形成辩证唯物主义的思维方法。

（核心素养：史料实证、历史解释）

目标3——价值判断：了解陈独秀、胡适、鲁迅等人在新文化运动中的勇敢精神和先锋作用，激发学生勇于创新、积极进取的精神，增强热爱祖国、建设祖国的历史使命感，增强民主与科学意识。

（核心素养：家国情怀）

目标4——学习能力：通过课堂阅读、提问、讨论与展示等多个环节，培养学生在历史学习过程中形成主动学习与合作探究的能力，学会总结知识与学习方法，形成团队合作意识。

设计意图：

本课时设计围绕核心目标共组织了五个学习环节，以青年的觉醒作为主线，设计六个学习任务，引导学生借助多元的学习资源与自主的学习方式，在教师的适当指引下掌握基础史实，提升史学能力，涵养史学素养，同时培养自身的文字阅读、语言表达与探究合作等多项学习能力。

---

[1]【评点】教师能够以"课程标准"为准绳，以学情为出发点，基于教材特点，制定具体可行的学习目标，采用丰富多彩的教学策略激发学生学习兴趣，推动学生主动探究，最终实现学习能力目标的达成。

## ◎ 课堂导入语

活动导入①（1分钟）：上课！

起立！

同学们好！

老师好！

请坐。

刚刚我们相互问候完成了上课的礼仪，这种问候体现了我们之间是怎样的？是礼貌的、平等的、相互尊重的。但其实在民国时期问候语并不是这样的，像民国初年北京大学上课问候语是这样的，大家和我一起尝试一下。

老爷们请起立！

大人好。

老爷们辛苦了！

升官发财。

我们不难发现民国初期的一些青年在思想上有些堕落腐败，这样的风气是随着一场运动而逐渐改善，就是我们今天学习的新文化运动。

## ◎ 学习过程

环节一　青年为何这样——新文化运动·背景

任务1：

分析照片（《袁世凯祭孔》1914年）（3分钟）

向学生展示1914年袁世凯祭孔的照片，点拨学生结合时间信息观察袁世凯的穿着及活动②，启发学生结合第11课《北洋政府的统治与军阀割据》的学习内容，总结出新文化运动的政治背景与思想背景。进一步展示文字材料，剖析国民思想状态，过渡到下一环节的学习。

---

①【评点】课程导入以学生最熟悉的上课礼仪：师生相互问候在民国初年的情况，让学生亲自体会民国初年的社会风气，认识到这样的风气有悖于民主平等观念，从而自然过渡到新文化运动的背景。

②【评点】指导学生观察图片并结合图片时间，充分提取图片的信息，能够培养学生唯物史观、史料实证和时空观念等核心素养。

说明：通过展示图片，吸引学生学习兴趣。衔接上节课内容，引导学生从袁世凯的倒行逆施中得出结论：思想的改造势在必行，从而理解新文化运动主要思想。

环节二　谁在唤醒青年——新文化运动·概况[①]

任务2：

问题链探究（8分钟）

如何挽救国民，挽救青年？此刻一批先进的资产阶级知识分子站了出来，并提出自己的观点，最先站出来的就是陈独秀。新文化运动究竟如何展开？请大家结合图片与文字信息，回答以下问题，探究新文化运动的概况。

1.阅读教材第65页第一段，分析陈独秀等知识分子的救民主张是什么？

2.观察《青年杂志》封面，陈述新文化运动开始的标志，分析陈独秀对中国青年有哪些期许？

3.对比《青年杂志》与《新青年》封面图，指出其中变化，并列举主要撰稿人有哪些？

4.赏析《北大钟声》，分析北大的教育风气对新文化运动的影响？

5.自主完成新文化运动概况表格。

说明：首先通过提供一系列的图片及文字材料，设置一系列引导性提问，培养学生自学及掌握基础知识的能力。其次使用历史人物的真实照片，可以加深学生对教材图片的印象，利用油画作品既能增强学生的学习兴趣，也能帮助学生深刻理解北大、《新

---

[①]【评点】该环节展示图片、文字材料，提出相关问题，然后让学生自己动手填写表格，让学生了解新文化运动的概况，体现了课堂的生成性。

青年》作为新文化运动的两大阵地。最后引导学生尝试通过观察图片，掌握独自提取历史信息的能力。问题链的设置也是顺延教材知识逻辑，符合学生的知识生成要求。该环节能由浅入深地引导学生进行思考，为后面新文化运动的内容学习做好知识基础与能力铺垫。

环节三　如何铸就新青年——新文化运动·内容

任务 3：座谈会合作探究及报告（17 分钟）①

《新青年》编辑部围绕"如何铸就新青年"这一议题，召开了座谈会，并向大家发送了与会邀请，请大家根据自己手上的参会材料，分 1-4 组展开讨论该如何铸就新青年。每一小组成员需将讨论过程填写在参会资料空格处，会后将派出一名代表汇总大家的意见并上台作出报告，讨论限时 3 分钟，报告时间每人不超过 2 分钟。

学生讨论并完成参会材料填写，绘制方案关键词磁贴。

方案一：提倡民主、反对专制。

学生汇报：应在青年间提倡民主思想，辛亥革命后建立的民主共和制度并没有改变国人的思想，他们头脑中还是专制思想。所以要宣传民主、自由、平等的思想，要开办演讲，创办杂志。

教师点评：非常精准地认识到新文化运动提出的民主是民主思想，即德先生，Democracy。讲授民主思想内涵。

方案二：提倡科学、反对迷信。

学生汇报：应在青年间提倡科学，反对迷信。从个人和社会中都能看出封建迷信具有危害，应用科学思想来打破，而不仅仅是科学精神，要创办报刊，多介绍西方科学精神。

教师点评：思维非常敏捷，同样意识到科学精神是新文化运动提倡的"科学"的内涵。同时以洋务运动做对比，以生活中的历史学习举实例。

方案三：提倡新道德、反对旧道德。

学生汇报：应在青年间提倡新道德，反对旧道德。旧道德是以三纲五常为核心的孔教思想，具有很强的危害。一方面是封建帝制的偶像雕塑，一方面会束缚人性，残害性命。应传播新道德，如男女平等、个性解放。

教师点评：学生思路非常清晰，从"旧道德是什么""为什么反对旧道德""弘扬什么新道德"几个问题展开讨论。旧道德是封建统治者钳制人民的思想工具，违背民主与科学，应被破除。

方案四：提倡新文学、反对旧文学。

学生汇报：从秀才的误读可以看出旧文学形式文言文没有标点符号，比较难理解。整体上白话文更加简洁、通俗和实用。陈独秀也提出文学内容的改良，方便青年接受。

---

①【评点】该环节既是本课的重点，又是本课的难点。教师通过活动设计，组织学生沉浸式参与，回到百年之前的新文化运动中去，提高师生互动性，让学生在历史环境中探索历史、感受历史、思考历史。建议老师在这一活动中利用教室的多个教学设备或设施，创设一个浓厚的新文化运动的历史情境。

教师点评：注意到新的方向，从思想转向文学。

说明：该环节旨在锻炼学生在史料中提取、整合信息，并提炼中心思想的能力。研习专属参会材料，并展开讨论，可以培养学生自主学习意识与发散性逻辑思维。学生在小组讨论中不仅能够激发学习兴趣，还能形成小组合作意识，形成组内分工，让学生在课堂中有更多参与感的同时，注重了学生对重点知识的自我生成。学生上台展示讨论结果，能锻炼其公众演讲能力，提高口语表达能力、语言逻辑能力，还能增强自信心，提升交流能力。在小组讨论环节中，教师在各个小组中巡视与交流，观察学生讨论状态，并对各小组做出相应的指导，帮助其进行思想的碰撞。在成果汇报环节，教师根据学生展示表达进行评价与总结，实现师生之间良性互动的同时，对于重点难点知识进行点拨与升华。

任务4：观看《觉醒年代》片段，并回答问题。（3分钟）[①]

展示《觉醒年代》中胡适与黄侃关于"文言文"与"白话文"PK的视频片段，使学生发现，文言文与白话文皆有简洁的功效，进而提问"为什么新文化运动一定要提倡白话文，思想革命为什么需要文学革命？"

参考答案：语言和文学是思想文化的载体。在当时的时代背景下，文言文是承载旧文化的工具。旧文化已经成了要打击的对象，自然要反对旧文学。但在今天，文言文依然拥有文法优美，传承保存优秀传统文化的作用，需要批判继承。

说明：在对白话文与文言文优劣的思考中，选择使用文字史料让学生形成白话文更简洁的固有思维。但在《觉醒年代》片段中却制造冲突，显现了文言文的简洁一面，从而引发学生深层思考新文化运动推崇白话文的根本原因，理解文学革命的必要性。

环节四　新青年铸就新时代——新文化运动·影响

任务5：
学生自主探究（6分钟）

学生根据相应的史料，分析新文化运动带给青年的影响，并分析由此给社会带来的影响。

史料：李欣淑幼年时，父亲为其定了亲，未婚夫不幸去世，父母准备叫她守"望门寡"。李欣淑在女校念过书，不满这种包办婚姻，因而反抗出走，到北京工读。她说："我于今决计尊重我个人的人格，积极地同环境奋斗，向光明的人生大路前进。"

——1919年末长沙《大公报》

史料：某校"你心目中的国内或世界大人物"的民意测验表

史料：聚集在《新青年》周围的知识分子的重要性是很难估价的。他们的著作铸成了一代年轻学生的信仰和态度。1919年五四运动后，这些学生是政治上的生力军，并成为现代中国革命的领导者。

——美国学者莫里斯

---

① 【评点】该环节通过电视剧的片段让学生理解当时为什么要提出白话文，反对文言文，而今天我们依然要学习文言文。让学生明白要把历史放在特定的历史进程、历史阶段中去理解、去分析、去评价，培养批判思维，认识到现代化不是丢掉传统，而是实现传统的自我超越，树立起文化自信。

史料：《新青年》是有名的新文化运动的杂志……我在师范学校学习的时候，就开始读这个杂志了。我非常钦佩胡适和陈独秀的文章。

——毛泽东

说明：该环节旨在锻炼学生阅读史料并提取重要信息的能力。在青年思想变化这方面，选择具有先后鲜明差异的史料，可以帮助学生更加直观感受到新文化运动对青年、国民的思想解放。

环节五　我们要做怎样的青年——新文化运动·延伸

任务6：
朗诵李大钊《青春》节选（1分钟）[①]

> 为世界进文明，
> 为人类造幸福，
> 以青春之我，
> 创建青春之家庭，
> 青春之国家，
> 青春之民族，
> 青春之人类，
> 青春之地球，
> 青春之宇宙，
> 资以乐其无涯之生。

——李大钊《青春》

说明：请学生齐读《青春》，感悟百年前李大钊先生对于青年的美好歌颂与呼唤，激发学生的爱国情怀和伟大理想，认识到正值青春的美好和自己拥有的力量。

## ◎课堂小结

本课作为思想史的一大难点，在设计思路时相对困难，在于如何能够以更加通俗易懂，甚至相对活泼的方式来呈现，如影视剧片段《觉醒年代》以及座谈会活动会更加生动、贴近学生生活，并且符合学生最近发展区，保证学生对于重点知识的自我生成。

本次授课也在内容上做了一些调整，对教材的部分进行了重新组合：把新文化运动的内容根据史料分为"专制 vs 民主""科学 vs 迷信""新道德 vs 旧道德"以及"新文学 vs 旧文学"。相应的本设计也将教学重点放在对于旧道德的批判：对学生来说，理解民主与科学的重要性很容易，但对于旧文化对人的摧残以及思想束缚并不能理解透彻，因此这个地方为了突破孔教是矛头这一难点，选取了相应史料并进行知识架构。在对白话文与文言文优劣的思考中，选择使用视频片段促进学生的深层思考。

---

[①]【评点】以学生深情朗诵诗歌《青春》作为本课的结尾，催生课堂走向高潮。在激昂的诗歌渲染下，让大家深受五四新文化运动的洗礼，"爱国、进步、民主、科学"，用热血青春推动历史进步，让学生感受肩负使命和社会责任，以实现民族繁荣富强，从而实现本课家国情怀的教学目标。

◎**作业检测**[①]

完成《新文化运动》练习。

我们正处在大有可为的新时代。结合今天的学习，你认为在如今"两个一百年奋斗目标"的历史交汇点，青年应该具有怎样的精神品质？请以"我想做一个怎样的青年"为题完成一篇80字的文稿投至《新青年》编辑部。

说明：

本课时以青年为主线，讲授了新文化运动的背景、概况、内容及影响，综合培养了学生五大核心素养。课后作业新文化运动的延伸为主题，引导学生进一步思考青年对于国家和社会的意义，同时充分运用课堂所学内容，重点锻炼学生的写作能力。

## 【总评】

唐老师执教的课题"新文化运动"（《中国历史》八年级下册）课堂设计亮点如下：

### 一、结构完整、思路清晰：

本课教学设计包括了内容解读、教材分析、学情分析、教学目标、设计意图、教学过程、教学反思等要素，解决了为什么学、学什么、怎么学等问题。通过五个联系紧密、逻辑严密的教学环节设计突破了本课的重点和难点。

### 二、指向核心素养的培养：

通过了解新文化运动兴起的背景、概况，新文化运动的代表人物与作品，培养学生运用历史的观点分析历史问题的能力，指向唯物史观和时空观念等核心素养的培养。

在自主探究环节，通过提供不同类型不同出处的典型史料，让学生分析、提取有效历史信息，感知新文化运动的面貌，领悟"论从史出、史论结合"的历史思维方法，指向史料实证和历史解释等核心素养的培养。

了解陈独秀、胡适、鲁迅等新文化运动代表人物的事迹，激发学生"爱国、进步、民主、科学"的精神，增强学生的历史使命感，指向家国情怀等核心素养的培养。

### 三、教学素材的丰富和教学策略的多样：

本课教学设计中，唐老师选取了多幅图片、数段文字材料、典型画作、问卷调查、热播剧等丰富素材，让课堂生动、直观，极大调动了学生学习的积极性和主动性。

在教学策略上，唐老师通过情景创设、启发式教学、学生自主探究、合作学习等策略，将课堂还给学生，多方面培养了学生的能力。

如果这堂课能够有一条立意新、覆盖面广的线索（如一个历史人物、历史器物或者历史事件等）贯穿教学过程，课堂或许会因为有"主线"而更加精彩。如果在教室里创设一个浓厚的新文化运动的氛围环境，让活动设计指向深度学习，或许更能彰显情景式教学魅力。

总之，感谢唐老师提供了一堂精彩的课堂设计。"资源决定课的创意，视野决定课的高度，技术决定课的质量，团队决定课的水平"，以此共勉。

---

①【评点】布置作业检测，实现课堂的完整性。本环节还结合时政"两个一百年奋斗目标"布置作业，体现了"以史鉴今"的历史价值。

# "新文化运动"课堂实录

——义务教育教科书 中国历史 八年级 下册 第十二课

执教：燕南校部 唐宇彤
评点：致远高中 张 琦

师：为了研究这个问题，新青年的编辑部召开了以此为议题的座谈会[①]。在座的同学们也收到了这个邀请函。现在就请同学们拿起手上的参会资料，来讨论"该如何铸就新青年？"讨论的结果和过程，记录在你们的空白框里面，会后派一名小组代表来进行总结发言。现在开始限时3分钟。

学生讨论。

师：讨论结束，哪个小组最先来给大家分享一下自己的方案呢？

生：我们第一小组给出的方案是"提倡民主、反对专制"。通过讨论，我们小组认为要铸就新青年就要提倡民主、反对专制。中华民国成立之后，虽然国体是共和国，但是并没有给人民带来民主和共和，实施的依然是专制统治。具体可以看材料一的第一句话"国民的思想也仍旧是封建专制思想，他们不知道任何民主共和的观念，也不知道民主共和的内容细则。"所以我们认为，只有启发青年的民主思想，才能改变现在的政治形势。材料三中，陈独秀认为科学与人权并重，就是在呼吁"民主与科学"，这是有力的两大口号。材料中解释的人权指的是自由和平等，这些都需要青年具有民主思想才可以实现。如何才能培养青年的民主思想？我们认为，可以在报刊上大量刊登与"民主共和"相关的知识，或者开办演讲，强化国民的民主意识。也可以在学校内加强教育，了解民主的运行模式以及"民主"的内涵。我们还想到可以通过立宪立法来保障人权。

师：感谢第一小组。我发现第一小组的目光非常敏锐，认识到了此时国民的脑子里满是什么思想呢？是帝制的思想，是专制的思想。那就需要用民主的思想来进行洗涤，即自由、平等思想。其实就是"德先生"。大家知道为什么叫德先生吗？

生：因为民主的英文是"democracy"

师：对。所以在新文化运动时期的民主思想，特指的就是西方的资产阶级民主政

---

[①]【评点】以"座谈会"的形式，让学生们探讨、总结，培养学生的自主学习能力，增强课程的适宜性。

治思想。包括法律面前人人平等、个性解放、权利自由等等。接下来，请下一个小组继续发言。

生： 我们是第三小组，通过讨论我们得出，要铸就新青年，就要"提倡新道德、反对旧道德"。从材料一可以看出，陈独秀认为旧道德是指儒家思想中以"忠、孝、节、义"为代表的三纲五常，德先生是指"民主"。那为什么我们要拥护民主，反对旧道德呢？因为旧道德会危害民主。从材料二可以看出，旧道德中的儒家思想是君主专制的精神支柱。在当时，袁世凯为了复辟帝制，于是就向社会灌输孔教思想，尊孔复古的逆流猖獗一时。儒家思想是历代君主所塑造的偶像，只有抨击它才能抨击专制统治。材料三体现了旧道德的另一个危害。我们小组认为，材料中的爸爸其实是爱阿毛的。可是爸爸已经被封建的旧道德所洗脑了，亲手杀害了自己的女儿。① 从我们今日的眼光来看，这是十分残忍且荒谬的。但在封建旧道德影响下，人们习以为常，甚至引以为傲。不光是个人，社会上其实也是这样子的。县官给阿毛爸爸送来一面匾，赞扬他的行为。这说明整个社会在旧道德的影响下，表现出了麻木、无知和落后退步的现象。旧道德是吃人的，它吃掉了爸爸的思想，还吃掉了阿毛的性命。所以病态的封建礼教一定要摒弃，要做一个具有进步思想、具有新道德观念的新青年。我们不妨再来看看，这时期需要什么新道德。从材料四可以看出，新文化运动提倡的是男女平等、个性解放。材料四中北京大学作为先锋，开创了中国国立大学男女同校的先例，就是最充分的例子。综上，同吃人、迷信的旧道德比起来，新道德才是合理的。想要铸就新青年，我们就必须提倡新道德、反对旧道德。

师： 感谢第三小组的同学。他们的议题是"提倡新道德，反对旧道德"。我们可以得知，旧道德主要指的是三纲五常。其中三纲包括君为臣纲、父为子纲、夫为妻纲；五常指的就是仁、义、礼、智、信五种道德品行。这种来自封建的旧思想把人们教导成为一个旧礼仪的守护者，成了统治者钳制人们思想的工具。就像王举人教导自己的女儿殉节，满嘴的仁义道德，但是没有了自己的独立人格。所以，《新青年》发表了大量文章，猛烈抨击封建的旧道德和旧文化。如鲁迅在《狂人日记》中指出封建礼教的吃人本质。新文化运动也倡导着新的道德，如男女平等、个性解放。针对妇女解放议题，《新青年》开设了易卜生专号。这位挪威剧作家易卜生的作品《玩偶之家》讲述了一个敢于反抗传统、走出家门的女性形象。他们在大学也主张开放女禁，为女子接受教育打开了大门。其实，我们宣扬自由平等、个性解放的新道德，就是在培养青年的民主思想。那么，要全部破除旧的道德、旧的政治以及旧的思想，新的青年还需要怎样的思想？

---

① 【评点】"爱"却"亲手杀死"，让学生在这种对比冲突中认识旧道德的危害，认识提倡新道德的必要性。

## 【总评】

评价一堂历史课，我认为要看课的三个方面：教学设计、教学实施、教学效果。

首先，这节课在教学设计方面，目标明确，内容主次分明，过程完整，环节清晰，过渡自然，教学立意高。尤其是学生活动设计，既符合初中学生实际又形式多样，如座谈会的活动设计，全体学生分组讨论，然后派代表上台发言，既有面又有点，充分调动了学生学习的积极性。如果老师能够设计出一条立意新、覆盖面广的线索（如一个历史人物、历史器物或者历史事件等）贯穿教学过程，课堂也就能因为有"主线"而更加精彩，更能给人以课堂的和谐整体美。

其次，教学实施过程中，第一，唐老师教学基本功扎实、教态端庄、举止从容、表达准确清楚，语言精练生动，能够熟练运用各种先进的教学设备，板书科学有条理，字迹工整。第二，老师眼里有学生，"以人为本"，通过课堂设问、多种活动、情景设置等，激发学生兴趣，让学生在任务驱动之下，主动探究、独立思考、自主学习，让学生成为课堂的主角，充分发挥学生的主体作用。第三，唐老师能够根据教学目标和内容，结合班级学生实际和个人教学风格，灵活运用多种教学方法，完成教学任务，充分展现了课堂的生成而非预设。

最后，从教学效果来看，这节课课堂民主宽松、气氛活跃、秩序井然，无论是从"教"还是从"学"来看，都达到了"有效"。唐老师的课堂关注面广，兼顾绝大多数学生，践行了中学历史教学培养"有理想信念、责任担当、独立思考、批判质疑，全面发展的人"的光荣使命。

综上所述，本堂课无论从教学设计、教学实施还是教学效果等方面看，都是一堂好的历史课。

# "幽默智慧的漫画：肖像漫画"课堂设计

设计：燕南校部　刘　锋
评点：深圳市教育科学研究院美术教研员　尹　也

## ◎本课时学习目标

基于核心素养导向下的 KUD 教学目标模式是一个科学的认知过程。认知的基础是知道，把知道关联起来就是理解，理解是知道的结构化。学习就是知道—理解—应用的过程。因此，我将从以下这三方面来阐述我的教学目标。[1]

1. 学生将会知道：
关键知识：了解漫画的基本分类和特点，认识肖像漫画的夸张和变形的手法。
关键技能：学习肖像漫画的夸张表现手法，学会运用各种夸张手法来表现人物肖像。

2. 学生将会理解：
（1）通过对肖像漫画的欣赏，学生学会分析肖像漫画的特点和表现形式，感受肖像漫画的乐趣。
（2）培养学生对事物的观察能力，学会用幽默和智慧的手法去感受肖像漫画给人们生活带来的趣味和价值。

3. 学生将会做到：
（1）运用夸张的手法和简单的线条去表现肖像漫画，培养学生的动手能力和创造能力。引导学生通过绘画实践亲身体验肖像漫画带来的快乐。
（2）培养学生懂得观察生活，学会迁移、学会幽默、学会化解生活中的烦恼。

## ◎本课时学情分析

初一的学生普遍喜欢动漫，接触四格漫画和连环漫画较多，对日漫人物尤其关注和喜爱。他们对于本单元的学习内容会比较感兴趣，但是对于漫画的类别以及象征、讽刺、寓意等的了解并不多。[2]漫画艺术所包含的知识量巨大，作品繁多，对于初一的学生来说，漫画的创作难度比较大。因此，结合以上学情分析，教师在教学设计上可以将单课拆分成多课时来讲，在课堂精选一部分经典的代表作品来进行讲解，在作业设计上可以

---

[1]【评点】KUD 教学目标模式是当下比较流行的教学目标表述形式，它直接指向学生的核心素养，又和大单元教学密切联系在一起。用 KUD 模式来呈现本课时的教学目标，再合适不过。

[2]【评点】对学生的学情了解非常到位，初中生正处于眼高手低的阶段，学情的分析为接下来的教学提供了重要参考。

适当降低难度。[1]

### ◎课堂导入语

今天老师给大家带来了很多张画像，想请大家一起来猜一猜，画像中的人是谁？并且快速地将他们的名字说出来。

学生：看画猜名字。[2]

设计意图：通过猜名字的视频游戏，在课堂一开始，调动学生参与课堂的兴趣，为接下来的师生互动做好铺垫，同时引出"漫画"这一主题。

### ◎学习过程

环节一

辩一辩：教师引导学生欣赏三幅不同的漫画，并回答三个问题：

1. 这张漫画画了什么？
2. 它想表达什么意思？
3. 它属于幽默画、讽刺画还是肖像画？[3]

请学生评述画中的内容并进行归类，学生各抒己见，补充发言。教师引导学生了解画中蕴含的寓意并对学生的发言进行补充和总结。

设计意图：通过欣赏三幅不同的漫画，学生能对漫画的分类有了一个初步的感知，并能挖掘漫画背后所蕴含的寓意，同时过渡到今天学习的重点内容——肖像漫画。

环节二

找一找：下列几组漫画分别夸张的是人物的什么特点？

1. 教师引导学生观察第一组照片，学生学习漫画可以夸张人物的脸型特点。教师介绍脸型八格的概念，学生完成学习任务单上脸型八格的连线题，[4]请一位学生上台完成连线，并给予该学生砸金蛋的奖励，同时获得教师准备的奖品。

2. 教师引导学生观察第二和第三组照片，学生学习如何去夸张人物的发型和五官特点。

3. 教师引导学生观察第四组照片，学生学习如何夸张人物的表情特点。并请一位同学上台表演夸张的表情，同时参与砸金蛋并获得奖品。

---

[1]【评点】本节课内容较多，因此在教学设计上精选了教学内容的其中一部分肖像漫画来讲，是比较精准而富有针对性的。

[2]【评点】教师运用自己制作的视频进行直观导入，学生的注意力一下被吸引。

[3]【评点】小问题的设计非常具体有效，学生能直观地从教师提供的三张漫画中获取相关信息，培养学生的审美感知和文化理解等核心素养。

[4]【评点】脸型八格的内容属于本课拓展的知识，有利于学生理解脸型的分类，体现了教师活用教材的理念。

4. 教师引导学生观察第五组照片，学生学习如何夸张人物的身材比例特点。[①]

5. 教师出示一张肖像照片，提问学生照片中的人最有特点的部位在哪里？学生运用教师介绍的五种夸张手法去完成学习任务单上的任务二：补一补——去补充完成教师画了一半的肖像漫画。请一位学生上台在希沃画板上完成，同时参与砸金蛋并获得奖品。[②]

设计意图：通过欣赏五幅不同的漫画，学生对人物肖像漫画的夸张手法有了一个全面的了解，紧接着学以致用，完成教师提前准备好的未完成作品，将最具特点的部位运用夸张和变形的手法补充完整。这一环节可以起到及时巩固的作用，为下一阶段的漫画创作做好铺垫。在这一环节还加入了三场砸金蛋的活动游戏，通过游戏和奖品激发学生参与课堂的积极性。

环节三

画一画：根据照片素材进行肖像漫画创作。

教师引导学生思考"我们如何去创作一张肖像漫画"这一问题，接着播放教师提前录制好的肖像漫画示范视频，教师讲解重要的几个步骤以及需要注意的事项。[③]学生看完视频后完成学习任务单上的任务三，学生根据教师准备好的肖像素材，选取一张进行肖像漫画创作，教师巡回指导。待创作完成后进行自我评价，完成学习任务单上的任务四，对自己创作的漫画作品进行点评。

设计意图：通过漫画创作，学生直接体验并学习到了肖像漫画创作的方法，这也是本节课最重要的部分，学生创作出来的作品可以直接反映出本节课教师教的效果以及学生学的质量。

环节四

1. 作品的展示与点评

将学生创作的作品展示在移动黑板上，请学生上台对其他同学的作品进行一个点评，指出好在哪里，为什么？教师在学生发言结束后进行一个补充和总结。[④]

2. 知识抢答

设置一场知识抢答游戏，请学生上台参与知识抢答，在游戏中完成知识的回顾和总结。答题完毕后请学生参与砸金蛋游戏。[⑤]

设计意图：通过作品的展示，可以直观地反映学生创作的成果。接着的评价环节

---

① 【评点】步步引导，推出本节课教学的重点内容，也是本节课最大的一块，最精彩的一部分，即夸张的部位。

② 【评点】设置任务驱动加奖励驱动，可以激发学生的学习积极性。

③ 【评点】教师的创作示范，可以给学生直观的学习借鉴和参考。

④ 【评点】教、学、评是三位一体的，在这一环节，通过学生对作品的一个点评，可以检测学生的学业质量。

⑤ 【评点】在最后一个知识总结的环节用希沃系统的PK游戏来进行一个总结，既深刻，又新颖。

包括了自评、他评以及教师评,三方的评价形成了本次课堂评价的一个闭环。接着在课程即将结束的时候通过知识抢答的游戏让学生来回顾和总结今天的学习内容,突出了学生的主体性,同时运用了希沃白板的课堂活动,丰富了课堂形式,调动了学生参与课堂的积极性。

◎ 课堂小结

在完成作品评价后,教师引导学生一起来对本节课的内容进行一个总结和回顾:首先学习了漫画的三种类别,接着学习了五种夸张漫画特点的方法,最后通过补一补和画一画的环节,同学们感受和体验到了漫画的夸张和幽默。在课堂结尾教师将本节课的学习目标进行升华,即我们不仅仅是学会创作一张幽默和智慧的漫画,更重要的是学会用幽默和智慧的手法去化解生活和学习中的困难和烦恼!

◎ 作业检测

课后自主寻找素材,创作一张幽默和智慧的肖像漫画,下一节课再来欣赏和点评。[①]

【总评】

首先,这一节课的教学设计很完整,从导入到讲授、示范、创作、点评和总结,每一个环节过渡自然,无缝衔接,上一环节的设计都是为下一环节作铺垫。同时,在每一环节内部又层层递进,整个过程的设计都是以任务来驱动教学的。

其次,这一节课的设计有比较多的亮点,比如:采用了最新的教学目标KUD模式,体现了教师与时俱进的教育理念。设计了很多大任务,大任务中又有小任务,小任务中又有小问题,通过设计问题,引发学生思考。教师设计了奖励的环节来激发学生学习的积极性,完成一项任务就获得一份奖励,很好地运用了教育教学的理论知识。

最后,教育信息化是现在的主流趋势,疫情期间的线上教学,让我们老师不得不去思考新的教学形式,这也倒逼老师们去探索和研究先进的教育技术和手段。在后疫情时代,我们也需要这样的教育技术来创变新的教与学模式。在这一节课的设计上,教师运用了希沃白板的自带功能比如蒙层、抽奖、画板、游戏、投屏等,极大地丰富了课堂的教学形式。

因此,这一节课从目标设计、学情分析、过程设计、教学效果等来说都是一节值得去学习和研究的好课。

---

[①]【评点】课后有拓展、有迁移,可以有效地检验学生的课堂学习效果。

# "幽默智慧的漫画：肖像漫画"课堂实录

执教：燕南校部　刘　锋
评点：深圳市教育科学研究院美术教研员　尹　也

师：今天老师给大家带来了很多张画像，我想请大家一起来猜一猜画像中的人是谁，知道的举手回答。

生：学生回答。[1]

师：为什么大家一眼就能认出来是谁呢？

生：因为和本人很像、很有特点。

师：非常好，那么还有其他不同的特点吗？

生：更夸张？

师：那么我们如何去夸张漫画的特点呢？又如何去表现一张夸张的漫画呢？漫画的类别还有哪些？

师：请同学们先来看第一个问题，漫画常见的类别有哪些？

生：幽默画、讽刺画和肖像画。

师：很好，那么我们如何去区分这三类漫画呢？下面我们通过三张不同的漫画来对它们进行一个辨别。我们首先来看第一张，请同学们看完之后回答右边三个问题：第一，这张漫画画了什么内容？第二，这张漫画想要表达什么意思？第三，这是一张幽默画、讽刺画还是肖像画？想好的同学举手回答。[2]

生：这张画上画有一个乡政府，里面有一个人在洗车，墙壁上写着节约用水，造福人民。外面的环境是一片干旱的土地，而这个在乡政府的人却在里面浪费水。

师：她说画的是一个乡政府，外面有个老人家，牵着一头什么？

生：毛驴。

师：毛驴上有什么？

生：两桶水。

师：他们要去往的方向是？

生：干旱的土地。

师：里面有个人在干嘛？

生：洗车，地上还有很多水。

---

[1]【评点】"猜漫画人物是谁"的情境导入，激发学生的学习热情，调动学生对本节课学习的兴趣。
[2]【评点】问题串的设计比较好，有递进关系，里面有知识、有素养。学生回答得也比较好。

师：我们看到墙壁上写着什么？

生：节约用水，造福人民！

师：很好，所以它是一种什么行为？

生：讽刺行为。

师：所以它是一张什么画？

生：讽刺画。①

师：很好！我们再来看下一张，同样的三个问题，想好的同学举手回答。

生：这张画画的是一个人，他带了很多的东西，穿得很多去赌场，因为赌输了所以出来的时候一无所有，整个人的状态从精神饱满变得垂头丧气。这张画想告诉我们的是赌博是一种很不好的行为，会失去很多东西，所以我认为是一张讽刺画。

师：还有其他补充吗？

生：我认为是一张讽刺画，但是也有可能是一张幽默画，因为他进去的时候状态很饱满，出来的时候变得很瘦弱，也是在告诉大家赌博是一种不好的行为。②

师：我们先来看一下画上的文字部分，写着什么？

生：快速减肥。

师：这个人在进赌场之前和之后是两种截然不同的状态，它是以一种幽默的方式来反映一些社会现象，从而达到一种幽默和诙谐的效果。它告诉我们不要去赌博，对不对，所以它是一张什么画？

生：幽默画。

师：很好！第三张比较简单，我们一起来，它是一张什么画？

生：肖像画。

师：它是以幽默和夸张的手法来描绘人物肖像，从而达到一种有趣和诙谐的效果，对吧！好，下面我们来看第二个问题，回答之前我们先来看一组图片，大家看到右边两张图，它们和左边的图对比起来有什么不一样？

生：脸型更夸张。③

师：很好，所以它夸张的是人物的脸型。说到人物的脸型呢，古人将人物的脸型分成了八种，叫脸型八格，我请一位为同学来读一读。

生：田、由、国、用、目、甲、风、申。

师：很好，也就是说我们用八个不同的汉字来代表八种不同的脸型，对吧。下面请大家来完成学习任务单上的任务——连一连，同时老师再请一位同学上来黑板上连，连完之后还可以参与今天的砸金蛋奖励，并且都有机会获得神秘

---

① 【评点】教师一步一步引导学生去欣赏漫画作品，层层递进。

② 【评点】通过课堂漫画的鉴赏，达到以美育人的目的，告诉学生不要去赌博。

③ 【评点】从对比中发现不同，然后延伸到本节课学习的主要内容，这是很自然流畅的一种过渡。

奖品一份。①

生：学生台上台下完成连线。

师：我们来看这位同学的连线，分别是：田、由、国、用、目、甲、风、申，大家看看自己连对了几个。下面我们再来找一找，可以夸张人物的什么特点？

生：很好，发型和五官。

师：再来看，这张有点意思，如果要大家来画，你们会去夸张她的什么特点？

生：表情特点。

师：不错，老师想请一位同学来模仿一下这个夸张的表情。假设前几天考试刚结束，老师拿着你的成绩单过来告诉你，你的语文考了一百，数学考了一百，英语也考了一百，这个时候你的内心非常激动，脸上露出了开心和惊讶的表情。

生：学生模仿。②

师：掌声送给他，请你参与第二场砸金蛋的奖励。

师：我们再来看，这一张夸张的是人物的什么特点？

生：身材比例。

师：非常好。下面我们一起来归纳一下刚才介绍的五种夸张手法，分别是？

生：脸型、发型、五官、表情神态、身材比例。

师：很棒，下面我们运用刚才介绍的五种夸张手法来完成今天的任务二，请大家打开学习任务单，找到任务二补一补，请同学们先来看屏幕，这张照片最有特点的部位在哪里？③

生：发型、五官、胡子。

师：很好，老师把他最有特点的部位留给大家，请大家来补充完整，再请一位同学上来在希沃白板上补充完整并获得奖励。④

生：完成任务二。

师：大家都画得很不错，都能把他的特点夸张出来，接下来我们来看第三个问题：我们如何去创作一张肖像漫画？请大家先来看老师的示范，看看能不能从中解决大家的一些疑惑。

生：学生认真观看视频，教师一旁讲解。

师：下面大家也来画一画，从老师给你们准备的照片素材中选取一张图片来进行创作，时间15分钟。

生：学生创作，教师一旁指导。

师：时间到，下面我们来欣赏一下同学们创作的漫画作品，老师想请一位同学上

---

① 【评点】注重以任务来驱动教学，四个环节环环相扣，激发了学生参与的兴趣，突出了学生的主体地位。

② 【评点】以情境游戏的形式调动学生参与的热情，同时极大地活跃课堂气氛，丰富课堂内容和形式。

③ 【评点】通过这一环节，直接地突出了本节课的重点。

④ 【评点】以奖励的方式激励学生参与学习任务，有效地调动课堂的气氛。

台点评一下你觉得哪张画得最好，为什么？①

生：我觉得有四张画得比较好看，第一张画得非常生动，可以让我一眼就认出来画的是谁。第二张和第一张画的是一样的，他们都画得很好，可以找到很多的共同点，比如五官都画得很突出。第三张也很好，我们对比一下照片会发现他是想突出照片中男生的嘴巴，在他创作的作品中，我们很显然发现他的嘴巴画得很像，而且旁边的细节也很精彩。第四张我认为他的线条很流畅，但是我认为加一些细节会更好，这是我的全部点评，谢谢！②

师：感谢这位同学的点评，说得很精彩，也很全面。那么老师希望大家下一张漫画画得更好。最后老师想通过一道抢答游戏题来回顾和总结今天的上课内容，老师准备了四道题，每道题有10秒钟的作答时间，谁先抢答并且回答正确就谁得分。

生：两位同学上台参与抢答游戏并砸金蛋获得奖励。③

师：感谢以上两位同学的精彩呈现，为我们本节课的重点内容进行了系统的梳理和总结。那么老师希望大家一节课下来不仅仅是学会画一张漫画，还要学会运用漫画中智慧与幽默的手法去化解学习和生活中的烦恼！

## 【总评】

这堂课的定位比较好，这一节课的内容很多，量很大，把这一节课的内容缩小在肖像漫画上，这是对的，因为不可能面面俱到，能把一个点讲清楚就可以了。整节课的气氛很好，学生都是跟着老师的节奏在走，学生注意力很集中。学生从这一节课中学习到了很多东西，设计的教学内容和环节能够吸引这一学段的学生，学生能从中学到一些该学的知识，这就是成功的。

这一节课是符合艺术新课程标准的，课堂设计很完整，三个问题和四个任务环环相扣，逻辑非常紧密。教学上采用了很多信息技术化手段，以游戏奖励的方式调动了学生学习的积极性，信息技术手段的运用极大地丰富了教学形式。学生很有兴趣，参与度很高，能引导他们自主进入到课堂探究活动中，这是比较好的地方。最后从学生作业的成效上来看，是非常精彩的。

另外好的评课研讨不能只是说成功的地方，也需要改进和解决一些问题，比如第一，请学生表演夸张的表情，可以将这一瞬间定格下来，让同学们画身边的人，这样一来可以让课堂与真实生活情境结合，拓展了课堂资源，可以从这方面去思考。第二，这一节课只是选取了肖像漫画的内容，更多体现的是一种幽默性、讽刺性等寓意手法的学习内容。可以补充一些其他内容作为下节课的预告，为下节课埋下伏笔。

---

① 【评点】一节好课不光看老师讲得怎么样，课堂气氛如何，更重要的是学生学习到了什么，从这一节课学生作业的成效来看是不错的。

② 【评点】引导学生参与课堂评价，学生的点评很精彩。

③ 【评点】运用的信息技术手段，很大地丰富了课堂的形式，比如里面的砸金蛋游戏、知识抢答游戏，有效地提升了学生参与的兴趣。

# "多种形式的跳跃练习"课堂设计

设计：宝安校部　陈于宇
评点：宝安校部　李　坤

## ◎ 本课时学习目标

1. 运动能力：理解并掌握原地纵跳、收腹跳、二级蛙跳动作技术要领；正确做出各种跳跃动作，提升跳跃技术。
2. 健康行为：能积极学习各种形式的跳跃练习，能够在日常生活中利用跳跃练习进行锻炼，增强下肢力量。
3. 体育品德：在学练中养成主动学习、大胆尝试的品质，增强自信心。

## ◎ 本课时学情分析

七年级学生正处于生长发育的加速期。该年龄段的学生喜欢新鲜事物，喜欢挑战自我，有很强的求知欲和表现欲。通过多年的体育学习，已经具有一定的跑与跳的能力，对于跑、跳的基本技术已经初步掌握，但也存在身体素质和运动能力参差不齐的现象。因此，本次课通过不同形式的跳跃练习提高学生学习兴趣和积极性，巩固、提高学生跳跃技术，增强学生下肢力量。针对部分运动能力较弱的学生，则通过降低难度、重点指导、鼓励尝试，帮助其完善跳跃技术、提高跳跃能力。

## ◎ 课堂导入语

这节课老师要带领大家一起进行跳跃练习。跳跃是我们人类的基本活动之一，也是田径运动的主要组成部分。同学们知道跳和跑的比赛有什么区别吗？

同学们说的这些项目都是跳跃类项目。田径比赛中的撑竿跳高也是跳跃类项目。扣篮比赛需要优秀的跳跃，排球比赛也需要优秀的跳跃能力。同时，跳跃练习还能够增强我们的下肢力量，对提高我们的跑步能力也有非常大的帮助。下面我们就一起来进行跳跃练习。[①]

**准备部分**

（一）课堂常规

1. 集合整队、检查人数

---

[①]【评点】通过预设问题，引起学生思考，从而引出课堂学习内容，激发学生学习欲望。

2. 师生问好

3. 安排见习生

4. 宣布课的内容和目标

5. 安全提示

（二）热身活动[①]

1. 围绕体操垫慢跑 6 圈

2. 原地徒手操（4x8 拍）

①肩关节运动

②体前屈

③膝关节运动

④手腕脚踝运动

**基本部分**

（一）原地纵跳练习[②]

动作要求：手脚协调，摆臂蹬地，连续快速跳跃。

1. 原地快速纵跳 20 次

2. 十字跳跃练习

（二）收腹跳练习

动作要领：两脚与肩同宽，双臂上摆，蹬地伸膝，跳起后膝盖尽量贴向胸口。

1. 原地收腹跳 10 次

2. 收腹跳过垫子 10 次

要求：体操垫折叠竖立，收腹跳过垫子。

3. 跳垫子比赛[③]

规则：20 秒内看谁跳得又多又好。

（三）二级蛙跳

动作要领：双臂前摆，双脚快速蹬地，脚后跟落地过渡到全脚掌，迅速进行下一次动作，连跳 2 次， 10 次 / 组。

1. 跟随口令进行练习 5 次

2. 比一比，看谁跳得远

规则：左右两位同学，每人 3 次机会，选取最好成绩比一比。

（四）接力跑[④]

接力方法：四人 1 组，连续跳跃 4 块体操垫，30 米快速跑往返接力。

---

①【评点】让学生在音乐情境下活跃身心，使学生的身体状态逐步进入运动状态，营造出自然、轻松的学习氛围，进一步激发学生学习兴趣。

②【评点】从简单的动作开始练习，帮助学生建立学习信心，让学生迅速进入学习状态。

③【评点】小比赛可以激发学生的积极性和参与的热情，促进学生正确动作的养成。

④【评点】利用课堂所学的跳跃技术进行跑跳结合的比赛，增加了学生的竞争热情，促进学生共同进步，培养学生勇于尝试的品质。

（五）体能练习

要求：两项练习交替进行，组间休息 30 秒。

1. 左右举腿 20 次
2. 俯卧撑（男生）20 次

   跪卧撑（女生）20 次

### 结束部分

（一）静态拉伸

跟随老师伴随音乐进行放松

1. 横叉
2. 最伟大拉伸

（二）对本课进行小结

（三）回收器材，宣布下课

## ◎ 课堂小结

本次课学生练习积极，动作掌握较熟练，课上专注度高，能一直跟随老师节奏进行各项练习，并能大胆尝试，勇于挑战，学生跳跃技术明显提升。

## 【总评】

本次课是一节田径单元中的素质练习课。主要通过跳跃练习发展学生下肢力量，提高学生身体协调性。初中生已经具有一定的跑与跳的能力，对于跑、跳的基本技术已经初步掌握，同时也存在身体素质和运动能力参差不齐的现象。本次课通过不同形式的跳跃练习提高学生学习兴趣和积极性，巩固、提高学生跳跃技术的同时，增强学生下肢力量。课上针对部分运动能力较弱的学生，则通过降低难度、重点指导、鼓励尝试，帮助其完善跳跃技术，提高跳跃能力。另外，本节课跳跃练习都是双脚跳形式，课上可以考虑增加单脚跳练习，如单脚起跳过垫练习，为后续田径单元的跳远、跳高学习打下基础。

总之，本次课设计符合学生认知水平，教学目标达成度较高。学生积极练习，大胆尝试，跳跃技术明显提升。学生下肢力量和身体协调性得到发展。

# "多种形式的跳跃练习"课堂实录

设计：宝安校部　陈于宇

评点：宝安校部　李　坤

师：（吹哨）集合！同学们好！

生：老师好！

师：这节课老师要带领大家一起进行跳跃练习。跳跃是我们人类的基本活动之一，也是田径运动的主要组成部分。同学们知道跳和跑的比赛有什么区别吗[①]？

生：跳要向上，讲究高度，跑是比速度。

师：回答得很好。跳跃不仅要讲究高度，而且要讲究远度。大家说说自己看过哪些跳跃类的比赛？

生：跳远、跳高、三级跳、扣篮大赛。

师：同学们说的这些项目都是跳跃类项目。田径比赛中的撑竿跳高也是跳跃类项目。扣篮比赛需要优秀的跳跃，排球比赛也需要优秀的跳跃能力。同时，跳跃练习还能够增强我们的下肢力量，对提高我们的跑步能力也有非常大的帮助。[②]下面我们就一起来进行跳跃练习。练习之前，老师先问一下，有没有身体不舒服需要见习的同学？另外，请同学们检查一下自己的服装，口袋里不要有尖锐物品。准备好了吗？

生：准备好了。

师：练习之前我们先进行热身。首先，同学们跟随老师围绕场地体操垫进行慢跑，跑步过程中大家要注意老师的动作，要跟着老师进行各项跑步中的动作变化。（播放音乐开始跑步），带领学生慢跑并进行高抬腿、侧身跑、后踢腿等练习。[③]

生：（跟随老师慢跑，并跟随老师动作变化进行高抬腿、侧身跑、后踢腿等练习）。

师：下面我们一起做徒手操，让身体和关节充分活动开。

生：（跟随老师进行练习）。

师：现在正式开始跳跃练习。第一项练习原地纵跳。老师示范一下，同学们注意观察。（连续做3次）同学们看清楚了吧？纵跳时要手脚协调，向上时摆臂蹬

---

[①]【评点】问题导入，引领学生回忆跳跃技术特点，学生思考回答，融入情境，让学生的注意力集中到教学内容上。

[②]【评点】点明跳跃练习的锻炼价值，激发学生后续学练的积极性。

[③]【评点】热身环节简单高效。

地，落地时要注意屈膝缓冲。每人练习 20 次，开始。①

生：看清楚了。（学生开始练习）。

师：同学们跳得不错，下面加大点难度，十字跳跃。同学们注意观察老师的跳跃顺序，左—右—前—后。每人进行 10 次练习。看谁先完成。

生：（快速进行练习）。

师：第二项练习原地收腹跳。看老师示范（连续做 3 次）。特别提醒：跳起后膝盖尽量贴向胸口。每人进行 10 次练习。

生：（快速进行练习）。

师：再次加大难度。同学们将体操垫折叠立起来，然后跳过垫子。注意，积极向上收腿。垫子高度不高，不要害怕，每人完成 10 次。②

生：（积极进行练习）。

师：下面第三项练习立定二级蛙跳。二级蛙跳由两次立定跳组成。特别注意的是第一次立定跳落地时重心要落在两脚之间，屈膝缓冲，保持身体平衡，并迅速进行下一次动作，我给大家示范一次。大家明白了吧？

生：明白了。

师：每位同学进行 10 次练习。同学们之间互相比一比，看看谁的二级蛙跳更远。③

生：（积极进行练习）。

师：同学们累了吗？

生：累。（小部分同学）不累。

师：大部分同学有点累，我们稍微休息 3 分钟。一会我们进行一个接力游戏，我先给同学们说一下游戏规则和方法。前后四人 1 组，连续跳跃 4 块体操垫接 30 米快速跑，标志桶处折返，直线跑回与同伴进行接力，返回的时候不跳体操垫。大家清楚了吗？④

生：清楚啦。

师：每组 4 位同学退到第一张垫子后面，做好准备，调整好本组体操垫高度。准备开始比赛。

师：刚才的接力游戏同学们表现得非常好。跳得高跑得也快。下面进入本次课的体能练习环节。一共两个练习，一个是左右举腿练习，另一个是俯卧撑（男生）或者跪卧撑（女生）练习，都是 20 次 1 组。两个练习男女生交替进行。下面

---

① 【评点】教师动作示范标准，语言精练，练习任务明确，做到了精讲多练。从简单动作开始练习，学生更快进入学练状态。

② 【评点】练习难度逐渐加大，通过前面的动作练习为跳跃垫子技术打下基础，让学生更容易完成更高难度的练习。

③ 【评点】学练赛一体，通过小比赛激发学生练习热情，提高练习质量。

④ 【评点】再次安排比赛，以赛促练，提高学生综合运用课上学习的跳跃技术的能力。学生比赛积极性高、气氛热烈，练习效果非常好。

请同学们将体操垫打开准备练习。①

生：（跟随老师进行练习）。

师：最后同学们跟随老师进行拉伸练习，放松一下身体肌肉。

师：今天这节课，同学们表现得非常好，基本上都掌握了纵跳、收腹跳、二级蛙跳的方法。练习和比赛时也非常认真。希望同学们课后也要积极进行体育练习，不断提升健康水平。请同学们将体操垫整理好归还到器材室。下课！同学们再见！

生：老师再见！

【总评】

《体育与健康课程标准（2022年版）》提出，体能学练主要针对身体成分，充分发展心肺耐力、肌肉力量、肌肉耐力、柔韧性、反应力、协调性、灵敏性、平衡力等，为学生增强体质健康和学练专项运动技能奠定良好基础。

本节课是一节体能练习课，课堂设计多形式的跳跃练习，可以有效发展学生的下肢肌肉力量、爆发力、协调性和灵敏性。教学设计由易到难，学生练习积极性高，锻炼效果好。课堂落实"学、练、赛"要求，学生在跳跃练习过程中表现出极大的兴趣和信心，能自觉完成练习，并能在练习过程中与同伴积极交流，互相比拼，课堂气氛活跃，学生精神饱满，体现出以"学生为主体，让全体学生得到发展"的新课标理念，符合水平四学段体能学练目标要求。

同时，本节课应加强课堂评价的运用，发挥以评促练的作用。在本节课的教学中，可以侧重过程性评价，在练习过程中对学生的学练状态进行点评。让学生及时了解自己的练习情况，更正技术动作。充分发挥新课标中评价对学生行为的观察、诊断、反馈、引导和激励作用。

---

① 【评点】10分钟左右的体能练习，发展学生的腰腹和上肢力量，增进学生的体质健康，符合新课标要求。

# 《无锡景》课堂设计

——义务教育教科书　音乐　七年级　下册（人音版）　第五单元

设计：宝安校部　钟倩怡
评点：宝安校部　梅宇晗

## ◎ 设计导语

本课选自人民音乐出版社七年级下册第五单元《小调集萃》。本册教材共 5 个单元，分别是"行进之歌""影视金曲""天山之音""美洲乐声""小调集萃"，每个单元由"歌唱""欣赏"及"实践与创造"构成。继七年级上册"劳动之歌"劳动号子的学习之后，本单元"小调集萃"将继续以人文主题为单元，介绍适于初中学生学习的小调曲目，让学生在学习中了解和分辨小调婉转的风格。以音乐要素为线索，注重音乐实践，强调核心素养，塑造美好人格。

本单元包含江苏民歌《无锡景》、山东民歌《沂蒙山小调》、湖南民歌《一根竹竿容易弯》、河北民歌《小放牛》等四首小调及湖北民歌《龙船调》、山西民歌《桃花红 杏花白》、京剧传统折子戏《小放牛》。本单元设计的主线围绕小调音乐的共同特性，延伸出各自的地域文化差异，展现出中国民歌的地域性、丰富性，加深学生对民歌的认识，提升学生对文化的理解。

《无锡景》为本单元重点学习曲目，此歌历史久远，流传面很广。《无锡景》是一首以吴语方言演唱的小调歌曲，俗称《侉侉调》。此民歌常以歌唱某地风光景物为内容。它不仅反映了人们对乡土的热爱，还赞扬了家乡的历史、景物、民俗、风情，极具人文价值。

宗白华在《美学散步》中指出，审美的方式就是"在实践生活中体味万物的形象，天机活泼，深入'生命节奏的核心'，以自由和谐的形式，表达出人生最深的意趣"。本节课打破传统的歌曲教学的模式，以文化自信与传承为脉络，围绕核心任务组织三个学习环节，通过聆听、品读、律动、歌唱、创编等多形式实践活动，充分激发学生的想象力与创造力，体现学生的主体性，培养学生对江南小调的审美感知和艺术表现能力，提升学生对江南小调的文化理解和实践能力。

## ◎ 本课时学习目标

1. 在学习中加强对江南小调的认识与理解，领悟江南小调的独特魅力，感受无锡人民对家乡的热爱与赞美，提升对民族音乐的认同与喜爱。

2. 在赏音韵、品方言、舞旋律、创歌词中感知与了解江南小调的特点与韵味；在体验活动中培养学生勇于表达、创意表达的能力。

3. 掌握一字多音的唱法，能用亲切、柔和的声音演唱《无锡景》，并能为歌曲创编一句符合江南气质的歌词。

## ◎本课时学情分析

本单元是学生继七年级上册"劳动之歌"劳动号子的学习之后，接触的新的民歌体裁——小调。在劳动号子的学习中，学生对民歌的种类和特点已有了一定的知识储备，并且经过小学六年的音乐学习，已掌握一定的音乐知识与技能，能够感知音乐情绪、速度、力度等音乐要素，基本掌握识谱、读节奏、歌唱等音乐技能。在对音乐人文理解上，该年龄段的学生能够自主思考问题，老师应该尊重学生对音乐的理解能力，鼓励学生发表自己的观点。

## ◎课堂导入语

人间四月天，踏春好时节。请同学们随着老师的歌声，看看今天老师要带大家去一个什么地方。

## ◎学习过程

### 环节一 声临其境·游江南

任务1：初步感知江南音乐

思考：老师演唱的是哪个地方的方言？

活动：教师演唱方言版《无锡景》，并用鸣鸠琴进行伴奏。

任务2：了解江苏无锡的相关知识

活动：学生分享自己对江苏无锡的认识，教师通过视频、图文介绍无锡地理位置、人文风俗等内容。

### 环节二 悉听醉唱·品江南

任务1：听音韵——感知歌曲的音乐风格

思考：感受这首歌曲有着怎样的音乐风格？

活动：学生聆听教师范唱，思考问题。

任务2：听音韵——了解歌曲的结构

思考：歌曲由几个乐句组成？

活动：学生聆听教师范唱，画出旋律走向，并记录画了几条旋律线。

任务3：舞旋律——体会歌曲的旋律特点

思考（1）旋律有什么特点？

思考（2）为什么旋律呈现出该特点呢？从音乐要素上寻找原因。

活动：教师带领学生边画旋律线边唱旋律，感受旋律的特点。

思考（3）装饰音有什么作用？

活动：跟随老师演唱旋律，感受装饰音在歌曲中的作用。

设计意图：旋律线能够帮助、引导学生理解音乐旋律在塑造音乐风格时的作用，学生在亲身体验旋律的过程中，加深对音乐的感受。

任务4：品歌词——感受歌词的特点与韵味

思考（1）歌词与旋律的搭配上有什么特点？

活动：教师带领学生演唱歌词，在反复歌唱中感受江南民歌一字多音的特点，加强对江南音乐风格的把握。

设计意图：突破旋律难点之后逐步转移到歌词教学，以循序渐进的方式，突破唱词时的难点。通过设定难度递进的演唱要求，提升演唱兴趣，提高演唱质量。

思考（2）歌词的语言上有什么特点？

活动：教师带领学生完整演唱，并学用方言演唱第一段歌词，感受歌词当中衬词运用的方言特色。

设计意图：让学生理解歌词对塑造音乐风格的重要作用，同时在反复歌唱中熟悉歌词内容，感受无锡人民对家乡美景淳朴、含蓄的表达。

思考（3）歌曲风格特点和当地文化有没有关联呢？

活动：四人小组为单位进行讨论，思考其原因。

设计意图：通过对音乐风格的把握与分析，加强对文化的理解，认识到一方水土养一方文化，水文化促就了江南人民的智慧，也养成了他们的文化特点。

环节三　回忆拓展·知江南

任务1：知小调——总结小调体裁及特点

活动：了解小调体裁，总结其特点。

任务2：听丝竹——欣赏江南丝竹乐的音色

思考：丝竹乐器演奏的版本带给你怎样的感受？（丝竹乐器的音色细腻、轻柔、秀丽、雅致等）

活动：欣赏由丝竹乐器演奏的《无锡景》，表达感受。

## ◎课堂小结

日出江花红胜火，春来江水绿如蓝。在浩瀚纷繁的诗文与传颂中，江南俨然是四季分明、风光明媚的人间天堂。也正因如此，这样的福地孕育了形式多样、题材丰富的江南民歌，而这些民歌又浸润着吴越地区的社会环境、风物人情和审美情趣。今天这节课，我们学习了江苏民歌小调《无锡景》，感受体验了江南民歌小调的风格韵味，初步了解了小调的音乐特点，希望在以后的日子里能够继续和同学们分享美妙的传统音乐。

# 《无锡景》课堂实录

——义务教育教科书　音乐　七年级　下册（人音版）　第五单元

执教：宝安校部　钟倩怡
评点：宝安校部　梅宇晗

师：请同学们在老师的歌声下走进无锡（教师用鸣鸠琴伴奏演唱，并播放无锡美景视频），感受这首歌曲有着怎样的音乐风格？

生：音乐风格细腻、恬静、婉柔，就像一幅俊美的山水画卷展现在我们的眼前。

师：《无锡景》早在清末就传唱于大江南北，历经百年传承，我们仍然可以在歌曲当中感受到无锡人民热爱自己家乡的美好情感。请同学们聆听老师用钢琴演奏的《无锡景》，拿出纸笔，画出乐句旋律的走向，并于歌曲结束后，告诉老师你一共画了几条线？

生：（生展示旋律线）我一共画了4条旋律线。

师：没错，这首歌曲是由四个乐句构成一段体。我国民歌常由群众即兴编作，口头传唱。因此它也具有短小朴实、平易近人、生动灵活的特点。请同学们对比一下老师画的旋律线和你们画的有什么异同，再随着老师的笔迹一起画一画、唱一唱，感受旋律有什么特点？

生：旋律的走向是蜿蜒曲折的，尤其是在每一条旋律的尾部，呈现迂回下行。

师：请同学们伸出手指，跟着老师边画旋律线[①]边演唱。

　　A. 1̄2̄1̄6̄ 5　　B. 6̄1̄6̄5̄ 3　　C. 6̄1̄6̄5̄ 3　　D. 5̄6̄5̄3　　E. 3̄5̄3̄2̄ 1

师：旋律婉转优美，犹如万顷碧波层层迭起。为什么旋律呈现出该特点呢？让我们再次演唱，请从音乐要素上寻找原因。[②]

生1：我认为歌曲婉转流畅的原因在于节奏，它以四十六分音符为主，且规整、紧凑。

生2：我认为使得歌曲婉转流畅的原因在于音与音之间跳跃幅度小。

师：我们将音与音之间小幅度的跳跃称为级进小跳。接下来请同学们跟随老师演唱一遍旋律，注意装饰音的唱法，它们带给你什么样的感受？

生：装饰音的使用让旋律更加妩媚婉转，就像老师弹奏鸣鸠琴揉弦的声音，给乐曲增添了古色古香的韵味。

---

[①]【评点】旋律学唱环节采用划旋律线的方式，提高学生音乐理解能力，从而更好地感受江南乐韵的婉转与流畅。

[②]【评点】让学生感知旋律特点并分析其原因，让他们知其然，知其所以然。

师：接下来，请同学们加上歌词，感受歌词与旋律的搭配上有什么特点？

生：具有一字多音的特点。

师：让我们再次把江南婉转、细腻的风格演唱出来。在这一遍演唱中观察歌词描写了什么内容？语言上有什么特点呢？演唱时请同学们注意气息连贯、声音平稳。

生1：我从歌词中读到了梅园、太湖、惠山、锡山等等无锡美景。

生2：歌词还描写了人们游玩的过程，以及悠闲、轻松的美好心情。

师：歌词向我们呈现了一幅浓郁的江南水乡风情画卷。请同学们再聆听老师用方言来演唱第一段，歌词保留了方言的什么特点？

生1：保留了"唱拨拉""细细那道道末""靠拉笃"等方言语言。

生2：还保留了许多"呀""末"等语气衬字，颇有江南亲切温柔的风味。

师：这些方言给你什么样的感觉？

生：温婉、细腻、柔软。

师：由于该方言发音比较靠前、偏软，让我们有一种柔软的感觉，因此我们也将当地语言称之为"吴侬软语"。接下来请同学们带上歌词，在老师的鸣鸠琴伴奏之下完整演唱，用歌声演绎江南韵味。

师：《无锡景》同《茉莉花》一样，属于江南小调，其曲调细腻、婉柔。请同学们思考，歌曲风格和当地文化有没有关联呢？[①]请同学们以四人小组为单位进行讨论，思考其原因。

生1：有关联，我认为江南地区傍水而居，歌曲的旋律犹如万顷碧波层层迭起。

生2：有关联，江南多水乡，水的特质就是细密悠长，江南民风有水的特性，因此歌曲也有细腻柔情的特点。

师：所谓一方水土养一方文化，水文化促就了江南人民的智慧，也养成了他们的文化特点。今天我们学习的《无锡景》，其旋律 _____、节奏 _____，歌词以 _____ 为内容。

生：旋律流畅、细腻、曲折、婉转等；节奏规整、紧凑；内容以风景描绘、感情抒发以及叙事陈述为主。

师：江苏民歌《无锡景》的特点非常符合小调的特征。什么是小调呢？小调又称小曲，流行于城镇和集市的民间独唱、对唱或歌舞小曲。小调体裁广泛，旋律流畅细腻，富于变化。常用衬字、衬句扩展音乐结构，加强情感表达。《无锡景》远在清末就传唱于大江南北，除演唱版本以外，还有丝竹乐器演奏的版本，请同学们欣赏，并说说丝竹乐器演奏的版本带给你怎样的感受？

生1：丝竹乐器演奏的版本清新悦耳、轻快明朗。

生2：丝竹乐器音色各异，琵琶如小家碧玉的絮语，二胡如南方姑娘的温婉，笛如水乡边的吟唱，搭配在一起让我感受到了民族乐器的轻灵的一面。

---

① 【评点】从地理人文因素分析音乐特点，增强文化理解，从而热爱我国优秀传统文化。

师：同学们的回答真让人清耳悦心。丝竹乐器的音色细腻、轻柔、秀丽、雅致，鸣鸠琴的音色亦是如此。接下来，让我们在鸣鸠琴的伴奏下完整演唱歌曲，唱响江南乐韵。

师：日出江花红胜火，春来江水绿如蓝。在浩瀚纷繁的诗文与传颂中，江南俨然是四季分明、风光明媚的人间天堂。也正因如此，这样的福地孕育了形式多样、题材丰富的江南民歌，而这些民歌又浸润着吴越地区的社会环境、风物人情和审美情趣。今天这节课，我们学习了江苏民歌小调《无锡景》，感受体验了江南民歌小调的风格韵味，初步了解了小调的音乐特点，希望在以后的日子里能够继续和同学们分享美妙的传统音乐。今天的课上到这里，下课！

## 【总评】

教师通过"唱一首歌，游一座城"的旅游方式带领学生轻松且快乐地学习了本节民歌小调的课程。"悉听醉唱"环节是本节课的重点环节，教师在"听音韵""舞旋律""品方言"中，借助不同的演奏形式帮助学生把握歌曲的整体风格与结构特点，运用旋律线辅助学生感知、表达抽象的音乐特点，再通过对方言的反复品味引导学生了解传统风土人情，并让学生学会运用方言和衬词在民歌小调中的演唱。"回忆拓展"环节由学生自主总结歌曲的特点，从而更好地了解什么是民歌小调以及民歌小调的特性。本堂课学生们积极参与课堂，均能运用正确的演唱方式完整且带有感情地演唱本首歌曲，激发了学生热爱民族音乐、探索民族音乐、学习民族音乐特别是学习民歌小调的强烈欲望。

# "制作楼道自动感应灯"课堂设计

——义务教育教科书 信息技术 七年级 下册（粤教版） 第二章

设计：龙华校部 吴灿豪
评点：龙华校部 黄荣祥

## ◎本课时学习目标

1. 通过交流讨论和联系实际，正确画出楼道自动感应灯的工作流程图，提高学生利用程序知识解决生活实际问题的能力。

2. 回顾已学知识，掌握光电传感器的原理与使用，能够独立完成传感器和微电脑的连接和启用。

3. 采用小组合作学习的方式，根据任务 2 得到的程序流程图，编写楼道自动感应灯程序，并利用仿真界面成功进行程序的调试。

4. 理解常见的逻辑运算符，如"与""或"，并利用逻辑表达式对任务 3 中编写的程序进行改写。

5. 通过微课视频，了解现代计算机和逻辑门电路之间的联系以及更多常用的逻辑运算符。

## ◎本课时学情分析

本单元主题是以机器人传感器为主线开展机器人程序设计学习，按照从简单到复杂、从单一传感器使用到多传感器使用，一步步推进知识的深度和广度。本课时的授课对象是七年级学生，他们已经在前面的课时中充分认识了机器人程序设计的基本流程以及传感器的基本使用方法。

通过本课时的学习，学生将回顾并进一步巩固程序流程图的三种基本结构：顺序结构、选择结构和循环结构。另外，学生将学习新的传感器类型（光感传感器）的原理和使用，并重点学习如何使用逻辑表达式（"与""或"）进行程序代码的规范编写和简化，为今后编写功能更加完整、逻辑结构更加复杂的程序打下基础。最后，本课时还通过设置拓展任务，让学生在了解基本的逻辑运算符的基础上，了解更多常用的逻辑运算符，如"与或""异或"等，并进一步了解现代计算机体系结构和逻辑门电路之间的联系。

◎ 课堂导入语

同学们，我们都知道计算机程序不仅仅存在于计算机中，而且广泛存在于服务、工业、科技等领域。例如，常见的家用电器——空调，需要有特定的程序来控制制冷系统的正常运行。在工业领域，汽车和飞机中有成百上千的微处理器，计算机程序能帮助控制引擎、减少能耗、降低污染。它们还能控制制动器和方向盘，目前的飞机已经能做到在从起飞到降落的全过程中无须人工干预。可以看到，计算机程序给人们的生活带来了极大的便利。那么，作为初中生的我们，能否设计出一个让人们生活更加便利的程序并将其进行应用呢？答案是肯定的。本节课，我们将根据生活中一个常见的设施——楼道自动感应灯，利用诺宝 RC15 软件和相关传感器，设计出属于你们自己的楼道自动感应灯。[1]

◎ 评价任务

（1）通过小组交流合作，能够正确用语言描述生活中观察到的楼道自动感应灯的工作流程，并能正确使用流程图的选择结构绘制其工作流程图。（任务 1/ 学习目标 1）

（2）根据所学知识，能够掌握光电传感器的基本使用，包括模块编程方法和实体传感器的连接和使用。（任务 2/ 学习目标 2）

（3）根据任务 1 得到的工作流程图，能够正确编写程序并且完成仿真。（任务 3/ 学习目标 3）

（4）理解逻辑运算符并能够使用逻辑表达式对原始代码进行改写。（任务 4/ 学习目标 4）

（5）了解计算机和门电路之间的关系。（任务 5/ 学习目标 5）[2]

◎ 学习过程

资源与建议

（1）通过本主题的学习，完成"楼道自动感应灯"程序的编写，自主掌握本节课的知识点，才能在后续的案例学习中更好地进行程序的编写。[3]

（2）本主题的学习按照以下流程进行：知识详解——小组活动探究——拓展任务——成果展示和评价。本主题的学习重点是光电传感器的基本原理和多传感器的同时使用，难点是逻辑运算符的概念理解和多条件判断程序的编写。在学习过程中，教师通过对知识点的讲解，使学生对知识点有初步的认知，学生再通过设计流程图和编写程序，真正明白本课时的重难点。

---

[1]【评点】联系生活实际，从家庭生活、工业领域等例子引出本课的楼道自动感应灯，用身边的实例激发学生学习兴趣，符合学科所倡导的真实性学习。

[2]【评点】注重评价育人，强化素养立意。从流程图、程序、仿真、硬件及逻辑表达式的理解与拓展延伸等多个层面设置评价任务，坚持过程性评价与总结性评价相结合。

[3]【评点】在信息学科学习中初步掌握解决问题的能力，并有意识地尝试总结解决问题的方法，将其迁移到其他问题求解中，发展计算思维，提升信息素养。

课前预习

（1）建议学生预习程序流程图的三种基本结构：顺序结构、选择结构和循环结构。[1]

（2）建议学生提前思考楼道自动感应灯的工作逻辑。

任务

任务1：根据生活情境，思考楼道自动感应灯的工作流程和原理。[2]

（1）生活中，楼道自动感应灯随处可见，它们相比普通的电灯具有节能的优点。请你先思考楼道自动感应灯的工作流程，并用流程图的形式表示出来。

说明：

由于不同学生对楼道自动感应灯工作流程图的绘制方案可能存在不同，因此教师应当在学生完成本题之后鼓励学生先进行组内方案的交流讨论，引导学生对比不同方案的差异和优缺点。

（2）在知道了楼道自动感应灯的工作流程之后，你认为要自己实现该设备，需要使用到哪些元器件呢？它们的作用分别是什么？请完成下表。[3]

| 主要器材 | 功能描述 |
| --- | --- |
| 微电脑 | 根据检测信号实现对开关灯的控制。 |
|  |  |
|  |  |
|  |  |

任务2：理解光感传感器的基本原理和使用。[4]

（1）通过使用搜索引擎或者查阅书籍的方式，说一说光感传感器能够检测光强度的简要原理。

（2）根据你了解的光感传感器基本原理，完成下题。

当光感传感器检测到有光时，传感器返回数值为____；当没有检测到光线时，传感器返回数值为____。

任务3：代码编写[5]

（1）请根据任务1得到的工作流程图，使用诺宝RC15软件进行代码的编写。

---

[1]【评点】三大程序的基本结构是编程学习的重要基础，本节课中也会用到，设置该预习任务有助于学生本节课内容的学习。

[2]【评点】任务1（1）从生活场景出发，以真实项目和问题驱动教学展开真实性学习。

[3]【评点】引导学生画出正确的流程图后，学生便能清晰地找出机器人搭建所需要使用的元器件，并完成任务1（2），此处设计环环相扣。

[4]【评点】将学生理解光感传感器的基本原理设置为任务2，充分体现了对于初中生深化科学原理认识的重视，学生不仅仅需要掌握机器人编程技术，还要理解其中的科学原理，真正做到"科"与"技"并重。

[5]【评点】代码编写和仿真是本课的重要环节，通过分类讨论四种声音和光线组合环境下灯光的状态，引导学生正确编程并完成仿真，关于仿真界面下传感源的位置关系设置需要教师向学生详细说明。

（2）当你进行仿真时，为了确保程序逻辑的正确性，你认为需要对哪些情况进行分类讨论和验证？

①无光无声音，LED 灯的开关状态为：_____。

②无光有声音，LED 灯的开关状态为：_____。

③有光无声音，LED 灯的开关状态为：_____。

④有光有声音，LED 灯的开关状态为：_____。

任务 4：理解逻辑运算符，并将其用于改写任务 3 完成的程序。①

（1）阅读课本第 49 页中关于逻辑运算符的描述，理解逻辑运算符"与""或"的含义，并将横线处的内容补充完整。

"与"运算符的符号是 ____，表示两个条件 _____。

"或"运算符的符号是 ____，表示两个条件 _____。

（2）选用合适的逻辑运算符改写你在任务 1 中绘制的工作流程图。

（3）根据（2）的新流程图，改写任务 3 中编写的楼道自动感应灯程序，并通过仿真功能验证程序是否符合要求。

（4）对照使用逻辑运算符前后的两种代码编写风格，你认为哪种代码风格比较好？

说明：该问题没有标准答案，两种代码风格各有优劣。例如前者代码较为臃肿，但是可读性较高；后者虽然代码简洁，但是在较多条件存在时，往往给代码调试带来了一定的困难。

任务 5：上网查阅资料，了解逻辑门电路和计算机之间的关系，并尝试理解除了"与""或"之外的更多的逻辑运算符，如"与或""异或"等。②

◎ **课堂小结**

1. 光感传感器是通过光敏电阻实现感受外界光线强度。

2. 当两个条件需要同时满足时，可使用"与"运算符；当两个条件其中一个满足即可时，可使用"或"运算符。

3. 逻辑运算符的使用可以一定程度上简化程序。

◎ **作业检测**

1. 光感传感器在生活中的应用非常广泛，请你查阅相关资料，想一想生活中哪些设施用到了光感传感器。当然，你也可以提出自己的想法：光感传感器的使用可以优化生活中的哪些场景？③

2. 程序流程图中为何需要添加一个"永久循环"模块，如果没有该模块会出现什

---

① 【评点】理解逻辑运算符是本节课的难点，学生对于代码世界的符号认知还比较有限，这里通过自主阅读资料，设置填空问答的形式突破该难点。

② 【评点】任务 5 是逻辑运算符的拓展延伸，对一般同学来说难度较大，具有一定的挑战。

③ 【评点】光感传感器在家居照明、汽车照明、自动设备控制、安防监控、智能家居和医疗设备等多个领域上都有应用，在充分理解原理的基础上引导学生发散思维，奇思妙想，埋下创新的种子。

么问题?

3. 为何"光感传感器"和"声音传感器"模块都需要被"永久循环"模块所包含？如果以上模块只出现在"永久循环"模块之外会出现什么问题？

## ◎学后反思

1. 你在编程和测试中遇到了哪些问题？你是如何解决的？
2. 你认为本节课实现的楼道自动感应灯存在什么弊端？我们可以如何对它进行改进？

## 【总评】

新课标中对于课程理念的解读中提及面向数字时代经济、社会和文化发展要求，我们要注重遴选科学原理与实践应用并重的课程内容。不同于小学阶段的重生活体验，初中的信息科技课堂注重"科"与"技"并重。本课制作楼道自动感应灯就很契合该理念。该课堂设计遵循学生已有学情，评价及任务设置得当，采用信息科技领域的思想方法界定问题、分析问题、提出问题解决方案，并对相关知识进行拓展及延伸。

通过生活中的例子引入，从流程图入手，进而联系实体硬件，引导学生进行程序编写，完成仿真及拓展。在整个过程中牢牢把握住对科学原理的理解、程序多传感器的使用和逻辑运算符的突破，流程完整，详略得当，值得学习。除此之外，课堂设计中有意识地培养学生初步解决问题的能力，学习原理之余引导学生进行应用迁移，尝试其他问题求解与应用。此举有助于学生发散思维，学会创新，真正掌握解决问题的能力，提高自身信息学科素养，值得我们借鉴。

此外，光感传感器的原理较为抽象，可考虑借助动画或视频展示和讲解。逻辑运算符的拓展延伸，对学生的挑战较大，需要精心设计教学环节进行突破。

# "制作楼道自动感应灯"课堂实录

——义务教育教科书 信息技术 七年级 下册（粤教版） 第二章

执教：龙华校部 吴灿豪

评点：龙华校部 黄荣祥

师：同学们，我们都知道计算机程序实际上不仅存在于计算机中，而且广泛存在于服务、工业、科技等领域。例如，常见的家用电器——空调，需要有特定的程序来控制制冷系统的正常运行；在工业领域，汽车和飞机内部有成百上千的微处理器，计算机程序能帮助控制引擎、减少能耗、降低污染。它们还能控制制动器和方向盘，目前的飞机已经能做到在从起飞到降落的全过程中无须人工干预。可以看到，计算机程序给人们的生活带来了极大的便利。那么，作为初中生的我们，能否设计出一个让人们生活更加便利的程序并将其进行应用呢？[①]

生：我们可以利用各种各样的传感器，将生活中常见的一些设备进行改造，让其更加智能。

师：非常好！本节课我们就将尝试亲自设计一个楼道自动感应灯。在此之前，请同学们思考一下：生活中，楼道自动感应灯的工作逻辑是怎样的呢？灯亮起来需要哪些条件呢？[②]

生：主要是两个因素，分别是光线和声音。昏暗的环境下，检测到有声音就会开启照明。

师：这位同学提到了两个条件，很正确。那么为了感知到这些环境因素，我们需要具备什么硬件呢？

生：传感器可以用来感知外界的环境信息，两个条件意味着我们需要用到两种传感器，一种是声音传感器，另一种是光感传感器。

师：是的，传感器就相当于人类的眼睛[③]。接下来，根据最开始我们讨论得到的两

---

① 【评点】从生活情景出发，引出本课题，联系生活与计算机程序。注重创设真实情境，倡导真实性学习。

② 【评点】从生活中的楼道感应灯场景入手，引导学生发现问题，在已有知识基础上分析、探究现象的机理。强化信息科技学科学习的认知基础，探索"场景分析—原理认知—应用迁移"的教学模式。

③ 【评点】人工智能本质上就是模拟人类的智能，机器人的感知器官就是各类传感器，这一概念很重要。

个环境因素，请同学们以小组为单位，用 5 分钟时间绘制出楼道自动感应灯的工作流程图。①

师：大家请看屏幕，我们可以看到，同学们绘制的工作流程图形式上基本相同，都是由什么组成的？

生：主要由两个条件判断框组成。

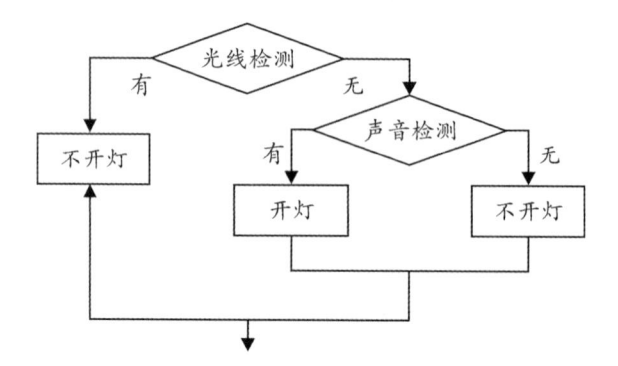

```
                光线检测
             有  ╱    ╲  无
              ↓         ↓
            不开灯      声音检测
                    有 ╱   ╲ 无
                     ↓       ↓
                    开灯    不开灯
```

师：非常好，尽管有的同学的流程图在检测光线和检测声音的顺序有所不同，但是这两种模式都是正确的。接下来，为了能够正确地进行程序编写，请同学们自行阅读课本解决如下两个问题，3 分钟后以小组为单位进行汇报：（1）光感传感器的基本原理（2）光感传感器在 RC 软件中属于哪种模块库？为什么？

生：（1）光感传感器中由探头、可调电阻和指示灯组成。光敏电阻用于检测环境光线强度，用于判定环境中是否有光线。同时光敏电阻是可调电阻，可以进行灵敏度的调节。（2）数字传感器。它和触碰传感器类似，只有两种状态，1 和 0，分别代表检测到有光线和没有光线，这类传感器就属于数字传感器。②

师：你对上节课的知识理解得很透彻。那么在认识了光感传感器之后，我们就可以开始程序的编写了。请同学们根据小组绘制出的工作流程图，利用 RC 软件进行程序的编写，并利用仿真对程序的正确性进行验证。

师：有的同学告诉老师说已经完成的程序的编写和验证。那么，大家觉得怎样才算是完成了验证的工作呢？请同学思考一下。

生：我们的流程图中总共存在两个条件，每个条件又分别存在"是"和"否"两种情况。因此，根据数学上的排列组合，我们可以算出一共存在 4 种情形，分别是"有光有声""有光无声""无光有声""无光无声"。

师：很完整！这位同学结合流程图和数学知识，把可能存在的四种情况都罗列清楚了。③那么，为了验证程序的正确性，我们就应该在仿真中将可能存在的 4

---

① 【评点】教师通过简要分析项目注意要点，让学生自主合作设计流程图，引导学生自主学习、合作学习，最终学会学习。该设计切实推进了以学生为主体的学习方式创新。

② 【评点】通过问答的形式深化初中阶段学生对于光感传感器原理的认识，不同于小学阶段注重生活体验，该设计符合学科构建逻辑关联的课程结构这一课程理念。

③ 【评点】对于学生回答流程图问题课堂评价具体，实时反馈学生学习目标达成情况。

种情况都进行验证，这样才能保证程序的准确性。如果在刚刚的仿真验证中尚未测试完整的同学，请你继续完成验证。

师：老师发现，在刚刚的绘制流程图活动中，有的同学并不是使用2个条件判断，而是只用了1个。（投影学生作品/教师演示）[①]请同学们思考一下，这个流程图是否能达到同样的效果？

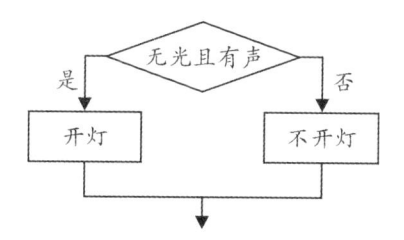

生：这个流程图实际上是将两个条件通过"且"进行合并，是能达到同样的效果的。

师：这位同学的观察非常细致，能够发现两个条件之间的连接词，我们把这类连接词称为"逻辑运算符"。常用的逻辑运算符有"与""或"等。请同学们仔细阅读课本第49页[②]，说一说上面的流程图需要我们使用到哪个逻辑运算符？

生：由于我们的两个条件"无光"和"有声"是需要同时实现的，因此我们需要的逻辑运算符是"与"，用符号表示是"&&"。

师：是的，表示两个条件同时成立才成立，需要使用"与"运算符。除此之外，表示两个条件中任意一个成立就成立，需要使用"或"运算符，其符号表示是"||"。那么，逻辑运算符的引入，对我们的程序编写能带来什么好处呢？[③]

生：通过观察两种流程图，我发现加入了逻辑运算符之后，流程图的结构明显更加简洁。

师：是啊，简洁的程序编写风格看着是让人感觉到更加赏心悦目。那么，现在请同学们使用逻辑运算符对我们之前编写的程序进行改写，并利用仿真进行验证。

生：（学生改写程序并验证）。

师：同学们，本节课我们不仅学习了2种传感器的同时使用，还学习了如何使用逻辑运算符进行程序结构的改写，使得程序看起来更加简洁。但是，事物总是存在两面性。请同学们继续思考，尽管逻辑运算符可以使得我们的代码更加简洁，但是可能存在什么问题呢？

生：我们这次任务有两个条件，但如果在条件数量更多、更复杂的情况下仍然使

---

①【评点】合理运用多媒体教学手段，课堂生成反馈，推动课堂环节开展，进而自然地引出逻辑运算符知识。

②【评点】学生回归课本，养成从书本中寻求解决问题的方法的习惯，慢慢转变为培养孩子自我学习的能力。

③【评点】学生通过观察流程图分析引入逻辑运算符的好处，提升学生知识迁移能力和学科思维水平。

用逻辑运算符将它们全部进行连接，代码调试起来好像就没那么直观。

师：是啊，确实存在着这种问题。所以在今后的程序编写中一定要注意选用合理的模式。①

## 【总评】

该单课时课堂实录属于智能机器人程序设计章节中的第三课的前面部分。课堂实录从楼道自动感应灯分析入手展开，引导学生阅读自学掌握光感传感器的原理，并实践完成流程图设计、程序编写以及仿真。践行探索"场景分析－原理认知－应用迁移"的教学模式，体现了信息学科教学的深度。

通过师生对话、热烈讨论、合作学习的方式开展学习，不断试错、不断探索，在整个探索过程中加深对知识的认识。提问和试错是所有课堂教学的起点，教师藉由此培育学生分析并解决问题的能力。同时，教师在课堂中给足学生充分自由度，并未限制住学生对于流程图的丰富想象，把握课堂生成，才有了后续关于流程图的不同结构形式的讨论与拓展延伸。

如何突破多传感器使用和逻辑运算符难点，教师花了很多心思去设计。首先通过让学生回归课本、自主阅读、思考作答，培养学生整合信息和自主解决问题的能力。紧接着通过对话一起探索逻辑运算符的引入区别，引导学生在编程实践中感知不同，加深理解，得出结论。同时模式的合理选择使用有助于学生编写出更好的程序，在程序编写方面更进一步。

---

① 【评点】逻辑运算符的引入确实可以让流程图更加简洁，但如果是条件特别复杂的情况下，程序便有了不易调试的缺点，模式的合理选用这点确实需要学生留意。这一拓展知识的引入打开了学生的信息视野。

# "A blind man and his 'eyes' in a fire" 课堂设计

——英语 七年级 下册（沪教牛津版）

初中部英语科组

执教：魏 玮

设计：黄烈辉 魏 玮 邬碧茹 鄢维维 王 霈 胡僳斌
　　　曾 瑜 刘小青 李欣雨 陈星芮 刘 雅

评点：魏 敬 范 坤

## ◎ 本课时教材分析

本课属于"人与自然"的主题范畴，涉及"热爱与敬畏自然，与自然和谐共生"的子主题。本课语篇讲述了盲人 John 和他的导盲犬 Charlie 从宾馆的火灾中互助逃生的故事，引出"人类的动物朋友"这一话题，培养学生保护和善待动物的意识。本课的语篇内容是一则故事，包含故事的核心要素：时间、地点、人物、事件。在讲述故事时，作者使用了表示时间顺序的词语实现语篇衔接，如 one evening, soon, some time later, then, finally 等。全文使用了一般现在时和一般过去时两种时态，分别用于人物对话和故事描述中。

## ◎ 本课时学情分析

Strengths（优势）：学生整体学习兴趣浓厚，创造力强，思维活跃，在课堂上勇于表现自我；学生对本课主题"人类的动物朋友"较为熟悉，具有一定的知识储备。

Weaknesses（劣势）：在真实的交际语境中，学生的语法意识较为薄弱，特别是正确选择并使用一般过去时的能力，此外，部分学生对主谓一致的熟练程度不足。

Opportunities（机会）：学生通过同伴合作、小组合作等方式，积极思考，共同探究，在层层递进的学习任务驱动下，借助故事框架完成交际任务，深化主题理解。

Threats（威胁）：学生具有一定的语篇理解能力，但在提炼语篇的结构化知识和辨识语篇中的衔接手段方面仍有欠缺，此外还需加强从多角度辩证地看待事物和分析问题的能力。

◎ 本课时学习目标 [1]

通过本课时学习，学生能够：

1. 在看、听、说的活动中，获取、梳理故事的主要情节，包括火灾发生的时间、地点、人物及其互助求生的过程，掌握故事的发展脉络。
2. 借助关键词、图片等提示信息，完成故事内容的复述。
3. 灵活选用不同句式创造性地完成记者采访，并进行课堂展示。
4. 对故事主人公的态度和行为进行批判与评价。

Leading-in. 课堂导入（1分钟）[2]

（1）Teacher shows students some pictures of animals and students guess what they are.

（2）Teacher leads in the topic of "dog" through a picture of a police dog, and asks students to brainstorm what dogs can do for people.

任务1：

Pre-listening: Making predictions. 理解课文标题，预测课文内容（2分钟）[3]

（1）Teacher presents the title of the listening material, "A blind man and his 'eyes' in a fire", and asks students to guess what "eyes" refers to. Teacher shows an illustration of a guide dog to give students more clues to make reasonable guesses.

（2）Then teacher presents another illustration of fire engines and firefighters, and asks students to predict what the story is about.

（3）After students make predictions, Teacher asks a further question: "Did the dog die?" to arouse students' curiosity about the story.

---

① 【评点】老师围绕新课标学科核心素养的四个方面，制定了包括语言能力、思维品质、文化意识和学习能力的四个目标，在帮助学生获得知识、提升能力的同时，发展学生的思维能力，并引导学生树立正确的价值观。

② 【评点】本节课通过猜测动物游戏引入，成功吸引了学生的注意力，创造了愉快有趣的学习氛围，并在与学生的互动中引出了课堂的主人公之一——导盲犬，为过渡到下一环节做了铺垫。

③ 【评点】该环节为学习理解类活动，使学生初步感知与注意主题内容。教师首先借助课文标题和插图预测课文内容，激发了学生对故事的兴趣。随后，学生带着三个问题听录音，解决了"为什么听"的问题，具有真实地获取信息的目的。

说明：本环节通过引导学生关注标题中"eyes"的指代内容和观察插图，创设了主题语境，并激活学生已有的知识和生活经验，铺垫必要的语言（如 a guide dog, on fire, firefighter, fire engine），帮助学生扫清生词障碍，在听力环节更好地理解文本。此外，通过预测故事结局，激发学生对故事的兴趣，为听录音获取故事大意做铺垫。

任务2：

While-listening: Listening and Understanding. 获取并理解故事内容（8分钟）①

First listening: Listening for the main idea.

Students listen to the audio and check their guesses and predictions.

参考答案：

（1）"Eyes" refers to the dog, Charlie.

（2）The story is about a blind man and his guide dog in a fire.

（3）The dog didn't die. John and Charlie were both saved at last.

Second listening: Listening for details.

Students listen to the three parts of the story and complete relevant tasks.

（1）Listen to Part One and find out whether the statements are True or False.

① The receptionist allowed Charlie to stay in the hotel when they arrived.

② The receptionist apologized and led them to their room after John explained.

参考答案：① False. ② True.

（2）Listen to Part Two and fill in the blanks with verbs or verbal phrases.

John was very tired. He soon _____. Some time later, Charlie _____. John _____ and smelt smoke. A fire! Smoke started to come in from under the door. With Charlie's help, John _____ some wet towels along the bottom of the door. Then he _____ on the floor and _____ for help.

参考答案：fell asleep; started barking; woke up; put; got down; waited.

（3）Listen to Part Three and answer the questions:

① Did the fireman save John and Charlie at the same time?

② What did John do then?

After Students answer the questions, Teacher asks further questions:

③ Why didn't the fireman want to save Charlie?

④ Who else thought that Charlie was only a pet?

参考答案：

① No. He didn't want to take Charlie at first.

② John would not go without Charlie.

---

①【评点】此环节训练了学生的听力理解能力，培养了学生的批判性思维。任务的设计由浅入深，符合学生的认知规律。同时，在语言实践活动中实现了词汇学习的目标。在教学过程中，教师通过提问、追问，给学生搭建必要的支架，加深了学生对故事内容和人物态度与行为的理解。

③ Maybe he thought Charlie was only a pet.

④ The receptionist.

说明：本环节通过不同层次的任务，训练学生在听力中获取与梳理信息、概括与总结故事内容的能力，引导学生建立信息间的关联，从而分析与判断不同角色对 Charlie 的态度。此外，在获取内容的过程中引导学生学习目标词汇（receptionist, receive, apologize, apology）。该环节由浅入深地引导学生思考人类与动物的关系，为后面的采访环节做好语言储备和情感态度铺垫。

任务 3：

After-listening: Reading along. 跟录音朗读课文（2 分钟）①

Teacher plays the audio again and Students read the passage along.

说明：通过跟录音朗读课文，训练学生模仿语音、语调、语气的能力。同时，让学生进一步熟悉课文内容，感知人物的心理和态度，为下一环节复述课文内容做铺垫。

任务 4：

After-listening: Retelling（Group & Individual work）. 复述课文内容（9 分钟）②

（1）Teacher guides students to summarize the story from five aspects – what, when, where, who and how, and draw a mind map on the blackboad at the same time.

（2）Teacher shows pictures and key words about the plot and asks the whole class to retell what happened in each picture.

（3）Students practice retelling the story in groups, and then one group is invited to share their retelling. When they are retelling the story, teacher guides them to notice and find out the joining words（one evening, soon, some time later, then, finally）in the passage.

（4）Teacher invites one more student to retell the whole story on his or her own.

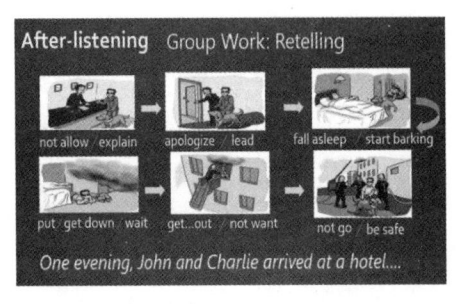

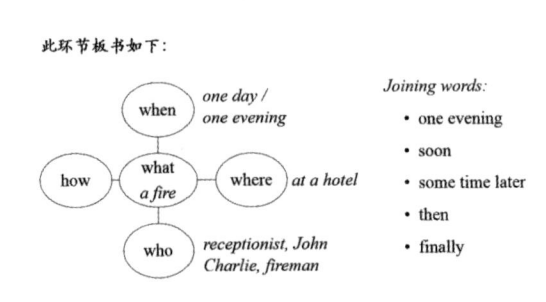

说明：该环节通过板书思维导图，帮助学生建构关于故事的结构化知识（what, when, where, who, how），并基于导图和图片提示，引导学生进行复述，锻炼学生的口

---

① 【评点】此环节帮助学生形成正确的语音、语调和语气，提升口语能力，并学会通过语气、语调推断人物的观点和态度。

② 【评点】此环节通过复述故事内容，帮助学生内化语言知识和主题知识。在此环节中，教师从引导全班共同复述，到让学生小组合作自由练习，再到教师点拨后请一名学生进行第三次复述，逐步训练学生的语言表达能力，促进知识向能力的转化。

语表达能力。同时，引导学生关注语言表达中的衔接词和过渡词，掌握使语言更自然连贯的表达策略。通过小组合作，培养学生的团队合作意识，让学生在课堂中有更多参与感。在小组讨论环节中，教师走下讲台观察学生的活动状态，并对各小组做出对应指导，实现师生之间的良性互动。

任务5：

After-listening: Role-playing an interview（Pair work）. 角色扮演与课堂展示（12分钟）①

Teacher creates a context of an interview between a reporter and John, and asks students to work in pairs.

Student A is a reporter working for CCTV-1 and Student B is John. The reporter is required to ask 3 to 5 questions from the question list and to add one question of his or her own in the interview.

When students are ready, Teacher invites several pairs of students to share their interview on the stage. Props are prepared beforehand for students to act out the interview.

**After-listening**　Pair Work: Role-playing an interview

R: Good evening, sir! I'm XXX from CCTV -1. Can I ask you some questions about the fire?
J: Sure.
R: When did you.../How did you .../...?
J: ...
J: ...
R: That's all for my questions. Thank you.
J: You're welcome.

**After-listening**　Pair Work: Role-playing an interview
Question list:
1. When did you arrive at the hotel?
2. Did the receptionist welcome you warmly?
3. How did you notice the fire?
4. What did you do then?
5. Did the fireman save you and Charlie at the same time?
6. What was on your mind when you were waiting for help?
7. ...(a new question)

说明：本环节旨在帮助学生基于文本与个人思考，在迁移的语境中，整合运用相关语言表达（如 receptionist, apologize 等词汇，soon, some time later, then 等衔接词或过渡词），创造性地完成交际任务。在老师的引导下，学生发展语用能力，思考人与动物的关系，为下一个环节的主题拓展与价值升华做铺垫。在完成任务的过程中，学生合作探究，积极思考，发现并尝试使用多种策略解决语言学习中遇到的问题。

任务6：

After-listening: Exploring values. 主题拓展与价值升华（5分钟）②

（1）Teacher guides students to discuss what the fireman, the receptionist, and John think of Charlie respectively and arrive at the moral of the story.

（2）Teacher presents two pieces of news to give examples of how humans treat animals

---

①【评点】此环节为迁移创新类活动。教师为学生创设了参与和探究主题意义的真实情境。通过角色扮演，学生回顾事件经过，并对人物行为和态度做出评价，从多角度认识和理解事件。此外，道具的使用能让学生更好地代入角色，增添活动的趣味性，让学生获得积极的学习体验。

②【评点】此环节联系真实的生活事例，通过补充人类如何善待动物的两则新闻材料，引导学生树立正确的价值观，体现了英语学科的育人价值。

kindly, and helps students realize that humans have a responsibility to be kind to every kind, not just mankind.

（3）Teacher recommends several films about the stories between humans and animals, which students can watch after class to know more about the topic.

说明：本环节，老师引导学生对故事主人公的态度和行为进行批判与评价，探讨语篇背后的价值取向，加深对主题意义的理解。同时，课堂借助两则新闻，引导学生进一步反思人类行为对自然的影响，帮助学生形成善待动物的意识。

Assignment 作业布置（1分钟）

Compulsory 必做：

（1）Read the article aloud at least twice.

（2）Finish the summary of the story on the worksheet.

Optional 选做：

（1）Adapt the story into a play. Characters needed: John Dancer, Charlie, the receptionist, the fireman, the narrator（旁白）.

（2）Watch one of the films and write a film review. Your review may consist of the following parts:

① What is the film about?

② How does the animal help people?

③ How do people help/protect it?

④ ...（any other point you want to share）.

附：必做作业（2）故事梗概练习

Fill in the blanks to complete the summary of the story.

One evening, John Dancer arrived（1）_____ a hotel with his dog Charlie.

At first, the receptionist didn't allow Charlie（2）_____ into the hotel. Then John told the receptionist that Charlie was his "eyes". John was blind and he couldn't go anywhere by（3）_____. After knowing this, the receptionist apologized to John for not letting Charlie in, and then（4）_____ them to their room.

John was very tired so he soon fell（5）_____. Some time later, Charlie suddenly started barking and then John（6）_____ up. He smelt smoke. John realized（意识到）

it was a fire! With Charlie's help, John put some wet （7） _____ along the bottom of the door. Then he got down on the floor next to Charlie and waited.

　　Soon John heard the sound of a fire engine. A fireman arrived and got John out of the building, （8） _____ he didn't want to take Charlie. John said he would not go （9） _____ Charlie. Finally, the fireman got Charlie out of the building, too. John and Charlie were （10） _____ safe.

　　参考答案：（1）at；（2）to go；（3）himself；（4）led；（5）asleep；（6）woke；（7）towels；（8）but；（9）without；（10）both.

　　说明：

　　课后作业充分考虑了学生的具体学情，根据学生的能力有针对性地设计了不同层级的任务。必做作业是对课文内容的巩固，将课堂所学的语言知识用于故事概括，促进学生思维品质从低层次向高层次发展；选做作业是对课文内容的延伸，通过改编剧本或观看主题相关电影，引导学生进一步深入思考人与动物的关系，从而树立正确的价值观。

　　附：课文文本

　　A blind man and his "eyes" in a fire

　　One day, John Dancer and Charlie arrived at a hotel.

　　"Good evening, sir," said the receptionist. "You're welcome to stay, but I'm sorry that we don't allow pets here."

　　"Charlie isn't a pet," said John. "He's my eyes. I'm blind and I can't go anywhere by myself."

　　The receptionist apologized and led John and Charlie to their room.

　　John was very tired. He soon fell asleep. Some time later, Charlie started barking. John woke up and smelt smoke. A fire! Smoke started to come in from under the door. With Charlie's help, John put some wet towels along the bottom of the door. Then he got down on the floor next to Charlie and waited.

　　Soon he heard the sound of a fire engine. A fireman arrived and got him out of the building, but the fireman did not want to take Charlie. John would not go without his "eyes". Finally, the fireman got Charlie out of the building too and they were both safe.

## ◎ 课堂小结

　　本课时以"人类的动物朋友"为主题，综合运用任务驱动、同伴合作和小组探究等方式，锻炼了学生的语言交际能力，培养了团队合作精神。本课的教学重点是训练学生的听力理解能力，帮助学生了解故事类语篇的五个要素，并借此框架完成创造性的交际任务，由此提升学生善待动物、与自然和谐共生的意识。

# "A blind man and his 'eyes' in a fire" 课堂实录

——英语 七年级 下册（沪教牛津版）

执教：初中部英语科组 魏 玮

评点：初中部英语科组 魏 敬 范 坤

T: Shortly after the fire, a news reporter came and interviewed John. Now, take a look, everyone. I would like you to work in pairs later. Student A is a reporter and student B is John. The beginning and the ending of this interview have been given to you. Most importantly, you need to choose three to five questions from the question list here and then ask a new question of your own. Am I clear? [①]

Ss: Yes.

T: Well. Let's read these questions together.

Ss: No. 1 When did you arrive at the hotel?

No. 2 Did the receptionist welcome you warmly?

No. 3 How did you notice the fire?

No. 4 What did you do then?

No. 5 Did the fireman save you and your dog Charlie at the same time?

No. 6 What was on your mind when you were waiting for help?

T: Very good. So if you were the reporter, what other questions would you like to ask? Okay, you please.

S1: How did Charlie help you?

T: Yeah, anything else?

S2: What do you think of the receptionist and the fireman?

T: Okay, if I were a reporter, perhaps I would ask you why you didn't leave your dog behind, or what you said to the fireman to convince him to save your dog. Now you will have five minutes to work with your partner. One is a reporter and the other is John. Every one of you has the question list on your handout as well as the beginning and the ending of the interview. Later, you need to role play the interview. As John is a blind man who cannot see anything, you need to act it out. And you are not allowed

---

[①]【评点】老师基于文本内容创设新情境，并在学生完成学习任务前提供了相应的问题参考，为学生搭建了充足的脚手架，促使学生有效地将所学知识进行迁移创新。

to bring your handouts while acting. Go ahead.

(5 minutes later.)

T: Okay, time's up. Any volunteers? Are there any pairs willing to volunteer? Are you ready? Come on. The question list is here on the screen. You can leave your handouts at your desk. Okay, so you are the blind man and you are the reporter, right? Okay, this is your dark glasses and walking stick. And this is your microphone for interviews. Take them.①

S1: Good morning, sir. I'm Jason from CCTV 1. Can I ask you some questions about the fire?

S2: Sure.

S1: How did you notice the fire?

S2: Well, at first, I heard Charlie barking. I thought that Charlie was hungry so I got up. But then, I smelled some smoke and I felt that it is hot in the room, so I immediately knew that there's a fire.

S1: Okay, but what did you do after you noticed the fire?

S2: Well, I put some wet towels under the door, and then I just got down with Charlie and waited for help.

S1: What was on your mind when you were waiting for help?

S2: I had a strong spirit and I thought that me and Charlie would all survive.

S1: What do you think about Charlie?

S2: Well, Charlie is a good dog. He isn't just my eyes but also a hero, and it saved my life.

S1: Okay sir, that's all for my questions. Thank you!

S2: You're welcome.

T: Very good! Okay, another pair? Big hands to welcome Emily and Yuki! Come on! So, who is the blind perhaps? Okay, and you are the reporter. John, please take this. Go ahead. Don't worry. So, go ahead.

S3: Good morning, sir. I'm Yuki from CCTV 1. Can I ask you some questions about the fire?

S4: Sure.

S3: When did you arrive at the hotel?

S4: One evening.

S3: How did you notice the fire?

S4: Well first, I just heard Charlie barking and I woke up. There was hot and something

---

① 【评点】在同伴讨论环节，培养了学生的批判性思维和创造力，并增强了自主思考、解决问题的能力和团队合作精神。通过课堂展示，学生充分发挥了自己的才华，锻炼了口语表达能力。

strange, and I just smelled this.

S3: What did you do then?

S4: Well, I put a wet towel on the door and got down with Charlie.

S3: Did the fireman save you and Charlie at the same time?

S4: Well, no. The fireman thought Charlie was only a pet, so he didn't want to save him

S3: So, if Charlie hasn't been rescued, will you still stay in the fire?

S4: Well, if the fireman didn't rescue Charlie, I will run to him, because he might be alive if I do this. But he will die if I leave him in the fire. So, I think if the fireman doesn't want to save Charlie, I will do this.

S3: Okay, that's all for my questions. Thank you!

T: Very good! Good job, thank you! Okay thank you John and thank you another reporter. Right, did you pay attention? I think just now, Jason and Yuki, they are good reporters, right? Okay, good reporters ask good questions, provoking questions, and questions that make people think seriously about something, right?① Okay, especially like the two new questions from Jason and from Yuki, right? Yuki asked, if the fireman didn't save Charlie, what would you do. Right? And from John's answer we can see that what is Charlie to John? Just eyes? Yeah, it's not just eyes. It's not a pet. It's what? His friend or even his family, right? His family. Very good! So, I also have some questions for you. Okay, what did the fireman think of Charlie? It's just a pet. And what about the receptionist? Also a pet, right? Because he said we didn't allow pets here. And but for John, yeah, it's one of his family members. He wouldn't go anywhere without him. So, after the fire, for the receptionist and the fireman, what lesson do you think they can learn? Are the dogs only animals?

Ss: No.

T: Are animals just animals?

Ss: No.

T: Are they worth saving?

Ss: Yes.

T: Yes! They are also living beings, just like?

Ss: Us.

T: Yes, just like us. So, we need to be? Be friendly? Be cruel? Yes, be friendly and be kind to them, right?②

(A student raised his hand.)

---

①【评点】老师根据学生的课堂表现，及时给予针对性的肯定和鼓励，帮助学生增强自信，提升学习的积极性。

②【评点】老师基于学生在情景表演中提出的创造性问题，引导学生进一步思考人与动物的关系，帮助学生树立人与自然和谐相处的人生观和价值观。

T: Okay yes?

S: But I think if the fireman spends a lot of time in saving John and Charlie, the other people in the fire will die.

T: Will die, so that's another question, right? So, are the dogs' life less important than humans? That's another question we will make this discussion later in the future, okay? But at least I think for the receptionist and the fireman, because in the story we didn't see any other customer, right? We didn't see any other guest. Perhaps just John and the dog, right? Okay, so for them, perhaps the lesson they've learned is what? Be kind to every kind, not just mankind, right? And what about for John? Or for you, what lessons have we learned so far? Do you think john saved Charlie too? Obviously, Charlie saved John, right? But did John save Charlie too?

Ss: Yeah.

T: How so? Yeah, he insisted the fireman to save Charlie. So, in this way, we can say animals are men's friends. We?

Ss: Help each other.

T: Yeah, we help each other. We depend on each other, right? Very good! So that's the lesson I would like you to learn today. And it's a pity, this is a story. But in our real life, actually there are some touching moments when human beings treat animals like friends and families. For example, this homeless man lives in the streets of Brazil with low money even to feed himself. But still, he treats and cares several pets like family. And this one, the dog savers, okay the dog lovers, they bought all the dogs when they were already on their way to the slaughter house. You know the slaughter house? Yeah, the place where the dogs will be killed for their meat. They bought all the dogs when they were on the way in Yulin, Guangxi, a place famous for?[①]

Ss: Eating dogs.

T: Yes, eating dogs. So, from today's lesson, I think we've learned a very important lesson. Yeah, be kind to every kind, not just mankind. Okay, animals are our friends, are our family. Be kind to them.

# 【总评】

新课标指出，语篇研读是开展有效教学设计的逻辑起点，对文本解读的高度决定了课堂教学的高度，对文本解读的深度决定了课堂教学的内涵。本节课围绕学生所熟悉的"人类的动物朋友"这一话题，讲述了火灾中盲人与狗互帮互助的感人故事。在授课前，老师从语篇主题、内容、文体结构等方面对文本进行了深入分析，明确人与

---

① 【评点】本环节老师带领学生从课本走向现实生活，借助相关新闻素材加深学生对主题意义的理解，引导学生认识到动物是人类的好朋友，我们应该善待所有动物，落实学科育人的根本目标。

自然和谐相处的主题意义，提炼出语篇中关于故事的五要素（what, when, where, who, how）的结构化知识，多层次、多角度地分析语篇传递的意义，实现语言学习与课程育人的融合统一。

在教与学的活动设计中，老师充分认识到学生是语言学习的主体，引导学生围绕本课主题学习语言知识、获取新知、探究意义，让新课标中要求的四大学科核心素养真正在课堂中落地。在英语学习活动观的指导下，老师除了采用讲授与引导相结合的方式，还设计了逻辑关联、层层递进的学习活动。学生在本节课共经历了三个学习阶段：第一阶段，老师激发学生的学习兴趣，铺垫必要的语言和知识背景，在此基础上引导学生获取与梳理故事内容，建立信息间的关联，了解文本内容；第二阶段，老师带领学生梳理出故事的框架（what, when, where, who, how），学生基于所形成的结构化知识开展小组和个人复述活动，内化语言知识，加深对"人与动物和谐相处"主题的理解，促进知识向能力的转化；第三阶段，学生在新的情境下，整合运用相关语言表达，创造性地完成交际任务。在此基础上，学生通过讨论，对语篇背后的价值取向与人物的态度和行为开展批判与评价，这是学习活动的最高层次。学生经过"学习理解—应用实践—迁移创新"的学习过程，逐步深化了对主题的理解，从而能够获得知识、提升能力、发展思维、塑造品格。

在教学过程中，老师始终关注学生的学习表现和学习成效，给予必要的指导和帮助，做到了"教—学—评"一体化。本节课从语篇分析到教学设计、教学实施，都是一堂可圈可点的好课。

# 主题班会教学课堂设计与实录

# "雁群结伴 燕南同行"课堂设计

## ——"培养领袖格局，建设团结集体"主题班会

设计：燕南校部　杨　怡

评点：深圳市姜华名班主任工作室主持人兼导师　姜　华

### ◎ 本课时教学目标

本课时共有三个教学目标，每个目标对应新课标中相应的核心素养，具体教学策略与能力要求如下：

目标1——打造团结的班集体：通过设置小组讨论与发言，解决班级实际问题，培养学生发现问题、分析问题和解决问题的能力，增进班级同学之间的信任与友谊，打造和谐友善、团结进取的班集体。

目标2——树立初中学段的正确观念：通过设置情景剧演绎及调查问卷结果分析的环节，激发学生的共情能力，引领学生树立正确的世界观、价值观，培育学生积极向上的健全人格。

目标3——为学生终身幸福奠基：通过引导学生从班级、校园、城市、国家四个维度进行层层递进的思考和讨论，强化学生的主人翁意识、担当精神和集体荣誉感，厚植学生的领袖气质和家国情怀。

### ◎ 本课时学情分析

本班学生自初中入校以来，在一年多的校园生活中互相磨合、相互学习，逐渐形成了团结友爱的班风。但是，在上课、自习等日常学习和各种班级的文体活动中，有时会缺少主动的组织者和积极的参与者。比如，在课堂上，同学们不愿意积极主动回答问题，或是在站起来回答问题时，没有得到其他同学给予及时的、正向的反馈；在班级同学维持班级纪律时，没有得到其他同学的积极配合；当班级组织文体活动时，即便有一定组织能力的同学也不愿主动站出来承担责任。这些现象导致志愿参与活动，在班级里积极表现的同学越来越少。希望通过本次班会课，同学们能够以合作探究的方式发现问题、分析问题、解决问题，从而提升班风班貌，增强班级的凝聚力。

### ◎ 课堂导入语

首先非常感谢大家来到今天这堂特别的公开课。今天这节课，欢迎同学们畅所欲言、

随心思考。

今天早上又下了一场大雨，春雨连绵，万物复苏。大家喜欢春天吗？春天有一种动物，我很是喜欢。因为气温回升，它会从南方飞到北方，大家知道是什么吗？没错，是大雁。我们有一句话就叫作"春回大雁归"。而我们今天的故事，就要从大雁讲起。①

任务1：引入

观看《一路同行》视频并回答问题（5分钟）

（1）请同学们思考问题：大雁是独自飞行，还是集体行动？大雁是排着怎么样的队列飞行的呢？为什么呢？

（2）请同学们带着以下几个思考题观看视频，并寻找答案。

思考题：

大雁为何结伴飞行？

头雁的作用是什么？

后面的雁如何对待头雁？

雁群齐飞有何意义？

参考答案：

结伴飞行比单飞提升71%的飞行能量，振翅高飞为后面的队友提供"向上之风"，更加省力。

总结：结伴飞行能节省能量，提升效率。

为队友们开路，带领队友们勇往直前；帮助雁队维持秩序，能飞得更高更远。

不断发出叫声，对艰难前行的头雁发出鼓励的声音。当头雁疲倦时，会有另一只雁飞上来接替，成为新的头雁。②

独自前行，走得很快；结伴同行，走得更远。

说明：通过观看《一路同行》视频，引入本节班会课《雁群结伴 燕南同行》的主题，让学生们从雁的故事中感受结伴同行的意义、领头雁的重要性，以及其他雁的配合与支持对于整个雁群顺利高飞的决定性作用，为接下来观看情景剧并分享感受的环

---

① 【评点】课堂以同学们熟悉的生活场景为引入，引起学生的共鸣。因为大雁南飞是同学们比较了解的自然现象，所以师生互动效果很好，课堂气氛轻松自然。

② 【评点】本环节问题的设置和答案的呈现非常巧妙，通过提供部分辅助信息，让学生捕捉关键信息，大大提高了学生的参与度和互动性，符合苏联教育家维果斯基提出的"最近发展区理论"，同时也符合新课标对学生主体地位的要求，能够提升学生主动参与的积极性。

节作铺垫。

任务2：

《十二班雁剧场》——观看十二班情景剧并分享感受（8分钟）

（1）请同学们观看由班级同学表演的雁剧场，探究在课堂上、在自习中和在组织班级文体活动时会出现的班级现象，表演剧本见补充材料1。

（2）请演员分享在表演中，既当"领头雁"，又当不配合同学的感受。

（3）请观众以"如果我是'领头雁'/不配合的同学"为题分享感受。

说明：通过学生表演的情景剧，真实还原本班在日常学习和班级活动中出现的不支持、不配合的现象。邀请学生分享观后感，引导学生换位思考，意识到自己在班级里的不当言行会给班级和其他同学带来困扰，从而引导学生们提出本节课班级要共同解决的问题。①

任务3：

《顾虑与初心》——讨论班级问卷调查结果（8分钟）

（1）根据问卷调查（补充材料2）结果和分配到的小组场景（在上课时、在自习时、在活动中），请同学们回想和总结班级同学们愿意和不愿意在此场景中当"领头雁"的原因，并用"我想……但是……"的句型来分享。讨论时间为2分钟，讨论完毕后每个场景选择一名小组代表分享，每人时间1分钟。

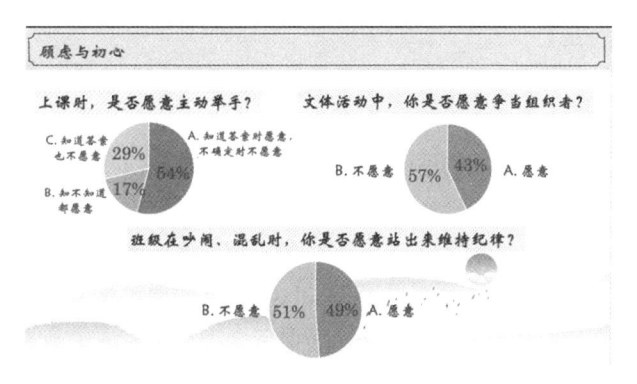

---

① 【评点】新课标强调以核心素养为导向，而学生的核心素养需要在解决真实情景问题中表现出来。本环节通过学生表演情景剧，还原真实校园生活场景，使学生产生更加深刻的共鸣，触发学生发现问题的动机，并寻求解决问题的办法。本环节促进学生积极思维的形成，充分体现了新课标的要求。

（2）请同学们阅读问卷调查结果之顾虑与初心图，通过问卷调查中较多人选择的愿意成为"领头雁"和不愿意成为"领头雁"的原因，分析班级现状。

说明：通过图表直观展示调查问卷的结果，组织学生分小组讨论同学们愿意和不愿意成为"领头雁"的原因，推动学生积极思考，同时提出了解决问题的方向。

任务4：

《雁群的力量》——讨论如何支持、成为"领头雁"（8分钟）[①]

（1）请同学们根据上一个任务中分到的小组场景，为两个问题各想一条切实可行的答案："如何支持'领头雁'？如何成为'领头雁'？"同时阅读每个场景提供的例子，可以从例子出发讨论解决方法，也可以讨论其他的现象及解决办法。每个小组在分享的最后，需点名"夸夸"一位值得同学们学习效仿的"领头雁"。讨论时间为3分钟，讨论完毕后每个场景选择一名小组代表分享，每人时间1分钟。

小组场景及例子：

学习时

同学上课发呆/睡觉时，我们可以……

同学上课讲话时，我们可以……

同学上课做作业时，我们可以……

同学抄作业时，我们可以……

同学上课回答问题时，我们可以……

活动中

做黑板报时，我们可以……

艺术节班级活动中，我们可以……

体育节组织开幕式时，我们可以……

定向跑中，我们可以……

做课堂的project时，我们可以……

---

① 【评点】美国教育心理学家布鲁纳认为：当学习转化为一种合作过程，人人都从中获益，这样的小组学习是十分有效的。这个环节的小组讨论从设计上看，非常出彩，也是本堂课最大的亮点。教师给每个小组设置了清晰的情境，同时对讨论方向的指引也非常具体和明确，给小组合作学习提供了充分的素材。而且每个小组的参与度相对均衡，让平时不太主动发言的同学都参与了进来，给出了高质量的输出，提出了具体有效的解决问题的方案，而不只是一个或者几个活跃学生"包办"的合作学习。

自习时

同学自习/午休时大声吵闹走动，我们可以……

同学午休时间外出打球，我们可以……

同学自习时无所事事、找人聊天，我们可以……

同学自习课讨论题目，我们可以……

同学自习课换座位，我们可以……

（2）选择学生讨论得出的部分优秀答案，组织全班同学进行真实情景演绎。

老师在课堂上提问时，有同学主动举手回答问题。虽然回答错误，但也得到了全班同学正向的回应和真诚的鼓励。

当班级纪律出现状况时，有同学挺身而出、维持纪律，其余同学快速恢复安静。

当老师布置艺术节班级活动时，有同学积极报名组织活动，其他同学也积极响应、踊跃参与。

说明：通过小组讨论和情景演绎，引导同学们找到了很多"如何支持和成为班级'领头雁'"的方法，并将部分方法应用到实际的班级场景当中，解决了本节班会课的重点问题。

任务5：

《雁群汇聚 众雁齐飞》——讨论集体的荣誉（8分钟）[①]

（1）请同学们根据小组分配到的集体（本班、深外、深圳），在小组内讨论以下问题，讨论时间为2分钟，讨论完毕后每个场景选择一名小组代表分享，每人时间1分钟。

此集体近期得了哪些令人骄傲的荣誉？

有什么优秀的、令人自豪的表现？

有哪些好新闻？

（2）请同学们通过图片进一步思考三个集体得到的荣誉，并得出"三个集体都是'领头雁'"的结论。

---

[①]【评点】新课标的核心素养强调对学生的家国情怀和情感教育的培养。本环节从讨论班级的荣誉出发，层层递进，延伸到学校和城市，最后上升到国家层面，自然地渗透了爱班、爱校、爱市、爱国的教育，增强了学生的自豪感和集体荣誉感，深刻体现了教育的本质，即人的全面发展。

说明：通过组织各小组讨论并分享不同集体的荣誉或成就，促进学生对所处集体的认识、了解和热爱，激发学生的集体荣誉感和自豪感，从而培养学生爱班级、爱学校、爱城市、爱国家的高尚情操。

◎ **课堂小结**

本次主题班会贴合班级实际情况，致力于解决班级现有的实际问题。通过引入"领头雁"的概念，鼓励班级同学争当班级的领头人物，积极参与班级活动，做班级在学习、文体、行为模范等方面的正向引领者，并强调同班同学之间的互相支持和鼓励。本次班会课的亮点在于，通过情景剧、调查问卷、小组讨论等多种活动形式，引导学生进行共情与深度思考，让同学们从活动中认识到支持"领头雁"和成为"领头雁"的重要性。最后一个环节将"领头雁"的概念上升到了班级、学校、城市和国家，树立了积极向上、爱班爱校、爱市爱国的价值观。

◎ **班会作业**

根据三个场景，设立"'领头雁'课堂/纪律/活动部落"，招募每个部落的"大雁"，投票选出第一期"领头雁"，并设定部落的学期个人和集体目标，下周一交给宣传委员进行班级展示。

说明：本课时的课后作业引导学生进一步落实"领头雁"行动，同时充分运用课堂所学内容，将课堂活动的成果转移至实践之中，将输入有效转化为产出，打造一个更加团结友善、积极奋进的班集体。

【总评】

一堂完整的课包括了作业布置环节，一节班会课也要通过作业来检测教学效果，这也是对整节班会课的教学目标最有效的评估方式。本作业为形成性评价，将本节课学生们的感悟、收获，以及提出、解决问题的方式应用在实践中，具有很强的可操作性和持续性。教师可通过该作业对学生在班级里的后续表现进行跟踪评价，关注学生成长进步的过程，以及良好习惯和态度的养成。

总体来说，这是一堂非常完整且高效的班会课。

**补充材料 1**

表演剧本

【第一幕：英语课上】

旁白：同学们正在上英语课。

老师：大家来看看这道选择题怎么做？（老师提问）

旁白：老师环顾四周，无人举手。

（其他同学假装看风景、睡觉等）

老师：这道题谁来回答呢？

旁白：此时，小 A 小心翼翼地举起了手。

（领头举手）

领头（缓缓起身）：选 A。

（同学们悄悄地笑起来）

老师：A？

学生 1：选 B，B 是对的。

领头（略显迟疑）：额，选 B。

（同学们大声笑起来）

老师：选 B 吗？

领头（有些急）：选 C 吧。

老师：（鼓励的微笑）没事啊，确实有一定难度，答案是 D。

学生 1：害，不会还答啥啊？

学生 2：这题这么简单，小学生都会做。

学生 3：不知道就别站起来了。切，不懂装懂。

（这个部分三位同学按顺序说，要求吐字清晰，表演张弛有度）

旁白：小 A 心里想道——其实……我只不过是想要试一试而已。

【第二幕：自习课上】

旁白：同学们正在上自习课。

学生 1：我问你个题，这个大气压强能支持多高的水银柱啊？

（学生 2 和学生 1 小声讨论）

学生 3：友谊是一声还是四声啊？（推搡打闹）

学生 4：你知道吗？有个西蓝花上长了个苹果！（小声聊天）

领头（对 3、4）：诶诶，自习呢，安静点。

（同学 3、4 白他一眼。只停一会儿就开始做手势、比动作，小声聊天）

学生 1、2：嗨，真不知道那个站起来管纪律的怎么想的。有自习课就多说点话，多好的机会不懂珍惜（继续聊天，不为所动）。

旁白：小 B 正在认真学习，终于忍不住说了一句——

领头：大家安静一下！

学生1：我们在讨论题目呢，别打扰我们学习！（不耐烦）

学生2：就是！而且这是自习课，又没说不可以说话。（不屑）

学生3：笑死我了，你搞什么假积极，你又不是班干。（嘲笑）

学生4：反正老师都不在，自习课说说话怎么了？（不屑）

旁白：小B内心想……我只是想要一个安静的学习环境……

【第三幕：体育课上】

旁白：班主任正在组织体育节的开幕式活动。

班主任（清嗓子）：同学们，下周体育节各班都要有入场式，需要一位同学站出来组织大家排练。有哪位同学想要试试？

旁白：小C同学早有想法，看无人响应，便积极举手。

领头：我觉得我可以试试！

（领头举手）

班主任（赞赏）：好的，那就由小C同学组织这次入场式。（下场）

领头（对其他人）：同学们，围过来一起排练一下吧！

学生1：哎哟，我腿疼。

学生2：我扶他去医务室。

（学生1、2同下）

学生2：一起写作业去咯！

学生1：好耶！

（学生3根本不理领头，转身就走）

学生4：哎呀，我想起来数学老师叫我去办公室订正，我先走了。（笑着离场）

（领头垂头丧气）

旁白：小C同学内心想道——其实……我只是想要让大家一起参与进来，为班级争光而已……

**补充材料2**

班会课问卷调查

1. 上课时，你是否愿意主动举手回答问题？

　　A. 知道答案时愿意，不确定答案时就不愿意（选此答案跳转至题2）

　　B. 知道答案时愿意，不确定答案也愿意举手试试（选此答案跳转至题2）

　　C. 知道答案时也不愿意（选此答案跳转至题3）

2. 为什么愿意主动举手回答问题？（多选）

　　A. 知道答案后纯粹想分享

　　B. 想确认自己的答案是否正确

　　C. 不想课堂冷场，帮老师的忙

D. 想锻炼自己的勇气

E. 想展示自己的实力

其他：_____

3. 为什么不愿意主动举手回答问题？（多选）

A. 怕说错，被同学取笑

B. 怕答错，被老师批评

C. 不想成为班级焦点，害怕别人的目光

D. 不喜欢太积极，等着老师点到再回答

其他：_____

4. 面对主动回答问题的同学，你有什么想法？（多选）

A. 支持和鼓励，为他点赞

B. 羡慕，希望自己也有勇气尝试

C. 无感，大家都可以做到

D. 不喜欢爱表现的人

其他：_____

5. 班级在吵闹、混乱时，你是否愿意站出来维持纪律（如叫同学们不要说话等）？

A. 愿意（选此答案跳转至题 6）

B. 不愿意（选此答案跳转至题 7）

6. 你愿意站出来维持纪律因为 _____（多选）

A. 愿意承担责任，想要营造班级良好氛围

B. 希望得到他人（老师、同学、家长）的认可和关注

C. 享受帮助他人的成就感，有很强的正义感，想要挺身而出

D. 如果不维持纪律会影响自己，纯粹是个人需要

其他：_____

7. 你不愿意站出来维持纪律因为 _____（多选）

A. 不是纪律委员，不想担责任，忍忍就过去了

B. 想提醒，怕被同学说，影响同学情谊

C. 别人吵是别人的事，与我无关

D. 看见别人在聊天，我也顺便聊两句，没必要管

其他：_____

8. 在文体活动中（如艺术节，体育节等），你是否愿意争当活动组织者？

A. 愿意（选此答案跳转至题9）

B. 不愿意（选此答案跳转至题10）

9. 你愿意争当活动组织者因为＿＿＿＿＿＿＿＿（多选）

A. 擅长文体活动，想要展现才能，在活动中可以充分表达自己想法

B. 有能力，想当组织者，希望得到他人（老师、同学、家长）的认可和关注

C. 不一定非常擅长，但想贡献自己的一份力量，组织同学们一起营造好的集体氛围

D. 怕班级无人参加、无人组织，影响班级荣誉

其他：＿＿＿＿＿＿＿＿＿＿＿＿＿＿＿＿＿＿＿＿

10. 你不愿意争当活动组织者因为＿＿＿＿＿＿＿＿（多选）

A. 觉得自己能力不足所以不敢负责任

B. 有能力但没有自信，怕出错被嘲笑或责怪

C. 有能力但是不想太积极，等老师和同学来请

D. 活动与我无关，过分积极会浪费时间

其他：＿＿＿＿＿＿＿＿＿＿＿＿＿＿＿＿＿＿＿＿

11. 简答题：你的班级里有主动表现的同学、主动站出来管理班级的同学和积极的组织者吗？你想成为这样的同学吗？你如何看待这些同学？请自由表达和分享。

# "雁群结伴　燕南同行"课堂实录

——"培养领袖格局，建设团结集体"主题班会

执教：燕南校部　杨　怡

评点：深圳市姜华名班主任工作室主持人兼导师　姜　华

师：接下来我想请同学们一起来想办法。根据刚刚大家手上拿到的小组场景，请为以上的两个问题各想一条切实可行的方法。既然是你们的顾虑和不安，那由你们来提出解决方法当然是最有效的。请回答两个问题：第一个是如何支持班级的"领头雁"？第二个是如何成为"领头雁"？即自己需要做些什么才可以成为"领头雁"。现在我会给各组一个小的例子，这些是我能想到的这些场景当中会出现的情况，同学们可以去解决这些情况当中的问题，也可以想想有没有更多的问题。活动限时3分钟，我们现在开始。

（小组讨论）

师：时间到。接下来让我邀请一下刚刚没有发言的小组，做我们的"领头雁"。秦可馨同学，你们小组的场景是什么？

生：我们小组的场景是做黑板报。首先是如何支持"领头雁"。例如在做黑板报的时候，积极完成"领头雁"布置的任务，尽你所能去完成，也是给予支持。还要遵守纪律，也可以提供一下自己的意见。

师：那关于如何成为"领头雁"，你们小组有想法吗？

生：如果成为"领头雁"，我们想主要从两个方面入手。一个是要提升自己的信心，就是要勇于去争取这个机会。第二点就是要提升自身的能力，也是有助于增长我们的信心。[1]

师：非常好。感谢秦可馨同学代表的活动组。自习时，你们有没有什么想法？有请李文桢同学。

生：我们小组的主题是，我们自习的时候如何去支持"领头雁"。假如同学们都在大吵大闹，班里有同学维持纪律却无人支持，我们就可以配合他们，去呼吁周围保持安静，不要吵闹。在如何成为"领头雁"的方面，如同学在自习时出去找人聊天的话，我们就可以去制止他。如果他因为学习而讲话，那么仅

---

[1]【评点】学生回答问题的逻辑非常清晰、有条理，"争取机会"和"提升能力"两点答案切实可行，反映出学生对班级和自己的正确认识。也进一步证明了教师在活动的设计中，情景的创设非常到位，从而让课堂有高质量的输出。

限两个人的谈话也可以，但不要打扰到他人。

师：大家觉得可以吗？我认为这也是一个很好的方法。感谢李文桢同学。还有一组在学习时的情况，有请王子毓组。①

生：我们组是学习时的情况，讨论出了这么几个问题。首先就是帮助。我们同学讨论出了一个结果，这个结果来源于我们同学的真实案例，那就是可以在身边带一瓶风油精，或者那种比较提神醒脑的糖。在犯困的时候，可以擦风油精或者吃提神醒脑的糖。或者在同学犯困时，可以让他朗读一下相应的内容，他就可以提起精神来。

师：我觉得风油精那个方法是不错的，我们是不是可以以班级为单位，买一些风油精备在班级里面。班长，你作为班里服务同学的"领头雁"，这件事情就交给你了！②

生：其次是同学抄作业的时候，我们如何帮助他们。抄作业这件事情我们大家都知道，是对自己学习没有任何好处的。首先肯定是要去制止他。从根本上解决问题的方法，就是同学找你借作业，你不借给他。那这个时候如何引领他们向善呢？我们觉得是可以在他有一道题不知道怎么做时，在我们能力范围内，可以去教他，而不是让他光把这个答案抄上去。除此之外，在学习的几种层次里，把知识内化再传授给他人，也是最深刻的学习方式。在教授同学知识的时候，也是我们增进同学情谊的时候，这种方式可谓是一举多得。

师：大家同意吗？我觉得王子毓同学刚刚说得特别好。例如，面对抄作业这样的问题时，我们不仅仅是从表面上说不许抄，更多的是要从根本上去解决这个问题。我相信每一个向其他同学提出这样要求的同学，他们心里面其实都是觉得很无助、很不安的。交作业的时间将近了，但是又不知道该怎么做。所以如果有同学能够主动地向他们伸出援手，也许这个同学作业都搞明白了，他的成绩也上来了，同学之间的关系也会更好。感谢王子毓同学，我相信其他的小组肯定也有很多非常好的答案，今天由于时间关系就先分享到这里。

## 【总评】

新课标强调以立德树人为根本任务，而一堂有效的班会课在立德树人方面起着非常重要的作用，同时也是德育最重要的载体。本次班会课总体上来说是一堂非常成功的班会课，环环相扣，设计巧妙，内容丰富，有情境创设、学生讨论和良好的教师指引，触动了学生的思考，同时渗透了爱班、爱校和爱国主义教育，有高度、有深度。具体从以下四个维度来说明：

---

①【评点】老师对学生的答案没有直接给出点评，而是寻求其他学生的回应，在细节处也能体现"以学生为主体"的课堂教学原则。随后再给出肯定，语言简洁明了，没有冗余。

②【评点】教师现场采纳同学提出来的好方法，并让班长负责此事，一方面体现了教师对学生观点的鼓励与认可，另一方面，也是对班会课主题的实践，同时强化了班干部作为"领头雁"的责任。

## 一、主题

本节班会课以《雁群结伴 燕南同行》为题，以雁群齐飞的视频作为引入，明确直观，抓住了学生们的兴趣点，使学生们清晰明了地理解了本次班会课的主旨，即"领头雁"的责任与担当。

## 二、内容

在情景剧的表演中，学生们直观地呈现了当"领头雁"站出来时其他同学的态度，引发了同学们的共鸣和思考。教师通过组织小组讨论，让学生们自主讨论并寻求解决办法。整个过程贴合班级的实际现状，问题的设置也符合学生的年龄特征和认知水平。同时，在面对同学们的困惑的时候，教师也起到了积极正面的引导作用，这一点非常考验教师的随机应变能力。

## 三、参与度

新课标适应时代发展的需要，全面推进素质教育，努力培养健全的个性和完整的人格。这就要求师生关系发生变化，建立一种"对话－互动"的新型师生关系，同时倡导"自主－合作－探究"的学习方式。教师在本堂班会课上按照新课标的要求，以学生为主体，教师为主导。不仅在主题引入上互动性强，参与度高，而且也在小组讨论方面体现了"自主－合作－探究"的学习方式。同学们通过独立思考、合作讨论，最后给出了切实可行的解决问题的方法。

## 四、效果

一堂优秀的班会课，除了良好的课堂氛围和参与度之外，同学们在班会课之后的表现和改变更能体现班会课的实际效果。通过后续的跟进、了解与观察，该班在午休时，更多的同学开始从自己做起，不私下讨论、不打扰他人、不影响周围的同学。同时在课堂上，也有个别之前怯于表现自己的同学开始积极回答问题，并得到了其他同学正向的回应。这说明了本堂班会课效果好、影响力大，也体现了班会课在塑造良好班风班貌方面的积极作用。

简而言之，这堂班会课主题鲜明，活动形式多样，既能够解决班级的实际问题，提升班级凝聚力和向心力，也体现了立德树人的教育意义，具有很强的可操作性。

# "走出思维'舒适区'"课堂设计

设计：燕南校部 郭 婧
评点：盐田校部 武 赟

## ◎ 本课时学习目标[①]

本课时学习目标分为三部分，每个部分对应知识与能力、过程与方法和情感态度与价值观三个维度的要求，具体学习策略与能力要求如下：

目标1—知识与能力：认识和了解心理学概念中思维定式的含义及其成因，并结合课堂活动体验在生活中出现思维定式的情形。

目标2—过程与方法：理解思维定式对我们的生活产生的影响，既有积极促进的一面，又有消极阻碍的一面，能够辩证地思考思维定式这一心理现象；学会识别思维定式并有意识地调整思维方式；掌握利用思维定式去扬长避短地解决问题的方法；能够有意识地突破思维定式带来的阻碍，提升思维的灵活性、变通性和发散性。

目标3—情感态度与价值观：本课教学主题与实际生活相结合，旨在帮助学生了解思维定式在解决实际问题中的作用，培养面对困境时通过调整思维方式而获得解决办法的能力，提供有效地处理生活困境的方法，增强学生的适应能力和心理弹性，促进学生心理健康水平的提升。

## ◎ 本课时学情分析[②]

本课的教学对象是初中一年级学生。

七年级学生处于青春期的早期阶段，也是小学教育向初中教育的过渡期，根据《中小学心理健康教育指导纲要（2012年修订版）》的要求，针对初中阶段低年级学生，要帮助他们适应中学阶段的学习环境和学习要求，发展学习能力，改善学习方法。此阶段的学生正经历生理和心理的显著变化，思维水平和逻辑思考能力显著提高，但思维发展仍有一定的局限性，容易出现钻牛角尖、不够灵活发散的情况。在前面的课程中，学生已经掌握了从注意力、记忆方法等方面提高学习效率的方法，将继续从思

---

① 【评点】学习目标的设计注重了新课标要求的三维目标体系，体现了新课改的要求，从具体知识的掌握到联系生活的实际，再到学生自身能力的改变，目标设计条理清晰、层层递进、阐述合理。

② 【评点】本节课从学生现有的生理和心理阶段的特点出发，通过分析学生的实际知识结构、思维现状、认知状态和发展规律等，结合学生在日常学习生活中容易出现的问题设计了课程主题，从而使课程内容能更接近学生的实际，能引发学生的共鸣，从而达到教学目标。

维角度入手,拓展学生思维的灵活性和流畅性,帮助学生提高解决学习与生活中问题的能力。

◎课堂导入语:

行为是心理过程的外在表现,我们也可以通过对别人行为的观察和研究来描述、解释进而预测他的心理过程。在日常生活中,也有许多常见的心理现象在我们毫无察觉的状态下就已经发生了。今天的课程中,我们就一起来研究一个与思维方式有关的心理现象,看看通过对它的了解和研究,会给我们的生活带来什么样的影响和改变。

任务1:觉察生活中不经意发生的思维定式[①](8分钟)

体验活动:观察感受实验

请四名同学上台做感受者,其他同学在座位上做观察者。将感受者同学分成两组,分别观察以下两组图片,并在观察结束后,请感受者同学分享自己的感受。其中第一小组看到的是左图,写有"他是一个救国救民的革命战士"的文字;第二小组看到的是右图,写有"他是一个十恶不赦的犯罪分子"的文字。

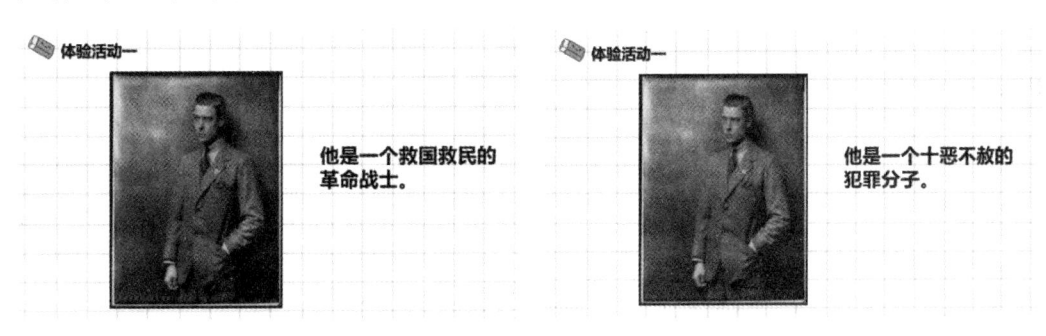

请同学们分享看到图片之后的感受,并通过举例的方式对"感受"做定义:什么是"感受"?在得知数学小测成绩之后,有人激动,有人懊恼,有人担心……

感受分享结束后,向感受者同学展示他们看到的图片,发现除了文字描述以外,卡片上的人像图案都是一模一样的。

请同学们思考并讨论为什么在观察相同图片时,我们会产生不同的感受。

揭示出产生不同的感受是来自我们先前经验的影响后,向同学们介绍,这个现象在心理知识中的概念是思维定式[②],是大脑根据先前的经验对当前的活动,产生了一个特殊的准备状态或者活动的倾向性。它的成因是"大脑偷懒了"——大脑的思维倾向性,它是无意识发生的,并不是个体主观意愿控制下的结果。此时,已经形成了思维的"舒适区",即在不太需要消耗能量的情况下,已经完成了问题的处理。

此环节课堂活动的重点:启发学生发现,之所以会对相同的图片产生不同的感受,是因为文字描述的不同。为什么不同的文字描述会让人产生不同的感受,是因为文字

---

[①]【评点】通过一个课堂小游戏,学生在积极的参与中去感受、去体验,然后通过思考引入课程的主题,这种形式能激发学生兴趣,引发学生积极思考。

[②]【评点】由真实的例子引出概念,通过学生自身的体验得到的知识概念更便于学生的理解和接受。

描述唤醒了头脑中先前的经验，而这些既往经验会对当前的思维状态产生影响。

说明：通过设置情境体验活动，将教学主题与实际生活相结合，引起学生共鸣，从而调动学生参与的积极性，活跃课堂气氛。将心理知识融合进生活之中，为解决现实生活中的实际问题，提供引导和帮助。

任务2：探究思维定式在生活中的影响[①]（12分钟）

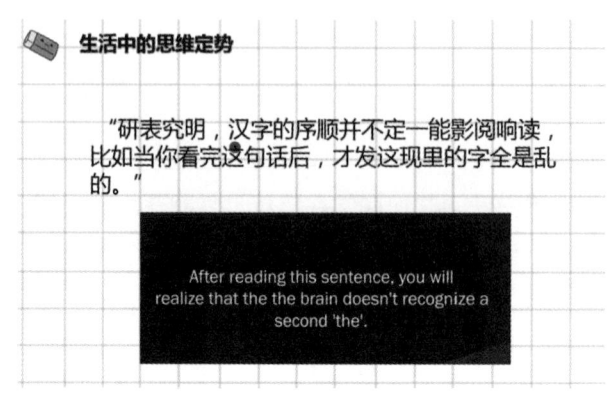

> **生活中的思维定势**
>
> "研表究明，汉字的序顺并不定一能影阅响读，比如当你看完这句话后，才发这现里的字全是乱的。"
>
> After reading this sentence, you will realize that the the brain doesn't recognize a second 'the'.

（1）思维定式在生活中的积极影响

分别让学生阅读上图中的两段文字，会发现语序错乱和个别多词、漏词等情况，在很大程度上，并不影响对语句意义的理解，甚至会出现有的学生读完都没有发现语序错乱的情况。

此环节课堂活动的重点：通过情境体验，让学生们体会到，在先前经验的影响下，我们"看"到的东西并不一定是客观的事物，而是经过大脑纠偏后，想让我们"看"到的东西，在这里，大脑依照先前的经验，对外界信息进行了一个自动化的加工，它是在个体不自知的情况下发生的，而这个加工过程，在情况不变的时候，是会帮助我们提高效率的，对我们的认知反应产生了促进的作用，这是思维定式产生的促进作用。

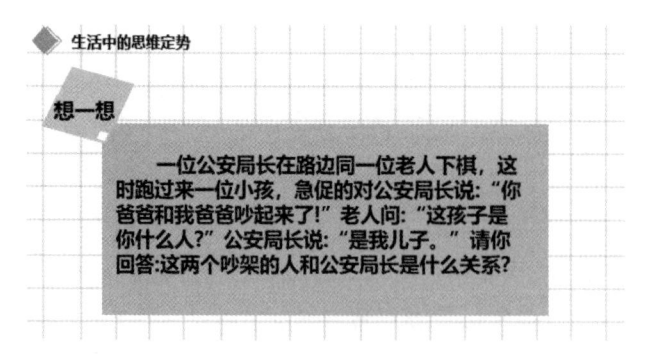

> **生活中的思维定势**
>
> **想一想**
>
> 一位公安局长在路边同一位老人下棋，这时跑过来一位小孩，急促的对公安局长说："你爸爸和我爸爸吵起来了！"老人问："这孩子是你什么人？"公安局长说："是我儿子。"请你回答：这两个吵架的人和公安局长是什么关系？

---

[①]【评点】通过一个活动的体验，让学生将知识概念跟生活中的事件进行链接，有利于学生对知识的消化以及运用，使得知识概念变得生动了，有了烟火气，更贴合生活。

（2）思维定式在生活中的消极影响[①]

较多同学会在思考这个问题答案的时候，思考的种种可能陷入僵局，认为没有正确答案，或者是题出错了。但只要跳出公安局局长是个男性这种通常的思考逻辑，就能够顺利解答这个问题了。在这里要提示同学们想到，这里的思维定式是什么？其中题目中暗含了两个思维定式的可能性：一是公安局局长通常是男性，二是在路边下棋的也通常是男性。只要发现了思维定式是什么，就很容易跳出思维"舒适区"来解决问题。

在学生生活中，解决数学等科学问题，回答脑筋急转弯类问题时，受思维定式影响，产生消极作用的时刻居多。

此环节课堂活动的重点：通过思考解答呈现的问题，学生们会发现，在一些情况下，如果按照惯常的思维惯性，会导致自己的思维逻辑产生矛盾，陷入死胡同中，导致无法解决实际问题。启发学生意识到，当你觉得陷入无法解决的问题的时候，就可以问问自己，我是不是被思维定式限制住了。

说明：通过设置情境体验活动，让学生产生真实的主观感受，激发学生的好奇心与探究兴趣，促进学生的自我探索与思考，调动学生课堂的积极性。将生活中的心理现象还原到课堂之中，引导学生以心理现象为工具，觉察自己的思维方式，学会趋利避害，扬长避短，并愿意巧妙利用心理工具，改善思维方式，跳出思维"舒适区"，提高解决问题的效率。

任务3：启动思维定式，体会触发机制[②]（5分钟）

PPT上展示下图

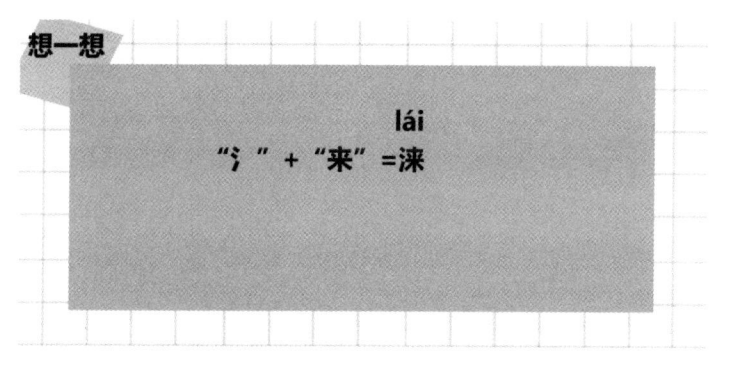

```
想一想
                    lái
        "氵"+"来"=涞
```

通过图文的形式，在学生脑中植入一个"经验"："氵"这个偏旁和"来去"的"来"组合在一起，会产生一个形声字，新字"涞"跟"来"同音；接着提问："氵"和"去"字组成的新字是什么？

这里学生们给出的答案，因为受到前面在学生脑海中植入的"经验"的影响。本

---

[①]【评点】这部分知识的讲解，让学生发现和了解自身是否也存在没有被自己察觉的问题，让学生把课堂学到的知识跟自己的生活进行了连接，达到了学以致用的目的。

[②]【评点】通过图文的形式，在课堂上让学生真实体验思维定式自动化过程，觉察是改变的第一步，为进一步探索突破思维定式做准备。

来应该是非常简单，熟悉的"法"字，可能会得出很多来自学生不同的答案。

此环节课堂活动的重点：①针对如此熟悉、简单的答案，只要没有脱口而出"法"字的，就是发生了思维定式，它阻碍了我们的解答速度和正确率；②思维定式的发生是一个自动化的过程，通常不受个体主观意愿影响；③只要我们意识到了思维定式的存在，很容易就可以打破它的限制。

**任务 4：探究走出思维"舒适区"的方法①（15 分钟）**

根据前面的内容，思维定式的成因是大脑依照之前的经验在解决当前问题，大脑在偷懒。偷懒的结果是有时候会提升效率，但有时候也会有阻碍作用。尤其是在产生阻碍作用的时候，我们要帮助大脑调整思维方式，尽快走出思维的"舒适区"，以此来减少思维定式对学生们日常生活、学习带来的消极影响。

步骤一：觉察自己的思维状态

通过前面"渌""法"的例子可以知道，思维定式是自动化发生的一个过程，想要避免在解决问题时受到它的阻碍，首先是有意识地觉察自己的思维状态，此时可以向自己提问：我是否陷入了思维定式之中？然后就可以去干预它，改变它。觉察和提问是摆脱思维定式的第一步，对新鲜事物保持好奇心，不要轻易地下结论，才有可能走出思维的"舒适区"。

步骤二：运用头脑风暴

◆ 打破思维定势的方法

2.尝试头脑风暴

请组员讨论，两分钟时间，写一写一个本子的用途。

让学生以小组为单位，讨论一个本子的用途，并在讨论结束后派一名代表分享。由老师总结本子用途中体现出来的功能性，同学们通过分享发现，头脑风暴的方式能够突破惯常思维逻辑，最终获得意想不到的收获。

步骤三：解决现实生活中的问题②

老师在课前收集同学们在生活、学习中遇到的难以解决的问题，选择了两个比较有共性的，引导学生用各自不同的思维角度，帮助有困扰的同学，跳出思维定式的障

---

①【评点】教学的目的是让学生在学习中对自己的自动化思维有所觉察和改变，该部分教学设计采用头脑风暴的方法，让学生通过掌握一定的方法突破自己的困境，去完善自身，获得成长。

②【评点】通过解决实际的问题，让学生进行实际的操作，从而将知识进行现实的运用，让学生不仅共情了他人，也共鸣了自己。

碍，最终解决现实生活的问题。

◆ 突破定势 解决问题

1. 妈妈经常唠叨，觉得很烦躁

2. 考试将近，复习任务重，时间不够用

课堂上，选取了"亲子关系"维度和"时间管理"维度两个方面中的具体问题，分别从："亲子关系"维度——总有"选项B"；"时间管理"维度——"旁观者视角"来为学生提供解决问题时的思路和方法，跳脱出思维定式的限制，巧妙避免或化解生活中的问题。

说明：该环节旨在锻炼学生的发散思维能力，培养学生思维的灵活性、变通性和发散性，并能够运用心理知识，应对生活中遇到的问题，增强学生的适应能力，为学生提供解决问题的具体方法。

◎课堂小结[①]

本课时的教学重点是能够运用头脑风暴的方式突破生活中常见的思维定式现象，解决生活中遇到的问题。教学过程中主要运用情境体验与小组合作探究等方式，认识和了解思维定式这一现象的内涵和成因，并对其产生的积极和消极影响有真实的理解和体验，培养学生思维的灵活性、变通性和发散性，并将有意识地改变思维方式的方法融入日常生活中具体问题的解决之中。

◎作业检测

课堂上解决较多同学提到的共性问题，请同学们用今天学到的方法尝试解决自己的问题，下节课来分享。

---

① 【评点】最后的课堂总结，是一节课的提炼，对所讲的知识和重点加以简单明了归纳，也帮助学生对这节课有了一个回顾和总结。

# "走出思维'舒适区'"课堂实录

设计：燕南校部　郭　婧
评点：盐田校部　武　赟

师：那我们一起来看看"思维定式"在生活中会对我们产生什么样的影响。我们一起来看一下这个内容："研表究明，汉字的序顺并不定一能影阅响读，比如当你看完这句话后，才发这现这里的字全是乱的。"

师：两行多一点的字读完了吗？我看有的同学露出顿悟的表情，那我问问同学们，字都认识吗？语句的意思能理解吗？但是不是它还有点奇怪？

生：是的。

师：那为什么我们还能理解呢？有没有同学来说一说？

生：我觉得是自动排序。

生：我第一眼看的时候，当时看完这句话，我都没有意识到它这个字是乱的，直到我又看了一遍我才发现，哎，这个字怎么这么奇怪呀。然后我觉得，比如说我们日常说话，我看到一段错乱的话，我已经按照自己之前的逻辑顺序把它的顺序已经排好了，而且已经读懂它字的含义了。

师：好，我们同学已经学活学活用了，前面讲到的，是因为之前读过这种内容，所以现在可以理解它的意思。

生：我是在看第1遍到"序顺"那里，突然发现好像有一点问题，然后再往前看就发现"研表究明"也有一些问题，但它不影响你理解它的意义。我觉得这个就是我自动把它排序了。

师：我们结合同学说的，大脑在自动的排序，这个很对，是有这方面原因的。我们的大脑会自动的纠偏，你看到的内容和传输进大脑的东西，是经过大脑加工的，它已经帮你做了一个处理。除此之外，还有像刚才那个同学讲的，就是由于之前的经验在起作用。我们之前读过很多书，汉语又是我们的日常用语，我们对它非常熟悉。所以顺序的错乱，通常情况下不会影响我们对语义的理解。

生：（点头）。

师：那只有汉语会这样吗？我们看看其他的语言。

生：（阅读以下内容）After reading this sentence, you will realize that the the brain doesn't recognize a second 'the'。

师：同学们在读的过程中发现它多词了吗？

生：没有，读完发现的。

师：没发现多词影响你理解句子含义吗？

生：不影响。

师：我们通过理解这两个例子会发现，在阅读的内容中存在语序的小错乱、多词漏词的情况，是思维定式帮助我们理解了语言的意思，让我们快速地进行了阅读。我们发现思维定式在这里起到了缩短思考时间，提高效率的促进作用。

师：所以，有的同学阅读速度快，一目十行，其实就是这个原因，我们之前的经验在帮助我们高效快速地解决当前的问题，这是大家发现的思维定式的优点。那思维定式会不会也有劣势，我们一起来看一下。它的弊端在哪里？

生：（阅读以下内容）一位公安局局长在路边同一位老人下棋，这时跑过来一位小孩，急促地对公安局局长说："你爸爸和我爸爸吵起来了！"老人问："这孩子是你什么人？"公安局局长说："是我儿子。"请你回答：这两个吵架的人和公安局局长是什么关系？

师：请同学们思考一下两个吵架的人和公安局局长是什么关系？

生：有一个是公安局局长的爸爸，是父子关系。另一个我没想出来。

生：一个是公安局局长的爸爸，另一个是公安局局长自己。

师：逻辑上好像不太对呀。同学们没有其他答案要分享的话，我们一起来看一下吧。首先，我们从题干上会发现，这两个吵架的人中，有一个是公安局局长的爸爸。那另一个呢？我们顺着这个思路想下去的时候，会发现逻辑上有一点矛盾了。怎么他俩这个关系这样不对，那样也不对，这个题无解了。那现在其实我们就被思维定式限制住了，对吗？我来提示一下，公安局局长有没有可能是一个女性？

生：（恍然大悟状）这是我们的性别刻板印象。

师：对，刻板印象也是一种思维定式。其实当我们想到公安局局长可以是一位女性的时候，刚才想不通的矛盾，逻辑上的bug点，全都迎刃而解了。所以呢，大家在这个思维定式的小套路里全军覆没了，对吗？都在它的影响下，无法顺利解决问题。所以，在这个例子中我们也会发现，有时候思维定式也在阻碍我们解决问题。所以思维定式有促进提高效率的时候，也有妨碍我们的时候，这是它对我们生活的影响。

## 【总评】

一节高质量的课堂是从学情分析开始的，这是我们上好一节课的基础。本节课从学生所处的年龄阶段出发，依据学生的生理和心理的实际特点，分析了学生在学习中容易出现的思维问题，依照新课程的标准和要求设定了教学目标，所以教学目标的设定明确、具体、全面。

在教学目标的指导下，教学的思路也就清晰了，教学的重点也就凸显出来了。本节课从学生的实际出发，教师注意了教学的科学性、系统性、完整性和逻辑性，教师对课堂节奏的把握十分到位，体现了扎实的教学基本功，教师对于知识点的引入和阐述层层递进，在教学过程中更是关注到了学生的实际，不是生硬地植入，而是通过生动的课堂设计和丰富的课堂活动，充分调动学生的积极性和参与性，学生通过自身的体验去感悟、去理解、去消化、去连接知识，使得课堂充满了愉悦感。

心理课的课堂更多的是通过体验让学生去感悟，所以本节课很突出地体现了这一点，相信这节高质量的课一定会给学生留下深刻的印象，从而达到帮助学生成长的目标。

# "赋能心理韧性 锤炼耐挫逆抗力"课堂设计

设计：龙华校部 蔡 铭
评点：龙华校部 纪智娟

《中小学心理健康教育指导纲要（2012年修订）》指出：初中阶段心理健康教育的主要内容包括帮助学生逐步适应生活和社会的各种变化，着重培养应对失败和挫折的能力。

受身心发展和阅历等限制，处于人生"第二次断乳期"的初中生对各类事物比较敏感，心理行为的自控能力较弱，面对较高的目标期望，很多学生在挫折面前容易感到痛苦、焦虑、不知所措，甚至受挫后一蹶不振。因此，掌握逆抗力的方法至关重要。①

本节课以丰富自己的逆抗力资源圈为目的，从生活中包裹着快乐和挫折为出发点，引导学生认识到应对挫折无能为力时可以求助身边专业人士的帮助，识别无效的消耗行为，增强自身的心理能量。

## ◎任务框架

勉励学生在今后的生活中有策略地应对逆境，提升逆商

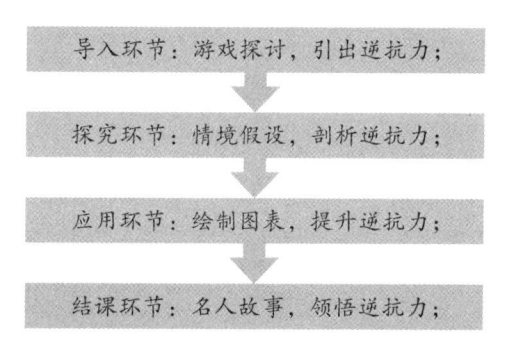

导入环节：游戏探讨，引出逆抗力；

↓

探究环节：情境假设，剖析逆抗力；

↓

应用环节：绘制图表，提升逆抗力；

↓

结课环节：名人故事，领悟逆抗力；

---

① 【评点】选题的针对性强，抓住了处于青春期的学生有强烈的独立意识，但是遇到挫折又有依赖性这一特点，培养学生的逆抗力。

## ◎学习过程

**环节一 导入环节 游戏探讨 引出逆抗力**

任务1：课堂游戏"24点赢家"[1]，全班同学先起立，同桌之间先进行24点游戏，输了的同学坐下，赢了的同学继续与相邻的同学PK（Player Killing缩写），以此类推，直到剩下的最后一名同学，最后的赢家将获得老师从乌鲁木齐博物馆带回来的烫金书签，活动中提前安排6名同学作为小组内监督员。学生活动结束，询问学生的感受。

师：这位同学你刚开始玩这个游戏时候对它有没有期待？你差一丢丢就可以赢得礼物，失败后你的感受是什么样的？

预设生回答：眼看我过关斩将要拿到书签了，就差那么一点点，最后失败，我感觉还是很可惜的，有点不甘心，我以为自己要赢了的，不过我没有那么伤心，因为我不是特别想要那个书签。

设计意图：通过游戏体验挫折带来的真实感受，活跃课堂氛围，调动学生参与积极性，同时引出本课主题。

**环节二 探究环节 情境假设 剖析逆抗力**

现实思考，假如刚刚游戏输掉的是一次非常重要的考试，比如中考，你会有什么感受？[2]

预设生回答：就不说中考了，比如上个月的模拟考，我数学没考好，爸爸妈妈先是说了我一顿，还没收了我的手机，其实我挺用功学习的，但爸妈不听我的解释，我觉得又难过又生气，感觉很无力。

师：当我们把这种有点残忍的结果放进现实生活时，似乎我们无法做到像游戏中这样轻松地面对了。在刚才的游戏之中，我们有输也有赢，其实这也告诉了我们在自己的成长道路上会遇到成功的惊喜，也不可避免地遇到失败和挫折。胜不骄，败不馁，成功时我们不沾沾自喜忘乎所以，失败时也不低落自卑郁郁寡欢。生活就像一个被包装好的礼物，在拆开前我们都不会知道里面是什么，然而正是这成功与挫折才造就了完整的我们。[3]那我们如何让生活中的不确定的事情更确定呢？如果你是一个在失败中比较难以走出来总结经验的人，那么你就需要今天学习的内容"逆抗力"。

设计意图：通过情景假设，引导学生很多时候面对挫折无能为力，是自己的心理能量不足，识别自己的消耗行为，寻找身边资源，增强逆抗力。人生不能只追求某一个阶段的成功，比如学业，比如事业，比如健康，如果没有正确对待成功的态度，今天的成功就是明天的失败，有正确对待失败的态度，今天的失败就是明天的成功。因

---

[1]【评点】采用游戏导入，激发学生的参与意识，更加自然地深入主题。

[2]【评点】通过设问将游戏的输赢引向中考的成败，引导学生思考自己的人生，思考遇到挫折时如何应对。

[3]【评点】教师的总结提升让学生知道，自己遇到挫折是正常的，只要提高自己的逆抗力，就能够更好地走出来，从而自然过渡到下一环节——提升逆抗力的方法。

失败自我否定，因成功自我膨胀，这都是自我毁灭的方法。

环节三  应用环节 绘制图表，提升逆抗力

"逆抗力"是指在面对逆境时能够理性地做出建设性、正向的选择和处理方法。

任务2：绘制我的逆抗力资源圈①

请同学们绘制三个同心圆。

最小的圆里面的是你的一级资源，当你遇到困境时，首先想到的是向其求助。

第二个同心圆中是你的二级资源，这些资源虽不是首选，但对你来说仍然重要的。

最后一个圆中写入你的三级资源，这些资源平时不怎么能想得出来，一旦你需要帮助，它们会尽力提供帮助。

预设生回答：一级是我自己，二级是家人，三级是朋友。

预设生回答：一级是父母，二级是喜欢的歌单，三级是楼下的猫。

预设生回答：一级是互联网，二级是自我，三级是打篮球。

师：请问上面三种排序哪种是最好的？是的，没有最好的选择，只有最适合自己的选择。我们再来看看三位同学每个人的资源圈和先后顺序是不一样的。同学们在写资源时要考虑自身的优势有哪些？比如"我是"善良、真诚、坚韧、阳光的；考虑能够寻求的外界资源，比如"我有"父母、朋友、书籍、音乐等；考虑自己适应生活、管理情绪等能力，比如"我能"控制情绪，不随意激动、遇到挫折能冷静思考等。和身边的同学交流时，我感觉融入不了他们的话题，怀疑同学们是不是在取笑我，厌恶上学。这时候我们其实可以求助心理老师或专业人士的帮助，并不是有病的人才需要心理咨询。有时候对自己的了解，宛如暗夜行路，要了解自己，就需要他人的力量，我们要对心理咨询有一个正确的、健康的认识。

设计意图："衡量成功的标准，不是站在顶峰的高度，而是跌入低谷的反弹力"。告诉学生逆抗力的重要性，同时引导学生对心理咨询有一个正确的认识，遇到问题一定要向专业人士寻求帮助。

环节四  结课环节 名人故事 领悟逆抗力②

任务3：如果这是你，你看看你最想删除哪一段经历。

父亲是散文家，母亲是文化人；

---

①【评点】通过绘制逆抗力资源圈，让学生更好地发现自己的力量以及周围生活和家庭中的许多可用资源，甚至学校也有很多资源。这些资源的获取又可以给学生更多的支持和赋能。

②【评点】这一环节的设计是整个主题班会课的升华，让同学们感受：名人或伟人也会遇到挫折，但是他们在面对挫折时候的积极豁达、勇敢坚持值得同学们学习。

科举第一；

文学家、书法家、美食家、画家；

官至礼部尚书；

先贬至黄州后又起任；

再贬惠州后流放至儋州。

预设生回答：删除第6个，一贬再贬太坎坷，反复被贬，不受朝廷的认可和重视，如果是我会想把这段经历删除，确实太惨了。

师：同学们在选择的时候都是为了逃避后面的坎坷，但就如前面所说的人生充满了不确定，我们不知道后面会发生什么，而这个人是谁，你们知道吗？

预设生回答：苏轼。

师：大家知道吗，李白和苏轼虽不在同一个时代，但两人同到过一个地方，那就是庐山！在李白写下"飞流直下三千尺，疑是银河落九天"的千古绝句后，大家都认为不会有人再超过诗仙的词句时，三百年后苏轼的"横看成岭侧成峰，远近高低各不同"借景喻人，神之一手，东坡先生不愧是：诗神！同学们，我们想一想，如果没有前面参加考试仕途顺利和后面一贬再贬的经历，他又怎会写出这千古绝句，其中成功和失败的经历都是必不可少的。而苏轼自己也曾说过"古之成大事者，不惟有超世之才，亦须有坚忍不拔之志"。可能有时候身边人告诉你考差了不能哭，你看苏轼都哭了，咱怎么不能哭，健康的情绪宣泄是正常的，他在流放的地方却活出了一个悠然的自我。看他求助的资源，我们可以看出他走出来最主要的资源是什么？

预设生回答：自己。

师：非常对。很多时候"车到山前必有路"，路在哪里，路在我们画的这份图中，下面请同学们再来完善一下自己的逆抗力资源图，相信它会在重压之下带你熬过至暗时刻。人生哪有一帆风顺呢？挫折离我们不远，其实它就在我们的身边，贯穿着我们生活的方方面面。成功和挫折构成了人生不同寻常的两个音符，正如江水有了礁石的阻隔，潮起汹涌澎湃，潮落也勾勒出荡漾在你心中的圈圈涟漪，又何必在意潮起潮退，花开花落呢？面对一座座高峰时，观望是一种停滞，攀登才是一种前进。最后，送给大家一句名言"生命最大的荣耀不是从来没有失败，而是每次失败后的不断奋起——曼德拉"。

设计意图：借助名人的故事升华主题，引导学生能够正视人生的各种挫折，明白挫折不可避免，但只要积极面对就有助于成长。勉励学生在今后的生活中有策略地应对逆境，对照今日课堂梳理的资源，提升逆抗力。

# "赋能心理韧性　锤炼耐挫逆抗力"课堂实录

执教：龙华校部　蔡　铭
评点：龙华校部　纪智娟

师：同学们，我们先玩一个课堂游戏"24点赢家"，全班同学先起立，同桌之间先进行24点游戏，输了的同学坐下，赢了的同学继续与相邻的同学PK，以此类推，直到剩下的最后一名同学。最后的赢家将会获得老师从乌鲁木齐博物馆带回来的烫金书签一套，看这书签多么漂亮。①

（游戏进行结束）

师：这位同学你刚开始玩这个游戏时候对它有没有期待？你差一丢丢就可以赢得礼物，失败后你的感受是什么样的？

生：眼看我过关斩将要拿到书签了，就差那么一点点，最后失败，我感觉还是很可惜的，有点不甘心，我以为自己要赢了的，不过我没有那么伤心，因为我不是特别想要那个书签。

师：说得太好了。那老师再追问一下，假如刚刚游戏输掉的是一场非常重要的考试，比如中考，你会有什么感受？②

生：就不说中考了，比如上个月的模拟考，我数学没考好，爸爸妈妈先是说了我一顿，还没收了我的手机，其实我挺用功学习的，但爸妈不听我的解释，我觉得又难过又生气，感觉很无力。

师：当我们把这种有点残忍的结果放进现实生活时，似乎我们无法做到像游戏中这样轻松地面对了。在刚才的游戏之中，我们有输也有赢，其实这也告诉了我们，在自己的成长道路上会遇到成功的惊喜，也不可避免地遇到失败和挫折，胜不骄，败不馁，成功时我们不沾沾自喜忘乎所以，失败时也不低落自卑郁郁寡欢。生活就像一个被包装好的礼物，在拆开前我们都不会知道里面是什么，然而正是这成功与挫折才造就了完整的我们。那我们如何让生活中的不确定的事情更确定呢？如果你是一个在失败中比较难以走出来总结经验的人，那么你就需要今天学习的内容"逆抗力"。

师："逆抗力"是指在面对逆境时能够理性地做出建设性、正向的选择和处理方

---

① 【评点】老师设计的游戏和奖品有效地激发了学生对这节课的好奇心和积极性，为整堂课创造了一个好的开端。

② 【评点】在该环节中老师通过举例让学生谈谈对"失败"这一话题的态度和看法，成功引导了学生表述自己的想法。

法。下面我们进行一个小活动，请同学们绘制三个同心圆，制作自己的抗逆力资源圈。最小的圆里面的是你的一级资源，你遇到困境时，首先想到的是向其求助；第二个同心圆中是你的二级资源，这些资源虽不是首选，但对你来说仍然重要的，最后一个圆中写入你的三级资源，这些资源平时不怎么能想得出来，一旦你需要帮助，它们会尽力提供帮助。我们来看看同学们写的什么[①]？

生：一级是我自己，二级是家人，三级是朋友。

生：一级是父母，二级是喜欢的歌单，三级是楼下的猫。

生：一级是互联网，二级是自我，三级是打篮球。

师：请问上面三种排序哪种是最好的？是的，没有最好的选择，只有最适合自己的选择。我们再来看看三位同学每个人的资源圈和先后顺序是不一样的。同学们在写资源时要考虑自身的优势有哪些？比如"我是"善良、真诚、坚韧、阳光的；考虑能够寻求的外界资源，比如"我有"父母、朋友、书籍、音乐等；考虑自己适应生活管理情绪等能力，比如"我能"控制情绪，不随意激动，遇到挫折能冷静思考等。和身边的同学交流时，我感觉融入不了他们的话题，怀疑同学们是不是在取笑我，厌恶上学。这时候我们其实可以求助心理老师或专业人士的帮助，并不是有病的人才需要心理咨询。有时候对自己的了解，宛如暗夜行路，要了解自己，就需要他人的力量，我们要对心理咨询有一个正确的、健康的认识。

师：如果这是你，你看看你最想删除哪一段经历。1.父亲是散文家，母亲是文化人；2.科举第一；3.文学家、书法家、美食家、画家；4.官至礼部尚书；5.先贬至黄州后又起任；6.再贬惠州后流放至儋州。

生：删除第6个，一贬再贬太坎坷，反复被贬，不受朝廷的认可和重视，如果是我会想把这段经历删除，确实太惨了。

师：同学们在选择的时候都是为了逃避后面的坎坷，但就如前面所说的人生充满了不确定，我们不知道后面会发生什么，而这个人是谁，你们知道吗？

生：苏轼。

师：大家知道吗，李白和苏轼虽不在同一个时代，但两人同到过一个地方，那就是庐山！在李白写下"飞流直下三千尺，疑是银河落九天"的千古绝句后，大家都认为不会有人再超过诗仙的词句时，三百年后苏轼的"横看成岭侧成峰，远近高低各不同"借景喻人，神之一手，东坡先生不愧是诗神！同学们，我们想一想，如果没有前面参加考试仕途顺利和后面一贬再贬的经历，他又怎会写出这千古绝句，其中成功和失败的经历都是必不可少的。而苏轼自己也曾说过"古之成大事者，不惟有超世之才，亦须有坚忍不拔之志"。可能有时候身边人告诉你考差了不能哭，你看苏轼都哭了，咱怎么不能哭，健康的

---

[①]【评点】学生通过绘制资源圈的方法，梳理了自己身边的资源，更加清晰地了解自我。

情绪宣泄是正常的,他在流放的地方却活出了一个悠然的自我。看他求助的资源,我们可以看出他走出来最主要的资源是什么?

生:自己。

师:非常对。很多时候"车到山前必有路",路在哪里,路在我们画的这份图中,下面请同学们再来完善一下自己的逆抗力资源图,相信它会在重压之下带你熬过至暗时刻。人生哪有一帆风顺呢?挫折离我们不远,其实它就在我们的身边,贯穿着我们生活的方方面面。成功和挫折构成了人生不同寻常的两个音符,正如江水有了礁石的阻隔,潮起汹涌澎湃,潮落也勾勒出荡漾在你心中的圈圈涟漪,又何必在意潮起潮退,花开花落呢?面对一座座高峰时,观望是一种停滞,攀登才是一种前进。最后,送给大家一句名言"生命最大的荣耀不是从来没有失败,而是每次失败后的不断奋起——曼德拉"。

## 【总评】

本节课充分实现了主题班会课的立德树人功能,并体现了"双新"的核心——以学生为中心的教育观。

通过"24点赢家游戏"引入,激发学生积极参与课堂。通过情景假设和问题设计,引导学生思考遇到挫折时自己能做些什么,深入剖析什么是逆抗力;通过绘制填写逆抗力资源圈,将抽象的逆抗力资源用三个同心圆展示给学生,让青春期学生更容易理解和应用。问题链的设计,让学生把模糊懵懂的零散信息加工到系统的、有层次的资源圈中,既可以培养学生的信息加工能力,又能提升学生对逆抗力资源的认知水平和应用能力。最后通过名人故事的诠释,升华课堂效果,激励学生学习名人对待挫折的积极态度和坚韧不拔的精神。

建议将"提高逆抗力"作为一个大单元主题,将该主题分解成3节系列班会课,例如"测测你的挫折容忍力""遇到挫折我应该向谁求助""如何更好地应对挫折"。通过三节课的细化,能够更好地提高学生的逆抗力,也能够提供个案,让学生更好地内化,形成自我赋能的能力。

# "做自己时间管理的主人"课堂设计

设计：宝安校部　林中花
评点：宝安校部　刘建双

## ◎ 本课时学习目标

1. 学生了解自身目前在时间管理上存在的问题，并对自身的时间管理计划做出完善，继而有更加积极的学业情绪，提升自我效能感，更高效地完成学习任务。

2. 根据时间管理计划，学生能够减少使用手机的时间，促进家庭亲子关系和谐，并签署《向阳七班手机使用协议》[1]。

## ◎ 本课时学情分析

进入初中后，随着学习科目增多，课时量变大，学习任务变重，学生不能很好地支配自己的时间，不懂得提升时间利用效率，分清轻重缓急。因此睡眠时间减少，学习效率降低，竞争带来的危机意识增大了学生的思想压力，心中有落差感。

随着科技的发展，手机和电子设备逐渐也进入到教育领域。家长们普遍反映，在使用电子设备学习之余，学生不能很好地控制自身使用手机的时间，过度使用手机聊天、打游戏、浏览视频等。手机成为影响家庭和谐、亲子关系的重要因素。[2]

## ◎ 课堂导入语

各位同学，大家上午好！常言道"一寸光阴一寸金，寸金难买寸光阴"，可见"时间"对于我们的重要性。从小学进入初中一年级后，同学们普遍反映，我们的学习量变大了，学习任务变重了，作业变多了。面对堆积如山的作业，常常感到"压力山大"，不知所措。究其原因，是我们没能很好地分配自己的时间。究竟我们怎么才能成为时间的主人，而不是时间的奴隶呢？今天我们来一同聊一聊这个话题。[3]

---

[1]【评点】在班级管理中发现问题。班主任在班级管理中要善于及时发现问题，特别是一些共性问题。这些问题的发现与解决关系到班级能否健康成长。

[2]【评点】客观分析问题，为下一步解决问题提供思考方向。

[3]【评点】直入主题，简洁明快。

## ◎学习过程

环节一 绘制你的日程

每位同学领取一张 1 米的白色长条，准备水彩笔若干支。假设这张白色长条是一天的 24 小时，请学生听从指令涂色：

将睡觉的时间（长条的 1/3）用粉色表示

将在校的时间（长条的 1/2）用红色表示

将吃饭的时间（长条的 1/12）用蓝色表示

将洗漱的时间（长条的 1/24）用黄色表示

将交通的时间（长条的 1/24）用紫色表示

剩下的时间为自己能够支配的时间，无须涂色

绘制完毕后，请学生观察：

提问 1：空白部分还剩多少？

提问 2：请学生分享心得体会。

设计意图：学生还处于小学升初中的过渡阶段。绝大多数学生虽能基本适应初中学习节奏，较好地完成学习任务，但还不能很好地养成时间管理的能力，理解轻重缓急。本环节旨在引发学生参与课堂的兴趣。通过使用长条和不同颜色的水彩笔进行涂色，学生能够直观准确地感知一日中自身时间的分配，对于时间管理具有紧迫感，继而引出本课主题。[1]

环节二 秀一秀你的作息时间表

任务 1：回忆假期安排

1. 教师通过在幻灯片上展示清明假期各科作业，请同学们回忆并写下作息安排，计算每科作业用时，以及完成作业之后自由支配和娱乐的时间。完成之后请学生分享。

2. 事先请 A 和 B 两位学生在完成作业的同时记录下自己的用时，并予以展示。请 A 和 B 两位同学依次分享自己如何分配各科用时以及作业完成顺序。

提问 A 和 B：请问两位同学在时间管理上的秘诀是什么？

任务 2："时间管理四象限"

引出"时间管理四象限"。时间管理四象限法则，即将生活中的事件按照"重要"和"紧急"两个不同的维度划分为四个象限。第一象限：重要且紧急；第二象限：重要但不紧急；第三象限：不重要但紧急；第四象限：不紧急不重要。

提问 1：在处理具体问题的时候，应该怎么排序呢？

---

[1]【评点】设计意图明确，为下一步的教育做充分准备。

提问2：为什么第一象限会被排在最前面了呢？

提问3：基于"时间管理四象限"，你会如何完善自己的作息时间表？请在小组内讨论。

设计意图：本课时开展时，清明小假期刚刚结束，因此学生对于该时段的时间分配有着较为清晰的回忆。通过设计本环节，教师旨在让学生学会如何从容应对初中学习阶段纷繁复杂的学习任务，合理分配自己的学习时间，主次分明，提升学习效率。①

环节三　别让青春迷失在手机里

任务1：班级小调查

提问1：班上有自由支配电子设备的同学请举手。

提问2：请问你学习日/周末手机使用的时间是多久？

提问3：请分享你的手机/电子设备主要用来做什么？

提问4：你用得最多的软件是什么？

任务2：角色扮演

角色扮演1：请同学们分角色扮演自己的家长、老师在你使用手机时的态度。

角色扮演2：老师饰演学生，同学们分饰爸爸妈妈。

提问1：同学们和老师演得像吗？

提问2：作为旁观者，你的感受是什么？

任务3：小组讨论：手机带来的益处与弊端

提问1：手机给我们的生活带来了哪些便利？（远程交流、助力学习、放松心情、获取资讯、记录美好……）

提问2：手机给我们的生活带来了什么弊端？（上网成瘾、荒废学习、过度消费、获取碎片资讯……）

设计意图：了解班级同学使用手机/电子设备的情况。通过角色扮演、还原情境的形式，让学生感受到在亲子关系中因玩手机所导致的冲突。学生可以直观地感受到自己在陷入手机世界中的状态、父母的焦灼心情，并且角色扮演的形式赋予了此环节更多的趣味性。继而引发讨论，手机给中学生带来的影响究竟是利大于弊还是弊大于利？

任务4：小小辩论赛："中学生是否应该拥有自由支配手机的权利"

正方（学号为单数的学生）：中学生应该拥有自由支配手机的权利。

反方（学号为双数的学生）：中学生不应该拥有自由支配手机的权利。

辩论限时十分钟，双方先选出一名同学陈述论点，随后进行自由辩论，最后派出一名同学总结陈词。

设计意图：同学们可站在不同的角度，理性陈述手机给中学生的生活和学习带来

---

① 【评点】通过这一环节让学生充分了解应该如何合理分配时间，从而提高学习效率。

的优势和弊端。最后教师总结发言，引导学生分析深层次的原因：中学生自控能力差，不能很好地辨别是非，网络诈骗现象普遍。因此，现阶段自由支配手机和电子产品给中学生的学习带来的弊处远大于益处。

环节四　共同制定手机管理协议

教师和家长事先共同制定《向阳七班手机管理协议》初稿。学生为"甲方"，家长为"乙方"。《协议》明确规定使用手机的时间、时长、场景与奖惩机制，并请甲乙双方签字，在全班同学的共同讨论下最终定稿。

设计意图：现阶段，学生对手机的依赖程度高。手机成为影响初中生家庭亲子关系的重要因素，也成为影响学生学习专注力和效率的"拦路虎"。因此，在结合家长的意见后，制定了文字版的手机使用协议。文字版相比于口头协定和口头管教，约束力更高，并且"协议"对学生和父母双方均有约束力，较好地实现了"家校共育形成合力"这一目标和理念。[①]

## ◎课堂小结

在本节班会课上，通过涂色、记录、角色扮演、辩论等多种形式，学生全方位浸入式地参与到课堂中来。涂色可以直观准确地反映学生对一天时间的支配，让学生体悟时间管理的重要性。在"时间管理四象限"的指导下，学生对自己的作息时间进行反思和完善，为接下来的学习合理布局奠定基础。随后和学生共同交流影响学习的核心因素——手机，通过班级小调查、角色扮演、小组讨论，层层递进，在辩论赛到达课堂的高潮，学生各抒己见，分析手机给中学生学习带来的利与弊，并探讨其深层次原因。最后，呈现出《向阳七班手机管理协议》，教师和学生平等和谐地讨论，并达成一致。"奖惩制度"一栏，由家长和学生共同商议。

## ◎作业检测

完善《向阳七班手机管理协议》，一式两份，一份张贴至学生书桌前，一份交至教师处保管。

## 【总评】

班主任在日常工作中要善于发现本班学生共同存在的问题。客观讲，时间分配和手机的使用是目前每个班级存在的问题。作为班主任，我们应该让学生体会到时间的珍贵，从而学会珍惜时间、有效利用时间，提高学习效率。目前，随着手机的广泛普及和使用，学生花大量时间上网玩游戏，影响了学业。手机的不当使用给学校教育带

---

① 【评点】教育过程设计逻辑清晰，步骤合理，充分调动了学生的参与热情，最终达到解决问题的教育目标。

来巨大困扰，很多学校和家长"无计可施"，毫无对策。本节班会课通过班主任对几个步骤的认真设计，学生明晰了自己一天中的时间分配真实情况，增强了他们对时间分配的认识。在此基础上，学生通过展示分享、小组讨论，针对每天手机的使用，制定了《向阳七班手机管理协议》。我们期待本次班会的效果。

# "做自己时间管理的主人"课堂实录

执教：宝安校部　林中花
评点：宝安校部　刘建双

师：各位同学，大家上午好！常言道"一寸光阴一寸金，寸金难买寸光阴"，可见"时间"对于我们的重要性。从小学进入初中一年级后，同学们普遍反映，我们的学习量变大了，学习任务变重了，作业变多了。面对堆积如山的作业，常常感到"压力山大"，不知所措。究其原因，是我们没能很好地分配自己的时间。究竟我们怎么才能成为时间的主人，而不是时间的奴隶呢？今天我们一同来聊一聊这个话题。同学们，在你们的桌子上，有一张白色长条和几支水彩笔。假设这张白色长条是一天中的24小时，你的每一天是怎么度过的呢？同学们，我们每天睡觉约需要多长时间？

生：8个小时。

师：好的，8小时是一天中的1/3。请同学们拿出粉色彩笔，将长条的1/3涂上颜色。我们每天在校的时间约12小时，吃饭的时间约2小时，洗漱的时间约1小时，花在路上的时间约1小时。请同学们依次涂上颜色。那么，我们来看看，白色部分还剩多少？

生：老师，白色部分所剩无几了啊。原来我们的时间每天都是这么过的。

师：是呀，时间就在眨眼间流逝了。事实上，时间总量对于我们每个人来说都是一样的。在刚刚过去的清明小长假中，不少同学反馈作业很多，没有时间出去娱乐消遣。接下来，请同学们拿出一张白纸，回忆一下你在清明小长假期间的作息安排。请问同学们，有哪些同学可以在回家当晚完成所有作业，请举手。第二天午饭前？第二天晚饭前？第二天睡觉前？

生：（依次举手）

师：接下来，我们来一同看一看A同学和B同学对于自己清明假期的规划，一起来看一下他们和你的作息安排有什么不同。

A：在清明假期中，我在语文作业用时30分钟，数学作业用时15分钟，英语作业20分钟，历史作业25分钟，道法作业40分钟，生物作业15分钟，德育作业10分钟。因此，我在假期可自由支配的时间比较充裕，自己拼完了一个小乐高，还和妈妈一起去骑了一个小时自行车。

B：在清明假期中，我睡了一个小懒觉，但是作业也能在第二天的午饭之前完成。

师：非常棒！两位同学能分享一下自己能够高效完成作业的秘诀吗？

A：在写作业之前，我为自己制定了非常严密的计划，在写作业的时候保持全神贯注。

B：我也是。每写完一项作业，我就给该项目打一个勾，这样使我的时间管理有条理，不混乱。

师：谢谢两位同学的分享。同学们，请看大屏幕，大家是否很熟悉？没错，这是我们数学中的象限。在时间管理中，也有"四象限法则"，即将生活中的事件按照"重要"和"紧急"两个不同的维度划分为四个象限。第一象限：重要且紧急；第二象限：重要但不紧急；第三象限：不重要但紧急；第四象限：不紧急不重要。在处理具体问题的时候，应该怎么排序呢？①

生：1-2-3-4。

师：为什么第一象限会被排在最前面了呢？

生：第一象限的工作，具有一定的紧迫性，要求我们要尽快解决。

师：那为什么是按照1234的顺序呢？

生：第二象限的任务重要不紧急，需要我们按照时间计划逐个落实，确保为后续的学习任务提供充足时间；第三象限的任务不重要但紧急。我们要从此种状态中摆脱出来，减少自身压力；第四象限的任务通常意义不大，因此我们不需要花过多的精力在此上面。

师：基于"时间管理四象限"，你会怎么改善自己的作息时间表呢？

生：对于第二天要交的作业、工作量大的作业，需要优先完成。并且要提前规划自己的学习任务，不能临到要交的时候才匆忙完成。

师：好的，同学们。现在大家对自己的作息有了较为明确的规划。但是在我们的学习生活中，有一件物品成了我们专心学习的"拦路虎"，同学们知道是什么吗？

生：手机/电子产品。

师：没错。现在我们来进行一个小调查：班上有自由支配电子设备的同学请举手。请问你学习日/周末手机使用的时间是多久？

生：学习日约半个小时，周末累计超过2小时。

师：你的手机/电子设备主要用来做什么？

生：查阅学习资料，完成听说作业，有时在钉钉和微信上和同学聊聊天。

师：你用得最多的软件是什么？

生：钉钉、微信和Bilibili。

师：同学们，不知道大家有没有这样的感触。在家里，我们总是因为使用手机和电子设备与父母闹别扭。手机成为影响你和爸爸妈妈亲子关系的巨大障碍。那究竟是为什么呢？接下来，我们来一起体验一下角色扮演：假设现在在你的家里，你在玩手机。老师饰演你，一位女生饰演妈妈，一位男生饰演爸爸。

---

① 【评点】这个环节对学生的引领作用很大，效果很好。

有没有同学愿意上来试试？

（以下为表演的大致台词）①

C（父亲）：儿子，时间到了，别玩了。

老师（孩子）：（佯装沉迷于手机世界）烦死了，别催我，我再多玩 10 分钟。

D（母亲）：可是我们约定好了只玩 20 分钟呀。

老师（孩子）：我想再玩一会儿。他们在微信群里聊天，我还没回复呢。你看 XXX，他爸爸就允许他玩手机，为什么我不能玩？

C（父亲）：那是因为人家作业完成了，而你还没完成。

老师（孩子）：我不管，我就要玩。（啪一声摔房门）

师：同学们和老师演得像吗？作为旁观者，你的感受是什么？

生：很真实，在家里父母也是这么说的。有时候我会无理取闹，不放下手机。

师：同学们，手机确实成为我们生活中必不可少的一部分，它为我们的生活带来很多便利和乐趣，但同时也给我们的学习造成了阻碍。接下来，请同学们小组内讨论。手机给我们的生活带来了哪些便利？手机给我们的生活带来了什么弊端？

生：手机可以助力远程交流、助力学习、放松心情、获取资讯、记录美好，但同时中学生容易上网成瘾、荒废学习、过度消费、获取碎片资讯。

师：很好！接下来我们举办一个小型辩论赛："中学生是否应该拥有自由支配手机的权利"。正方（学号为单数的学生）：中学生应该拥有自由支配手机的权利。反方（学号为双数的学生）：中学生不应该拥有自由支配手机的权利

正方观点：中学生使用手机能够获取外界信息，是提升学习效率的好帮手；通过娱乐软件可放松身心。

反方观点：中学生自控能力不足，沉迷手机降低学习效率；过度使用手机对视力有害，影响家庭和谐。

师：同学们，可见现在手机对我们的影响是弊大于利的。因此，林老师给大家制定了手机管理协议（打开文件，和学生一起商量细则），希望同学们能够真正放下手机，全身心地投入学习，忘记手机的诱惑。具体如何执行，请同学们回家和爸爸妈妈商量，作为今天的作业。做得好的地方可以有奖励，做得不好的地方需要有惩罚。相信通过本节课，同学们能够更高效地掌控自己的时间，也能够更好地发挥手机的益处。②

## 【总评】

本次班会首先通过让同学们了解自己每天的时间分配情况，帮助同学们更好地认识到时间不是无限的资源，而是每个人必须合理利用的有限的资源。这样，同学们可

---

① 【评点】有心理疏导作用。

② 【评点】加强学生对手机使用的认识，易于被学生接受。

以更好地规划自己的时间，从而更高效地完成各种任务。班会通过两位同学A和B的分享，让同学们了解到做事前的认真规划以及全神贯注的工作态度都是高效完成工作的关键。这就告诉我们，时间管理不仅仅是时间分配，还包括个人习惯和工作态度的养成。班会通过让同学们分享自己在清明假期中的作息安排及完成作业的时间，让同学们意识到时间的充分利用可以让自己在生活和工作中更高效、更有成效。在此基础上，班主任适时把主题转向手机的使用对时间分配的巨大干扰。通过角色扮演、小组讨论和辩论等多种形式，让同学们在参与中加深了对手机的认识和理解，同时也增强了他们的表达和沟通能力。班会内容与同学们的实际生活紧密相连，让同学们更易于接受和理解，引起了他们的共鸣。同时，班主任掌握好整个班会的节奏和气氛，使同学们在轻松愉快的氛围中学到了知识，并对手机使用有了更加全面的认识。

但是，值得注意的是，本次班会中的辩论赛没有涉及手机的使用时间和使用场所等具体问题，这些细节需要我们加以注意和完善。总之，本次班会的形式和内容都非常值得借鉴和推广，能够有效地帮助同学们更加理性地使用手机，并在学习和生活中保持平衡。

# 总结篇

"深外好课堂"建设校部总结

# 守正创新好课堂,研无止境硬功夫

## ——"深外好课堂"建设燕南校部总结

燕南校部教务处主任 邓学雷

深外(集团)初中部既是深圳外国语学校的发祥地,也是学校集团化办学的总部基地。办学 30 多年来,初中部教学工作一直聚焦课堂,发力于课堂,坚持守正创新,与时俱进。近年来,初中部全体教师认真学习中共中央、国务院《关于深化教育教学改革全面提高义务教育质量的意见》,落实新课标要求,响应集团"全面推动课堂革命,系统重塑深外风范"的号召,结合初中部特点,重新梳理和提炼初中部课堂教学探索与实践的特点。这些特色的提炼既源自初中部全体老师的课堂实践探索,也将引领全体老师继续相互借鉴,取长补短,不断优化迭代自己的课堂教学思与行,现总结梳理如下。

## 一、坚守共识,传承创新

**深外好课堂(初中部评价标准) 试行**
**启发,互动,自主,合作,探究,创新**

| 项目 | 标准 | 分值 | 得分 |
|---|---|---|---|
| 目标与方向 10分 | 目标全面,包括知识落实、能力形成,并根据需要融合情感、态度和价值观的培养,重视学科核心素养的养成,体现课堂的育人性和方向感 | 5 | |
| | 目标合理,符合学生现有的认知水平 | 5 | |
| 内容与资源 20分 | 联系学生生活实际与时代发展,体现课堂的现代性与开放感 | 5 | |
| | 难度适中或略有提升,符合"最近发展区"原理 | 5 | |
| | 有一定知识拓展和适当的变式练习 | 5 | |
| | 容量恰当,符合学生现有发展水平 | 5 | |
| 方法与设计 20分 | 课堂有良好的衔接性,包括前后衔接,课内衔接合理,逻辑性强 | 5 | |
| | 有助于学生构建知识体系,体现课堂的系统感 | 5 | |
| | 课堂设问有价值,善于启发 | 5 | |
| | 重点突出,脉络清晰,层次分明 | 5 | |
| 氛围与过程 20分 | 突出学生自主性和师生互动感,自主与合作学习时间有恰当体现 | 5 | |
| | 师生关系和谐平等 | 5 | |
| | 以引导者、合作者的角色关爱每一位学生 | 5 | |
| | 注重课堂常规,课堂完整性好 | 5 | |
| 达成与效果 20分 | 目标落实良好,课堂具备饱满生成性,不同学生都有获得感 | 5 | |
| | 学生学习兴趣浓厚,学生有效参与面广 | 5 | |
| | 教学体现个人特色,且符合"深外好课堂"的要求 | 5 | |
| | 练习与作业适量,体现校本性和开放性 | 5 | |
| 手段和技能 10分 | 语言表达清晰流利,注意声音的抑扬顿挫变化,突出重点 | 5 | |
| | 板书或PPT设计详略得当,多媒体运用合理 | 5 | |

"启发、互动、自主、合作、探究、创新"是深外初中部多年来关于课堂教学一直倡导的理念。这几年来深外集团根据时代发展进一步提出了深外好课堂的五大评价标准，即"明确的育人性和方向感，充分的自主性和互动感，鲜明的现代性和开放感，清晰的衔接性和系统感以及饱满的生成性和获得感"。初中部在这个基础上从"目标与方向""内容与资源""方法与设计""氛围与过程""达成与效果"以及"手段和技能"6个方面进一步细化，完成了初中部课堂评价细则，有效地促进了初中课堂教学走向科学，走向精准，走向高效。

## 二、特色积淀，各美其美

虽然初中部提出了共同的课堂教学理念，但是具体到各个学科的课堂教学上，无论是在课堂内容、教学方法，还是课堂延伸以及实践活动方面，各个学科组都进行了有益的探索，形成了自己的特色积淀。

如语文组多年来坚持"课前三分钟主题演讲"，坚持将语言表达与拓展阅读相结合，强化提升学生语言建构与运用的核心素养，近年来积极拓展朗诵课程，创新参与学校朗诵辩论节活动。

数学组特别注重训练学生的发散思维，提倡"一题多解"，突出学生在课堂教学中的主体地位，并最早开始用信息化手段辅助教学反馈与评价。

外语组提出"以学生为中心的教育理念，以口语为导向的教学途径，以活动为基础的互动模式"三大原则，注重创设真实的外语视听环境，营造语言氛围，循序渐进地提高学生的理解能力和语言表达能力。每年学校的外语节是孩子们乐学、乐享、乐展的盛大舞台。

道法组注重紧扣时代，通过新闻分享、新闻评论等方式让学生在时事的关注中培根铸魂，启迪智慧。坚持了二十多年的《探究性学习报告》项目深受学生欢迎，形成项目式学习的品牌。承担学校辩论拓展课任务，并在朗诵辩论节中担当重任。

中考物理第一轮复习的"五环节模式"

深圳外国语学校·邓学雷

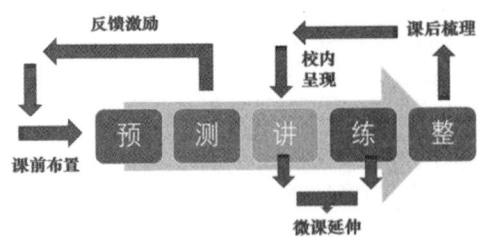

物理组注重培养学生学习兴趣，注重通识教育，在课堂上做合理延伸，通过拓展课和科技文化节让理论联系实际，强化知识的运用和迁移，物理组成为学校科技文化节的主力军之一。同时，坚持全员使用"智能作业平台"进行教学反馈，在学校信息化"双区"实验校建设中担当先行先试的排头兵。从细处切入，打造提炼课堂教学模式，如"中考物理第一轮复习"的"五环节模式"获得同行好评。化学组特别重视编制任务单，提纲挈领，引导学生融会贯通，建立知识体系，并特别注重实验教学，重排、补充和整合课堂实验，凸显学科特色。

历史组注重延伸阅读，将优秀影像合理融入课堂。布置小论文、历史课本剧等特色作业，激发学生学习兴趣，部分老师坚持用信息平台和自媒体进行教学延伸，取得较好反馈。

生物组注重教学反思与研究，把提高每个学生的生物学科的核心素养作为落实新课程标准的核心任务，致力于培育学生"敬畏自然，关爱生命"的美好情感。开设多门拓展课程，为初高中生物拔尖创新人才一体化培养探索新路。

地理组普遍开展"世界地理之谜""走遍世界""走遍中国"的课前分享活动，激发学生学习兴趣，并尝试运用项目式学习实践活动促进地理学习走向深化。

体育组注重课堂常规的培养，引导学生体验运动魅力，促进学生身心健康、体魄强健、全面发展，不断提高中考备考针对性。近年来，学生体质明显改善，中考体育成绩不断提升。

### 三、活动引领，教研相长

（一）坚持学习，以"输出"促"输入"

开展新课标学习系列活动，既有集体学习，又有分组学习，如结合初三备考研讨会的会议筹备。初三备课组开展了全员新课标学习活动，并要求各备课组将学习心得体会分享交流，呈现在备考研讨会报告中。

为取得"真经"，在开学典礼上，欧阳校长专程邀请教育部《物理课程标准》研制核心组成员黄恕伯老师做"新课标"专题培训，聚焦学科核心素养，干货多多，老师们收获满满。

此外，学校系列公开课活动不断促进全体老师的课堂质量提升，这些年来我们开展了常态化推门课、科组长和资深骨干教师的示范课、青年教师的比赛课等活动，通过课前研讨、磨课、课后评课、议课等活动，聚焦打造好课堂、提升教学质量。

在2022年深圳市中小学微课比赛中，初中部获得优异成绩，一共有3名老师获得一等奖，5名老师获得二等奖，6名老师获得三等奖，在直属学校乃至全市都是最佳成绩。

（二）集体研修，制度保障

集体研修制度，首先就是强化集体备课，我们确定了"四定""七备"和"六统一"集体备课实施原则。"四定"是指定时间、定地点、定内容、定中心发言人。"七备"是指备目标、备教材、备教法、备学生、备学法、备教学手段和备教学过程，促进集体备课走向细化、深化、常态化。"六统一"是指统一进度、统一目标、统一重难点、统一授课的共性内容、统一作业、统一单元检测试题。

为规范集体研修制度，我们通过企业微信和共享文档等信息化方式，要求备课组定期反馈集体研修的主要内容，起到相互提醒、相互借鉴的作用，有力加强了集体研修制度的落实。

（三）问题导向，持续改善

这些年来，我们以问题为导向，不断完善"三会制度"（即质量分析会、备考研讨会、教学研讨会），不断查找问题、讨论问题、解决问题。比如，我们从细节做起，早读要求10分钟诵读，5分钟完成默写等任务，简称"10+5"早读模式。为避免课堂满堂灌，初中部提出要求老师5分钟留白，即"35+5"课堂，这些要求与做法都是从发现部分课堂上的问题后采取的针对性措施。再比如，我们不仅从老师教学角度去发现问题、解决问题，也从学生学习角度去查改问题，比如在初三复习备考阶段，我们制定学生的备考"秘籍"，如《预测与对策》与《答题规范与易错示例》等，都是从学生学习角度去解决常见容易犯错的问题，去给出提醒和指引，帮助学生在中考考场拿高分、拿满分。

初中部坚持面向学生和家长进行常态化调研反馈，在动态调研反馈中发现问题、讨论分析问题，提出改进意见，最终解决问题。比如结合家长开放日家长反馈的课堂教学问题，教务处及时组织老师们研讨，提出一系列针对性改进措施，如研讨以下系列问题："集体备课不等于集体备一个课件？""一节新课课件多少页合适？""课件应当呈现哪些内容？"等问题，这些问题看似平常，实则切中要害，能帮助老师们切实提升教学智慧，优化教学模式。再比如，在科组长备课组长会议上，我们根据平时巡课发现问题，进一步提出"集体备课的转型问题"，从原来备一堂新课的讨论"有什么教学目标与教学方法？有什么重点和难点？"进一步提升到一堂课备课过程中：

"设计了什么样的学生学习任务？"

"创设了哪些情境？"

"设置了哪些有价值的问题？"

"设置了哪些合作交流的环节？"

"引发了哪些深度对话的思考？"

"设置了哪些分享展示的环节？"

这一系列举措，进一步帮助老师们理解和落实新课标，积极响应打造"深外好课堂"的要求，持续改善和提升教学质量。

## 四、信息融合，智能助力

近年来，按照打造"深圳市智慧教育示范校"的要求，初中部本着"立足现实，着眼未来，以人为本，循序渐进"的理念，以"一个先导、多种路径、三大工程和四大配套"为统领，统筹构建智慧教学体系，成功跻身"深圳市智慧教育示范校培育对象40强"。

（一）以"智能作业（测试）平台"为先导

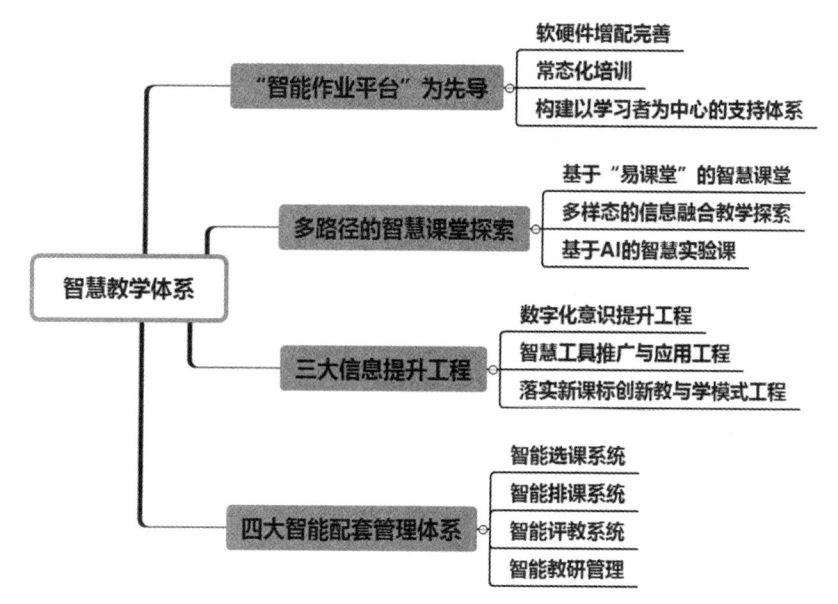

```
智慧教学体系
├── "智能作业平台"为先导
│   ├── 软硬件增配完善
│   ├── 常态化培训
│   └── 构建以学习者为中心的支持体系
├── 多路径的智慧课堂探索
│   ├── 基于"易课堂"的智慧课堂
│   ├── 多样态的信息融合教学探索
│   └── 基于AI的智慧实验课
├── 三大信息提升工程
│   ├── 数字化意识提升工程
│   ├── 智慧工具推广与应用工程
│   └── 落实新课标创新教与学模式工程
└── 四大智能配套管理体系
    ├── 智能选课系统
    ├── 智能排课系统
    ├── 智能评教系统
    └── 智能教研管理
```

初中部在精准教学方面逐渐加上了"智能化"的标签，我们的"智能作业（测试）平台"建设已初见成效，校本资源日趋丰富。初中部各年级各备课组的单元测验目前全部纳入"智能作业（测试）平台"，并将理科所有测试纳入"数字化因材施教服务中心"。制作学生个性化成长手册，构建以学习者为中心的系统性支持体系，成为智慧教学体系构建的第一个常态化应用项目，力争做优做精，打造品牌。

在2023年深圳市教育局"信息技术能力提升工程2.0"专家组走进我校的指导活动中，省、市专家非常赞赏"数字化因材施教中心"的九字理念，即"科学管、精准教、个性学"，高度肯定了深外基于信息化的"个性化成长手册"，表示这很好地做到了精准教学和分层教学，将因材施教的理念落到了实处。

本项目已经在2022年深圳市中小幼教师信息技术应用能力提升2.0工程全市经验交流中作为示范项目进行分享，并获得深圳市"双减"背景下学校治理优秀案例二等奖。

（二）多路径的智慧课堂探索

初中部遵循"以学为中心，以核心素养发展为本，线上线下时空交融，构建探究式学习共同体"的理念，鼓励老师们运用希沃"易课堂"软件作为智慧课堂应用工具，探索搭载包括反馈器、平板设备等多种学生学习终端，实现覆盖课前、课中、课后教学全流程的全员参与、互动生成的智慧课堂。同时鼓励老师们根据课程特征、学习阶段特征，积极探索融合信息技术的"UMU"互动教学模式、对分课堂模式、STEAM学习和项目式学习等活动，驱动教学走向更加精准、高效的方向。

（三）基于 AI 的智慧实验课

物理、化学和生物实验课依托 AI 教学平台进行随堂课件下发、练习数据收集、AI 测评、学生众评、随堂小测等应用实施，教学过程丰富多样，学习效率明显提升，并为即将到来的中考和学考实验赋分制度打下坚实基础。

### 五、探索实践，行无止境

初中部课堂教学坚守共识，传承创新，在未来将持续聚焦课堂，提倡终身学习，继续探索集体备课和校本研修的新形式，建设校部的名师工作室制度，形成"同学习、共思考、促发展"的学研共同体。

继续深入开展"青蓝工程"，发挥骨干和资深骨干教师的引领作用，加快青年教师队伍建设。通过边学习、边实践，知行合一，锻炼提升，力争在深圳市青年教师基本功大赛中有新突破。

各个学科继续进行理论提炼，打造一批符合本学科特质的科学、精准和高效的课堂教学模式，为深外下一个三十年的发展蓄力。

行而不辍，未来可期，我们坚信深外初中部课堂教学的探索实践之路在一代又一代深外人的努力下，一定会根深叶茂，繁花似锦。

# 倾力打造深外好课堂，积极落实七度硬指标

## ——"深外好课堂"建设龙华校部总结

龙华校部科研处主任　丁立群

深圳外国语学校（集团）龙华学校（ShenZhen Foreign Languages School, Longhua）创建于2018年9月，位于深圳市龙华区民治街道华玺路1号，是由龙华区教育局和深圳外国语学校（集团）高起点规划、高标准建设的一所九年一贯制区属公立学校，是应时代所需、社会所需、人民所需开展深度合作的"高水平"实践成果、市民家门口的新一流外国语学校。校园用地面积30693.11 $m^2$，在建设规划、校园布局、建筑立面设计等方面均体现出高雅明快的现代审美，各功能场馆一应俱全，展现了国际化、个性化、智能化的未来学校风采。

学校以"以德立校、依法治校、特色强校、科研兴校"为办学思路，按照"高质量、有特色、现代化"的办学目标，逐步打造自身办学特色和品牌效益。学校管理团队由龙华区教育局和深圳外国语学校（集团）共同派遣组成。顶层设计和学术建设则由龙华区深化教育体制改革、优势潜力加速释放的背景影响带动，并由深圳外国语学校（集团）倾心引领，融合特色深外育人及管理模式。深外集团不定期组织教学视导，为龙华学校提供优质的教育教学资源，与龙华学校教师师徒结对，亲传深外教科研体系。

学校秉承深外本部"以人为本，和谐发展，为学生终身幸福奠基"的办学理念，以教学为中心，探索"创造适合师生发展的教育环境"，将"打造赋能课程，实现优质教育"的思想体现在工作中。学校以三大核心"学习能力、团队精神、责任意识"，九大素养"倾听、思考、表达、分享、合作、包容、关爱、感恩、创新"为学生赋权增能，构建多元领域、多元层级的"赋能课程体系"，覆盖到学生成长的诸多领域，致力于培养中国心灵与国际视野兼备的学生。

学校笃守教育教研之本源，广泛吸纳教育精英人才。建校5年，引进高层次人才近十人，从市内选调优秀教师十余人，从重点高校选拔来自北京大学、香港大学、伦敦大学、中国人民大学等知名学府的优秀应届毕业生数十人。其中硕士及以上学位教师数量占比达90%以上。

学校一直以来以"振奋精神，紧密团结，攀登新的高峰"自励，朝着建设"外语特长的名牌校、素质教育的示范校、民主管理的样板校、基础教育国际化的先锋校"的目标奋力前进着，持续打造深外质量的龙华特色品牌。

深外龙2018年建校以来，始终坚定积极响应集团"打造深外好课堂"的号召，认

真学习"深外好课堂"理念,努力打造"深外好课堂"。下面将从四个方面来对深外龙的课堂教学成果进行梳理和总结。

## 一、精研细磨"备"课堂

课堂是学生学习的主要空间,也是课程改革的重要场所。深外龙全体教师深耕精研,着力优化课程体系,通过建立资深教师示范课、青年教师推门课及新教师视导课的课程研究体系,打造具有深外龙特色的"深外好课堂"。

1. 学科组备课组共研讨

学科组活动与集体备课活动是青年教师成长的重要平台。新学期伊始,学校组织各学科组第一次学科组会。会上,教师共同深入学习深外好课堂的基本要求"启发、互动、自主、合作、探究、创新、现代、生成"及罗来金校长提出的深外好课堂七个度"向度、热度、广度、深度、力度、节度、制度",拟定深外好课堂的评课标准。学科组长带头梳理做解读分析,科组通过研讨更新完善本学科深外好课堂评课标准与评课表。研讨成果继续下沉到各备课组,每位老师均分享对深外好课堂评课标准的感受与建议,并结合一线教学实践抛出自身困惑,在群体的智慧中探索突破的途径,一步步为扎实推进深外好课堂打好坚实理论基础。

深圳外国语学校(集团)龙华学校

### 深 外 好 课 堂 评 课 表

20____年____月____日  第____周  星期____  第____节

科目:_____  授课教师:_____  课题:_____

| 维度 | 维度解读 | 体现环节 |
| --- | --- | --- |
| 向度 | 向度就是要把握政治方向,教育学生爱国、爱党、爱家。为党育人,为国育才! | |
| 热度 | 师生在课堂上投入的热情,朝气和生气,老师用心用情去演绎。教师要有工匠精神去打造一堂课。 | |
| 广度 | 知识面要广,信息量要大,学生参与面广,育人的全面性,如何贯彻立德树人 | |
| 深度 | 知识的深度(不是更难的知识点),理解的深度和思维的深度。 | |
| 力度 | 情绪的感染力,逻辑与理性的能力,展现的创造力,课堂管控的执行力。 | |
| 节度 | 分寸的把握。针对不同的学生采取不同的方式方法,不要过分依赖多媒体的使用。 | |
| 制度 | 课堂教学的规矩,学生该如何听课,如何做笔记,如何提问等……,这是习惯的养成。 | |
| 总体评价 | 亮点<br>建议 | |

评课教师:_____

#### 2. 各项活动修内功

"达师之教也，百炼而后成"。为真正全面提高学校教师的业务素质和课堂教学能力，在扎实开展学科组活动与集体备课活动的同时，学校领导特别重视教师的学习和专业化成长。学年初，学校开展了"同研课标，共话成长"暑期读书活动。老师们在自己通读，备课组研读，学科组推优后开展了全校范围的课标研读分享。同时学校还举行了首届青年教师风采大赛暨教师教学基本功比赛，进一步督促、激励教师自觉学习。通过比赛，教师们磨炼了专业内功，加快了成长步伐，提升了课堂教学水平。在"深外好课堂"思想引领下，深外龙教师不断成长，持续进步。

### 二、层层推进"研"课堂

#### 1. 聚焦课堂，示范引领

为进一步发挥骨干教师的示范引领效应，扎实推进"深外好课堂"建设，促进青年教师业务素质与教学能力的提高，同时也为我校教师提供展示自我和相互学习的平台，深外龙在全校开展"深外好课堂"优质课评比活动。学期初，教学处丁立群主任和刘晓娟主任首先根据"深外好课堂"要求带头上好示范课，然后是每周一节 40 岁以上骨干教师的示范课，同时科组内每位教师一节研讨课。通过评课、讨论、磨课，最后推荐优秀课例到学校层面进行公开观摩课展示。这样的活动让全体教师深度学习，践行了"深外好课堂"理念，实现了个人和集体两个维度的成长。

图 1　　　　　　　　　图 2

#### 2. 解决问题，真实成长

为将"深外好课堂"融入学校教学日常，教学处安排听课巡课，行政与科组长深入课堂，指导青年教师深度学习"深外好课堂"要求，尽快提升教学能力与教学水平。下面以青年教师王培洁老师在两次教学实践课中的成长过程为例，具体阐述我校青年教师在"深外好课堂"理念指导下的深度学习成果。

第一次研讨课，王老师设计了一堂以"水浒英雄101"为情境的名著阅读课。王老师以网络流行的选秀节目为依托形式，将《水浒传》中的108位英雄作为参与节目的"选手"，让学生根据自己的阅读体验，选择最欣赏的一位英雄进行介绍和推荐。通过这种方式加深学生对原著中主要人物的理解和认识。课堂上，学生们被"选秀"这一噱头所吸引，学习兴致较高，踊跃分享直至下课。几位语文素养比较好的学生依次上台展示，其中不乏精彩的表达。课后校长问："你这堂课目的是什么，这堂课的目标又是什么？"竟把王老师问语塞了。

经过学科组共同梳理"深外好课堂"要求的八个动作"任务设计＋状态激发＋独立自学＋精诚合作＋有效展示＋点拨提升＋针对练习＋及时反馈"后，科组教师明确了"任务设计"这一动作应包括学习目标、活动设计与情境创设三大内容。同时，将清晰明确作为课堂第一审美要素，即课堂教学的目标、内容、过程、角色、表达、成果等一切概念和秩序的明了无误。

之后，王老师迎来了第二次研讨课。按照科组制定的教学计划，王老师设计了一堂以《岳阳楼记》和《醉翁亭记》为阅读文本的文言文比较阅读复习课。在课前，王老师通过自己设计的学案，初步了解了学生对于这两篇文言文的掌握情况，对于课堂教学的重难点有了一定的把握。在课堂设计上，王老师按照从低阶思维到高阶思维、从识记类知识到理解类知识的顺序，安排了三个活动环节。当然，王老师并没有摒弃"情境式教学"的方法，而是从教学目标出发，设计了"命制一道中考文言文对比阅读题"的学习情境，让学生成为"命题人"。王老师希望通过这项任务，学生能学会"推己及人"，自主发现两篇文章在翻译及理解中的重、难点，同时弥补自己在学习中的缺漏。课后，校长再一次问了关于教学目标和教学设计的问题。这一次王老师回答得清晰明了。

在深外龙，这样的成长故事还有很多。本学期，我校劳动教育课张丹丹老师、生物科组的郭晓敏老师成功晋级区教师基本功大赛；数学科组的黄文亭老师从"龙教杯"大赛中脱颖而出，代表龙华区参加市级教师基本功大赛并获市一等奖。一大批青年教师课堂教学水平的迅速进步，得益于同事们的互相帮助，得益于学校领导的方向指引，完美呈现了我校教师对"深外好课堂"理念的深度学习成果。

## 三、学评设计"思"课堂

在紧抓课堂教学的同时，学校领导清晰提出重视搭建教学评完整教学体系的思路。学校组织我校初中部教师们编写了《深外龙作业本》用作上课的学案或课后作业。《深外龙作业本》多数参照市教科院的作业样例进行编写，紧跟最新课改动态以及最新中考命题方向。教师编写作业本，有利于教师专业能力提升，为打造"深外好课堂"做好铺垫。同时，教师结合"一起中学网"，扎实推进作业反馈，汇总作业错题，错题出题，错题重做，类题出题，自主出题，套题出题，知识点出题，关键字找题等，大大提高了教师的备课效率，提高了对学生作业的反馈速度与反馈精准性。其中，初三物理张明老师精通"一起中学网"出题命题功能，自制了整套初三物理小测、初三章节训练卷和总复习卷。学生通过及时训练及时反馈，成绩大幅提升，在适应性考试中，物理科平均分区排名位列年级各科最高。此外，数学、物理、化学、英语等学科均使用"一起中学网"分析与反馈学情，在学科成绩上，使用频率高的老师普遍比使用频率低或不使用的老师更为突出。

在初中部的良好示范下，我校小学部于每周五下午延时服务时间开展《学科素养观察单》训练，对一周以来的教学情况进行及时的反馈检测，语、数、英每科各20分钟。本学期，小学部又推进了《学科素养观察单》与"一起中学网"的结合，教师们能及时查看与反馈学情，反推课堂教学设计的改善，助推教师课堂教学水平的提升。

此外，学校按期开展"反思课堂"活动。其中值得一提的是学校下沉备课组的课堂反思模式。活动中，每位老师先分享本周的教学亮点，再提出遇到的困难，寻求本备课组和本学科组老师的集体智慧。学校英语科组的集体备课尤其出彩，新老师进步大，科组整体教学水平高，教学成绩突出。在2023届初三适应性考试中，我校学生A+率高，其中英语听说能力测试全市最高分学生出自深外龙初三5班。

### 四、书院培养"延"课堂

在学校围绕课堂扎实开展活动的同时，我们也清晰地意识到，要想全面深入实现"深外好课堂"的标准和要求，需要我们深耕课堂又不能局限于课堂。

2022年9月，学校提出了在我校传承开展深外"书院制培养"延展课堂打通小初衔接课堂的想法，随后我校"梧桐书院"正式开启，并在初中部和小学部分别成立学科思维课堂。学科思维课堂的主要方式是，每科制定具有本学科特点的培优课堂教学模式，以体验、探究、讨论、发现的形式，促进学生深度学习。初中部选取总分前15%学生开展学科思维课堂，在初一设置语、数、外，初二设置语、数、外、物理，初三则根据联考数据，动态调整梧桐书院课堂方案，当前为语、数、历史、化学4个学科。在小学高年段，亦遴选年级前15%的学生开展。其中，周三下午两节延时服务课安排2个学科思维课堂；周五下午一节延时服务课安排1个学科思维课堂。学校希望通过深度学习的课堂，播撒优秀的"种子"，点燃整个校园"启发、互动、自主、合作、探究、创新、现代"的学习氛围，真正让"深外好课堂"的理念在我校生根发芽，枝繁叶茂。

深外龙全体师生将满怀热情，继续学习"深外好课堂"的教育教学理念，苦练内功，用心教学，争取一年上一个台阶，继续为深外集团的荣耀添砖加瓦！

# 高端打造深外宝，五好学校育新人
## ——"深外好课堂"宝安校部总结

宝安校部教学处主任　何宏武

深外（集团）宝安学校以习近平新时代中国特色社会主义思想为指导，全面贯彻党的教育方针，落实立德树人根本任务，学校依托集团，立足宝安，结合集团"打造深外好课堂，全面推动课堂革命"要求，深入推进教育教学改革，全体老师锐意进取、艰苦创业，为擦亮深外宝安品牌扎实前行，为集团建设"具有全球影响力的中国特色先行示范校"再奠新基。

### 一、党建引领，勇毅前行

学校坚持党对教育教学工作的全面领导，坚信"一位党员就是一面旗帜"，充分发挥党组织的政治核心和战斗堡垒作用，充分发挥党员的先锋模范作用。

一是加强思想建设，提高政治素质。支部紧紧围绕党的指导思想，加强政治理论和业务知识学习。

二是强化组织建设，不断增强党组织的凝聚力。学校在开办后，第一时间成立了党组织，许强副校长担任党支部书记。

三是丰富实践活动，发挥党员的先锋模范作用。全体党员在教育教学岗位上冲锋在前，在公开课、赛课活动中都很好地发挥了先锋模范作用。

### 二、顶层设计，志存高远

学校不断推进改革发展，努力打造依法治校的示范学校、教育高质量发展的标杆学校、教育改革创新的先锋学校、教育开放合作的样板学校。

实施育人方式创新行动。建设深外宝新型课程体系，创新发展学科课程，协同开发实践课程，构建外语、书法、艺术体操等学科特色课程。促进教学方式深度转型，培养学生自主学习和合作学习，强化"做中学"，积极探索网络环境下的新型学习方式。创新评价方式，优化学生综合素质评价，探索建立德智体美劳全要素过程性评价办法。重视劳动教育和艺术教育，开发具有深外宝特色的劳动校本课程。

实施教师队伍建设行动。构建高素质专业化创新型师资结构，青年教师占比达70%以上，其中小学教师具有硕士研究生学历者达50%左右、初中教师具有硕士研究生及以上学历者达80%左右，并拥有一定数量的博士学位教师，海外学习背景的教师达30%左右。构建师德师风建设常态化、长效化机制，优化教师专业发展评价体系，实施"未来教师"发展计划，引导教师分层分类发展。

实施开放办学协同行动。与社区协同、与集团协同、与家庭协同、与兄弟学校协同、线上线下协同。

### 三、五好学校，先行示范

从学校实际出发，聚焦"好教师""好课程""好课堂""好学生""好校园"，通过"五好"联动，推动学校发展，实现学校打造湾区基础教育一所高品质"五好"新学校的愿景。

一是培养深外宝"好教师"。推进"三三"工程，拓宽"八阶"路径，构建教师成长立交桥。"三三"工程，即通过"青蓝工程""教师领导力提升工程""跨学科学习共同体工程"，使青年教师在入职三年内实现三个目标：一是认识教育的规律；二是获得教学能力；三是愿意终身从教。"八阶"路径，即选苗子、定调子、立样子、结对子、指路子、搭台子、看步子、树牌子，实现教师快速发展、结构化发展。

二是构建深外宝"好课程"。通过对基础课程、特色课程、实践课程"三位一体"的课程规划与设计，夯实基础、打破壁垒，探索构建可为学生素养奠基、为学生精神铸魂、为学生发展筑梦、为学生创新赋能的"好课程"体系。截至目前，老师们共申报80余门特色课程。

三是打造深外宝"好课堂"。探索"456好课堂"的学科模式及评价体系，"4"即课堂文化四有价值目标：有序、有趣、有效、有用；"5"即课堂教学五个步骤：自主预习、提出质疑、小组合作、教师点拨、总结反思；"6"即落实课堂教学理念六个核心：启发、互动、自主、合作、探究、创新。

四是培育深外宝"好学生"。启动"446"工程，培育素养深厚、能力全面的新时代"新君子"。

五是营造深外宝"好校园"。以文化人、铸魂育人，生成"和美学校"新文化。构建以人为本的和谐校园、先行示范的智慧校园、空间现代的美丽校园、家校共育的和美校园。

### 四、不懈探索，铸好课堂

在新学年的讲话中，罗校长提出打造"深外好课堂"，明确好课堂要有"育人性和方向感、自主性和互动感、现代性和开放感、衔接性和系统感、生成性和获得感"，并将之作为筑基未来三十年的关键举措。

深外宝深入学习、认真领会罗校长的讲话精神，提出好课堂的十大基本要求，进而提炼出"456"教学范式，规范教学常规，保障课堂内涵。

一学年以来，我们实行推门听课制度、公开课制度，多渠道开展教研活动，定期开展解题练习，青年教师们推门听课8000余次。

通过一系列的努力，"好课堂"理念深入人心，成为老师们自觉的价值追求，课堂效率效果明显提高。

## 五、落实"双减"提质增效

根据国家《关于进一步减轻义务教育阶段学生作业负担和校外培训负担的意见》和相关要求,学校坚持以学生发展为本,落实立德树人根本任务,把"双减"作为一项重要政治任务抓紧抓好。坚持素质教育,深化教育改革,多措并举提升校内教育教学质量,丰富课后服务供给,提升学校育人水平,有效减轻学生过重作业负担和校外培训负担,努力帮助家长解决放学后接送学生的实际困难,办好让人民满意的教育,促进学生全面发展和健康成长。制定了《深圳外国学校(集团)宝安学校落实义务教育"双减"工作实施方案》《深圳外国语学校(集团)宝安学校校内作业公示制度》等文件。

在积极落实"双减"政策的同时深挖学校潜力,结合实际,制定了《深圳外国语学校(集团)宝安学校高质量发展方案》。以此方案为指导,各备课组结合不同课型分别制定了适合学科特点的课堂教学操作流程,以期提高课堂教学质量,优化课堂教学方式,让课堂活起来、实起来。引导教师树立"学为中心"的课堂学习观,打造深外宝"四有"好课堂,扭转"教师只关注教,而学生不是真学"的课堂被动局面。围绕五个层面,创建真实的问题情境,让学生积极主动参与学习;设计驱动性、激励性的学习任务,让学生能进行深度学习;搭建合作交流平台,让学生能开展合作性学习;创造自主思考空间,让学生能开展反思性学习;有合适的学习支架,让学生能在最近发展区学习。学校为此成立由校领导和学校中层组成的"课堂教学改革指导小组",开展随机随堂听课,了解课堂教学现状,进行有针对性的一对一指导,以此提高全体教师的课堂驾驭能力,着力于教育教学的提质增效工作。

各备课组强化作业设计。将作业设计纳入教研体系,引导教师尊重学生差异和个性发展,给学生分层设置选择的权利,探索基础性必做作业与拓展性选做作业相结合的弹性作业机制,满足不同层次的学生的需求,让作业回归正轨,提升质量,实现育人功能。严格控制作业量。各年级统筹作业管理与监督。不布置机械重复、惩罚性作业。严禁给家长布置作业或要求家长检查、批改作业。

通过问卷调查,学生及家长对我校落实"双减"政策、减轻学生课业负担、提升教学质量的举措和效果整体是满意的,通过对学生精神状态的观察和学习增值的效果来看,基本达到了减负增效的目的。

## 六、落实常规 定期检查

针对学校新教师占主体的现状,课程教学中心在开学初制定了强化教学常规并定期检查反馈的制度,出台了《深圳外国语学校(集团)宝安学校集体备课制度》。对集体备课要求、集体备课操作方法等进行了明晰。各备课组每周坚持两次集体备课,并分别制定了《深圳外国语学校(集团)宝安学校学科集体备课流程》。对各学科新授课、复习课、讲评课的操作流程进行了规定。

开学初,课程教学中心以早读规范为抓手,坚持在黑板上板书早读内容,学生即到即读，端正坐姿，手捧书本，大声朗读，形成一天学习良好的精神状态。

课程教学中心坚持每周五进行一次常规检查，轮流对教师教案、听评课情况、教研活动记录、作业批改情况进行检查反馈。一学期以来，教师对落实常规工作，定期接受检查已形成习惯。

### 七、丰富课程 深化改革

坚持以六年发展规划为指导，推进学校课程建设，树立"处处是课程，人人有课程"的大课程观，以培养全面而有个性的学生，促进教师专业化发展，推进学校课程育人为目标，打造"133"课程架构。依据"国家课程校本化、活动课程个性化、特色课程精品化"三位一体的课程开发和实施理念，其中"1"指一个课程观即培养全面而有个性的学生；第一个"3"指三类课程即基础课程、活动课程、特色课程；第二个"3"指培育深外宝新君子的三个维度，即培养学生4个品质、4种能力、6种素养，具体分解为培养深外宝新君子爱国、敬业、诚信、友善的四种品质，培养深外宝新君子认知能力、合作能力、创新能力、职业能力的四项关键能力，培养深外宝新君子运动素养、艺术素养、劳动素养、阅读素养、信息素养、全球素养的六种综合素养。

### 八、课后服务 个性定制

在"双减"政策背景下，课程教学中心积极落实学校"双减"和"五项管理"工作实施细则。探索了"基础+"的作业体系，构建"2+4"课后延时服务的课程体系。

"基础+"的作业体系。尊重学生的个性差异，给学生分层选择的权利，探索基础性必做作业与拓展性选做作业相结合的弹性作业机制，满足不同层次的学生的需求，让作业回归正轨，实现育人功能。

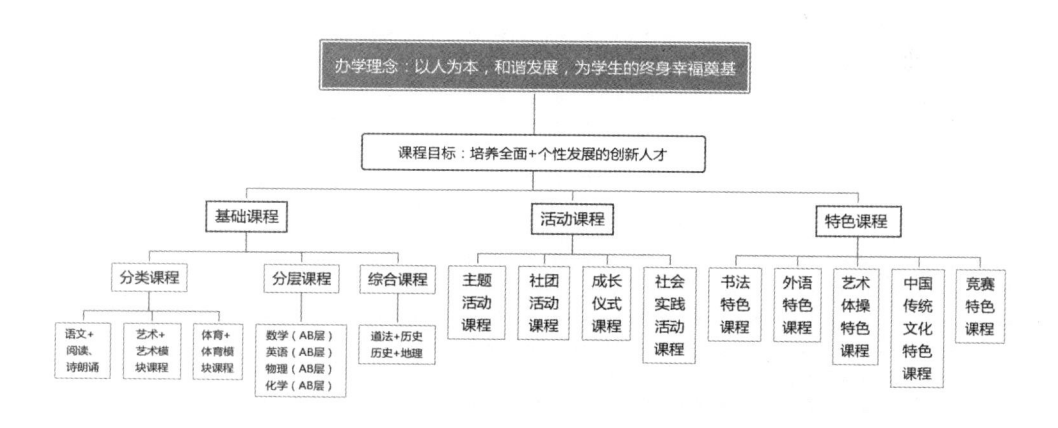

图1

"2+4"课后延时服务的课程体系。"2"指两个基础类服务，一是开展作业辅导课程，为有需要帮助的学生进行作业指导，保证作业尽量在校内完成；二是开展学生自主学习课程，学生可以根据自己的个性化学习需求进行项目式学习，如到图书馆自主阅读、到电脑室查阅资料等，提高学生的自我管理能力。"4"指的是4个拓展类服务，一是学校教师根据自己的专业和特长自主研发的素养类课程，二是引入社会优质资源和优质师资的社会服务类课程，三是学生根据自己的兴趣和特长组建的学生社团课程，四是满足家长特殊需求提供的特殊托管类服务课程。拓展类课程采取"走班制"教学，不仅丰富了学生校内课余生活，促进学生生动活泼的发展，又切实解决了家长接送困难的问题。

在国家、省、市、区各级各类教育教学比赛中，深外宝团队共有120余名教师获奖，其中钟倩怡老师获得2022年深圳市中小学青年教师基本功比赛一等奖。回顾过去，心潮澎湃；展望未来，激情满怀。在深圳市各级党委和政府领导下，有集团的精心指导，有全体教职工的砥砺奋进，深外宝成为一方名校，助力集团建设成为"具有全球影响力的中国特色先行示范校"的目标一定能实现！